华东政法大学
课程和教材建设委员会

主　任　何勤华
副主任　杜志淳　顾功耘　刘晓红　林燕萍　唐　波
委　员　刘宪权　吴　弘　刘宁元　罗培新　杨正鸣
　　　　沈贵明　余素青　范玉吉　张明军　高富平
　　　　何明升　杨忠孝　丁绍宽　闵　辉　焦雅君
　　　　陈代波　金其荣　贺小勇　徐永康
秘书长　唐　波（兼）

An Introduction to Jurisprudence

法理学导论

马长山／主　编
苏晓宏　李桂林　丁以升／副主编

图书在版编目(CIP)数据

法理学导论/马长山主编.—北京:北京大学出版社,2014.9
(高等学校法学系列教材)
ISBN 978-7-301-24674-0

Ⅰ.①法… Ⅱ.①马… Ⅲ.①法理学—高等学校—教材 Ⅳ.①D90

中国版本图书馆 CIP 数据核字(2014)第 196841 号

书　　　名:	法理学导论
著作责任者:	马长山　主编
责 任 编 辑:	朱梅全　丁传斌　王业龙
标 准 书 号:	ISBN 978-7-301-24674-0/D·3654
出 版 发 行:	北京大学出版社
地　　　址:	北京市海淀区成府路 205 号　100871
网　　　址:	http://www.pup.cn
新 浪 微 博:	@北京大学出版社
电 子 信 箱:	sdyy_2005@126.com
电　　　话:	邮购部 62752015　发行部 62750672　编辑部 021-62071997
	出版部 62754962
印 　刷　 者:	北京鑫海金澳胶印有限公司
经 　销　 者:	新华书店
	730 毫米×980 毫米　16 开本　21.75 印张　414 千字
	2014 年 9 月第 1 版　2022 年 3 月第 9 次印刷
定　　　价:	46.00 元

未经许可,不得以任何方式复制或抄袭本书之部分或全部内容。
版权所有,侵权必究
举报电话:010-62752024　电子信箱:fd@pup.pku.edu.cn

编写说明

法理学是法科学生研习法律的重要基础和核心课程。在西方，法理学教科书有的侧重思想史与哲理阐释，有的侧重法律原理及实践操作技术，并没有一个统一的体系和版本，因而是多样化、个性化的。在我国，伴随着三十多年改革开放和民主法治建设，法学理论研究和法学教育也获得了巨大发展，形成了相对稳定的知识框架和体系。这无疑为培养统一规格和知识体系的法学专业人才奠定了良好基础，但同时也对多样化、个性化人才的培养产生了某种不利影响。为此，国家开始致力于深化教育改革，鼓励和支持探索各具特色的创新人才培养模式。相应地，各大出版社纷纷推出不同版本的教材，力争在反映国家"教学基本要求"和基本知识框架的基础上形成自己的体系和特色，从而为推进法科教育的多样化、个性化作出重要贡献。本书也是其中的努力和尝试之一。

《法理学导论》曾在华东政法大学徐永康教授的主导下，为华东政法大学等政法院校的法理学教学作出了重要贡献。为了更好地适应本科教学需要，充分反映最新的研究成果，本次对《法理学导论》进行了重新编写，并组建专家组进行了审定，力争在保证基本知识体系完整的基础上反映新的动态，采取多种引导方式来启迪学生进行深入思考，通过关注社会现实问题来强化理论的应用性。这样，就有利于更好地培养既有深厚理论素养又有实践思维和能力的专业人才。

本书是集体合作的结晶。参加本书编写的作者都是学术造诣深、教学经验丰富、从事第一线法学教育的专家学者，具体分工如下（以章节为序）：

马长山，导论、第九章；

丁以升，第一章；

张玉堂，第二章；

李桂林，第三章；

苏晓宏，第四章、第十六章；

马金芳，第五章、第八章；

王　涛，第六章、第十三章；

陆宇峰，第七章、第十五章；

蒋德海，第十章；

潘小军,第十一章、第十二章;

张卓明,第十四章。

编写组尽管在主观意愿上是想编写一本既有理论水准又有实践应用性的高质量教科书,但能否做到这一点还有待时间的检验。同时,由于从编写到交稿、出版的时间短暂,错讹与不足在所难免,还有望学界同仁和广大师生批评指正。

本书之所以能够顺利出版,得益于华东政法大学教务处领导的关心和支持,也得益于北京大学出版社及编辑老师的鼓励和帮助,在此一并深表谢意!

编　者

2014 年 5 月

目　　录

导论 ·· (1)

第一编　法律的本体

第一章　法律的概念 ·· (7)
　　第一节　法律的定义 ··· (7)
　　第二节　法律的特征 ··· (12)
　　第三节　法律的本质 ··· (15)

第二章　法律的要素 ·· (23)
　　第一节　法律的要素释义 ·· (24)
　　第二节　法律概念 ··· (27)
　　第三节　法律规则 ··· (29)
　　第四节　法律原则 ··· (35)

第三章　法律的渊源、体系与效力 ·· (40)
　　第一节　法律渊源概述 ··· (40)
　　第二节　当代中国的制定法渊源 ·· (48)
　　第三节　法律分类 ··· (50)
　　第四节　法律体系 ··· (52)
　　第五节　法律效力 ··· (60)

第四章　法律关系 ·· (66)
　　第一节　法律关系的概念 ·· (66)
　　第二节　法律关系的构成要素 ·· (72)
　　第三节　权利与义务 ··· (77)
　　第四节　法律事实 ··· (80)
　　第五节　法律关系的运用和分析 ·· (82)

第五章　法律行为 ·· (87)
　　第一节　法律行为释义 ··· (87)
　　第二节　法律行为的结构 ·· (91)
　　第三节　法律行为的分类 ·· (93)

第六章 法律责任 ……………………………………………………… (97)
第一节 法律责任释义 …………………………………………… (97)
第二节 法律责任的产生原因和构成要件 ……………………… (101)
第三节 法律责任的种类 ………………………………………… (103)
第四节 不追究法律责任、归责与免责 ………………………… (107)
第五节 法律制裁 ………………………………………………… (109)

第二编 法律的历史发展

第七章 法律的演化 …………………………………………………… (113)
第一节 法的历史类型 …………………………………………… (113)
第二节 法与社会的共同演化 …………………………………… (117)
第三节 当代西方主要法系 ……………………………………… (123)
第八章 法律的继承和移植 …………………………………………… (129)
第一节 法律的继承 ……………………………………………… (129)
第二节 法律的移植 ……………………………………………… (131)
第三节 法律全球化 ……………………………………………… (136)
第九章 法治国家的社会基础 ………………………………………… (142)
第一节 法治的含义与构成要素 ………………………………… (142)
第二节 法治国家的形成与发展 ………………………………… (146)
第三节 法治国家的社会基础 …………………………………… (160)
第四节 建设社会主义法治国家 ………………………………… (168)
第十章 法律与社会 …………………………………………………… (190)
第一节 法律与经济 ……………………………………………… (190)
第二节 法律与政治 ……………………………………………… (194)
第三节 法律与道德 ……………………………………………… (200)
第四节 法律与宗教 ……………………………………………… (205)
第五节 法律与科学技术 ………………………………………… (209)
第六节 法律与人权 ……………………………………………… (211)

第三编 法律的作用和价值

第十一章 法律的作用 ………………………………………………… (219)
第一节 法律的规范作用 ………………………………………… (220)
第二节 法律的社会作用 ………………………………………… (222)

第三节　法律的局限性 …………………………………（225）

第十二章　法律的价值 ………………………………………（228）
　　第一节　法律价值概述 …………………………………（228）
　　第二节　法律与正义 ……………………………………（233）
　　第三节　法律与秩序 ……………………………………（237）
　　第四节　法律与自由 ……………………………………（239）
　　第五节　法律与平等 ……………………………………（245）
　　第六节　法律与利益 ……………………………………（246）

第四编　立法与法律的运行

第十三章　立法 ………………………………………………（255）
　　第一节　现代社会的立法与立法权 ……………………（256）
　　第二节　立法原则、立法程序与立法技术 ……………（258）
　　第三节　立法体制 ………………………………………（267）

第十四章　法律实施 …………………………………………（271）
　　第一节　法律实施概述 …………………………………（272）
　　第二节　执法 ……………………………………………（273）
　　第三节　司法 ……………………………………………（282）
　　第四节　守法 ……………………………………………（290）
　　第五节　法律监督 ………………………………………（294）

第十五章　法律程序 …………………………………………（299）
　　第一节　法律程序概述 …………………………………（300）
　　第二节　正当程序原则 …………………………………（305）
　　第三节　法律程序的类型 ………………………………（309）

第十六章　法律方法 …………………………………………（314）
　　第一节　法律方法的概念 ………………………………（314）
　　第二节　主要法律方法 …………………………………（318）
　　第三节　法律方法的应用原则 …………………………（332）

导　论

【重点问题】
1. 法理学的定义
2. 学习法理学的重要性
3. 学习法理学的方法

任何一个学习法律的人，都首先要系统地学习法理学，这不仅是由法理学的学科地位决定的，也是由法理学所提供的基本理论和知识基础决定的。因此，我们有必要了解和掌握什么是法理学、为何要学习法理学以及如何学好法理学。

一、什么是法理学

法理学是人们试图对法律现象、法律问题进行深层思考和理论回答，致力于探寻法律的最基本、最一般、最普遍规律，研究法律基本范畴、基本原理、基本原则、基本方法和基本问题的一门学问。简言之，法理学就是要探讨和研究"法"之"理"，"研究法理学的目的在于寻求自觉，寻求对法律的性质以及它的社会背景的某种程度的透彻理解"[①]。应当说，人类自从有法律时就进行了法理学、法哲学的理性思考和理论探讨，无论是西方先哲柏拉图、亚里士多德，还是中国的老子、孔子、荀子等等，都形成了一定的法律思想，并逐渐和人类后来的法理思考和理论探讨汇聚成丰富而璀璨的法律思想宝库。尽管他们进行了今天看来属于法理学或法哲学方面的重要理论问题的研究，但是，那时还没有形成法理学或法哲学的独立学科（当时的法学也并未形成独立的学科）。法理学作为一门独立的学科出现，则是18世纪末19世纪初的事情。

1782年，英国功利主义哲学家和法学家边沁在《法理学定义的界限》一书中首次提出了法律实证主义分析原则，但由于该书稿在1945年才被发现并出版，因而对当时未产生什么影响。1832奥斯丁撰写出版了《法理学的范围》，提出法理学应当研究"事实上是什么样的法律"，而不是"应当是什么样的法律"，从而严格区分了"实有"和"应有"，这时才真正确立了法律概念体系的独立研究。后

---

① 〔英〕韦恩·莫里森：《法理学——从古希腊到后现代》，李桂林等译，武汉大学出版社2003年版，第3页。

经阿莫斯、马克伯、霍兰德、萨尔蒙德等人的努力,"法理学最终作为一门独立学科的开端(理论知识体系、学问和大学的法学课程)而存在"①。但是,法理学作为一门学科的名称,在国内外有不同的看法。德国等大陆国家一般称之为法哲学或法律哲学(Legal Philosophy or Philosophy of Law),英美等国家一般称之为法理学(Jurisprudence),尽管也有人坚持二者是不同的学科,但二者的含义还是基本趋于一致的。② 为此,当代美国著名法学家波斯纳就指出:"所谓'法理学',我指的是关于法律这种社会现象的最基本的、最一般的和最理论化的分析。""我们通常将对根本性问题的分析称为'哲学',因此,传统将法理学定义为法哲学或哲学在法律中的运用,这显然是恰当的。"③

中文"法理学"一词源于日文汉字。1881年,日本著名法学家、日本近代法律文化主要奠基人穗积陈重教授为克服"法哲学"一词较重的形而上学色彩,将德文"Rechtsphilosophie"创造性地翻译为"法理学",后来被引入中国。但是,新中国成立初期,我国法学理论基本照搬苏联时期的《国家与法的理论》,具有很重的政治学色彩。改革开放后,法学界才开始致力于法学独立性的探索,1981年北京大学出版社发行的法理教科书改称为《法学基础理论》,80年代中期,法理学学科名称才取得合法地位,出版的相应教科书才改称为法理学。

总之,法理学是法学的最一般、最基本的理论,它包括法律本体论、法律价值论、法律方法论及法律与社会的关系等等,是部门法学的重要理论基石。

二、为什么要学习法理学

为什么要学习法理学?这看似一个简单的问题,但并不是每个学习法律的人都十分清楚。对这个问题不清楚,就会影响到对法理学的学习和研究,甚至影响到对整个法律知识(包括部门法)的学习、理解和运用。因此,学习法理学具有重大的意义。

首先,学好法理学是学好部门法学、全面深入掌握法学理论和专业知识的需要。我们说,法理学是"法"之"理",是对法律的基本规律、基本原理、基本原则的根本认识和总体把握,是贯穿、适用于法学各学科之中的基本理论、基本立场和基本方法,因而是各部门法学的重要理论基石。法理学关于"法律是什么""法律为何有效""如何适用法律"等基本问题的探讨和回答,构成了法学其他学科进行研究和探讨的重要理论前提,如果没有法理学的理论基础,就很难学好部

---

① 舒国滢:《法理学学科的缘起和它在当代面临的问题》,载沈宗灵等编:《法理学与比较法学论集》(下),北京大学出版社、广东高等教育出版社2000年版。
② 参见付子堂主编:《法理学进阶》,法律出版社2006年版,第2页。
③ 〔美〕波斯纳:《法理学问题》,苏力译,中国政法大学出版社1994年版,第1页。

门法学和法学专门知识,甚至可能会陷入简单的"法条注释主义"和"法律工具主义"的泥潭,特别是在面临重大疑难法律问题或者法律空白时,就会显得十分尴尬和无奈,很难适应法治国家建设的需要。部门法学一旦进入较深层面,都会直接融入法理学,包括刑法哲学、民法哲学、行政法哲学等等,都是如此。一些诸如罪刑法定原则、罪刑合理性和科学性、行政合理性与合法性原则、契约自由及其限制、物权公示公信原则等等具体的法律问题研究和探讨,只有立足于法理学的深层基础和理论视野才能获得可靠的解释力和说服力。

其次,学好法理学是培养高水平法律素养和能力的需要。任何高层次人才都须是"将"和"帅"的结合,也就是说,不仅要有"将"的处理具体事务的能力,也要具备运筹帷幄、统揽全局的"帅"的决策能力。对法学高层次人才来讲,就是不仅要有审理个别具体案件的能力,更要善于总结、提炼并为疑难案件处理提供基本原则和方法的能力,直至对立法、执法、司法进行分析、研究并施加影响的能力,这才是一个高水平、高素质、高能力的好法官、好检察官、好警官、好律师和好学者。这恰恰需要有很深厚的法学理论功底、牢固的法律理念、智慧的法律方法、严密的法律思维等等才能做到。但是,人们往往对此认识不清,在法学教育中也往往不受关注。为此,德国学者魏德士就曾忧心忡忡地反思到:"由于大学教育集中在局部原则领域,学生们看不到法律制度及其基础与作用方法的全貌。今天的法学教育被司法考试牵着鼻子走,它所培养出来的与其说是独立思考并具有批判能力的法学家(Rechtswissenschaftler),毋宁说是熟练使用法律的法律技术匠(Rechtstechniker)。在法学研究以及部门法的实践中,基础问题和方法论问题常常被回避甚至忽视。"①事实上,西方很多著名的特别是对司法改革进程产生重大影响的大法官,如霍姆斯、卡多佐、波斯纳等等,都是非常著名的法理学家,也正因如此,"法官造法"才是可能的、充满法律智慧的,也才是有公信力和历史贡献的。历史也表明,任何成就大事的高层次、高水平人才,都不能没有宽阔的知识面、深厚的理论功底、别具一格的深刻思想,以及把思想付诸实践并影响现实社会的能力和水平。为此,要培养高层次的法律专门人才,就必须通过法理学的学习来培养必要的"将""帅"结合的高素质、高能力和高水平,并为深化法学其他学科专业知识的学习、掌握和运用奠定良好基础。

再次,学好法理学是适应司法改革和培养法律共同体的需要。加快法治国家建设进程,就必须建立法律共同体,保障司法机关独立行使司法权力。但是,法律共同体并不是简单的法律专业人才的集合,而是具有共同的法律专业知识和技术、具有坚定的法律理念和丰富的社会经验、具有很强利益平衡和规则驾驭能力的法律职业队伍。我们过去往往不注重法律理念、法律精神、法律思维、法

---

① 〔德〕伯恩·魏德士:《法理学》,丁小春、吴越译,法律出版社2003年版,第20页。

律方法的培养和法学理论的学习,缺少司法独立精神,因而"法律工具主义""法律实用主义"色彩十分浓重,这直接影响到司法改革进程和司法效果。事实上,世界上并没有一成不变的法律,但却有相对不变的法律理念和法律精神。法律理念、法律精神的弘扬和培养就成为推进司法改革和构建法律共同体的关键一环。另外,法理学并不能提供直接的、实用的法律操作技术,但却能提供一种必要的法律思维能力和方法,有了这种思维能力和方法,也许并不一定会形成相应的操作技术,但若没有这种思维能力和方法,就一定不会形成一定的法律操作技术。可见,建立法律共同体就要求"法律人"应善于发现规则和恰当适用规则,而不能做僵死法条的奴隶,因而就要求培养"法律人"的共同法律信仰、法律理念、法律思维和法律方法。要做到这一点,没有对法理学的深入系统学习是不可能的。

三、如何学习法理学

法理学是对法律现象和法律生活的高度提炼、普遍概括和理论升华,因此,与其他法学学科相比,法理学具有很强的理论性、抽象性和思辨性,而且与司法实践问题缺少直接的关联。这就使得法理学的学习变得较为艰难,如何学好法理学也就成为值得探讨的问题。事实上,任何理论无论多么抽象,它都不可能脱离生活现实,法理学更是法律生活现实的反映,只要肯下工夫,找准方法,是能够把法理学学好的,并转化成良好的法律素质和能力。

首先,立足全球化视野,深入学习和解析西方法理学,并进行中西对比学习和研究。西方法理学具有悠久的历史传统,从古希腊的斯多葛学派到今天的后现代法学,形成了色彩纷呈、奔涌向前的法律思想长河,这些都是人类法律思考的结晶,是人类共同的宝贵财富,指导着人类的社会行为和法律生活,当然对后发现代化国家的法学研究和法治进程具有重要的借鉴意义。特别是自然法学、分析实证主义法学、社会学法学、经济分析法学、新马克思主义法学、后现代法学、女权主义法学等等的法律思想和理论已部分地被吸收容纳进中国法理学,并对中国法治进程产生了重要影响。因此,不了解西方法理学,不对中西法理学进行对比学习和研究,就很难开阔法理学理论视野,也很难学好法理学。在当今全球化时代,随着全球经济一体化趋势加剧,法律的交融、贯通与合作的趋向日益明显,这也需要认真对待和学习西方法理学,并进行深入的中西比较学习和研究。当然,由于政治制度、文化传统、生活习惯等因素的影响,我们对西方法理学应采取批判性的学习和研究态度,否则,照抄照搬、亦步亦趋,只能永远是缺少"话语权"的"学生",很多西方理论"移花接木"到中国也会造成"水土不服"的难题。也就是说,批判性地接受西方法理学,不仅是我国的制度性质和国情决定的,也是建立我国在世界上的法理学"话语权"所要求的。

其次，立足本土国情，全面学习和掌握中国法理学，并直面"生活事实"和"中国问题"。虽然中国法理学需要面向西方法理学和全球视野，但是，它毕竟是要首先立足中国本土国情和解决"中国问题"的。因此，在改革开之初，我们打开国门亟须采取"拿来主义"以武装自己，但是，当中国经济逐步崛起、法学理论研究逐步兴盛之时，特别是很多西方法学理论无法回答和解决"中国问题"时，就亟须建立中国的法理学。这样，我们就必须努力全面学习和掌握中国法理学的最新成果和理论发展，尤其是善于从社会转型和法治进程中探寻和挖掘生活中的法理，关注生活现实，面对"中国问题"，从而避免抽象的理论空谈和简单的逻辑推演，也能避免对西方法学理论的照抄照搬。只有这样，才能更好地学好法理学，学活法理学，也才能学以致用，充分发挥法理学指导法律实践、回应法律生活的理论使命。

再次，立足学科兼容，注重法理学与部门法的有机结合，并强化法学理论的应用性分析。法理学固然是法学的最一般、最基本的理论，是探索法学的基本范畴、基本原理、基本原则和基本问题的，从而为其他法学学科提供思想基础和理论指引，但是，法理学并不是必然无疑的、高高在上的"老大"。事实上，只有法理学确实能为部门法提供理论指导时，它才具有基石和"统领"的作用，而且法理学的很多理论和原理都来源于对部门法学的深入思考和理论升华，是部门法学的实践过程为法理学提供了基本素材和理论源泉。如果脱离了部门法学，法理学就很可能成为一门与司法实践无涉的空洞玄学，法理学也就失去了其价值和意义。因此，要学好法理学，就必须强化学科兼容，尤其是注重部门法学的法理学分析和应用性探讨，只有这样，法理学才有了现实根基和理论活力，法理学原理和知识也才会转化成指导司法实践的精神价值和理论能力。

问题与思考

1. 什么是法理学？
2. 为什么要学习法理学？
3. 如何学好法理学？

第一编 法律的本体

第一章 法律的概念

【法律故事】

　　古希腊剧作家索福克勒斯在悲剧《安提戈涅》中讲述了这样一个故事：安提戈涅的兄弟浦雷尼克因为背叛城邦而被克里奥国王处死，克里奥国王还禁止人们为浦雷尼克举行葬礼。安提戈涅冒着生命危险，按照希腊宗教所规定的仪式安葬了她的兄弟。于是，克里奥国王要对安提戈涅进行惩罚。对此，安提戈涅辩论说，在埋葬她的兄弟时，她所违反的只是克里奥的法律，但是，这样做却符合更高的神的意志。在安提戈涅看来，国王的命令并不当然具有法律效力，它还必须符合神的意志，否则就是无效的。[①]

第一节 法律的定义

一、法与法律

　　汉字"法"的古体是"灋"。西周金文中已有此字，春秋战国之交开始广泛使用。我国历史上的第一部字典即东汉许慎所著的《说文解字》注释说："灋，刑

---

① 参见〔美〕E.博登海默：《法理学：法律哲学与法律方法》，邓正来译，中国政法大学出版社1999年版，第4页。

也。平之如水,从水;廌,所以触不直者去之,从去。"①从这一解释中可以看出,古代的"灋"和"刑"两个字是通用的。其基本含义有二:其一是公平,即所谓"从水";其二是惩罚,即所谓"从去"。其中的"廌"又名"解廌",亦作"獬豸",是传说中的一种独角神兽。古书记载,一说像羊,一说像牛,一说像鹿,其说不一,但都认为它生性悍直,能区分是非曲直。廌"性知有罪,有罪触,无罪则不触"②。显然,这是一种神明裁判的传说。我国法学界多根据《说文解字》的解释,认为法的本义是指一种判断是非曲直、惩治邪恶的规范。

不过,对于"法"字的水旁究竟是否意指"公平"这一点,法学界尚存有争议。当代著名学者蔡枢衡先生认为,说法"平之如水",乃"后世浅人所妄增"。当"灋"这个字在汉语中刚出现时,人们的思维水平还没有达到较高的程度,以至于可以从中抽象出"公平""均直"之类的含义。他认为,在"灋"这个字的意义构成里,"水"的含义不是象征性的,而纯粹是功能性的,是指"漂刑",即把犯罪者置于水上,随流漂去。就是说,这里的"水"并非指"公平",而是指"惩罚"。③应该说,蔡枢衡先生的这一看法是颇有见地的,它符合中国人关于"法即刑"的传统观念。苏力先生则提出,在先秦的文献中,并没有强调水"平"的特征的文字,相反地,强调水自上而下流动的文字倒是不少。所以,"法"字的水旁,意味着古人强调法是自上向下颁发的命令。他还指出,20世纪以来,我国法学家之所以普遍接受许慎对"法"字的解释,把法看作"公平"的象征,其重要原因之一是他们努力强调中西"法"中的共同性。④

汉语中的"律"字很早就与"法"字同义。据我国最早解释词义的书《尔雅》记载:"法,常也;律,常也。"⑤《唐律疏议》也说:"律之与法,文虽有殊,其义一也。"⑥对"律"字,《说文解字》注释说:"律,均布也。"⑦清人段玉裁在其所撰《说文解字注》中进一步解释说:"律者,所以范天下之不一而归于一,故曰均布也。"所谓"均布",是古代调音律的工具,把律比作均布,说明它有规范、统一人的行为之意。

我国古代称法为刑,如夏之禹刑、商之汤刑、周之吕刑。至春秋战国时期,出现刑书、刑鼎、竹刑。魏相李悝,集诸国刑典,造《法经》六篇,改刑为法。商鞅相秦,进行变法,又改法为律,萧何继之作《九章律》。此后,历代封建王朝一般把刑典称为律,只有宋、元两朝例外,宋朝称作"刑统",元朝称作"通制"。

---

① 许慎:《说文解字》,中华书局1963年版,第202页。
② 王充:《论衡》,上海人民出版社1974年版,第270页。
③ 参见蔡枢衡:《中国刑法史》,广西人民出版社1983年版,第170页。
④ 参见苏力:《"法"的故事》,载《读书》1998年第7期。
⑤ 《尔雅·释诂》。
⑥ 《唐律疏议·名例》。
⑦ 许慎:《说文解字》,中华书局1963年版,第43页。

早在秦汉时,就有人将"法""律"两字连用,合为"法律"一词。如西汉晁错称:"今法律贱商人,商人已富贵矣;尊农夫,农夫已贫贱矣。"① 但总的来说,"法""律"两字一般是分开用的,"法律"一词在清末民初才被广泛使用,据说是受日本的影响。② 在现代汉语中,"法律"一词有广义和狭义两种用法。广义的法律是从抽象意义上而言的,指法的整体,包括由国家制定的宪法、法律、法规、规章等规范性文件和国家认可的判例、习惯等。就我国现在的法律来说,主要是指作为根本法的宪法、全国人民代表大会及其常务委员会制定的法律、国务院制定的行政法规、某些地方国家机关制定的地方性法规等。狭义的法律是从特定或具体意义上而言的,专指拥有立法权的国家机关依照立法程序制定的规范性文件。在我国,狭义的法律仅指全国人民代表大会制定的基本法律和全国人民代表大会常务委员会制定的除基本法律以外的其他法律。为了避免上述两种意义混淆,我国多数学者习惯于把广义的法律称为法,而把狭义的法律仍称为法律。

近年来,受西方法哲学(尤其是自然法学派)的影响,我国法学界部分学者提出,应该从划分"应然法"与"实然法"的角度来区分法和法律这两个概念。法是指"应然法",即隐藏在事物背后的客观法则或人类普遍的理性要求;而法律是指"实然法",即现实的国家政权所制定的具体的法律。从这种意义上说,法律只是法的表现形式。值得注意的是,马克思主义经典作家也认为,法和法律是两个应该加以区别的概念。马克思认为,法是事物所固有的理性规律,而法律只是这种理性规律的表现形式。他指出:"事物的法的本质不应该去迁就法律,恰恰相反,法律倒应该去适应事物的法的本质。"③ 在马克思看来,符合"事物的法的本质"的法律是真正的法律;反之,违背"事物的法的本质"的法律只是形式上的法律,它本身就是一种非法。这一思想的积极意义在于反对国家任意立法。

二、对法律的不同界说

关于法律的定义,古今中外的思想家、法学家提出了各式各样的学说。在西方法哲学界,各个法哲学流派基于各自的学术立场分别对法律作出了不同的定义。其中,比较有影响的观点主要有以下三种:

(一)法律命令说

法律命令说是19世纪英国分析法学家奥斯丁提出的关于法律的定义。奥斯丁认为:"人们所说的准确意义上的法或规则,都是一类命令。"④ 这种命令是

---

① 《汉书·食货志》。
② 参见郑竞毅编著:《法律大辞书》(上册),商务印书馆1936年版,第761—762页。
③ 《马克思恩格斯全集》第1卷,人民出版社1956年版,第139页。
④ 〔英〕奥斯丁:《法理学的范围》,刘星译,中国法制出版社2002年版,第17页。

政治上居上位者的意志的表达,政治上居下位者如不服从,就会受到制裁。就是说,法律是由主权者下达的以制裁为后盾的普遍命令。这一学说的合理之处在于它看到了"主权"在法律的制定和执行过程中的重要作用。但是,这一学说把法律看作是高高在上的主权者的"命令",并把"制裁"上升为法律的核心要素。这不仅歪曲了法律的特征,而且会导致法律专制主义思想泛滥,成为暴政的帮凶。

（二）法律规则说

法律规则说是当代英国分析法学家哈特提出的关于法律的定义。哈特认为,法律是由第一性规则和第二性规则两类要素结合而形成的规则体系。"第一类规则设定义务,第二类规则授予权力,公权力或私权力。"①法律规则是法律的最主要构成要素,因此,正如哈特自己所说的那样,从法律规则的角度定义法律,就抓住了"法律科学的关键"。但是,把法律仅仅归结为单一的法律规则,是把复杂的法律问题简单化了。在法律的构成要素中,除了具体的法律规则外,还有比较抽象的法律原则和立法政策。当人们在解决法律上的权利和义务问题的时候,特别是在疑难案件中,法律原则和立法政策往往发挥着十分重要的作用。

（三）社会控制说

社会控制说是当代美国社会法学家庞德提出的关于法律的定义。庞德指出,关于"什么是法律"这个问题,一直是一个争论不休的话题。原因在于,人们往往把三个完全不同的东西都称为法律。它们分别是:第一,法律秩序,即通过有系统地、有秩序地使用政治组织社会的强力来调整关系和安排行为的制度;第二,一批据以作出司法或行政决定的权威性资料、根据或指示;第三,司法过程和行政过程,即为了维护法律秩序依照权威性的指示以决定各种案件和争端的过程。庞德说,可以用社会控制的观念把这三种意义统一起来,这样就能得出一个关于法律的完整的定义:法律"是依照一批在司法和行政过程中使用的权威性法令来实施的高度专门形式的社会控制"②。庞德指出,通过法律所实施的社会控制,就是对人类本性的控制。人们的要求总是无限的,但社会满足这些要求的机会却是有限的,于是,各种利益就会产生冲突,一定程度的社会控制自然必不可少。应该说,庞德的社会控制说是一个关于法律的比较完整的定义,其中包含着值得我们重视的内容。

三、法律的定义

在以苏联为代表的社会主义法学阵营里,长期流行一个关于法律的经典定

---

① 〔英〕哈特:《法律的概念》,张文显等译,中国大百科全书出版社1996年版,第83页。
② 〔美〕庞德:《通过法律的社会控制·法律的任务》,沈宗灵、董世忠译,商务印书馆1984年版,第22页。

义,它是苏联著名法学家维辛斯基于1938年代表当时的苏联法学界提出来的,因而被称作维辛斯基定义。维辛斯基定义的内容是:"法是以立法形式规定的表现统治阶级意志的行为规则和为国家政权所认可的风俗习惯和公共生活规则的总和,国家为了保护、巩固和发展对于统治阶级有利的和惬意的社会关系和秩序,以强制力量保证它的施行。"①这个定义强调了法律以下四个方面的属性:第一,法律的规范性:法律是"以立法形式规定的行为规则"和"为国家政权所认可的风俗习惯和公共生活规则"这两类规则的总和;第二,法律的阶级性:"以立法形式规定的行为规则"直接地表现了统治阶级的意志,"风俗习惯和公共生活规则"要上升为法律规则,则必须获得国家政权的认可,因而是间接地表现了统治阶级的意志;第三,法律的政治性:法律的功能在于保护、巩固和发展对于统治阶级有利的社会关系和社会秩序;第四,法律的强制性:国家以强制力量保证法律的施行。

维辛斯基定义强调法律的规范性,明确地表达了法律的规范作用,这一点是值得肯定的。但是,从根本上说,这个定义的理论基础是斯大林时期的阶级斗争理论,因而它不可避免地存在着严重的缺陷。这个定义强调了法律的阶级性、意志性,却没有提及法律的物质制约性、规律性,没有指出统治阶级的意志归根到底是由社会的物质生活条件所决定的;这个定义强调了法律的政治职能,却没有提及法律的社会管理职能;这个定义强调了法律的国家强制性,却没有提及公民对法律的自觉认同和自觉遵守问题。这种理论上的偏颇助长了斯大林时期个人专断、践踏法治的行为。

从理论渊源上看,我国法学界关于法律的定义深受苏联法学理论的影响。20世纪50年代以后,维辛斯基定义传播到我国法学界,并在我国法学界占据主导地位。受到当时"极左"思潮的影响,我国法学界曾一度过分强调法律的阶级性,甚至把法律视作阶级斗争的工具。这种错误观念对新中国成立以后的法学研究和法制实践都产生了严重的破坏作用。20世纪80年代以来,在法律的定义问题上,我国法学界开始努力消除维辛斯基定义和"法律工具论"的负面影响。

根据我国法学界目前关于法律的定义的通说,并结合本章第二节、第三节关于法律的特征、法律的本质的分析,我们对法律作出如下定义:法律是由国家制定或认可的、以权利和义务为主要内容的、在本国主权范围内普遍适用的、以国家强制力保证实施的行为规则的总和。法律在本质上是统治阶级意志的体现,但这种意志的内容是由社会的物质生活条件所决定的。

---

① 〔苏〕维辛斯基:《国家和法的理论问题》,李樵等译,法律出版社1955年版,第100页。

第二节　法律的特征

一、法律的国家创制性

从产生方式上看,法律与其他社会规范的区别在于它有国家创制性,即法律是由国家制定或认可的。法律以外的其他社会规范无一例外地都不是由国家创制的。例如,习惯和道德往往是人们在长期的共同生活中自发形成的,宗教教规是由各种宗教组织制定的,政党的政策则是由政党的领导机构发布的。

制定和认可是国家创制法律的两种途径。所谓制定是指拥有立法权的国家机关按照一定的程序创造出新的法律规范。通过这种方式产生的法律,称为制定法或成文法。所谓认可是指有关国家机关赋予社会上已经存在的某种行为规范以法律效力。通过这种方式产生的法律,称为不成文法。国家认可法律主要有以下三种情况:第一,赋予社会上既存的习惯、道德、宗教教规等以法律效力,这是最常见的一种认可形式;第二,在判例法国家,通过对特定判例进行分析,从中概括出一定的规则或原则,并把这些规则或原则当作以后处理类似案件的根据,从而事实上赋予它们以法律效力;第三,赋予权威法学家的学说以法律效力,即在法律没有明文规定的情况下,允许援引权威法学家的学说作为处理案件的依据。

有学者提出,法律解释也是法律创制的一种主要方式。他认为:"法律的创制不是仅仅通过认可和制定,法律被认可或被制定以后还有一个再度创造的过程,这就是解释。……如果把法律仅仅理解为立法机关认可或制定的规范,容易造成多种误解,并会导致法官轻视法律的适用阶段。"[①]

法律的国家创制性意味着法律出自国家,国家是法律的唯一来源。这说明,法律与国家权力之间存在着内在的、不可分割的联系。没有国家权力的支撑,任何法律都将无从产生。换言之,一切法律都是以国家名义创制的。

不过,有关国家是不是法律的唯一来源这一问题,在法学界是存有争议的。西方有的法学流派认为,法律不一定与国家政权有联系,其主要理由是习俗和学者的学说有时可以直接成为审判的依据。国内也有学者认为,虽然法律主要来源于国家,但国家并没有垄断造法的权力,除国家造法外,社会本身始终是法律的重要来源。社会造法的主要表现是,在许多国家,社会公认的价值观、部分习惯以及权威性理论可以直接成为法律。此外,许多国际组织也在创造法律,如联合国、欧盟等。虽然这些国际组织的成员是国家,但它们本身却不是国家。[②]

[①] 张文显主编:《法理学》,法律出版社1997年版,第56页。
[②] 参见周永坤、范忠信:《法理学——市场经济下的探索》,南京大学出版社1994年版,第25页。

二、法律的行为规范性

从调整机制上看,法律与其他社会规范的区别在于它有行为规范性。法律主要是由法律规范构成的,法律规范通过设定权利和义务的方式来调整人的行为,这种独特的调整机制是其他社会规范所没有的。

首先,法律规范是一种行为规范,它通过对人们的行为提出模式化要求,进而实现调整社会关系的目的。人的行为是法律规范的直接调整对象,社会关系则是法律规范的间接调整对象。实际上,法律规范和其他任何一种社会规范一样,都是针对社会关系进行调整和控制的,但法律规范在调整社会关系时,总是以人的行为作为中介,而不是以人的思想作为中介。马克思指出:"凡是不以行为本身而以当事人的思想方式作为主要标准的法律,无非是对非法行为的公开认可。……对于法律来说,除了我的行为以外,我是根本不存在的,我根本不是法律的对象。我的行为就是我同法律打交道的唯一领域"[①]。法律规范首先调整人的行为,这是法律规范区别于其他社会规范的重要特征之一。例如,道德规范主要通过思想引导和舆论压力来调整社会关系,政党规范主要通过思想控制和组织控制来调整社会关系。

其次,法律规范通过设定权利和义务的方式来调整人的行为。法律规范在逻辑上由行为模式和法律后果两部分所组成。在行为模式部分,立法者直接分配权利和义务,从而给人们的行为确立统一的标准。在法律后果部分,立法者对合法行为和违法行为分别设定不同的法律后果,从而引导、保证人们按照行为模式的要求去办事,这实际上是对权利和义务的二次分配。无论是对权利和义务的初次分配还是二次分配,立法者都努力追求权利和义务的明确性、确定性,而且非常讲究权利和义务彼此之间的匹配性和对等性。这种独特的调整方式是法律与其他社会规范的显著区别所在。有的社会规范,如道德、宗教规范侧重于义务性规定,并且主要靠人们的内心信念来遵守。还有一些社会规范,如党、团纪律规范,虽然也有权利和义务的规定,但其所规定的权利和义务往往是不明确的、不确定的,其所规定的权利和义务彼此之间还有可能是不匹配的、不对等的。

三、法律的普遍适用性

从适用范围上看,法律与其他社会规范的区别在于它有普遍适用性。由于法律是以国家名义制定并颁布实施的,它代表着国家意志,因此,是一种普遍性的社会规范。所谓法律的普遍适用性是指法律作为一个整体,在本国主权范围内具有使一切国家机关、社会组织和公民一体遵行的法律效力。法律并不是为

[①] 《马克思恩格斯全集》第1卷,人民出版社1956年版,第16—17页。

特殊保护个别人的利益而制定的,也不是为特别约束个别人的行为而设立的。法律为社会上的一切人提供行为准则,它的对象是抽象的、一般的人,而不是具体的、特定的人。任何人的合法行为都无一例外地受法律的保护,任何人的违法行为也都无一例外地受法律的制裁。

需要说明的是,说法律有普遍性,是把法律作为一个整体而言的,并不意味着每一部特定的法律都在一国全部领域内对所有的人生效。事实上,有的规范性法律文件,如地方性法规,就只在制定该规范性法律文件的国家机关所管辖的地区有效;有些规范性法律文件还可以在一国领域外发生效力;还有一些规范性法律文件是针对某一类社会成员而制定的,对其他社会成员不发生法律效力。

法律的普遍适用性是法律与其他社会规范的重要区别之一。其他社会规范往往有其特定的适用对象和适用范围,如习惯规范、道德规范和宗教规范等,并非在一国范围内对所有的人都有效,因为在不同地区或不同人群中通行着不同的习惯、道德和宗教规范。至于政党的政策,一般只对该党的各级组织和党员个人有效,没有适用上的普遍性。

四、法律的国家强制性

从实施方式上看,法律与其他社会规范的区别在于它有国家强制性,即法律是由国家强制力来保证实施的。其他的社会规范在贯彻实施上也都有一定的强制性,例如,习惯规范的实施主要靠传统力量的强制,道德规范的实施主要靠社会舆论的强制,宗教规范的实施主要靠精神力量的强制,政党规范的实施主要靠党内纪律的强制。但是,这些社会规范的强制性都仅仅是一般的强制性,而非国家强制性,因为它们是靠一般的强制力而非国家强制力来保证实施的。

所谓国家强制力是指一定的阶级为了一定的统治目的而建立起来的军队、警察、法庭、监狱等国家暴力,它由专门的国家机关按照法定程序来运用。国家强制力是一种强大的暴力性力量,是任何单个的组织和个人都无法抗拒的。法律以国家强制力作后盾,就使法律的运行有了可靠的保障。不论其主观愿望如何,任何人都必须严格遵守法律,否则就会招致国家的干预,受到相应的法律制裁。

不过,法律以国家强制力作为后盾,并不意味着在法律实施的全过程中都必须直接借助于国家暴力。在正常情况下,国家强制力隐而不发,只有当法律运行出现"病态"即有人作出了违法行为的时候,国家强制力才迸发出来,对违法者进行法律强制。实际上,人们不应过分迷信国家强制力的运用。因为,在运用国家强制力的场合,人们是被迫才遵守法律的,其守法的主动性和积极性没有发挥出来,因而很难保证法律得到充分的实施。同时,运用国家强制力需要投入一定的人力、物力和财力,这会提高法律运行的成本,不符合法律的经济性原则。正如美国学者博登海默所说:"如果人们不得不着重依赖政府强力作为实施法律命令的手段,那么这只能表明该法律制度机能的失效而不是对其有效性和实效的肯定。"①

值得一提的是,把法律的特征概括为以上四种属性只是我国法学界的一般看法。在法律的特征问题上,国内外均有学者持与此不同的看法。其中较有代表性的一种观点认为,法律的可诉性才是法律的重要特征所在。例如,德国法学家坎特洛维奇认为,用法律的内容、法律的国家渊源和法律的强制性来解释法律的特殊性都不甚令人满意。他指出,法律是规范外部行为并可被法院适用于具体程序的社会规则的总和,因此,法律区别于其他社会规范的最明显特征在于它的可诉性(Justiciability)。② 国内也有学者认为,可诉性是现代法治国家中法律的重要特征之一。所谓法律的可诉性是指法律作为一种规范人们外部行为的规则,可以被任何人(特别是公民和法人)在法律规定的机构中(特别是法院和仲裁机构中)通过争议解决程序(特别是诉讼程序)加以运用的可能性。它是现代法治国家的法律应有的特性。传统法学理论把法律的运行看成是由国家制定、民众执行的单向运行模式,忽视了民众对法律的积极参与,因而在法律的特征上就遗漏了法律的可诉性。在现代法治国家,法律的运行必须采用从一般大众到政府以及从政府到一般大众的不断的立法、规范、监督、反馈和修正的良性双向运行模式。在这种模式中,民众对法律的参与除被管理和机械守法外,也包括对法律的积极运用。这样,法律的可诉性就显现出来了。③

第三节 法律的本质

一、研究法律本质的意义

现象和本质是哲学上的一对范畴。任何事物都是现象和本质的统一体,法律自然也不例外。法律的现象是指法律的外部联系,是法律本质的外部表现,是人们通过感官就可以感知到的法律的外部特征。如前所述,与其他社会规范相比,法律具有国家创制性、行为规范性、普遍适用性和国家强制性四个特征。法律的本质是指法律的内部联系,是法律区别于其他一切事物的根本属性。法律的本质隐藏于法律现象的背后,是法律内在的、深刻的、稳定的属性。人们只有通过科学的抽象思维,才能认识它、把握它。

法律的本质是法理学领域最为重要的一个学术范畴。有关法律本质问题的

---

① 〔美〕E.博登海默:《法理学:法律哲学与法律方法》,邓正来译,中国政法大学出版社1999年版,第345页。
② See Hermann Kantorowicz, The Definition of Law, Cambridge University Press, 1958, p.79.
③ 参见王晨光:《法律的可诉性:现代法治国家中法律的特征之一》,载《法学》1998年第8期。

认识和思考,是任何一个完整的法理学理论体系不可或缺的组成部分。对法律的本质持何种态度,事关一个人的法律世界观和法律方法论,所以,古今中外的思想家、法学家在提出自己的法律思想之前,总是要首先表达自己对于法律本质问题的立场。

法律的本质问题也是被古今中外的思想家、法学家弄得最为混乱不堪的一个问题。在西方法哲学领域,从古希腊到近当代,先后出现了大大小小几十个法哲学流派。在法律的本质问题上,这些不同的法哲学流派往往各执一词,彼此之间存在着尖锐的对立。在我国法理学领域,自20世纪50年代至今,围绕法律的本质问题(尤其是法律的阶级性问题)也先后发生过多次激烈的争论。

二、法律本质的争论

在法律的本质问题上,西方法哲学界历来是学说林立,观点纷呈。其中,比较有影响的理论主要有以下四种:

(一)神意论

神意论把法律的本质归结为神意。这种思想在古希腊早期就已发端。当时,法律被认为是由神颁布的,而人则是通过神意的启示才得知法律的。在西欧中世纪,罗马教会神学在意识形态领域占据支配地位,哲学、政治学和法学都成了神学的分支,因此,法律的本质被归结为上帝的意志。这种思想的代表性人物是13世纪意大利经院主义哲学家托马斯·阿奎那。19世纪末20世纪初以来,在法国哲学家马里旦和比利时哲学家达班等人的推动下,托马斯·阿奎那的神学主义法律思想获得了复兴,并形成了所谓的新托马斯主义法学。

(二)理性论

理性论把法律的本质归结为理性。古希腊的斯多葛派学者认为,理性作为一种遍及宇宙的普世力量,乃是法律和正义的基础。古罗马法学家西塞罗也认为:"法律乃是自然中固有的最高理性,它允许做应该做的事情,禁止相反的行为。当这种理性确立于人的心智并得到实现,便是法律。"[1]17—18世纪资产阶级革命时期,启蒙思想家将法律的本质归结为人的理性。例如,法国思想家孟德斯鸠指出:"一般地说,法律,在它支配着地球上所有人民的场合,就是人类的理性;每个国家的政治法规和民事法规应该只是把这种人类理性适用于个别的情况。"[2]

(三)公意论

公意论把法律的本质归结为公意。法国思想家卢梭明确提出:"法律乃是

---

[1] 〔古罗马〕西塞罗:《论共和国·论法律》,王焕生译,中国政法大学出版社1997年版,第189页。
[2] 〔法〕孟德斯鸠:《论法的精神》(上册),张雁深译,商务印书馆1961年版,第6页。

公意的行为。"①所以,一个人,不论他是谁,擅自发号施令就绝不能成为法律。这种观点后来被法国的《人权宣言》所肯定:"法律是公共意志的体现。"

(四)民族精神论

民族精神论把法律的本质归结为民族精神。这是19世纪德国的历史法学派的观点。其代表人物萨维尼认为,法律绝不是那种应当由立法者以专断刻意的方式制定的东西,它深深地植根于一个民族的历史之中。就像一个民族的语言和举止一样,法律也首先是由一个民族的特性即民族精神所决定的。"法律随着民族的成长而成长,随着民族的壮大而壮大,最后,随着民族对于其民族性(nationality)的丧失而消亡。"②

三、法律的本质属性

我国法学界的通说认为,应该从主、客观相结合的角度来认识法律的本质。从主观角度看,法律具有阶级性,反映了统治阶级的意志;从客观角度看,法律具有物质制约性,其内容归根到底是由社会的物质生活条件所决定的。所以,法律在本质上是阶级性和物质制约性的统一,是意志和规律的统一。

(一)法律的阶级性

从现象上看,法律是由国家制定或认可的,并且是由国家强制力来保证实施的。因此,法律代表了国家的意志。但是,国家作为一种抽象的政治组织,是没有生命的,因而也就不可能有自己的意志。那么,这个所谓的国家意志究竟是谁的意志?它是不是全体社会成员的"公共意志"?马克思主义要求我们牢牢记住这样一个基本的历史事实:自从人类进入文明时代以来,始终分化为不同的阶级。不同的阶级,其意志和利益是不同的,甚至是根本对立的。因此,所谓的"公共意志"从来就是虚幻的、不存在的。从表面上看,国家是凌驾于社会之上的力量,它扮演着调停人的角色,力求把各阶级之间的利益冲突保持在秩序的范围之内,但实际上它并不是中立的,"它照例是最强大的、在经济上占统治地位的阶级的国家"③。所以,所谓的国家意志实际上只能是统治阶级的意志,统治阶级凭借自己在经济上和政治上的统治地位,硬把本阶级的意志上升为国家意志,并宣布为法律。

法律所体现的统治阶级意志,并不是个别统治者的个人意志,也不是统治阶级内部每个成员的意志之和,而是统治阶级作为一个整体在根本利益一致基础上所形成的共同意志,是统治阶级内部各个成员的意志相互作用而产生的"合

---

① 〔法〕卢梭:《社会契约论》,何兆武译,商务印书馆1980年版,第51页。
② 〔德〕萨维尼:《论立法与法学的当代使命》,许章润译,中国法制出版社2001年版,第9页。
③ 《马克思恩格斯选集》第4卷,人民出版社1995年版,第172页。

力意志"。正如恩格斯在分析历史的发展进程时所指出的那样:"最终的结果总是从许多单个的意志的相互冲突中产生出来的,而其中每一个意志,又是由于许多特殊的生活条件,才成为它所成为的那样。这样就有无数互相交错的力量,有无数个力的平行四边形,由此就产生出一个合力,即历史结果……各个人的意志——其中的每一个都希望得到他的体质和外部的、归根到底是经济的情况(或是他个人的,或是一般社会性的)使他向往的东西——虽然都达不到自己的愿望,而是融合为一个总的平均数,一个总的合力,然而从这一事实中决不应作出结论说,这些意志等于零。相反地,每个意志都对合力有所贡献,因而是包括在这个合力里面的。"① 法律所反映的统治阶级意志就是统治阶级各个成员的意志相互融合而形成的一个总的"合力",它对每个成员的意志都有所吸收又有所舍弃。

自 20 世纪 50 年代至今,法律的阶级性理论一直在我国法学界占据着主导地位,成为我国法学界关于法律本质的通说。但是,与此同时,围绕着法律的阶级性的争论,也几乎从来没有停止过。其中,主要的争论有以下三次:

第一次是 20 世纪 50 年代有关法律的阶级性和继承性之争。1956 年,著名法学家杨兆龙先生撰文提出了法律的阶级性和法律的继承性的关系问题。他认为,一国的全部法律规范可以分为两大类:一类是主导性或关键性的规范,这类规范反映了特定的统治阶级的意志,在不同性质的社会之间不能继承;另一类是辅佐性或从属性的规范,这类规范规定了调整各种社会关系的一般标准以及处理各种事件的程序和方法,它没有具体的阶级性,在不同性质的社会之间可以进行"移植"或继承。② 1957 年"反右派运动"开始之后,杨兆龙先生的这一观点被当作"右派"言论而受到无情批判。

第二次是 20 世纪 80 年代有关法律的阶级性和社会性之争。1978 年党的十一届三中全会以后,我国法学界开始痛定思痛,对长期形成的以阶级斗争为中心的"极左"法学理论进行反思。在此背景下,周凤举先生于 1980 年撰文提出了法律的阶级性和法律的社会性的关系问题。他认为,在阶级社会中,一部分法律规范反映统治阶级的意志,具有阶级性;另一部分法律规范是普遍性的社会生活规范,它反映整个社会的利益和要求,而不是反映统治阶级一个阶级的意志,所以,它具有社会性,没有阶级性。③ 周凤举先生的观点在我国法学界引发了一场长达十年之久的争论。通过争论,法学界多数学者倾向于认为,主要执行社会公共事务管理职能的法律是没有阶级性的。

---

① 《马克思恩格斯选集》第 4 卷,人民出版社 1995 年版,第 697 页。
② 参见杨兆龙:《法律的阶级性和继承性》,载《华东政法学院学报》1956 年第 3 期。
③ 参见周凤举:《法单纯是阶级斗争工具吗?——兼论法的社会性》,载《法学研究》1980 年第 1 期。

第三次是20世纪90年代有关法律的阶级性和民主性之争。90年代以来,我国逐渐走上了建立市场经济、建设法治国家的发展道路。在一个市场经济国家,在一个法治国家,法律的民主性是一个毋庸置疑的先决条件。所以,90年代以来,法律的民主性受到了我国法学界的高度关注。在此背景下,一些学者以法律的民主性为切入点,对法律的阶级性理论提出了批评和质疑。例如,有学者提出,法律有"良法"与"恶法"之分,区分的标准就是看它是否具有民主性。所以,阶级性是"恶法"才具有的属性,而不是"良法"应该具备的品格。马克思、恩格斯在他们的著述中,的确曾确认过资产阶级法律的阶级性,但是,"马克思、恩格斯指出资产阶级法是资产阶级意志的体现,是批判资产阶级法的不合理性,合理的、优良的法律不应当是一个阶级意志的体现"[1]。还有学者指出,在民主国家里,法律应该反映市民社会的利益诉求,而不能仅仅反映政治国家的意志、统治阶级的意志。"'统治阶级意志论'以政治国家为出发点,把法的国家意志形式当作法的本质,因而颠倒了市民社会与政治国家的关系。尽管国家和法是脱离于市民社会的力量,但绝不能是决定和制约市民社会的力量,市民社会更不能成为实现国家目的的手段。恰恰相反,市民社会是国家和法不容置疑的出发点。"[2]

(二)法律的物质制约性

法律的阶级性表明,法律所代表的国家意志实际上就是统治阶级的意志。那么,统治阶级的意志从何而来?马克思主义认为,反映在法律中的统治阶级意志决不是凭空产生的,也不是统治者个人随心所欲的结果,而是由社会的物质生活条件所决定的。马克思指出:"社会不是以法律为基础的。那是法学家们的幻想。相反地,法律应该以社会为基础。法律应该是社会共同的、由一定物质生产方式所产生的利益和需要的表现,而不是单个的个人恣意横行。现在我手里拿着的这本Code Napoléon(拿破仑法典)并没有创立现代的资产阶级社会。相反地,产生于十八世纪并在十九世纪继续发展的资产阶级社会,只是在这本法典中找到了它的法律的表现。这一法典一旦不再适应社会关系,它就会变成一叠不值钱的废纸。"[3]

法律的物质制约性要求立法者在制定法律时必须从客观经济条件出发,而不能臆造它、违反它。马克思指出:"立法者应该把自己看做一个自然科学家。他不是在制造法律,不是在发明法律,而仅仅是在表述法律"[4]。立法者如果违背客观经济规律,想用一道法令阻止社会经济关系的发展,是根本办不到的。正

---

[1] 周永坤、范忠信:《法理学——市场经济下的探索》,南京大学出版社1994年版,第19页。
[2] 马长山:《从市民社会理论出发对法本质的再认识》,载《法学研究》1995年第1期。
[3] 《马克思恩格斯全集》第6卷,人民出版社1961年版,第291—292页。
[4] 《马克思恩格斯全集》第1卷,人民出版社1956年版,第183页。

如马克思在批判蒲鲁东时所说的那样:"只有毫无历史知识的人才不知道:君主们在任何时候都不得不服从经济条件,并且从来不能向经济条件发号施令。无论是政治的立法或市民的立法,都只是表明和记载经济关系的要求而已。"①由此,马克思得出一个重要结论:"法律只是事实的公认。"②这个事实就是客观存在的一定社会经济关系。

在理解法律的物质制约性时,需要特别注意以下三个问题:

第一,法律有物质制约性并不意味着法律总是符合客观经济条件和经济规律的要求。法律应该符合客观经济条件和经济规律的要求,这是一个"应然"的命题,而法律是否符合客观经济条件和经济规律的要求,则是一个"实然"的命题。"应然"与"实然"之间总是有差距的。客观地说,在任何一个社会中,包括在我国社会主义社会中,立法不符合客观经济条件、违背客观经济规律的情况都时有发生。因为经济条件和经济规律的发展要求是一回事,人们能否认识到这种发展要求并把它反映到法律中来则是另一回事,这里面有一个从客观到主观、从社会存在到社会意识的飞跃问题。恩格斯在以民法准则为例阐述经济关系对法律的决定作用时曾说过:"如果说民法准则只是以法的形式表现了社会的经济生活条件,那么这种准则就可以依情况的不同而把这些条件有时表现得好,有时表现得坏。"③可见,无视法律与客观经济规律之间的联系,单纯地把法律看成是主观意志的产物,固然是不对的,但无视法律的主观意志性,把法律与客观经济规律混为一谈,也同样是错误的。

第二,法律有物质制约性并不意味着社会物质生活条件以外的因素对法律就没有影响。法律的物质制约性表明,法律的内容及其发展变化受物质生活条件的制约,特别是受经济基础的制约,但不能因此就认为法律不受其他因素的影响,或者与其他社会现象无关。恩格斯在其晚年阐述唯物史观的基本原理时曾指出:"政治、法、哲学、宗教、文学、艺术等等的发展是以经济发展为基础的。但是,它们又都互相作用并对经济基础发生作用。并非只有经济状况才是**原因,才是积极的**,其余一切都不过是消极的结果。"④可见,政治、哲学、宗教等经济以外的因素同样对法律有影响。看不到这一点,就无法解释实际生活中的许多法律现象。例如,在欧洲中世纪的法律中就一定有火刑;而在中国的封建制法律中就一定有笞杖。显然,这一差别绝非经济基础的差异所致。实际上,前者与欧洲中世纪的宗教观念有关,后者则与中国封建社会的伦理和政治观念有关。

恩格斯在其晚年分析社会历史的进程时还曾提出,虽然经济因素是社会历

---

① 《马克思恩格斯全集》第4卷,人民出版社1958年版,第121—122页。
② 同上书,第124页。
③ 《马克思恩格斯选集》第4卷,人民出版社1995年版,第253页。
④ 同上书,第732页。

史发展中的决定性因素,但它不是唯一的决定性因素。他写到:"根据唯物史观,历史过程中的决定性因素**归根到底**是现实生活的生产和再生产。无论马克思或我都从来没有肯定过比这更多的东西。如果有人在这里加以歪曲,说经济因素是**唯一**决定性的因素,那么他就是把这个命题变成毫无内容的、抽象的、荒诞无稽的空话。"①恩格斯进而认为,在复杂的历史过程中,经济状况是基础,但政治、法律、哲学、宗教等上层建筑领域的各种因素也对历史发展的进程产生影响,并在许多情况下决定着历史斗争的形式。从恩格斯的论述中,我们应该可以推导出这样的结论:对于法律来说,经济基础并非唯一的决定性因素,上层建筑领域的各种因素有时也对法律的发展起着某种决定性的作用。当然,从归根到底的意义上说,上层建筑领域的各种因素对法律的作用还是要通过经济基础的发展所开辟的必然性来展开的。正是从这个意义上,我们才说法律具有物质制约性。

第三,法律有物质制约性并不意味着法律就没有自己的相对独立性。法律的物质制约性说明法律的内容及其发展变化是由社会的物质生活条件所决定的。但是,法律也有自己的相对独立性,它并不随经济基础的发展而亦步亦趋,而是有一定的"惯性",具体表现为法律的历史继承性和其自身发展的规律性。法律的相对独立性与法律的物质制约性并不矛盾。因为,一方面,法律之所以有相对独立性,正是由于不同社会的物质生活条件之间有一定的历史连续性。任何一个新的社会,在其经济基础中总会保留旧有经济的某些遗留成分和因素,这就决定了新旧社会的法律之间必然会有一定的继承性。从这一角度看,法律的相对独立性恰恰是法律的物质制约性的重要表现之一。另一方面,法律之所以有相对独立性,是由于法律除了受经济基础的制约外,还要受上层建筑领域的各种因素的影响。但是,当这些因素对法律的影响和经济基础对法律的作用方向不一致时,最终还是要让位于经济基础的发展要求。同时,这些因素自身的发展归根到底也是由经济基础所决定的。从这一角度看,法律的相对独立性只能存在于经济基础的发展要求所能允许的范围之内。

问题与思考

1. 在本章【法律故事】中,安提戈涅和克里奥国王对法律的理解有何不同?
2. 在西方法哲学(尤其是自然法学派)语境中,"法"与"法律"有何区别?
3. 法律的基本特征有哪些?
4. 法律的本质属性有哪些?
5. 如何理解法律的物质制约性与法律的相对独立性之间的关系?

---

① 《马克思恩格斯选集》第4卷,人民出版社1995年版,第695—696页。

参考文献

1. 沈宗灵主编:《法理学》,北京大学出版社 2001 年版。
2. 张文显:《二十世纪西方法哲学思潮研究》,法律出版社 1996 年版。
3. 丁以升:《法的阶级性的理论危机》,载《法学》2005 年第 2 期。
4. 〔美〕E.博登海默:《法理学:法律哲学与法律方法》,邓正来译,中国政法大学出版社 1999 年版。
5. 〔德〕伯恩·魏德士:《法理学》,丁小春、吴越译,法律出版社 2003 年版。

第二章 法律的要素

【引读案例】

　　1882年，纽约州居民帕尔默用毒药杀害了自己的祖父。其祖父曾立遗嘱把一大笔财产留给他，但是，他看到祖父有再婚可能以后，就很担心祖父会更改遗嘱，基于这一动机，帕尔默毒杀了祖父。帕尔默因杀人而被判罪入狱，这在刑事法上毫无异议，但在民事法上，他能否依法继承祖父的遗产却引起巨大争议。因当时纽约州的继承法中并无遗嘱继承人谋杀被继承人后是否仍有权继承遗产的规定。

　　帕尔默的姑姑们主张，既然帕尔默杀死了被继承人，那么法律就不应当再赋予他继承遗产的权利。而帕尔默的律师则争辩说，纽约州继承法并未明确规定这种情况可以导致遗嘱无效并剥夺继承人的继承权，尽管他已经犯罪入狱，但刑事惩罚和民事权利之间并无关联，亦无冲突，故根据这份有效的遗嘱，帕尔默仍然享有民事上的继承权。法院不能用流行的道德来取代对法律的执行。

　　此案从州法院一直上诉到联邦最高法院。审理此案的联邦最高法院法官也分成两派。一派以格雷大法官为首，认为法院不能以自己的道德立场去妄加揣测立遗嘱人的利益和意图，纽约州的法律清晰明确，没有理由弃之不用。若法院违反明确的立法剥夺当事人的权利，这就有违"罪刑法定"原则，该种情形中继承人是否应当被剥夺继承权，应当由立法机构事先作出规定，法官不能擅自决定。而以厄尔为首的另一派大法官们则认为，法律的真实含义不仅取决于法规文本，而且取决于文本之外的立法者意图，立法者的真实意图显然不会让杀人犯去继承遗产。此外，理解法律不能仅限于孤立的法律文本，法官应当创造性地构想一种与普遍的正义原则相接近的法律，从而维护整个法律体系的统一性。

　　最后，以厄尔大法官为首的一派意见占据了优势，以五票对四票判决剥夺了帕尔默的继承权。在这个美国法律史上的著名判决中，厄尔大法官抛弃了纽约州继承法，直接援引一条来自英国的古老法律原则——任何人不能从其自身的过错中获益。

第一节 法律的要素释义

一、法律的要素的概念

自然界的任何事物总是由不同元素以特定方式构成的。比如,我们常见的水,其水分子(H_2O)就是由两个氢原子和一个氧原子构成的;再比如,我们现代人所居住的楼房,不外乎是由钢筋、混凝土、砖头石块等物质所构建的。对于法律这种人类创造之物,尽管它不是水、房屋这样的有形物质,但自近代以来,许多法学家已经试图从科学主义的视角观察和分析法律,探究其主要构成元素,就像生物学家用显微镜观察一只被解剖的青蛙那样。这种观察和分析,目的是要探究法律这种社会现象存在的基本原理和运行的基本规律,以便给立法、司法、执法等法律实践活动提供有益的理论指导。

法律的要素,是指构成法律的主要元素或各个组成部分。不论是一个法律规范、一部单行法律,还是一个完整的法律体系,其构成的主要元素是什么,这些主要元素之间是以何种方式组成一个整体(系统)并发挥其作用的,这些都是法律要素理论所要研究的问题。

二、法律要素的确定

在法学史上,早期的学者对法律的研究,一般总是关注于法律的性质、功能、价值等宏观问题,很少有人专门深入法律条文和法律规范的内部,对法律进行微观的逻辑研究。

一般认为,19世纪的分析实证主义法学派最早开启了对法律规范理论尤其是法律要素理论的探究。功利主义法学家边沁基于语言逻辑分析立场,最早开展了对法律体系、法律规范之内部结构的研究,这种研究法律的实证主义进路,经由边沁的后辈约翰·奥斯丁发扬光大,不仅诞生了影响巨大的"法律命令论",更由此催生了一个影响更加巨大的分析实证主义法学派。

奥斯丁的"法律命令论",是后世学者对其法律分析理论的形象概括。奥斯丁一反此前自然法学者对法律的界定(自然法学者总是从法律的内容入手,把法律归于抽象的神意或理性),他把人们对法律内容的关注引导到法律存在形式上,即法律是如何被实际创制的,它又如何可以约束人们的行为。奥斯丁认为,所有法律的组成元素不外乎三个:主权、义务和制裁。在一个政治社会中,一个政治上的优势者(主权者)对从属于他的所有劣势者发出命令,这种命令要求劣势者必须为某行为或不得为某行为,从而构成劣势者的义务,若劣势者不服从,将面临优势者的暴力制裁。在奥斯丁的法律要素理论中,主权者的"命令"

是最核心的要素,这种理论用来解释刑事性立法很具有说服力,但对于以保障权利为主的民事法、宪法等则明显不足,故在奥斯丁之后,又有庞德、哈特、德沃金等学者分别提出新的法律要素理论模式。

美国法学家罗斯科·庞德从社会学视角理解法律的构成要素,提出法律并不仅仅包括法律规范体系,此外还应包括法律实施中适用法律的技术(如法官进行法律解释和法律推理的技术),以及特定时空条件下有关特定社会秩序的理想图景,因此,庞德法律要素理论被学者们称为"律令—技术—理想"模式。显然,作为社会法学派的代表人物,庞德的法律要素理论把视野投向社会实践,大大超越了法律规范文字所表现的封闭意义系统,法律规则作为庞德眼中的律令,仅仅是处理法律问题的权威索引,并非法律之全部。

英国当代法学家赫伯特·哈特通过对奥斯丁"法律命令论"模式的批判,成功开创了分析法学的新篇章。哈特发现,奥斯丁的命令论模式,太过强调法律的命令属性和制裁特征,不能很好地解释授权性法律以及法律的变迁问题,过分强调暴力制裁是建立法律权威和保障法律实现的唯一方式,也和多数人发自内心自愿守法的现实不符。哈特指出,奥斯丁仅关注人们看待法律的"外在视角",而忽视了人们看待法律的"内在视角"。

在批判奥斯丁的基础上,哈特提出自己的"规则论"法律要素理论。哈特把法律视为由第一性规则和第二性规则两类规则结合而形成的规则体系。第一性规则为人们设定义务,用来规定人们必须做的行为和不得做的行为,第二性规则授予人们权利或权力,用来授权人们确定或改变第一性规则、实施第一性规则。法律中若仅仅包括设定义务的第一性规则,那它的社会控制必然具有不确定性、僵化不变和用于维护规则的社会压力无效三种缺陷。哈特依据第二性规则的三种功能,再细分出承认规则、改变规则和审判规则三类法律规则。承认规则的功能在于确认一个规则是否属于人们必须遵守的"法律",换言之,判定这个规则是否具有法律效力,承认规则有助于消除第一性规则的不确定。改变规则的功能在于对特定个人或机构予以授权,使其能够撤销旧的第一性规则或创立新的第一性规则,这样,就能使法律规则不断适应社会变迁,而不至于陷入静止的僵化状态。审判规则的功能在于对特定个人或机构授权,使其有权断处是否存在违反第一性规则的行为,以及如何对该行为实施制裁。总之,哈特认为法律的本质是一种规则,它是由不同属性的规则组合而成的一个规则系统,在这个系统中,最为核心的是起到确认规则之法律身份的承认规则。

在当代法律要素理论中,具有影响力的还有美国法学家罗纳德·德沃金的"规则—政策—原则论"。德沃金是具有新自然法倾向的法学家,他认为哈特的规则论对法律要素的描述太过简单和狭隘,与法律实践的复杂状况严重不符。自洽而封闭的法律规则体系,作为法学家的理想,从来就没有真正实现过。法律的运行,除了规则之外,还需要借助政策和原则,才能有效地处理法律纷争和社会问题。在德沃金的理论中,政策是指特定社会中被设定为必须要实现的有关经济、政治或社会问题改善方面的目标,而原则则是一种任何条件下都要确保个人权利、维系公平正义或其他道德标准的要求。德沃金认为,在任何案件中,规则要么有效要么无效,二者必居其一,但在疑难复杂的案件中,法官则不得不求助于政策和原则来寻求理想的判决结果。

这几种法律要素理论可谓是各有所长,它们分别从不同的角度分析了法律内部要素结构,加深了我们对法律的理解和认知。我国法学界自20世纪80年代起也开始关注法律的要素问题,参照近年的研究成果,目前基本形成一种三要素通说,即法律的要素主要有三类:法律概念、法律规则和法律原则。

三、法律要素的功能

法律要素是法理学中一个基础性的研究范畴,它有助于人们从微观的层面真正认识法律存在的样式和运行的逻辑原理。如果说有关法律目的、价值、作用等方面的抽象研究使得法律有了生命和灵魂,那么对法律要素的实证探究,则使人们理解和运用法律有了技术上的支持。法律规范是一个由语言所构建的意义系统,它在人们的生活中扮演着一个不可或缺的角色。法律在哪里?法律究竟说了什么?仅仅有对法律的热情,并不能解决实践中对于法条和规则的复杂争论。

边沁曾指出,抽象的、整体意义上的法律(law)概念,是一种纯粹的知识存在物,仅存在于人们的意识中,只是人们为了交流而虚构出来的集合性名词,它总是由部分的、整体的或复合的具体法律(法规)所组成。而任何实际存在的法规(statute),在边沁看来都是有形的、物质意义上的具体对象,其副本可以到书店里去寻找。边沁形象地比喻说,"一项法律(a law)"和"一部法规(a statute)"相比,前者如果是"解剖者解剖出来的一条但却完整的肌肉",那么后者就是"屠夫砍下的一块肉排或腿肉"[①]。

法律要素理论的意义在于,它为人们辨识法律提供了一种分析模式或进入路径,面对任何法律规范或法律系统,每个人都可以像"庖丁解牛"那样,轻松拆解法律内部的意义结构,不同的要素,我们可以拆开它们,还可以再把不同的部分有机地整合起来。有了这种实验室模式和解剖学眼光,当面对法律这个分析研究对象时,我们同样也可以像"庖丁"那样,眼里几无全牛,法律文字的意义结构都一层一层地呈现出来,清晰可辨。

---

① 〔英〕边沁:《论一般法律》,毛国权译,上海三联书店2008年版,第16页。

第二节 法律概念

一、法律概念的含义

法律概念是法律要素中最基本的细胞,它是对具有法律意义的社会事实或社会现象的概括性表达,对于确定法律规则或法律规范的意义边界具有极其重要的意义。

概念是语言表达的基本工具。人们为了相互交流的需要,必须要就某个或某类事物或现象进行指代表述(命名),并能够使对方理解和感知言说者要传递的意义。法律概念是把那些能够产生法律意义和法律效果的事物或现象,以特有的法律术语表达出来。因为有法律意义的投射,表达该概念的法律术语就不再仅仅是个日常语言的概念,而变成了一个法律上的概念。

法律概念通常是构成法律规则意义之网的关键节点或枢纽,其内涵或外延的任何变动都会导致法律规则与社会现实之间的连接关系发生改变。例如,按照我国《消费者权益保护法》的规定,若经营者在提供商品或服务过程中存在欺诈行为,则消费者有权要求其"退一赔三",但是,像王海这样故意购买假冒伪劣商品以期通过退赔获利的职业打假人,是否属于该法律认可的"消费者"?王海能否依据《消费者权益保护法》获得赔偿,取决于法院对"消费者"这个法律概念的理解。有的法院认为,王海的行为系知假买假的牟利行为,且其交易活动并非出于真实消费目的,故判决不支持王海的加倍赔偿诉请。

可见,法律概念对于一种适法对象具有强大的归集功能或排除功能,某个对象、某种行为是否适法,要看它是否被相应法律概念所涵盖,无论是外延上的涵盖,还是内涵上的涵盖,该对象或行为都将被纳入法律调整范围;反之,该对象则被排斥在法律调整之外。

二、法律概念的种类

法律概念根据其表达方式和指称对象属性的不同,可以分为不同的种类,比较常见的有:

(1)主体型法律概念,主要描述那些被赋予法律权利(权力)或被施加法律义务的人或组织,如法人、原告、债务人、被告人、公民、行政机关、国家等。

(2)客体型法律概念,主要描述的是法律主体权利或义务指向的对象,可以是某种物,也可以是其他对象,如不动产、票据、野生动物、专利、商标、人格、管制刀具等。

(3)关系型法律概念,主要描述法律主体之间权利义务之关系的法律属性,如夫妻、合伙、所有权、担保、债等。

（4）事实型法律概念，主要描述具有法律意义的事件、事实或主体之行为，如出生、正当防卫、违约、侵权、犯罪、盗窃、诽谤、善意、故意、正当程序、上诉等。

对法律概念的分类并无硬性的标准，可以根据需要作进一步的不同分类。目前多数研究者对法律概念的分类都是随机列举性的，故各类型法律概念之间难免会有交叉重合，且无法涵盖全部的对象。因此，对法律概念分类的研究，尚有待推进。

三、法律概念的定义方式

法律概念的定义方式大体有两种模式，一种是在法律规范中对其含义直接明文规定或释明，另一种则在法律规范中并无专门的意义释明，其含义需要借助日常语言来理解或是由执法或司法官员依据职权予以界定。

比如，《公司法》第217条第1项规定："高级管理人员，是指公司的经理、副经理、财务负责人，上市公司董事会秘书和公司章程规定的其他人员。"再如，《刑法》第451条规定："本章所称战时，是指国家宣布进入战争状态、部队受领作战任务或者遭敌突然袭击时。部队执行戒严任务或者处置突发性暴力事件时，以战时论。"这都是立法明确界定相关术语、概念的常见形态。

还有一些法律概念在法律规范中并无明文解释，如父母、子女、诚实信用、善意、故意等，这些概念往往由法学家进行理论上的描述和阐释，这种理论最终影响到司法实践，法官根据通行的学说，对这类概念作原则性的把握。当然，对于个别容易引发争议的法律概念，若在立法中无明确解释或界定，司法机关会通过书面化的司法解释或司法适用意见的方式来实现对其含义的确定。比如，《合同法》规定对违约所造成的损失，违约方应当承担赔偿责任，但立法中并未对这种"损失"予以界定，最高人民法院的司法解释则对违约所造成损失的范围及赔偿标准作了进一步明确的解释。

四、不确定的法律概念

法律中的概念都是使用自然语言表达的，而语言本身总有一定的模糊性，按照哈特和一些学者的说法，任何概念，总有其意义相对确定的"核心地带"以及意义含糊的"边缘地带"。比如"车辆"，其核心地带可以包括诸如小汽车、卡车、公交车、出租车等典型形态，完全符合车辆作为一种交通工具的内涵要求，但是诸如电动玩具车、儿童踏板车、残疾人专用车、汽车模型、影视道具汽车等，则明显处于其意义的边缘地带，有些甚至已经超出交通工具的内涵范围。再如，玩具兔究竟是不是"兔子"？这些都是语言的天然模糊性所带来的问题。当然，不能仅因为语言的天然模糊性就否认法律概念的确定性——没有确定性甚至无法建构一个概念。所以,很多学者坚持认为,明确性是法律概念的固有特征之一。大多数法律概念,诸如合同、合伙、父母、伪造、贪污、过失、动产、时效、死亡等,都属于确定的法律概念。

所谓不确定的概念,是指在有的情况下,为了使法律规定更加适应社会现实的复杂性,有些法律概念的含义具有一定的开放性。这类法律概念的不确定性通常是我们无力避免的,有时甚至是为应对复杂社会事实而故意设计的,如公共利益、公序良俗、情节严重(轻微)、不可抗力、重大误解、显失公平、善意等。

学界通常把不确定法律概念分为两类,一类是经验性概念,又称事实性概念,主要是指可依据知觉或经验感知的事实或状况,如公共场所、知名商品、公共交通工具;另一类则称规范性概念,或者叫价值性概念,主要是指需要法律适应者人为施加价值判断方可感知其意义的概念,如公共利益、善良风俗、平等、合理。前一类法律概念的不确定性主要在于其经验外延的模糊,理解时须着眼于经验对象,多作事实的判断;而后一类法律概念的不确定性则多在于其价值内涵的难以把握,理解时须着力于价值权衡,多作利益的考量。

不确定法律概念之意义在于,它有助于法律摆脱自身的僵化,弥补可能的疏漏,从而保证法律规范与社会现实之间的顺利对接。当然,无论如何,我们都必须认识到,确定的法律概念和不确定的法律概念之区分,本身只是程度的差异,是量的区别,而非质的差异。研究法律概念时,这种区分未必一定是非此即彼的,许多概念完全可以被归于相对的不同类别中。

第三节 法律规则

一、法律规则的概念和特征

在了解法律规则的具体含义之前,我们须对几个常见的概念做个简要的对比。人们常把法律定义为立法者所创制的一套行为规则体系,似乎法律就是由规则所构成的。在不严格的意义上讲,法律的确可以等同于法律规则。类似的术语还有法律规范,在广义上使用时,法律规范也几乎等同于整个的法律;在狭义上使用时,法律规范和法律规则一样,都是构成法律之整体的核心要素。当我们对法律进行内部的要素分析时,法律规则或法律规范主要是微观层次上的结构或部分的概念,而法律则是一个包含各组成部分的整体,二者的意义有所差别。

法律规则,作为构成法律的主要元素,是指在具体条件下为法律主体设定具体权利义务的行为准则。从性质上看,法律规则最能体现人们对于法律的认知,或者说,法律大多数时候总是以法律规则的形式展示它的面貌;而从数量上看,法律规则是构成法律诸元素中数量最多的一类,远远超过法律概念和法律原则,是法律内容中最主体的部分。

依据对法律规则的这种理解,其特征主要体现为以下几点:

首先,法律规则具有确定性。在任何一个法律规则中,都描述了一种具体的行为模式,在附加相关情节的条件下,为或不为该行为的法律主体,依法都将面临某种确定的法律后果。在一个法律规则中,适用该规则的主体、条件、行为方式、后果等都有具体的表述。仅以法律规则对主体行为方式的指示为例,《劳动法》第38条规定"用人单位应当保证劳动者每周至少休息一日";《合同法》第77条规定"当事人协商一致,可以变更合同";《环境保护法》第46条规定"禁止引进不符合我国环境保护规定的技术、设备、材料和产品"。相比而言,法律原则的内容则不具有这种确定指示,如《合同法》第6条规定"当事人行使权利、履行义务应当遵循诚实信用原则",这对合同主体的指示就很抽象,不是具体的行为描述。

其次,法律规则具有规范性。任何法律规则,总是一种为人们创造法律权利或设定法律义务的行为准则,它可以对符合该规则约束条件的不特定主体或对象反复适用。在具体适用某一法律主体或对象的时候,法律规则必然是或有或无的,即要么对该对象产生法律效力,要么不产生任何法律效力,不可能是模棱两可的。法律原则的适用,通常不是像法律规则这样作规范性选择,而更多的是作不同的价值衡量,最后才决定取舍。至于法律概念,则是对某种法律意义的表达,并无权利义务之设定的特征。

最后,法律规则具有体系性。这涉及不同法律规则之间的关系问题,全部的法律规则之间应当是自洽而成体系的。换句话说,全部法律规则之间不能是冲突的、矛盾的和重复的,它们是一个有机结合的整体。不同法律规则之间,应当具有明确的效力等级关系,内容应当具有互补性而非相互排斥。所谓牵一发而动全身,任何法律规则的个案适用或是修订变动,都应当兼顾这种体系性。若是各自为政,上下级法律规则之间,不同法律部门规则之间,新旧法律规则之间,包括一般法和特别法规则之间,相互绝不关照,势必造成法律意义大厦之裂隙,不仅人们无所适从,更会导致法律权威的动摇。

二、法律规则的结构

把整个法律解析成三个要素,这是第一层次的逻辑分析,而再对法律规则的内部逻辑结构作解析,则是运用解剖学原理深入到法律内部作更微观的第二层次分析。这是整个法律技术层面最基础的知识范畴,从立法到执法、司法、守法,法律运行的每个实践环节,无不仰赖于法律规则之内部结构这个基本原理。

法律规则的逻辑结构问题,虽然引人入胜,但也争议颇多,尤其当它和法律体系理论结合起来以后,其结构要素究竟该怎么区分,在国内外的研究成果中,历来是众说纷纭,莫衷一是。就我国法学界而言,近年来比较通行的观点是三要素说,即一个法律规则主要有三个内部要素:适用条件、行为模式和法律后果。

(一) 适用条件

适用条件,是指法律规则中规定的适用该规则的前提性条件,国内有些教材也将其称为"条件""假定""前提条件""假定条件""预设条件"等。

适用条件是确定某一法律规则之行为法律后果的前设性条件,脱离了该条件约束,该法律规则的行为要求及后果将不再有效。这种前设性条件,在不同的法律规则中往往表现为不同的约束属性,一般主要是在主体、时间、空间、情节等方面设定规则适用范围。例如,《刑法》第253条规定:"邮政工作人员私自开拆或者隐匿、毁弃邮件、电报的,处二年以下有期徒刑或者拘役",这就是对行为主体的限定条件,若系非邮政工作人员为此犯罪行为,则量刑不同。当然,这些适用条件通常并不是单独设定的,任何一个法律规则几乎都涉及适用的时间、空间和主体问题,只不过是在情节上,各个法律规则或有相当的不同。

情节是法律规则适用条件中最复杂的一个因素。情节通常包括行为人行动的意图、方式、手段、程度、数量、后果、影响等等诸多方面,若放大情节概念的外延,甚至时空、主体等条件都可以被它吸收。例如,入室抢劫中的"入室"这个特定空间条件,就构成了抢劫的一种加重情节;劳动者若在休息日或法定节假日加班就有权要求发超额加班费,这里就是时间条件变成了规则适用的特别情节。

根据其对于行为的法律意义,构成适法条件的情节一般可分为两种,一是确认性情节,一是排除性情节。根据前者,符合特定情节的行为将被纳入某个法律规则的设定后果;根据后者,符合特定情节的行为将被排除出某个法律规则的设定后果。

(二) 行为模式

行为模式是法律规则中有关行为本身的规定,它被认为是法律规则的核心构成要素,因为法律是为调整人们的行为而设的,法律本身的属性又被认为是一种行为规范,故行为乃是法律规定的中心内容。国内有的学者将行为模式要素称为"处理"或是"行为导向"。

就调整行为这个功能而言,法律规则中的行为模式,和一切其他行为规范(如道德、宗教、习俗等)中的行为模式相比并无本质区别,因为,对人们行为的规范性要求无外乎三种:可以做的行为(可为)、禁止做的行为(勿为)和应当做的行为(应为)。法律规则中为行为主体设定一种他可以做的行为,即是法律对他的一种保护和授权,对于私权主体,他若选择放弃这种权利,也不会构成违法。而后两种行为模式,则是法律在对行为主体设置义务,这两种义务,一种是禁令,一种是命令。

从法律语言和法律逻辑的视角看,值得关注的一个问题是,对于禁止性的行为或是命令性的行为,很多法律规则并不使用通常的"不得为某某"或"应当为某某"语句形式,而是直接使用一种陈述语句,通过对该行为施加某种否定性法律后果的方式,往往更能强化法律规则对行为模式的要求。例如,根据《刑法》的规定,"故意杀人的,处死刑、无期徒刑或者十年以上有期徒刑;情节较轻的,处三年以上十年以下有期徒刑","对于年老、年幼、患病或者其他没有独立生活能力的人,负有抚养义务而拒绝抚养,情节恶劣的,处五年以下有期徒刑或者管制"。这种语法、语句的逻辑转换,在刑法以及行政法等设定义务的法律中比比皆是。我们可以依据语言逻辑和语法规律,对法律规则进行表达上的句式转换,比如,应为则禁止不得为且允许可为,不得为则排斥应为和可为,可为则允许应为而排斥不得为等。

(三)法律后果

法律后果是法律规则中对行为人的行为赋予法律评价和处理的部分,它通常包括两种,一是对违反义务性规定的行为提供一种否定性法律后果,一是对授权性行为提供一种肯定性法律后果。当然,很多学者追随奥斯丁,主张法律规则的后果只有制裁,而仅对行为人授予权益并提供法律保障的肯定性规则,并非完整的法律规则。

现在的人们对于法律的认识,比之19世纪的奥斯丁要进步得多了。一方面,法律不再被看作仅仅是政治上进行惩罚和镇压的工具,法律应当以保障人民的权利为天职,故法律的保障作用才是它最主要的功能,一切法律上规定的必要惩罚,都是基于对相关合法权益的保障所派生的、不得不为的选择,任何不增加人民权益的多余惩罚都是非法的,根本就是一种恶。另一方面,法律作为调整人们行为的工具,除了惩罚和制裁的手段,当然也可以反过来为人们提供利益和好处,以便引导他们的行为,使其趋利避害。

和道德、宗教等其他传统行为规范体系相比,每一个完整的法律规则都必然包含一个明确、具体的后果,这也恰恰体现出法律这种行为规范的特征,诸如道德律令通常都只提供行为的指示,而不提供具体的处理结果。

三、法律规则的种类

法律规则的数量很大,通过分类,人们可以更好地了解和认识它们。根据不同的标准和原则,法律规则可以分为不同的类型。

(一)授权性规则和义务性规则

按照法律规则是给行为人授予权利,还是创设义务,可以将法律规则分成两类,即授权性规则和义务性规则,后者根据义务类型的不同,还可以再分为禁止性规则和命令性规则。这个分类标准和行为模式的类型是完全吻合的,因此也可以认为是依据行为模式的不同所为的分类。

授权性规则又称授权规则,其行为模式系可为,即对行为人自身而言,他可以选择做或不做某种行为,通常这种规则中的行为人对于他人还相应地具有一种设定义务的权利,即行为人可以主张或要求他人得为或不得为某种行为,以凸显其法律权利。

义务性规则是规定人们必须为或不为一定行为的法律规则。和权利性规则相比,最明显的特征是它的强制性而非选择性,行为人对法律规则所设定的禁止性义务或命令性义务只能服从,而不能放弃。

当然,授予权利和设定义务的情况是很复杂的,并非在任何情况下都是泾渭分明的。比如,授权行使国家公权力的规则在很多情况下就被认为是授权规则和义务规则的复合体,公权力的行使主体不能私自或随意放弃授权,因为行使这种权力对他同样是一种责任和义务。又如,私法上的监护权,也是既有授权的特征又有义务的特征。

仔细分析,这种所谓的复合型法律规则,其实仍然是授权性的,至少对行为人不能仅从同一个规则本身推出既是权利又是义务的结论,毕竟,这类规则中同一个行为人,其权利的义务对象和义务的权利对象是不同的。在同一个授权规则中,若要判定公务人员的职责或是监护人的义务,必须还要借助其他法律规则的参与,否则,这种义务是无法出现的。

(二) 强行性规则和任意性规则

根据法律规则中所设定权利义务的刚性程度不同,可以分成强行性规则和任意性规则。

强行性规则,是指所规定的权利、义务具有绝对的法定性,不允许行为人任意改变的法律规则。比如,驾驶机动车必须具有驾驶执照,这个法律规则就不能被以任何方式改变或否认,无照驾驶是要被严厉惩罚的违法行为。虽然义务性规则一般都是强行性规则,但二者并非完全对应。例如,合同法中合同当事人的违约责任,作为一种法定义务,就可因当事人之间达成和解而被免除,对这种免除,法律并不干涉。

任意性规则,是指所规定的权利、义务可以因行为人的个人意志予以改变的法律规则。授权性规则一般都是任意性规则,法律规定行为人可为的行为,他当然也可以不为。不过,这二者同样不是完全对应的关系,有些对行为人的授权就是他不能擅自放弃的,如前述对公务人员的授权以及对监护人的授权。

区分强行性规则和任意性规则的关键,不在于规则设定的是权利还是义务,而在于行为人之意志和法律之意志的优先性序位,以及看规则中的法律意志是否具有垄断性。比如,我国《合同法》规定,签订租赁期限六个月以上的租赁合同,应当采用书面形式,当事人未采用书面形式的,视为不定期租赁;而我国《婚姻法》有关司法解释则规定,夫妻之间的财产约定必须采用书面形式。显然,前面的合同法规则是任意性规则,而后面的婚姻法规则是强行性规则。

(三)确定性规则、委任性规则和准用性规则

按照法律规则的内容是否可以直接依据本规则而被确定,可把法律规则分为确定性规则、委任性规则和准用性规则。

确定性规则是指规则本身明确提供了全部规则要素的表达,而无须再援引其他规则来确定本规则内容的法律规则。这是法律中最常见、数量也最多的一类规则。

委任性规则是没有明确规定行为规则的内容,而是授权某一主体进一步提供规则内容的法律规则。例如,我国《电子签名法》第35条规定:"国务院或者国务院规定的部门可以依据本法制定政务活动和其他社会活动中使用电子签名、数据电文的具体办法。"

准用性规则同样是没有明确规定行为规则的内容,但是明确指出可以援引其他规则来使本规则的内容得以确定的法律规则。这种援引的对象,可以是本规则所在法律的其他规则,也可以是其他法律的有关规则。例如,《刑法》第269条规定:"犯盗窃、诈骗、抢夺罪,为窝藏赃物、抗拒抓捕或者毁灭罪证而当场使用暴力或者以暴力相威胁的,依照本法第二百六十三条的规定定罪处罚。"又如,《商业银行法》第17条规定:"商业银行的组织形式、组织机构适用《中华人民共和国公司法》的规定。"

(四)调整性规则和构成性规则

根据规则和被规则所调整的行为之间的依存关系或先后关系的不同,法律规则又可分为调整性规则和构成性规则。

调整性规则是指那些被法律规则所调整的行为并不依存于规则而独立存在,或者说被规则所调整的行为在规则出现之前就已存在的法律规则。比如,故意杀人的行为自古就存在,它并不是刑法所创造的行为。法律中的规则基本都是这一类,是最主要的法律规则类型。

构成性法律规则则是指那些该规则所调整的行为都是基于该规则本身才产生的,换言之,规则所调整的行为,其意义完全依存于规则本身的法律规则。这有点像竞技体育的裁判规则,竞技行为的意义完全取决于规则本身,规则改变了,竞技行为随之而改变。直白地说,就是行为产生于规则之后,且该行为无法独立于规则而存在。比如,全国人大常委会以特别立法的形式,授权深圳市人大和深圳市政府可以制定经济特区法规和规章在深圳经济特区实施,后者的立法行为就完全取决于前者的授权。

第四节 法律原则

一、法律原则概述

法律原则是法律诸要素中最能反映法律之基本原理的要素。若把整个法律比作一栋大楼,把法律概念比作沙子、砖头、石块,把法律规则比作混凝土,那么毫无疑问,法律原则就是支撑这座大楼的筋骨——钢筋框架。其实,这个比喻仍然不够确切,因为法律原则本就是无形之物,它对法律规则和法律概念的聚合与凝结,更像是中国人点豆腐用的石膏,经由石膏的"点化",豆汁里分散的蛋白质就有机地凝结在一起了,此时石膏已彻底融入整块豆腐,它杳无踪迹却又无所不在。

法律原则是对法律之目的、精神、价值等所作的纲领性规定,是指导具体法律规则的规范原理和价值准则。

和法律规则相比,法律原则具有极大的抽象性,其内容也不像法律规则那么确定,因为法律原则往往并未描述任何事实特征或具体行为样式。不过,恰恰由于法律原则的含义抽象而模糊,它的适用范围才远远大于任何一个法律规则,从而能够对大量、不同的法律规则提供一种共同指引。另外,法律原则对法律精神和价值理想的界定,反映了特定时空中的社会利益诉求,在短期内不会被轻易改变,与法律规则的易变性相比,法律原则具有极大的稳定性。

二、法律原则的分类

根据不同的标准,对法律原则可以作以下几种区分:

(一) 基本原则和具体原则

这是根据不同法律原则在法律中的适用领域大小以及它们对于法律适用之普遍性意义的不同而为的划分。

基本原则集中体现了法律的基本价值和精神追求,比之具体原则,基本原则的适用领域更广,具有更加普遍的意义。当然,这个划分也只具有相对意义。例如,相对于"法律面前人人平等"这个基本原则,"罪刑法定"就是一个只在刑事法领域适用的具体原则。但是,相比刑法效力的"从旧兼从轻"原则,"罪刑法定"又是一个基本原则,刑法的效力原则只是涉及对犯罪量刑问题的具体原则。

(二) 公理性原则和政策性原则

这是根据法律原则之于社会关系的基础性地位和稳定性状态的不同所作的划分。

公理性原则一般是指那些反映社会关系本质属性的法律原理,如民事活动中的诚实信用原则,它反映了社会人际交往的基本原理,几乎是一个超越民事领域的人类社会普适性价值。这样的公理性原则,反映了社会深层的人类本质,自然不会在短期改变,不仅能够超越国家和种族界限发挥影响,甚至可以在浩浩历史长河中始终保持其稳定性。

相比之下,政策性原则通常都是反映特定时空、特定国家的社会关系和利益诉求的原则,具有鲜明的时代性、地域性或是民族性,因此,它只是一时的公理,一旦国情民意改变,它也势必随之改变。例如,节制生育政策在我国的人口立法中就是一个典型的政策性法律原则,由于近年来经济社会发展和人口国情的变迁,这个原则也正在经历一种回应性的改变。

(三) 实体性原则和程序性原则

这是根据实体法和程序法二分原理所作的分类。

实体性原则是指那些直接涉及法律实体性问题的原则,而程序性原则是那些主要涉及法律程序性问题的原则。实体性原则直接影响人们法律权益的结果,如宪法中的民族平等原则和民事法中的契约自由原则;程序性原则是通过对法律活动程序进行调整而对实体权利义务产生间接影响的法律原则,如刑事诉讼上的无罪推定原则和民事诉讼中当事人的诉权平等原则。

三、法律原则的作用

法律原则在整个法律系统中起着举足轻重的核心作用,这主要表现在两个方面,一是对法律变革的作用,一是对法律适用的作用。

任何法律上的变迁,总是和特定国家的社会变迁相生相伴。每每在历史变革的转折之时,都会催生出各种各样新生势力的利益诉求,新的诉求一旦通过政治斗争获胜,便进一步转变为一种法律上的诉求,为了能更好地兑现这种新生力量的利益,于是,新的法律精神便开始取代老的法律精神,这时适应新社会的法律原则便诞生了。

欧洲法律史上,在从封建君主专制转向近代民族国家的民主共和过程中,被人文主义思潮和启蒙思想武装起来的欧洲资产阶级,向传统政治发起挑战,体现在法律上就是提倡法律面前人人平等、刑罚人道(废除酷刑)、无罪推定、个人自由、法治民主等近代法律原则。这些代表新生社会势力的法律原则,一方面在不断摧毁旧的法制,一方面又在不断地塑造着新的法制。新生法律原则的塑造功能,有点像我们通常所说的主题先行,法律应该怎么规定、怎么执行,都要参照这些要求限制特权、限制公权力、保障个人独立尊严、维护自由平等、保护私有财产等基本法律原则。

反观我国近世以来的历次法律改革,莫不如此。尤其是改革开放以来的法律发展与变迁,法律规则的微观改变总是积小变为大变,最后催生新法律原则的出现,而新生的法律原则反过来又进一步引领法律规则的修正和体系整合,使之越来越向法律原则所希冀的境界靠拢和接近。比如,我国在20世纪80年代开始的从计划经济向市场经济的转变,最终催生了商品自由贸易的合法化、民事法上的契约自由原则,随后,为了校正不完善的市场经济所带来的交易对象不平等问题,接着出现保护劳动者和消费者权益的法律精神,现在这种法律原理还在不断地调整我们的市场经济立法和法律实践。

法律原则在法律适用中的作用,则主要体现为弥补法律漏洞、指导法律解释和法律推理、限定自由裁量的合理范围等几个方面。法律绝不仅仅指法律规则,还有在规则之上的原则和精神,脱离法律原则指导的规则适用,必然是没有灵魂的、机械僵化的、法条主义的失败实践。尤其是在一些非常规的疑难案件中,执法和司法者若没有法律原则的帮助,必然会置法律和他们自身于尴尬之困境。

四、法律原则在司法中的运用

法律原则能否直接在司法中予以适用,这至今仍是一个颇有争议的问题。

学界普遍认为,法律原则不得直接适用于司法个案[①]。只有在极端罕见的情况下,例如,在既有法律规则全都被排除适用,或者根本就没有任何现成法律规则可以援引的情况下,法官才可被允许径行援引法律原则,裁处具体案件。即便如此,仍不免让人心存疑虑,毕竟,法律原则的内涵和外延都太过抽象,对法律权利或义务的行为设定,也缺乏任何具体描述,如何能保证法官对原则的适用是一种审慎、合适且可重复的决定?

不过,如果真的要绝对禁止法律原则的司法直接适用,难免又会在另一种现实考验面前进退两难。因为,近代以来,很多国家的法律都明文规定,法院或法官不得以没有法律规定而拒绝受理、审理案件。受理争讼、解决纠纷,自政治分权以来就一直是法院、法官的天职与使命,除非涉及争讼的问题根本不是一个法律问题,否则,法官就必须给当事人提供一个答案。

由此,在承认法律原则能够直接适用的前提下,司法实践中也逐渐发展出一些值得遵循的法律原则适用原理。

其一,顺位限制原理:穷尽规则,方可援引法律原则。这个原理要求的是,在审理司法个案时,法律规则和法律原则有不同的适用位序,即若有规则就优先适用规则,须在穷尽规则以后,实无可用之规则,此时方可援引法律原则。若无法律规则,可视为存在某种法律漏洞,适用法律原则有补充法律漏洞之功效,自然

[①] 例如,拉伦茨就认为:"法律原则不能直接适用于裁判个案,毋宁只能借助法律或司法裁判的具体化才能获得裁判基础"。参见〔德〕卡尔·拉伦茨:《法学方法论》,陈爱娥译,商务印书馆2003年版,第351页。

无虞。同时，这样优先适用具体明确的法律规则，也有助于限制法官滥用自由裁量权。

其二，目的限制原理：非为个案正义，不得抛弃法律规则。一般情况下，在有明确法律规则的情况下，自然不需要动用法律原则。但是，在个别特殊案件中，对明确法律规则的适用可能产生极端的不正义，那么这个时候才可以援引法律原则并抛弃法律规则。在法律和社会现实之间总是会存在某种程度的脱节，故适用明确法律规则裁断个案，经常会出现实体上的不妥，但是，只要没有达到极端的不公正情形，就不应轻易抛弃法律规则。

其三，优势理由原理：面对原则冲突，当择优而取。这个原理是说，每当我们需要动用法律原则来思考个案适用问题之时，基本都面临两个或多个法律原则冲突或竞争之困境。这种冲突与竞争，有时表现为与不同法律原则对应的法律规则之间的冲突与竞争，有时则直接表现为法律规则与法律原则的冲突与竞争。在选择适用规则还是适用原则，或是选择适用此原则还是彼原则时，都需要为之提供一个具有足够优势的理由，任何不建立在强大说理基础上的肆意选择都是草率而短视的。

例如，号称中国公序良俗第一案的2001年四川泸州遗赠案中，法院认为，立遗嘱人将财产遗赠给同居第三者的行为违反公序良俗，判决遗嘱无效，驳回第三者分割遗产的诉请。此案中，便存在一夫一妻制的善良风俗和立遗嘱人处分自己财产之意志自由之间的冲突与竞争。此案法官抛弃继承法规则，直接援引公序良俗原则支持婚姻道德，虽然受到当地民众的赞赏，但是却备受法律界的批评。若我们稍加思考，就应当发现，这看起来似乎旗鼓相当的两个原则，都属私法领域的法律原则，对于立遗嘱人的个人财产，法院应当充分尊重其个人的意志自由与意思自治，而非借助司法之手介入私权领域肆意决断。

问题与思考

1. 在本章【引读案例】中，美国联邦最高法院的大法官们对于什么是法律出现了明显的分歧，法律是否仅仅指那些明确书写的法律文本？同时，他们对于法官的角色界定也发生了分歧，法官是完全被动地适用法律还是可以更加积极主动地推动法律的完善？两派法官的立场各有什么样利弊得失？请予以探讨和分析。

2. 法律的构成要素主要有哪些？

3. 法律要素理论对于理解和适用法律有什么意义？

4. 如何理解法律概念的确定性？

5. 请分析法律规则的结构要素，并据此分析一个法律规则。

6. 简述法律规则的类型。
7. 法律原则的作用是什么?
8. 在司法中如何适用法律原则?

参考文献

1. 〔英〕边沁:《论一般法律》,毛国权译,上海三联书店 2008 年版。
2. 〔英〕哈特:《法律的概念》,张文显、郑成良、杜景义、宋金娜译,中国大百科全书出版社 1996 年版。
3. 〔美〕迈克尔·D.贝勒斯:《法律的原则——一个规范的分析》,张文显等译,中国大百科全书出版社 1996 年版。

第三章 法律的渊源、体系与效力

【引读案例】
 2006年4月21日晚10时,许霆到某银行的ATM机取款。取出1000元后,发现银行卡账户里只被扣了1元,后许霆连续取款5.4万元。当晚,许霆与郭某某又反复操作提款多次。经警方查实,许霆先后取款171笔,合计17.5万元;郭某某取款1.8万元。后郭某某投案自首,退还1.8万元。经法院审理认定其构成盗窃罪,因其自首并主动退赃判处有期徒刑一年,并处罚金1000元。潜逃一年的许霆因投资失败而用尽17.5万元,2007年5月被警方抓获。2007年底,广州市中院一审认定许霆以非法侵占为目的,伙同同案人采用秘密手段,盗窃金融机构,数额特别巨大,已构成盗窃罪,判处无期徒刑,剥夺政治权利终身,并处没收个人全部财产。2008年3月31日,广州市中级人民法院重审仍认定许霆犯盗窃罪,但将一审的无期徒刑改为判处有期徒刑5年,并处罚金2万元。

第一节 法律渊源概述

一、法律渊源的概念及特征

 法律渊源是法理学的重要概念。"渊源"(sources)含有根源、来源的意思,"法律渊源"从字面上讲是指法的根源、来源。
 我们可以从多个角度界定法律渊源的含义。一是法的历史渊源,是指引起法律产生的历史上的行为或事件。二是法的理论渊源,是指在法的创制和法律变革中起指导作用的理论或者学说。例如,以人为本的科学发展观对当代中国的法律发展具有指针性作用,构成当代中国法律的重要理论渊源。三是法的文件渊源,是指对于法律规范作权威性解释的文件和公文。四是法的文献渊源,是指那些没有权威性的、法官没有义务加以采纳的各种关于法律问题的文献资料。在以上各种含义中,渊源都具有来源、根源这种基本的含义。五是法的实质渊源,它与法的内容有关,是指法律根源于国家权力还是自然理性、神的意志、君主意志、人民意志或社会的物质生活条件。按照马克思主义理论的观点,法的内容在最终意义上来源于社会的物质生活条件。六是法的形式渊源,是指被赋予法律效力和强制力、具有权威性的原则和规范。形式渊源与法的形式有关,指法的创制方式和表现形式。

在我国法学中,法律渊源通常是指法的形式渊源,是指法定的国家机关制定或者认可的、具有不同法律效力或法律地位的法的不同表现形式。这一概念被用于说明某一规则如何产生或具有何种外部表现形式才具有法律效力,能够成为权威机关作出法律决定(行政决定或司法判决)的权威根据。在形式渊源上讲,法可能会来源于制定法、判例法、习惯法或法的其他形式。法的形式渊源又可以分为正式渊源和非正式渊源。正式渊源是指那些体现为权威性法律文件明确文本的渊源。例如,在当代中国,宪法、法律、行政法规、地方性法规、少数民族的自治条例和单行条例都是正式渊源,它们是由法定的国家机关制定的,是权威性法律文件。非正式渊源是指那些具有法律意义的资料和值得参考的材料,它们没有在权威性法律文件之中得到阐述或者体现。例如,正义标准、道德准则、社会习惯、国家和政党的政策等,它们不具有直接的法律效力,但在执法、司法活动中,它们是可以参考的材料。区别正式渊源与非正式渊源的依据主要表现为:正式渊源是依法定程序制定或者认可,以明文方式记载于权威性法律文件之中,以明确文本的形式表现出来;非正式渊源则不然。

二、法律渊源的历史发展

人类的法律发展一般都是经历了从习惯到习惯法,从不成文法到成文法的过程。我国古代史籍记载,"上古议事以制,不为刑辟";"神农无制令而民从";"刑政不用而治,甲兵不起而王"。我国古代最早成文法出现于春秋战国时期。公元前536年,郑国执政子产铸刑鼎,公开刑律,是中国古代打破法律神秘主义的第一人。之后,郑国大夫邓析将刑法写在竹简上,称为"竹刑"。战国时期思想家李悝于公元前412年制《法经》,是我国历史上第一部完整的法典。

我国自古以来一直以制定法为主要法律渊源。古代历朝历代出现的制定法种类多样,有律、令、格、式、科、比等类型。秦汉魏晋时有律、令、科、比,南北朝时期以律、令、格、式为主要法律形式,两宋时敕的地位提高。明清时期,法律渊源的名称渐趋统一,律、例成为基本的法律渊源形式。其中,"律"是一种法典形式,是我国古代自秦朝之后的最主要法律形式。"令"是强制人们实行的某种制度、规定的文告,是有关国家基本制度的法律。"格"是行政法规之一。"式"是一种关于公文程式与活动细则的行政法规。"敕"最早是指天子、官长和尊长对臣下、僚属和子孙的告诫,自南北朝之后,专指皇帝的诏令。"科"是汉代的一种刑事法规,实际上是刑律的附属法,是一种独立的法律形式。"比"是审判已经完结的案例,就是后来所说的判例。

到19世纪晚期,清朝的法律渊源逐渐借鉴和吸收西方法主要是民法法系的法律渊源理论,形成了包括宪法、法律、行政法规等主要法律渊源形式。在中华民国时期,形成了"六法全书"相对完备的体系。当代中国法律渊源也是以制定法为主,制定法是主要甚至唯一的法律渊源。

除制定法之外,还有非正式的法律渊源。非正式的法律渊源在历史上某些时期还占据了重要地位。例如,礼是我国古代的重要法律渊源,这是因为儒家思想长期占据主导地位,统治者崇尚"仁治""德治"。又如,中华人民共和国成立以后,在相当长时间,受极"左"思想的影响,人治思想和法律虚无主义思想盛行,法律的作用被轻视甚至忽视,国家治理倚重于执政党和国家的政策,政策地位显赫。

在西方,法律的发展也经历了从习惯到习惯法再到成文法的过程。古希腊的成文法产生于公元前621年,执政官德拉古制定了成文法。古罗马的法律文明取得了辉煌成就,成为西方的宝贵遗产。其早期的法律由习惯演变而来,其最早的成文法产生于公元前5世纪,即著名的《十二铜表法》。在罗马法高速发展时期,其法律渊源多样化,包括有立法权的人民大会和平民大会制定的法律、元老院的决议、皇帝的敕令、裁判官的告示和法学家的解答。中世纪,欧洲大陆的法律比较混乱和分散,存在教会法和世俗法两大法律体系,而且世俗法由于与不同类型的世俗政体对应,所以,法律渊源也比较多,曾经有过日耳曼法、罗马法、地方习惯法、教会法、庄园法、城市法、商法、国王的敕令等多种法律渊源并存的局面。后来,在资产阶级革命胜利之后,国家立法权开始统一,法律和法律渊源才走向统一,制定法成为正式意义上的法律渊源,而判例不是正式意义上的法律渊源。与此相反,英国从12世纪开始,就以通行于英格兰的普通法为基础发展了其统一的法律体系,判例法在普通法体系中是一种正式意义上的渊源。

三、法律渊源生成的主体

法律是人类活动的产物,它可以是有意创造的,也可能是在社会演变与发展过程中自发形成的。各种法律渊源的生成主体主要包括以下几类:

(一)国际社会

国际社会包括以联合国为主体的各国际组织,它们在国际公法、国际私法和国际经济法规则的形成中发挥了重要作用。国际法体系为国际法律关系主体提供了行为准则,维护世界和平与发展,同时也促进了国际社会在人权、贸易、经济、文化等方面的交流与合作。随着国际交往的日益增多,国际社会在国际法规则的创制中将会发挥更加重要的作用。

(二)区域性国际组织

区域性国际组织,如欧盟、东南亚国家联盟、美洲国家组织、阿拉伯国家联盟等,在调整本区域的政治、经济、文化交流与合作事务中,创制为各成员所承认和接受的通行规则。区域性国际组织,由于其成员国在历史、文化、语言等方面往往具有一定的联系,或者具有某些共同关心的问题或共同利益,因而易于在某些领域或某些问题上就相关法律问题达成一致意见,在本区域内形成了所谓的"法律趋同化"的现象。

(三) 主权国家

主权国家是当代国际社会最重要的法律渊源创制主体。这体现在几个方面。在民族国家体制下,由一国主权管辖范围内享有合法权力的机构创制的法律无疑在社会治理方面具有无可替代的作用。同时,国际社会生成的国际法规则也必须经由主权国家将其转化为国内立法才能真正在本国发生法律效力。另外,国家的立法权既可以由最高国家立法机关行使,也可以由获得宪法和法律授权的其他国家机关和地方国家机关行使,它们都属于统一的主权国家立法的范畴。

(四) 社会

社会作为法律渊源生成主体,由它形成的规则主要有以下几类:

1. 习惯。习惯是人们在长期的社会生活中逐渐形成的行为准则,如人际交往习惯、商业惯例、民族习惯等。

2. 行业规则。行业规则是指由某类行为形成并适用于某一行业内部的行为总则。《意大利民法典》第5条规定:"行业条例、集体经济协定、集体劳动契约和劳动法院作出的有关集体劳动争议的判决属于行业规则。"

3. 地方自治规范。这是指完全由某一地区人民以多数决定的方式形成的法律规则。在自治制度下,当地民众可以形成调整本地域的法律规则,这些法律规则不能与国家宪法和法律相抵触。

4. 社会价值。社会价值是指人们在社会生活中公认的价值标准与价值准则。其中,有些社会价值被吸纳进法律之中,以法律原则的形式表现出来;有些社会价值存在于法律之外,必要时也可以作为法院判决的参考因素。

(五) 个人

个人作为法律渊源的生成主体,由他生成的法律渊源主要有两类。一是判例。判例是法官在审判案件时生成的,是法官个人智慧与经验的结晶。二是法律学说。在必要时,法官可以引用法学理论或学说作为裁判的依据,而学说本身是学者个人的心血之作。《瑞士民法典》第1条规定:"……(2) 如本法没有可以适用的规定,法官应依据习惯法裁判,无习惯法时,应依据其作为立法者所提出的规则裁判;(3) 在前款之情形,法官应遵循公认的学理和惯例。"这一规定授权法官,让他在没有法律和习惯可供适用的情况下,可以依据学理和惯例创制审判规则。在英美法系国家,法官在创制新判例法规则时也可以援引或参考法学理论或学说。

四、法律渊源的主要形式

在我国法理学界,法律渊源的分类有多种方法。如历史渊源与现实渊源之分、形式渊源与实质渊源之分、直接渊源与间接渊源之分、正式渊源与非正式渊源之分。将法律渊源分为正式渊源和非正式渊源是较常用的分类方法。正式渊源与非正式渊源之间的主要区别在于:前者具有法律约束力,法院在审判案件时应当予以适用,法院在其可适用的案件中应当以它作为裁判依据;后者没有法律约束力,只在特定场合才可以被当作裁判依据。

(一)正式渊源

1. 制定法

制定法一般是指由国家立法机关或经立法机关授权的国家机关根据立法程序制定,并以条文或法律文件方式表现的规范性法律文件。在民法法系国家,制定法是最主要的法律渊源。在普通法系国家,判例法在法律发展的早期是主要的法律渊源,随着立法机关地位的提高,制定法也成为其主要法律渊源。在当代中国,制定法是当代唯一的正式法律渊源,制定法包括宪法、法律、行政法规、地方性法规等。

在民法法系国家,法典是制定法的一种特殊形式。在这些国家,将一些基本法律编纂成法典是一种通行的做法,如宪法、刑法、民法、商法和诉讼法等就是法典化程度较高的几个领域。但是,在20世纪,出现了用单行法代替法典的现象,这种立法方法能够对社会经济、政治作出快速反应,较易改变。例如,我国改革开放后的民事领域立法就体现了这种特点。

2. 判例法

判例法是从法院判决中产生的法。根据普通法的遵循先例原则(stare decisis),最高法院或上级法院在某一案件中所作判决的判决理由对下级法院或本级法院以后在相似案件中的裁判具有约束力,即先例中的判决理由可以成为相似案件的法律依据。

在普通法系国家,判例法是其重要的法律渊源。判例法的关键是遵循先例。18世纪末至19世纪初,英国法中的遵循先例实质上已经确立。这一原则的运作需要具备相应的条件。一是法院系统的等级结构,以奉行遵循先例原则为特质的判例法,其形成和发展以统一的司法体系和司法体系的等级式结构为重要条件。二是判例汇编的出版,建立可靠的判例报道制度是判例法制度的前提条件。在英国历史上,从12世纪开始就有年鉴式的判例报道出版,经过逐渐演变,到18世纪下半叶出现了可靠的判例汇编,即举世闻名的《判例汇编》(*Law Reports*),并发展出一条援引规则:如果一个判例在一系列出版物中都有报道,那么只有被收录于《判例汇编》中的版本才能在法院中加以援引。

判例法与制定法相比有很大差别,判例法具有鲜明的特点。判例法可以满足"相同案件相同处理,不同案件不同对待"这一正义原则的要求。判例法是法院司法审判活动的结果,所以它被称为"法官创造的法"。

3. 习惯法

习惯法与习惯之间紧密关联,同时也有区别。习惯是人们在长期的生产和生活实践中自发形成的惯行,来源于人们日常经验的积累和总结,同时也是人类解决生活难题的智慧结晶。习惯法这一术语在两种意义上为学界所使用。一种是法律实证主义的观点,认为习惯要转化为习惯法,必须获得国家立法机关或法官认可。例如,在法院的审判中认可民间用以调整人们行为、解决社会纠纷的习惯具有法律效力,此时,习惯经法院认可而成为习惯法。二是法社会学意义上,某一习惯只要通过若干标准的检验就是习惯法,这些标准包括:习惯历史久远且连续存在;在一定地域范围内人们都在内心确认受该习惯的约束;对于违反习惯规则的行为,会产生足够的社会压力。前一观点强调法律必须出自国家权力,不是出自制定就必须出自认可。后一观点强调习惯法的社会属性,习惯之所以成为习惯法,是因为长期以来人们接受它管理某些地区或某些行业的事务,其施行是由于普遍的社会压力而不是由于国家强制力的制裁;在国家立法机关或司法机关"认可"之前,该习惯就是习惯法。在强调法律的国家意志性的情况下,人们在上述两种观点中更倾向于采用第一种。

在当代,习惯法被认为对国家制定法只起到补充或辅助的作用。当国家制定法对习惯调整的社会关系没有作出规定,或虽有规定但制定法作出了允许例外的明示之时,习惯可以起到填补制定法漏洞的作用。习惯在司法中的运用不得与国家制定法相冲突,且不得违背公序良俗。此外,习惯的运用不得及于惩罚性内容,如刑事处罚、行政处罚。可见,在当代民族国家体制下,创法权力主要还是由国家执掌,习惯法在法律渊源中处于次要地位,次于制定法,甚至次于判例法。

4. 国际条约

国际条约是国家及其他国际法主体就政治、经济、贸易、法律、文化等方面的问题所缔结的确定其相互权利义务的协议。国际条约的名称包括条约、公约、协定、和约、盟约、换文、宣言、声明、公报等等。条约是国际法的主要法律渊源,在经过法定程序被有关国家机关接受后,成为本国的法律渊源。这一做法受国际法与国内法"二元论"的影响,认为国际法与国内法分属于两个独立的相互分离的法律体系,国际法只有转化为国内法才能成为国内法的一部分。有些国家在此问题上持"一元论"的观点,认为条约本身就是国内法的一部分,无须转化就可以适用,如法国、日本。

在世界各国的交流日渐深入的情况下,国际条约的法律渊源地位日益突出,各国大多数根据国际条约的内容修正本国法律中与其相抵触的内容。"信约必须遵守",各国有义务通过立法、执法和司法活动促进条约在国内的实施。

(二) 非正式渊源

非正式法源主要包括权威法学理论、公平正义观点以及公共政策等。非正式法律渊源之所以必要,是因为制定法等正式法律渊源不足以全面调整社会关系,解决社会纠纷。法律必有漏洞,且制定法等法律规则必有模糊歧义之处,此时就需要有非正式法律渊源来辅助摆脱无法可依、法律不明确不确定所导致的困难。此外,博登海默还认为:"如果没有非正式法律渊源的理论,那么在确定的实在法规定的范围以外,除了法官个人的独断专行以外,就什么也不存在了。"[①]权威法学理论、公平正义观念等非正式法律渊源有助于限制官员特别是法官行使权力的行为。

1. 权威法学理论

权威法学理论是指由著名法学家对法律的解释、论述所形成的权威理论学说。这些理论学说,由于研究者的知识优越性以及理论的合理性而获得广泛认可,获得权威地位。在民法法系历史上,权威法学理论曾经具有重要地位。公元426年,罗马皇帝颁布《引证法》,规定五大法学家的法律解答具有法律效力。中世纪后期,注释法学派对罗马法的解释被认为与罗马法具有同等约束力,"不读阿佐的著作就不能上法庭"。权威法学理论在现代西方也有重要地位。《意大利民法典》规定,当法官在用其他法律无法解决案件时,要"依照本国法学界的一般原理处理"。《国际法院规约》第38条第1款(卯)项规定:司法判例及各国权威最高之公法学家学说,作为确定法律原则之补助资料者,可以为法官裁判所适用。相比而言,权威法学理论在普通法系所受重视程度不及民法法系,法官在传统上更倾向于根据享有威望的同行及前辈的意见和判例处理案件,只是到了最近,一些试图从先例中抽象出某些法律原则的学术论著才受到更多的重视。英国法官和法学家格兰威尔、布拉克顿、柯克等人的权威典籍,霍姆斯、卡多佐、庞德等人的法学著述,分别对各自国家的司法都产生了较大影响。

2. 公平、正义等公认的社会价值观念

法官依法审判、依法判案是现代法治国家对司法工作的基本要求,法官在裁判中一般是不能直接求助于公平正义的。但在以下几种情况下,公平正义等公认的社会价值就有用武之地:一是在法律条款含义不明时,法官可以用它来解释法律。二是在法律存在漏洞时,公平正义是用以填补法律漏洞的方法。三是在有两种用以裁决案件的方案供选择之时,公平正义等社会价值是权衡与选择的

[①] 〔美〕博登海默:《法理学:法律哲学与法律方法》,邓正来译,中国政法大学出版社1999年版,第445页。

重要考量因素。"在两种相互冲突的法律原则间做出这样的选择,毋庸置疑,是受强烈的正义感支配的,因此,正义感为解决该问题提供了最终渊源。"①四是在法律规则的适用后果如果极端偏离社会公平正义,那么,法官可以规避该法律规则的适用。在这四种情况下,法官在求助公平正义观念时需要持谨慎的态度。公平正义观念具有高度主观性,某种解释、裁判方案或判决的社会后果,是否符合公平正义,在多数情况下仁者见仁、智者见智。因此,在司法审判中法官应该优先适用实在法规则,不得轻易抛弃实在法。在需要求助于社会价值解释法律、填补漏洞时,在多种裁决方案之间的权衡与选择中,应该优先适用法律原则中体现的法律价值,并进行严谨而周密的推理和论证。只有这样才能维护法律的权威性,增强司法的公信力与权威性。

3. 公共政策

所谓公共政策,是指国家机关、政党和其他社会政治集团为了实现自己所代表的阶级、阶层的利益,规定在一定历史时期内必须实现的目标,以及为达此目标而必须遵循的行动原则、工作方式以及行动步骤和措施等。

司法与政策之间存在着复杂的关系。一方面,司法机关作为国家机关的组成部分,在公共政策的形成之中势必会起到重要作用,"通过适时地提供判决,并且因此通过参加该制度政策产品的创制,司法机构维持了自身的存在和它在社会中的持久作用"②。例如,美国联邦最高法院通过判例在死刑、堕胎、同性恋、种族隔离等问题上深刻地影响了美国社会的公共政策,影响着美国政治和社会的走向。在肯定司法对公共政策的影响作用的同时,也应该指出,司法机关在公共政策形成方面与立法机关发挥的作用是不同的。司法的正当性存在于依法审判、适用法律解决个案纠纷,中立裁判者的形象有利于维护司法权威。立法机关才是主要的公共政策决策部门,司法机关在涉足公共政策决策领域时应该慎重,尽管不能完全避免。另一方面,司法机关在依法办案时要受公共政策的影响,这是因为公共政策往往涉及社会发展、社会安全、社会秩序等问题,关系到国家在这些问题上的指导原则与措施。在注重按规则办事的同时,也考虑法律的目的与法律适用的后果,这是当代法律思维的重要特征。③ 此时,公共政策作为一种非正式法律渊源,是法官思维的重要材料。

---

① 〔美〕博登海默:《法理学:法律哲学与法律方法》,邓正来译,中国政法大学出版社1999年版,第467页。
② 〔美〕埃尔曼:《比较法律文化》,贺卫方、高鸿钧译,三联书店1990年版,第162—163页。
③ 参见〔美〕诺内特、塞尔兹尼克:《转变中的法律与社会》,张志铭译,中国政法大学出版社1994年版,第87页。

第二节　当代中国的制定法渊源

当代中国的正式法律渊源是制定法，即由法定的国家机关经过法定的程序以权威法律文本明确表现的渊源。在我国，根据国家立法体制，享有法律创制权的机构多样化，制定法包括宪法、法律、法规、规章以及国际条约与国际惯例。

一、宪法

宪法是当代中国的根本法，在制定法体系中占据根本的地位。从内容上讲，宪法规定了国家的根本制度、公民的基本权利与义务、国家机构。从制定和修改程序上讲，宪法比其他法律更为严格。一方面，制定和修改宪法的机关往往是依法特别成立的，而并非普通的立法机关。另一方面，通过、批准宪法或者其修正案的程序，往往严于普通法律。根据我国宪法的规定，全国人民代表大会有权修改宪法，有权监督宪法的实施；全国人民代表大会常务委员会有权解释宪法、监督宪法的实施。同时，宪法修正案必须由全国人民大会全体代表总数 2/3 以上的多数才能通过。从法律效力上讲，宪法在各种法律渊源中具有最高法律效力，任何法律法规只要与宪法相冲突，均属无效。1949 年以后，我国共颁布了四部宪法，即 1954 年宪法、1975 年宪法、1978 年宪法和 1982 年宪法，现行宪法经过 1988 年、1992 年、1999 年和 2004 年四次修正，通过了共 31 条修正案。

二、法律

法律是由全国人民代表大会及其常务委员会制定和修改，规定和调整国家、社会和公民生活中某一方面带根本性的社会关系或基本问题的法律。其效力位阶仅次于宪法。法律分为基本法律和基本法律以外的其他法律。基本法律由全国人民代表大会制定和修改，在全国人民代表大会闭会期间，全国人大常委会也有权对它作部分补充和修改，但不得同该法律的基本原则相抵触。基本法律以外的其他法律由全国人大常务委员会制定和修改，规定由基本法律调整以外的国家、社会和公民生活中某一方面的基本问题，其调整面相对较窄，内容较为具体。前者如《民法通则》《合同法》《刑法》等，后者如《商标法》《文物保护法》等。此外，全国人民代表大会及其常委会所作出的具有规范性内容的决议、决定也是法律，如 1999 年 10 月全国人大常委会通过的《关于取缔邪教组织、防范和惩治邪教活动的决定》就是非基本法律。

三、法规

作为法律渊源的法规包括行政法规、地方法规、军事法规和司法法规，它们的制定主体不同,其效力位阶也各有不同。

(一) 行政法规

行政法规是由国务院根据宪法和法律,在其职权范围内制定和修改的,有关国家行政管理活动的规范性法律文件。行政法规多以"条例""实施细则""办法""规则""决定""命令"等文件表现出来。其效力位阶低于宪法和法律。

(二) 地方法规

根据立法权的来源、权限大小和内容的不同,可进一步分为一般地方性法规、经济特区法规、自治条例和单行条例。

一般地方性法规是由特定地方国家机关依法制定和修改的规范性法律文件。其效力范围不超出本行政区域范围,在法律体系中具有基础性地位。其效力位阶低于宪法、法律、行政法规。依我国宪法和相关法律规定,省、自治区、直辖市和较大的市的人大及其常委会有权根据本行政区域的具体情况和实际需要,在不同宪法、法律、行政法规相抵触的前提下制定地方性法规。这里所称的"较大的市"是指省、自治区的人民政府所在地的市,经济特区所在地的市和经国务院批准的较大的市。一般地方性法规要报全国人大常委会和国务院备案。

经济特区法规是指经济特区所在地的省、市的人大及其常委会根据全国人大的授权决定而制定的在经济特区范围内施行的规范性法律文件。经济特区法规不同于一般地方性法规之处在于,它属于授权立法,内容范围限于经济领域,由法定立法主体根据授权对法律、行政法规、地方性法规作变通规定。

自治条例和单行条例是由民族自治地方的人民代表大会依照当地民族的政治、经济和文化的特点制定的规范性法律文件。自治条例和单行条例可以依照当地民族的特点,对法律和行政法规作变通规定,但不得违背法律和行政法规的基本原则,不得对宪法和民族区域自治法的规定以及其他有关法律、行政法规专门就民族自治地方所作的规定作出变通规定。自治条例与单行条例报全国人大常委会批准后生效;州、县的自治条例和单行条例报省或者自治区的人大常委会批准之后生效,并报全国人大常委会备案。自治条例和单行条例不同:自治条例是有关地方实行民族区域自治的总的规定,单行条例通常是关于民族自治地方某类社会关系的具体规定。

(三) 军事法规

军事法规是中央军委根据宪法和法律制定的规范性法律文件,其效力及于武装力量内部的规范性文件。军事法规根据立法权来源的不同可分为自主性军事法规和授权性军事法规。

(四) 司法法规

司法法规是根据法律的具体授权,由最高人民法院就获授权事项(通常是有关法院内部管理、运作方面的内容)制定的规范性法律文件。例如,《法官法》

第 9 条第 2 款规定:"本法施行前的审判人员不具备前款第六项规定的条件的,应当接受培训,具体办法由最高人民法院制定。"又如,根据《民事诉讼法》的规定最高人民法院制定的《人民法院诉讼收费办法》;根据《人民法院组织法》制定的《人民法院法庭规则》等。司法法规不同于司法解释,前者是授权立法,后者是对现行法律的解释。

四、规章

这里所说的规章包括部门规章、地方规章和军事规章。部门规章是指国务院所属各部、委员会、中国人民银行、审计署以及具有行政管理职能的直属机构,按照宪法、法律和行政法规的规定,在本部门的权限范围内发布的具有规范性的规章、命令、指示等文件。其效力位阶低于宪法、法律和行政法规。

地方规章是指省、自治区、直辖市和较大的市的人民政府,在其权限范围内制定的适用于本地区的规范性法律文件。地方规章涉及两个方面的内容:一是为执行法律、行政法规、地方性法规的规定需要制定规章的事项;二是属于本行政区域的具体行政管理事项。

军事规章则是由中央军委各部、军兵种、军区根据法律及中央军委的法规、决定、命令,在其权限范围内制定的规范性文件。

五、国际条约与国际惯例

作为我国正式法律渊源的国际条约,是指我国同外国或国际组织缔结或者加入的国际法规范性文件。国际条约确定了各缔结国相互关系中的权利和义务。国际条约有许多不同的名称,除了"条约"之外,还有宪章、公约、盟约、专约、协定、议定书、换文、公报、联合宣言等名称。根据《中华人民共和国缔结条约程序法》,全国人大及其常委会、国务院、国家主席是中国缔结、参加的国际条约的实施者。另外,香港和澳门等特别行政区也可以以地区身份参加一部分国际条约。

第三节 法律分类

法律分类是指对人类社会历史上存在的法律,按照不同特征归为不同类别。法律分类的根据不同,分类的结果就不同。经过长期的法学研究,法律分类的方法渐趋成熟,对法律分类问题已达成共识。

一、成文法与不成文法

根据法律的创制方式和表现形式的不同,将法律分为成文法和不成文法。

成文法是指具有法律创制权的国家机构创制的,以规范化的成文形式出现的规范性法律文件。成文法也称为制定法,可以表现为法典,也可以表现为单行法规文件。不成文法是指由国家机构认可的、不具有文字形式或虽有文字形式但却不具有规范化成文形式的法。成文法包括习惯法、判例法等形式。特别要提出的是,判例法规则表现于法院判例的判决理由之中,不具有规范化成文形式。

二、根本法与普通法

根据法的地位、效力、内容和制定主体、程序方面的特征,将法律分为根本法和普通法。这种分类通常只适用于成文法国家。根本法实际上就是指宪法,它规定了国家最基本的政治制度以及政治活动的根本原则,在国家法律体系中具有最高地位。普通法是指除宪法以外的所有其他法律的总称,称其为普通法是与作为根本法的宪法相对而言的。普通法就其表现形式而言多种多样,在我国包括法律、行政法规和行政规章、地方法规和地方政府规章等等,它们的地位和效力位阶低于宪法。

三、实体法与程序法

根据法律规定的内容和实施程序不同,将法律分为实体法和程序法。实体法是指以规定主体的实体性权利义务关系或职权、职责关系为主要内容的法。如民法、刑法、行政法等法律,其主要内容是赋予公民生命、自由、财产等方面的实体权利,或者设立事关公民生命、自由、财产等方面利益的实体义务。程序法规定的是实体性权利、义务或职权、职责的授予、限制或剥夺所应当遵循的程序。程序法也规定权利和义务,但这些权利义务被称为程序性权利和义务。程序法包括诉讼程序法和非诉讼程序法,前者如民事诉讼法、刑事诉讼法等,后者如行政处罚法、行政许可法等。

四、一般法与特别法

根据法律的适用范围的不同,将法律分为一般法和特别法。一般法是指对一般人、一般事项、一般时间在全国范围内普遍适用的法。如宪法、刑法等。特别法是指针对特定人、特定事项有效,或者在特定区域、特定时间内适用的法。例如,《公务员法》是针对特定人的法,《国旗法》是针对特定事项的法,《民族区域自治法》是针对特定地区的法,《戒严法》是针对特定时间的法。

在一般法与特别法之间存在"特别法优于一般法"的关系。在处理具体法律问题时,当一般法与特别法出于同一立法机关、具有同等法律地位时,由于特别法对该问题的规定更具体更有针对性,应该优先适用特别法的规定。

五、国内法和国际法

根据法律的制定主体及其适用范围的不同,将法律分为国内法和国际法。国内法是国内有立法权的主体制定的、其效力不超出本国主权管辖范围的法律。国内法的法律关系主体包括自然人、法人及其他合法主体,国家只在特殊情况下才成为国内法法律关系的主体。国际法是由国际法律关系的主体通过谈判达成共识而制定或认可、以条约和协定等形式表现出来的法律文件,以及由历史形成的为国际社会所普遍公认的国际惯例共同构成的法律。我国传统观点主张国际法法律关系的主体主要是国家,但也有观点认为某些特定地区、国际组织甚至个人都可能成为国际法法律关系的主体。

六、公法与私法

公法和私法的分类方法只适用于民法法系国家。这种法律分类方法起源于古罗马,乌尔比安提出,凡保护国家利益的法即为公法,保护私人利益的法为私法。这一分类方法成为民法法系法律分类的基本方法。19世纪以法国为代表的民法法系国家建立了完备的法律体系。公法包括宪法、行政法、刑法和诉讼法,私法包括民法和商法。现代西方法学家对公法和私法的划分标准作了新的研究,其划分标准包括以下几个方面:(1)公法法律关系中至少有一方参与人是国家或者其他公共权力,私法法律关系中双方主体都是私人主体;(2)公法法律关系是服从关系,私法关系双方主体之间地位平等;(3)公法属于强行法,当事人不能任意改变权利义务,私法是任意法,当事人可以通过协商确定和变更彼此的权利义务;(4)公法事关公共利益,私法则是为了实现私人利益。将这几个方面综合起来,基本上可以说明公法与私法的区别。

20世纪以后,公法与私法的划分受到冲击或挑战。在公法与私法之外,还出现了一些新的法律部门,如经济法、劳动与社会保障法、自然资源与环境保护法,它们既不属于公法也不属于私法。因此,当代法学界认为,民法法系的法律应该分为公法、私法和社会法这三个基本门类。

第四节　法　律　体　系

一、法律体系的概念与存在条件

法律体系是指将一个国家在一定时期内的全部现行法律规范,按照一定的标准和原则,划分为各个法律部门而形成的内在一致的统一体。

从这一概念可以总结法律体系具有以下特征:第一,法律体系是由一国全部现行法律规范组成的。该国历史上曾经存在的法律或尚未生效的法律、其他国家或地区的法律，都不属于该国法律体系的范围。第二，法律体系应当是法律部门有机整合而形成的整体。在构建一国法律体系时，要根据调整对象和调整方式将法律规范归入不同的法律部门，然后根据法律体系的内在要求和逻辑规则将各法律部门整合成一个有机整体。第三，法律体系应当门类齐全、结构严密、内在协调。门类齐全关系到法律的完备性，是有法可依的内在要求。结构严密是指法律体系内部和法律部门之间的法律和法律规范都具有严密的结构。内在协调要求构成法律体系的法律部门之间和法律部门内部在统筹下协调一致，相互支持和配合而不发生矛盾和冲突，这种协调性和统一性是实现法律调整的共同目的的保障。第四，法律体系是主观和客观的统一。法律体系是国家主权的产物，其统一性取决于国家主权的统一性。其结构是人们在相关理论的指导下人为建构的结果，但从根本上取决于经济基础，法律部门的划分标准主要有法律所调整的社会关系的类型以及法律调整社会关系的方法。

对法律体系概念的理解，可以通过它与其他概念的比较得到深化。

法律体系与立法体系。立法体系有多种含义，有时被用来指一国规范性法律文件构成的体系，有时则被用来指规范性法律文件因效力的大小与范围的不同而形成的等级和分工体系。总体而言，立法体系以一国规范性法律文件为表现形式，强调的是各种法律渊源之间的地位和效力等级，而这种效力等级又是以国家立法权配置中各立法主体的权力等级为基础的。法律体系与立法体系两者之间存在形式与内容的关系，法律体系是内容，立法体系是法律体系的外在表现形式。两者的主要区别在于：从基本构成看，法律体系的构成单元是法律部门，立法体系的基本构成单元则是规范性法律文件；从基本结构来讲，法律体系的结构取决于法所调整的社会关系，立法体系的结构主要取决于国家立法权的配置体系，即颁布规范性法律文件的国家机构的权力等级结构。

法律体系与法系。两者的区别主要体现在以下几个方面：一是两者的侧重点不同。法律体系侧重于一国在某一时代有效的全部法律规范的内在和谐一致和体系性联系，法系是指根据历史传统的联系和表现形式上的共同特征而对世界各国的法律体系进行的宏观分类，它侧重于世界各国法的比较。二是两者所包括的范围不同。法律体系仅包括一个国家在某一时代有效的法律规范，而法系则不仅包括若干国家现行的法，而且还包括这些国家历史上的法，以便从中发现这些国家的法的发展过程、历史演变以及各国法的相互影响。三是法律体系是一种静态的研究，法系则偏重于各国法律横向与纵向的动态比较。

法律体系与法学体系。法学体系是指由全部的法学知识经过分类、整合而成的各个分支学科联系构成的统一整体。它是有关法律的学科体系，是关于法律的知识和理论体系，属于思想范畴。法律体系是一国现行法律规范的总和，是具有法律约束力的规范体系,属于制度范畴。两者的联系和区别体现在:法学体系往往以法律体系为基础,如宪法学以宪法为基础,刑法学以刑法为基础。但法学体系中有一些学科并不如此,如法理学、法史学等属于理论法学的范畴,没有相应的法律部门与之相对应。

法律体系要独立存在就必须具备相关的条件。只有在这些条件同时存在的情况下,我们才能认为一个法律体系独立是存在的。总体上讲,法律体系存在需要具备两个条件:一是一定立法权、执法权和司法权能够正常存在、运行和发挥作用;二是法律体系在一国范围内具有至上性。这些条件是国家主权本质属性的体现,也是主权的要求。首先,法律体系的产生是特定国家机关行使法律创制权的结果。法律创制权是国家主权的重要组成部分。在民法法系国家,通过科学的立法活动,按照法律体系结构完备性的需要制定各部门法,使法律体系渐趋完备。在普通法系国家,议会制定法和法院判例法都是国家主权的产物。与民法法系国家不同的是,在这些国家,议会和法院分享着立法权。其次,法律体系的存在还取决于法律的实效,即法律在社会生活中得到人们的遵守和官员的适用。在这里,法律得到适用既包括执法机关主动实施法律,也包括在出现违法行为的情况下司法机关应要求依法对违法行为者进行惩治。个人遵守和官方适用都是法律取得实效的重要途径,也是法律存在的重要条件。最后,国家主权具有对外的独立性和对内的至上性。国家主权的这一属性,也要求一国法律在本国主权管辖的范围内具有对外的独立性和对内的至上性:前者的意思是本国法律独立于任何其他国家的法律体系,不受任何他国的支配和控制,其正当性不来自另外一个国家和地区的法律授权;后者的意思是一国法律主张对一国主权管辖范围内的一切人和事都有管辖的权力(权利),并且任何其他社会规范(如道德、宗教和习惯等)都不得成为违法行为的免责理由。这种排他性和至上性也是一国法律体系的存在不可缺少的条件。

二、法律部门的划分标准

法律部门,又称为部门法,是对一国现行的法律规范按所调整的社会关系的不同,以及与之相适应的调整方法的不同所作的分类。所以,我们也可以说,法律部门是依据一定的标准或原则对一国现行的所有法律规范进行分类而由同类法律规范组成的整体。如宪法、民法、刑法等。

法律部门是由法律规范组成的,法律规范是法律体系的基本构成细胞。但是,从法律规范分类的意义上讲,法律体系的基本构成单位不是法律规范,它是由彼此相互联系的、调整性质相同的某一领域社会关系的法律制度组成的。法律部门是法律体系的因素,它表现为调整同一类社会关系的法律规范的总和。法律制度是法律部门中一组特殊的法律规范。法律制度可以是简单法律制度,也可以是复杂法律制度。简单法律制度包括的法律规范属于同一法律部门,如婚姻法中的婚前财产约定制度、民法中的抵押制度。复杂法律制度属于多个法律部门,这些法律部门调整着相互联系的同类社会关系,如所有权制度,它受到宪法、民法、行政法等多个法律部门的共同调整。又如婚姻登记制度,它受到民法和行政法等法律部门的调整。正因如此,同一法律制度可以分属于不同的法律部门。

法律部门与规范性法律文件之间既有联系也有区别。某一法律部门中的法律规范可能集中体现在一部规范性法律文件之中。例如,刑法这一法律部门的大部门规范集中在刑法法典之中,这样就使刑法规范相对集中。因此,某些部门法的名称与相应的规范性文件的名称是一致的。但二者在本质上是不同的,法律部门是法律规范的集合,而不是规范性文件的集合,也不是规范性文件所包括的法律条文的集合。法律部门除了包括主要的规范性文件中的一些法律规范之外,还包括分散在其他调整同类社会关系的规范性文件中所包含的法律规范。事实上,同一规范性文件中所包括的内容往往属于不同法律部门。

由于法律部门是依据一定的标准或原则对一国现行法律规范进行分类而形成的,所以,将法律规范进行分类的标准在部门法的划分中就非常重要。我国法学界经过长期的研究和探索,形成了以法律所调整的社会关系(即调整对象)为主、结合法律调整的方法来划分法律部门的标准。

第一,划分法律部门的基本标准是法律所调整的社会关系,即法律调整的对象。法律以人的行为作为其调整对象,但它只关心那些与他人具有利害关系的行为,因此,法律调整的是人们的社会关系。法律所调整的社会关系属于不同的领域,范围极为广泛,包括了人类生活的政治、文化、宗教、民族、家庭等各个领域,正是这些领域的客观存在,为我们对调整这些社会关系的法律规范进行分类提供了客观的依据。通常,我们可以将调整同一类社会关系的法律规范归为一类。

第二,法律调整的方法也是划分法律部门时的重要考虑因素。例如,社会的经济关系是一个庞大的门类,涉及的范围极广,只有结合其他标准对经济关系作进一步分类,才能突显其特征。法律的调整方法,主要是指法律规范调整社会关系时的原则、方法,以及对违法行为进行制裁的方式。

法律规范对一定的社会关系进行调整所形成的法律关系,都包括法律关系的主体、法律关系的客体和法律关系的内容三个方面。不同种类法律关系的主体有显著区别,例如,宪法法律关系的主体包括国家、阶级、政党、民族等;行政法律关系的主体则包括行政主体和行政管理的相对人;民事法律关系的主体包括自然人和法人,国家在与自然人和法人以平等地位参加法律关系时,也能成为民事法律关系的主体。在主体的相互关系上,不同种类法律关系也有区别,例如,民事法律关系主体之间是平等的关系;行政法律关系是在行政主体行使国家权力时发生的,行政主体与行政管理的相对人在地位上是不平等的。正是由于法律关系主体的不同以及主体之间地位关系的不同,我们可以把同样是以经济关系为调整对象的民法与经济法分别开来。

依据对违法行为实施制裁的方式,我们可以区分出民法、行政法和刑法,它们分别是以民事制裁、行政制裁和刑事制裁的方式来保护民法、行政法和刑法所要调整的社会关系。

第三,除了上述标准之外,在划分法律部门时还应该考虑以下几个重要因素,并依据以下的原则进行区分。

首先,要保持各部门之间的适当平衡。法律所调整的社会关系领域的广泛程度不一,所包含的法规数量有多有少,要作适当调整使各部门之间保持相对平衡,以免产生某些部门包括的法规太多、某些太少的现象。例如,我国的选举法调整的是社会政治生活的一个领域,即各级人民代表大会代表的选举活动中的各种法律关系,但由于目前我国的选举法规还不多,加之它所涉及的面也较窄,所以在当前不可能把它作为一个单独的法律部门,而只能归入到宪法这一法律部门之中。相反,在有些社会关系领域,如经济关系领域,其范围极为广泛,每一部门法几乎都从不同角度调整着经济关系,如果不进一步地加以区分,就可能会使经济法部门所包含的法律规范数量过多。

另外,在把一国的法律体系划分成一些独立的法律部门之外,还可以把一级法律部门进一步划分为第二层次乃至第三层次的次级部门或子部门。就某一法律部门划分几个次级层次的子部门的问题,要视情况而定,没有一个普适性的标准。

第二层次的法律部门的存在有两种不同的形式。一种是在这一独立的部门法中,如国家法,除包括占主导地位的宪法之外,还有国家机关组织法、选举法、民族区域自治法、特别行政区基本法、国籍法、授权法等次级的第二层次部门法。另一种是某一独立的法律部门,如自然资源法,由几个平行的、次级的法律部门组成,如土地法、森林法和能源法等,其中没有任何一个占据主导地位。

其次,法律部门的划分要具有前瞻性,从而保持部门法划分的相对稳定性。这就要认识到法律对某些社会关系调整的未来发展及其重要性程度,考虑正在制定或将要制定的法律,为某些在未来将会得到发展的社会关系领域设定相应的法律部门。例如,在我国劳动法领域的立法还很不完备,但随着社会主义市场经济体制的建立和完善,它必将发展起来,所以,我们也有必要把它列为一个单独的法律部门。

最后,法律体系中各部门的划分具有相对性。这表现在两个方面。第一,某些法律关系领域具有不同的特征,在依据划分标准进行分类时,可能会有相互交错的现象,我们就要选择其主要特征进行分类。如专利法,在专利的申请、审查和批准方面,它是行政法管理的范围,但是专利权作为公民和法人的知识产权,是公民和法人的民事权利的重要内容,所以,我们一般把它归入民法。第二,法律所调整的社会关系是不断发展的,当前的划分不可能永远不发生变化。

三、当代中国的基本法律部门与体系

(一) 宪法

宪法是规定国家根本制度和根本任务、集中表现各种政治力量对比关系、保障公民权利的国家根本法。在法律体系中,宪法具有最高的法律效力和地位,是国家的根本法,普通法不能与宪法相抵触,否则要被撤销和宣布无效;与普通法相比,宪法的制定和修改程序更严格。作为部门法的宪法,是我国法律体系的主导性法律部门。我国宪法部门由1982年第五届全国人民代表大会第五次会议通过的《宪法》(含1988年、1993年、1999年和2004年四次修正案)和其他宪法性法律文件构成。我国主要的宪法性法律文件有:国家机关组织法、选举法和代表法、公民基本权利和义务法、国籍法、特别行政区基本法、民族区域自治法,以及村民和居民自治法、立法法和授权法等宪法性法律。

(二) 行政法

行政法是调整行政法律关系的法律规范的总称。行政法的内容包括三大部分:行政组织法,主要调整内部行政关系;行政行为法,主要调整行政管理关系;行政法制监督、行政救济、行政责任法,主要调整行政法制监督关系。与其他部门法相对,行政法在内容和形式上具有明显的特点:行政法的内容极为广泛,行政法规范容易变动;行政法规范和文件数量极多,居于各部门法之首,也没有统一、完整的行政法典。行政法由许多单行法律法规构成,主要包括行政管理体制,行政管理的基本原则,行政机关活动的方式、方法和程序,以及有关国家机关工作人员的法律规范。

(三) 民法和商法

民法是调整平等主体的公民之间、法人之间以及公民与法人之间的财产关系和人身关系的法律规范的总称。财产关系是人们在生产、分配、交换、消费过程中形成的具有经济内容的社会关系,但民法只调整平等主体之间的财产关系,当事人在利益上以平等交换、等价有偿为原则。人身关系是指与人身密切联系而无直接财产内容的社会关系,它包括人格关系和身份关系。狭义的民法主要是指民法的一般原理和通则,包括物权法、合同法与侵权行为法。广义的民法还包括商法、知识产权法和婚姻家庭法。

商法是指调整平等主体之间的商事关系和商事行为的法律规范的总称。商法包括公司法、海商法、证券法、票据法、保险法、担保法、破产法等。商法与民法

的区别主要在于,前者调整的是商事关系或商事行为,即企业组织和商业活动,不属于商业行为的,商法不予调整。但是,我国没有单独的被称为商法的规范性法律文件,民法的有关概念、原则和规定适用于商法领域。从这种意义上讲,我国是实行"民商合一"的国家,因此也有学者将两者合二为一称为"民商法"。这种观点遭到了许多学者的反对,他们主张将民法和商法区分开来,以免影响商法在我国法律体系中的地位。

(四)经济法

经济法是调整国家宏观调控经济的活动中形成的经济法律关系的法律规范的总称。在我国,经济法兴起于20世纪80年代初期,经过一段时间的学术讨论,它作为独立法律部门的地位得到确立。虽然民事法律关系也涉及经济内容,但是,民法与经济法的调整手段与方法不同。平等主体之间的经济关系属于民法范围,而不平等主体之间的经济关系则不然。虽然行政法律关系主体之间的地位也是不平等的,但经济法调整的是国民经济运行中的经济关系,而行政法调整的是行政主体在行使国家行政权力的过程之中形成的行政法律关系。

经济法所含的内容很多,不能制定一部系统而全面的经济法法典。当前,我国经济法部门的主要规范性法律文件有:有关指导经济体制改革的规定;有关国民经济计划和宏观管理的法律规范,如计划、投资、基本建设、财政、金融、外汇等管理方面的法律法规;有关各类企业管理的法律规范,如全民所有制工业企业法、全民所有制企业转换经营机制条例、城镇集体所有制企业条例、乡镇企业法等;有关规范市场行为、维护市场秩序的法律规范,主要有反不正当竞争法、价格法、产品质量法、消费者权益保护法、广告法等。

(五)刑法

刑法是关于犯罪与刑罚的法律规范的总和,是我国法律体系中的一个基本法律部门。刑法调整的社会关系非常广泛,严重侵害其他法律部门所保护的社会关系的行为都有可能构成犯罪。刑法运用刑罚来惩治犯罪行为,刑罚是最严厉的法律调整手段。

我国刑法所包含的法律规范主要包含在《刑法》(1979年通过、1997年修订)之中。除此之外,为了适应惩治犯罪的需要,全国人民代表大会常务委员会又通过了一些关于刑事问题的决定和解释,如关于惩治骗购外汇、逃汇和非法买卖外汇犯罪的决定,取缔邪教组织、防范和惩治邪教活动的决定,以及多个刑法修正案。它们都是我国刑法的重要组成部分。

(六)劳动法和社会保障法

劳动法是调整劳动关系以及与劳动关系有密切联系的其他社会关系的法律规范的总称。它包括劳动就业、劳动合同、劳动时间、劳动报酬、休假、劳动安全、劳动卫生、女职工和未成年工保护、劳动纪律、劳动争议处理等问题的法律调整和规定。我国劳动法的主要规范性文件是 1994 年颁布的《劳动法》，这是我国第一部较系统的劳动法的法典。

社会保障法是调整有关社会保障与社会福利关系的法律规范的总和。它主要是对于年老、患病、残疾等丧失劳动能力者的物质帮助的各种措施，包括劳动保险、职业待业保险、职业生活困难以及农村中的"五保"等社会保险和对于社会成员福利的法律规定。

（七）环境与自然资源法

环境与自然资源法是关于保护环境和自然资源、防治污染和其他公害的法律规范的总和。它包括环境保护法和自然资源法两个部分。环境保护法是保护环境、防治污染和其他社会公害的法律规范的总称，主要有环境保护法、海洋环境保护法、水污染防治法、大气污染防治法等。自然资源法是指调整各种自然资源的规划、合理开发、利用、治理和保护等行为的法律规范的总称，主要有森林法、草原法、渔业法、矿产资源法、土地管理法、水法等。

（八）军事法

军事法是调整国防建设和军事方面法律关系的法律规范的总称。军事法调整的对象是军事社会关系，主要包括国家在国防建设方面的军事社会关系，武装力量内部之间的军事社会关系，武装力量与国家机关、企事业单位、社会团体以及公民之间的军事社会关系。因此，作为部门法的军事法主要包括调整国防领域各种社会关系的法律规范，调整武装力量建设领域的法律规范，以及调整国防军事交往和武装冲突等领域的各种社会关系的法律规范等。我国规定的军事法律主要包括国防法、国防教育法、兵役法、军事设施保护法、防空法等。

（九）诉讼法

诉讼法是有关各种诉讼活动的法律规范的总和。其内容主要包括关于司法机关与诉讼参与人进行诉讼活动的原则、程序、方式和方法；关于司法机关与诉讼参与人之间的权利和义务；关于检察机关与监督诉讼活动，特别是侦察、司法活动是否合法以及纠正错误的原则、程序、方式和方法；有关执行程序等方面的法律规定。其主要内容是从诉讼程序方面保证实体法的正确实施，但其作用又不限于此，诉讼程序法也具有独立的价值，对于保障社会公正具有极为重要的意义。

我国诉讼法主要包括民事诉讼法、行政诉讼法和刑事诉讼法。除了诉讼程序方面的三部基本法律之外，诉讼法部门还包括若干其他法律：律师法、公证法、仲裁法、调解法、监狱法等。

第五节 法律效力

一、法律效力的释义

法律效力是法律的约束力和保护力的统称。法律的约束力是指违法实施或违法不实施的行为，损害法律所保护的社会关系，应当受到国家的强制性追究。法律的保护力是指社会主体接受法律的调整和指引，依法作为或不作为，就应当得到法律的认可和保护。法律效力是法律的调整、指引和保护功能的体现，具有认可和追究的双重意味。凡法律必有法律效力，如凯尔森所言，法律效力是法律的存在，法律存在就有效力。法律的效力来自于制定它的合法程序和国家强制力。法律有效力意味着人们应当遵守、执行和适用法律，不得违反，守法受法律保护，违法应当受法律追究。通常，法律的效力可分为规范性法律文件的效力和非规范性法律文件的效力。前者是指法律的生效范围或适用范围，即法律对什么人、在什么地方和什么时间有约束力；后者是指判决书、裁决书、逮捕证、合同等的效力，这些文件在经过法定程序之后也具有约束力，任何人不得违反。非规范性法律文件是适用法律的结果，而不是法律本身。法理学上的法律效力主要是指前者。

法律效力不同于法律实效。法律效力是法律的约束力和保护力，这种力量是法律固有的，通常不因出现违法行为而丧失。法律实效是指法的功能和作用实现的程度和状态，属于事实范畴。现行的法律是有效力的，但不一定都具有实效。法律取得实效的方式是法律得到遵守和适用，在现实之中，有些法律在很多情况下都没有得到遵守，而且有些违法犯罪行为都逃脱了法律的追究或制裁，一般地讲这不会影响到这些法律的效力。但是，法律效力与法律实效之间仍然存在紧密联系。一个国家的法律体系有效力以它大体上有实效为条件，即社会中多数人在多数时间里都在遵守法律，即使出现了违法行为，这些违法行为在多数情况下还是受到了法律的追究或制裁；一个丧失实效的法律体系难以存在甚至会不存在，会失去效力。同样，某部法律只有在大体有实效的情况下才会有效力。如果它在相当长时间都不被人们遵守也不被官员所适用，它会因没有实效而丧失效力。

二、法的效力范围

在"法律效力是法律对其调整对象所具备的约束力和保护力"这一定义中，除了将法律效力的性质界定为"约束力和保护力"之外，我们还需要界定法律所调整的对象的范围。这主要是通过法律的效力范围来加以界定的，即法律在什么时间、什么空间对哪些人有约束力和保护力。

(一) 法的对人效力

法律对人的效力,指法律对哪些人有效力,适用于哪些人。在世界各国的法律实践中有四种确定法律对人的效力的原则。

(1) 属人主义。法律适用于本国公民,不论其身在国内还是在国外;非本国公民即使身在本国领域内也不适用本国法律。

(2) 属地主义。法律适用于本国管辖地区内的所有人,不论是否本国公民,都受本国法律约束和保护。本国公民如果不在本国领域管辖范围内,则不受本国法律的约束和保护。

(3) 保护主义。以维护本国利益作为是否适用本国法律的依据,任何侵害了本国利益的人,不论其国籍和所在地域,都要受该国法律的追究。

(4) 以属地主义为主,与属人主义、保护主义相结合。这是近代以来多数国家所采的原则,中国也是如此。这种原则的特点在于,既坚持国家主权,保护本国利益,又尊重他国主权,兼顾法律适用的实际可能性。

具体地讲,中国法律对人的效力包括两个方面:

(1) 对中国公民的效力

中国公民在中国领域内一律适用中国法律。在中国境外的中国公民,也应遵守中国法律并受中国法律保护。但是,这里存在着适用中国法律与适用所在国法律的关系问题。对此,应当根据法律,区别情况,分别对待。

(2) 对外国人的效力

中国法律对外国人和无国籍人的适用问题,包括两种情况:一种是对在中国领域内的外国人和无国籍人的法律适用问题;另一种是对在中国领域外的外国人和无国籍人的法律适用问题。中国法律既保护他们在中国的法定权利和合法利益,也依法处理其违法问题。这是国家主权的必然要求。外国人在中国领域外对中国国家或中国公民犯罪,按《刑法》规定的最低刑为三年以上有期徒刑的,可以适用中国刑法,但是按照犯罪地的法律不受处罚的除外。

(二) 法的对事效力

法律对事的效力,指法律对什么样的行为有效力,适用于哪些事项。这种效力范围的意义在于:

(1) 告诉人们什么行为应当做,什么行为不应当做,什么行为可以做。比如,《合同法》第 12 条规定了合同应具备的主要条款,告诉人们在签订合同时必须把哪些内容规定进去;第 52 条规定了无效合同的情形,告诉人们什么样的合同不得签订;第 54 条规定了允许变更或撤销合同的情形,告诉人们在什么情况下有权请求人民法院或者仲裁机构变更或撤销合同。

(2) 指明法律对什么事项有效,确定不同法律之间调整范围的界限。比如,专利法是规定专利权的享有及保护的法律,它因此区别于其他民事法律和其他知识产权的法律。又如,《刑法》第 7 条第 1 款规定:"中华人民共和国公民在中华人民共和国领域外犯本法规定之罪的,适用本法,但是按本法规定的最高刑为三年以下有期徒刑的,可以不予追究。"

(三) 法的空间效力

法律的空间效力是指法律在什么空间内有效的问题。法律是以国家主权为基础的,法律的空间效力是以国家主权的范围为主要划分依据,我们可以从域内效力和域外效力两个方面来分析法律的空间效力的规定性。

所谓域内效力是指法律在一国领域范围内的效力。在现实中,法律的域内效力分为两种情况。一是法律在全国范围内有效力,即在一国主权所及全部领域有效,包括属于主权范围的全部领陆、领空、领水,也包括该国驻外使馆和在境外航行的飞机或停泊在境外的船舶。这种法一般是一国最高立法机关制定的宪法和许多重要的法律,最高国家行政机关制定的行政法规一般也在全国范围内有效。中国宪法和全国人大及其常委会制定的法律,国务院制定的行政法规,除本身有特别规定外,都在全国范围内有效。有的法律在一定区域内有效。这有两种情况,一是地方性法律、法规仅在一定的行政区域有效,如中国有关国家权力机关制定的地方性法规、自治法规。一是有的法律、法规虽然是由国家立法机关或最高国家行政机关制定的,但它们本身规定只在某一区域生效,因而也只在该地区发生效力。如全国人大常委会关于经济特区的立法就只适用于一定的经济特区。

所谓域外效力是指法律在一国领域范围外的效力。现代各国法律一般规定不仅在国内而且在本国主权管辖领域外有效。如涉及刑事、民事、贸易和婚姻家庭的法律。一国法的域外效力范围由国家之间的条约加以确定,或由法律本身明文规定。例如,《刑法》第 7 条规定:"中华人民共和国公民在中华人民共和国领域外犯本法规定之罪的,适用本法,但是按本法规定的最高刑为三年以下有期徒刑的,可以不予追究。中华人民共和国国家工作人员和军人在中华人民共和国领域外犯本法规定之罪的,适用本法"。此外,我国的民事法律和经济法律也对其域外效力作了相应的规定。

(四) 法的时间效力

法律的时间效力是指法律效力的起止时限以及对其实施前的行为有无溯及力。

法律开始生效的时间,是指法从何时开始发生约束力。任何法律都必须有生效的时间,但从立法技术上讲,法律的生效时间可以有不同的形式。第一,自颁布之日起开始生效。有的法律规定自公布之日起生效,有的法律虽然没有规定自公布之日起生效,但不具体规定生效日期,就包含公布后马上生效的意思。

第二,法律公布后经过一段时间生效。采取这种形式的目的在于为该法律的实施做好充分的准备。第三,以到达一定期限为生效时间。采取这种形式主要是考虑到各地区距离立法主体所在地远近不同,交通、通讯条件不同,法律不能同时送达各地。这种形式较为少用。

法律终止效力的时间主要有四种情况:第一,法律明确规定的有效期限届满而自动失效。第二,有关国家机关颁布专门性文件宣布废止法律的效力。第三,因相关的新法律规定而使与新法律相冲突的旧法律自然失效。第四,法律调整的对象不复存在,该法律自行失效。

法律的溯及力问题,是指新生效的法律对既往所发生的社会事件和主体行为是否适用,如果适用就有溯及力,如果不适用就没有溯及力。"法不溯及既往"是现代国家所采用的一般性原则,其法理依据是:法治是指以规则来治理人们的行为,如果说以明天制定的法律来治理今天的行为,那么法治就完全是一句空话。因此,人们应该只受到行为时已经存在的法律的约束;行为发生之后创制的法律,人们在行为时是不知道的,因而无法遵守。要使社会生活具有可预测性,并使人们可以根据法律来管理和安排自己的生活,就只能以行为发生时事先公布的法律来调整人们的行为。在刑法中,从有利于犯罪嫌疑人或者被告人的角度出发,通常又采用了"从旧兼从轻"的原则。依此原则,如果在新刑法颁布以前发生的刑事案件,在新刑法生效之时还没有审结,那么,如果按新刑法定罪量刑对犯罪嫌疑人或被告人有利,则适用新法律;否则,就要适用旧刑法。

三、法律效力的冲突及其协调

在一国法律体系中,法律规范数量极多,它们是由不同的创法主体所创制或认可的,且产生的时间和针对的侧重点不同。因此,不同法律之间时常会发生冲突。按照一定的规则协调并解决这些冲突,是法律适用的需要。协调或解决法律冲突的规则有以下几条:

1. 差序规则。这是根据法律制定机关的不同来明确不同法律规范的位阶等级的规则。这表现为以下三点:一是宪法至上。宪法是我国的根本大法,在我国法律体系中具有至上地位。我国宪法规定,一切国家机关、武装力量、社会团体、公民都必须遵守宪法;一切法律、法规都不得与宪法相抵触,否则无效。二是上位法优于下位法。当上、下位阶的规范性法律文件之间发生冲突时,上位法优先于下位法,这是因为下位法的制定是得到了上位法的授权,下位法是依据上位法制定出来的。在我国,法律的效力高于行政法规、地方性法规和规章,行政法规的效力高于地方性法规和规章,地方性法规的效力高于本级和下级地方政府的规章,省、自治区人民政府制定的规章的效力高于本行政区域内较大市的人民政府制定的规章。三是同位阶的法律具有同等地位,没有上下之分,它们各自在自己的权限范围内适用。

2. 特别法优于一般法。特别法是相对于一般法而言的,根据特殊情况和需要规定的调整某种特殊社会关系,在特别的时间范围和空间范围适用的法律规范。特别法优先原则有着严格的适用前提,即必须是同一机关制定的规范性法律文件之间或是同等效力的法律渊源之间,不同的效力的法律渊源之间不能适用该规则,如法律和行政法规之间。比如对合同问题的规定,除合同法之外,海商法、铁路法、航空运输法等法律分别对海上运输合同、铁路运输合同和航空运输合同作了规定,相对于合同法的同类规定来讲,这些规定都是特别规定,在调整相关种类的合同时,必须优先适用。

3. 新法优于旧法。法律是在不同时间产生的,它们对同一对象发生效力时,往往存在新法与旧法的冲突。处理这类冲突时应当遵循"新法优于旧法"的规则,这一规则的运用以相冲突的法律属同一位阶且是由同一主体制定或认可为前提。不同位阶的法律,不适用这一规则;在许多情况下,属于同一位阶但不属于同一立法主体所制定的法,也不适用这一规则,如甲地的新地方性法规同彼地的旧地方性法规发生冲突,就不适用这一规则。

4. 国际法优先规则。在一般意义上讲国际法和国内法的关系时,不能简单地用高或低来衡量。国际法优先是在特定的情形下适用的规则,即一个主权国家承认或加入国际条约后,该国家不得以国内法律规范为理由拒绝适用,国内法律规范不得与该条约或国际惯例相抵触。当然,那些被主权国家拒绝承认或声明保留的条款,不受此规则的约束。

问题与思考

1. 在本章【引读案例】中,许霆案中的取款行为究竟应适用何种法律部门中的法律引起了广泛争论?请结合本章内容思考:
   (1) 同一社会关系是否可由不同法律部门调整?
   (2) 不同法律部门在适用上是否存在冲突,应如何解决?
   (3) 试述你对此案判决的观点,并结合此案论述我国法律体系的完善问题。
2. 中国当代法律体系一般划分为哪些部门?
3. 试述法律渊源的主要种类。
4. 当代中国制定法渊源包括哪些种类?
5. 法律部门的划分标准和原则是什么?
6. 试述当代中国主要法律部门。
7. 试述协调法律效力冲突的原则。

参考文献

1. 张根大:《法律效力论》,法律出版社1999年版。
2. 〔美〕约翰·奇普曼·格雷:《法律的性质与渊源》,马驰译,中国政法大学出版社2012年版。
3. 〔加拿大〕罗杰·赛勒:《法律制度与法律渊源》,项焱译,武汉大学出版社2010年版。
4. 〔奥〕凯尔森:《法与国家的一般理论》,沈宗灵译,中国大百科全书出版社1996年版。

第四章 法律关系

【引读案例】

甲夜间驾驶汽车在公路上行驶,因事先饮酒过量,精神恍惚,汽车失去控制,将相向而行的路人乙撞死。试分析本案涉及的法律关系。

第一节 法律关系的概念

一、法律关系的含义

法律关系是法学上的一个基本概念,是法律规范作用于社会生活的结果,是法律从静态向动态的转换。从某种意义上讲,绝大多数法律现象的存在都是为了处理某种法律关系,并且许多其他法律概念,如法、法律规范、法律行为、法律责任、法律制裁等都与法律关系有直接或间接的关系。因此,研究法律关系问题不仅具有理论意义而且有十分重要的实践意义。

从法律关系的历史沿革看,最早的法律关系观念来自于罗马法律"法锁"观念,按照罗马法律解释,"债"的意义有两个:债权人得请求他人为一定的给付;债务人应请求而为一定的给付。债就其本质来说是根据法律,要求人们为一定给付的法锁。法锁这一概念形象地描述了债作为私法关系存在的约束性和客观强制性,所以虽然当时罗马法并没有"法律关系"这个专门的法律术语,但法锁已经为今后法律关系理论的创立奠定了基础。

法律关系作为一个专门概念出现于 19 世纪,1839 年,德国著名法学家卡尔·冯·萨维尼第一次对法律关系作了理论阐述,他将法律关系定义为"由法律规则所决定的人和人之间的关系",认为法律关系由两个部分构成:第一部分称为法律关系的实质要素——事实状态;第二部分称为法律关系的形式要素,它使事实状态被上升至法律层面,法律关系的概念这时只是在大陆法系民法学概念中存在。此后,法学界对这一概念进行了大量的分析研究,主要的著作有德国学者温德雪德的《学说汇纂教程》、纽纳的《私法关系的本质与种类》、彭夏尔特(Puntschart)的《基本的法律关系》、比尔林的《法律原则论》;在英美法学家中,对法律关系作了专门研究的有特利的《英美法的指导原则》、霍菲尔德的《司法推理中应用的基本法律概念》、A.考库雷克的《法律关系》等。这些研究尤其是霍菲尔德的著作,对法律关系的概念进行剖析、现象进行解构,使法律关系成了法理学专门的理论问题之一。

法律关系是指根据法律规范所产生的以法律上的权利义务关系为内容的特殊的社会关系。社会关系是人们在彼此交往过程中所形成的相互关系,它不同于人与自然界、人与物之间的关系。当然,人与人之间的关系和人与自然界、人与物之间的关系也是有联系的,如果不能处理好人与自然界、人与物的关系,必然会影响人与人之间的关系。法律关系也属于社会关系,它是人与人之间的关系,而不是人与物的关系,虽然这种关系也要受到人与自然界、人与物关系的制约。法律关系又是由于法律规定的存在人们在发生互动行为过程中因主观或客观的原因形成的权利、义务关系。人们作出一定法律行为的目的在于构建产生一定的法律关系,也可以变更和消灭一定的法律关系,因为法律关系是人们实现和标记其权利和义务的必要方式和途径。

二、法律关系的特征

作为一种特殊的调整性社会关系,法律关系具有以下几个基本特征:

(一) 法律关系是以法律规范的存在为前提的社会关系

法律关系是法律调整社会关系而出现的一种状态,是由法律派生出来的,是以相应的法律规范的存在为前提的。某一社会关系之所以能够成为法律关系,是因为有规范和调整这一种社会关系的法律规范存在。如果没有相应的法律规范存在,那么人们之间的这种社会关系就不具有法律关系的性质,不能视为法律关系。如在原始社会中,由于不存在法律规范,单纯的社会关系如婚姻关系、生产劳动中的协作关系、分配关系就不属于法律关系。也并非所有的社会关系领域都由法律来调整,诸如友谊关系、爱情关系、师生关系、政党和社会团体内部关系等等,一般由伦理道德调整,而不属于法律调整或者法律不宜调整,也不可能形成法律关系。还有些社会关系领域,虽然应得到法律调整,但由于种种原因还不存在相应的法律规范,因而也不能成为法律关系。当然,这里所谓"相应的法律规范",不能单纯地理解为以国家名义颁布施行的规范性法律文件,还应包括习惯法、判例法等其他形式的法律渊源。

另外,法律关系是法律规范在现实生活中的实现形式,是法律规范的内容在现实社会生活中的具体贯彻。在日常生活中,人们只有按照法律规范的规定行使权利、履行义务,并在此基础上建立特定的法律上的联系,才是一种法律关系,法律关系是法律规范的实现状态。例如,民事法律关系(人身和财产关系)只有通过民事法律调整(包括立法、执法、司法、守法等法律具体的运行环节)之后才具有法律的性质。在这一层面上,法律关系可以说是人与人之间的合法关系。因此,具有合法性是法律关系区别于其他社会关系之处。

（二）法律关系是体现国家意志性的社会关系

法律关系具有国家意志性。法律关系是以法律规范为前提而形成的社会关系，在它形成之前要通过法律规范体现国家的意志，在它形成之后要反映国家意志。破坏了法律关系也就同时违背了国家意志。法律关系具有的这种国家意志性的属性，是法律关系区别于其他社会关系的本质特点。

法律关系作为一种特殊的社会关系是人们有意识、有目的地建立和实现的。法律关系参加者的意志形态多种多样。一般来说，相当一部分法律关系的建立需要有法律关系参加者各方的意思表示一致，如合同法律关系；也有一些法律关系并不需要全部参加者的意思表示一致，只需要一方的意思表示即可成立，如行政法律关系；还有一些法律关系的产生没有通过参加者的意思表示，而是由于出现了某种不以人的意志为转移的事件，如由于人的出生、死亡及自然灾害而产生的抚养或继承、保险、损害赔偿等法律关系，但是这些法律关系的实现仍需通过有关当事人的意思表示。

法律关系参加者在法律关系建立和实现过程中的意志和国家意志是相互联系、相互作用的。一方面，国家意志制约着法律关系参加者的意志，对产生和实现法律关系起着主导作用，国家意志是法律关系的根据。每一个法律关系参加者的意志只有符合体现在法律规范中的国家意志才能构成法律上的权利和义务关系，得到国家的确认和保护。另一方面，体现法律关系参加者的意志也是实现国家意志的必要条件。体现在法律规范中的国家意志也只有通过法律关系参加者的意志才能实现，法律规范所规定的权利和义务只是一种书面意义的可能性，只有通过法律关系参加者的意志活动才能转变为现实的法律权利和义务关系。

法律关系是人与人之间有意识、有目的结成的社会关系，法律关系的形成和实现要通过国家的、当事人的意志，但这并不意味着否认社会生活关系对它的制约性，这也就是说法律关系具有客观性，受到不以人的意志为转移的客观规律的支配。根据唯物史观，法律关系的这种客观性具体表现在：第一，任何法律关系都根源于一定的社会经济关系，反映一定的社会经济关系的性质、内容和发展规律的要求。因此，法律关系既有法律形式的一面，又有不以法律形式为转移的并决定着法律形式的物质内容的一面，法律关系应当是社会内容和法律形式的统一。第二，法律关系作为一种特殊的社会关系，除了受社会经济关系的制约外，还要受诸如政治关系、道德关系等其他社会关系的影响。第三，法律关系已经形成，即被作为一种客观存在的社会法律现象并对一定的社会经济关系和其他社会关系产生影响。

（三）法律关系是特定主体之间法律上的权利与义务关系

法律关系是以法律主体之间的权利和义务为内容。法律关系作为一种特殊的社会关系，其特殊性还表现为它在这一社会关系的参加者之间形成了法律权利和义务。法律规范调整一定社会关系的过程,也是赋予一定法律关系参加者法律权利和义务的过程。在法律规范中,法律权利和义务只是一种设定的可能,具有抽象性和概括性,是主体能做和应该做的行为,这并不表明主体实际取得或履行了何种法律权利和义务。与法律规范相比,法律关系中的主体是特定的,人们通过法律规范中行为模式的指向在彼此之间建立了法律关系,这种可能性就转化为现实,规范所设定的法律权利和义务关系就转化为特定法律主体之间现实的、具体的法律权利和义务关系。法律关系是实现法律规范中权利与义务的方式。

在法律关系中主体的法律权利和义务通常是相对应的,对一方来说是法律权利,对另一方来说则是法律义务。不同于道德、宗教,法律关系具有中立的性质,如果一方的法律权利不是以某种方式与另一方的法律义务相联系,那么法律权利也不存在,反之亦然。可见,法律关系是以权利和义务为其主要内容的。

(四)法律关系是有国家强制力保障的社会关系

法律关系具有国家强制性的特点。法律规范规定了法律关系的主体及其法律权利和义务、法律关系的客体以及法律关系产生、变更和消灭的条件,因此法律关系不仅体现了法律关系主体之间的关系,也体现了法律关系主体与国家之间的关系。法律关系一经确立就受到国家法律的保护,不得被随意违反和破坏,如果法律关系主体肆意违反与破坏法律权利和义务,其实也就违背了国家的意志,就要受到法律的追究。国家强制力的保证作用是保证法律权利和义务内容得以实现的重要条件。

三、法律关系的分类

随着经济和社会不断发展,法律所调整的社会生活的内容和社会关系的范围逐渐扩大、深入,从而使结构丰富的法律关系变得更为复杂。为了正确认识不同法律关系的性质、特征和构成方式,促进法律作用和价值的实现,有必要根据不同的标准和认识角度对法律关系进行不同的分类。

(一)根本性法律关系和一般性法律关系

按照法律关系所反映的社会生活的性质等的不同,可以分为根本性法律关系和一般性法律关系。

根本性法律关系是根据宪法性法律所产生的,反映一国政治制度、经济制度、社会制度的性质,国家制度的内容以及社会中基本的权利义务的法律关系。根本性法律关系涉及阶级关系、公民与国家的关系、政党与国家的关系、国家机构之间的关系、中央与地方的关系、民族之间的关系以及社会成员对社会财富的占有和分配关系等。宪法法律关系即属于根本性法律关系。

一般性法律关系是指除宪法和宪法性法律以外的法律所调整而形成的法律

关系,是指一般权利主体和义务主体如公民之间、法人之间、公民与法人之间、公民和法人与国家之间的法律关系。根本性法律关系表现社会和国家的性质,是一种居于主导地位的法律关系,而一般性法律关系要受根本性法律关系的制约。根本性法律关系较为稳定,只要经济基础和上层建筑不发生改变,它们也不会变化,而一般性法律关系则较易改变,常常会随着具体事实的发生、变更、消灭而改变。

(二) 抽象法律关系和具体法律关系

按照法律关系表现的形态,可分为抽象法律关系和具体法律关系。抽象法律关系是以法律设定的抽象的权利和义务为表现形态的法律关系,其权利义务不是具体化的,也没有具体的权利享有者和义务的承担者,如国家权力和人民主权。具体法律关系是以法律设定的具体权利义务为内容的法律关系,如民事法律关系。对这一分类存在分歧,有学者认为法律关系没有具体和抽象之分,任何法律关系的主体和权利义务承受者都是具体的。

(三) 宪法法律关系和其他部门法律关系

不同的法律部门组成一个法律体系,而不同部门的法律在进行社会关系的调整时有不同的对象、方法,按照法律关系所调整的社会关系所属法律部门的不同,可分为宪法法律关系、行政法律关系、民事法律关系、经济法律关系、刑事法律关系、诉讼法律关系等。每种法律关系与其他法律关系无论是在形式或是内容上都有所不同。这种分类方法与法律部门的划分相呼应,它方便人们理解自己在不同的法律关系中享有哪些权利、需要履行哪些义务。

(四) 实体性法律关系、程序性法律关系和执行性法律关系

按照法律关系的权利义务内容的不同,可分为实体性法律关系、程序性法律关系和执行性法律关系。实体性法律关系是指依据实体法律规定而产生的权利义务关系。程序性法律关系是指依据程序法律规定而在主体之间产生的权利义务关系。执行性法律关系是指依据执行法律规范为实现实体权利义务或者经过程序法律关系确认的实体法律关系而在国家执行机构与被执行主体之间形成的权利义务关系。

(五) 第一性法律关系和第二性法律关系

按照法律关系中是否存在法律责任,可分为第一性法律关系和第二性法律关系。第一性法律关系又称为调整性法律关系,是指由法律关系主体的合法行为形成的法律关系,是法律实现的正常形式。在这种法律关系中,权利主体没有滥用权利,义务主体没有拒绝履行义务,各方主体的行为都是合法的,都没有违法,当然不会被追究法律责任,不会受到法律制裁。第二性法律关系又称为保护性法律关系,是由法律关系主体的不合法行为形成的法律关系,是法律实现的非正常形式。在第一性法律关系遭到干扰、破坏,法律所设定的权利和义务无法实

现的情况下,需要纠正、补救和加以保护,通过主体承担法律责任,接受法律制裁来恢复第一性法律关系,如刑事法律关系就是第二性法律关系。第一性法律关系与第二性法律关系之间具有一定的关联性,第一性法律关系在前,第二性法律关系在后。就整个社会而言,第二性法律关系越少,表明社会的法律运行越良好。

(六) 直接法律关系和间接法律关系

按照法律关系主体之间联系的紧密程度,可分为直接法律关系和间接法律关系。在直接法律关系中法律关系主体之间有着直接的联系,没有也不需要其他主体作为中间环节,如购销关系就属于直接法律关系,它是比较典型的、常见的直接法律关系。在间接法律关系中,主体之间需要其他主体作为中间环节,如遗产继承中代位继承即属于间接法律关系。

(七) 平等性法律关系和隶属性法律关系

根据法律关系主体在法律关系中的地位的不同,可以分为平等性法律关系和隶属性法律关系。平等性法律关系亦称横向法律关系,是指法律关系主体之间的地位是平等的,相互间没有隶属关系,如民事法律关系。隶属性法律关系亦称为纵向法律关系,是指法律关系主体之间是相互隶属的,一方必须服从另一方,如行政法律关系。

(八) 绝对法律关系和相对法律关系

按照法律关系主体是不是特定的,可分为绝对法律关系和相对法律关系。绝对法律关系是指权利主体确定、义务主体不确定的法律关系。相对法律关系是指处于特定权利主体和义务主体间的法律关系。这种分类最早源自罗马法中对物权和债权的分类,物权被称为对世权,这种权利具有排他性,所有权人以外的任何人都有不作为的义务,因此,物权又被称为绝对权。而债权被称为对人权,它发生在特定的法律主体之间,权利义务都是相对的,因此,债权又被称为相对权。

(九) 单向法律关系和双向法律关系

按照法律关系主体的权利义务是否对应一致,可分为单向法律关系和双向法律关系。在单向法律关系中,法律关系主体之间权利或义务不是相对应的,而是单向的,或者双方都是权利主体,或者权利主体仅享有权利,而义务主体则仅履行义务。前者如遗嘱继承关系,其中立遗嘱是立遗嘱人的权利,接受遗产则是遗嘱继承人的权利,双方的行为都没有"履行义务"的性质。后者如在借贷关系中,借贷一定的财物是物主的权利,而借物者则承担到期偿还借贷物的义务。双向法律关系是指在特定的法律关系主体之间,具有两个密不可分的单项权利义务关系,其中一方主体的权利对应另一方主体的义务,反之亦然。如在买卖合同关系中,买方有权要求卖方交付物品,卖方有义务向买方交付物品;卖方有权要求买方支付贷款,而买方有义务向卖方交付贷款。

复合法律关系是由多个相关法律关系构成的复合体,其中既有单向法律关系,又有双向法律关系;既有多个法律关系主体,又有多个权利客体以及多重权利义务。如行政人事调动关系,就包括了调出单位与被调动者、调入单位与被调动者、调出单位与调入单位之间的关系。

第二节 法律关系的构成要素

法律关系的要素是指法律关系的构成所必须具备的要件。一般而言,法律关系的要素由三个部分构成:法律关系主体;法律关系客体;法律关系的内容,也就是权利和义务。我国对法律关系要素的划分主要是借鉴了苏联的相关理论。不过,在苏联还存在另外三种学说:第一种是二要素说,认为法律关系由权利、义务组成;第二种是三要素说,认为法律关系是由主体、权利、义务构成;第三种是四要素说,认为法律关系包含主体、客体、权利、义务。但是,这三类划分在不同程度上均存在一定的缺陷,因此,我国法学界一般采用的是主体、客体、内容这种分类方式,即法律关系的构成包括这三要素。在法律关系中,这三个要素相互联系、相互制约,缺少任何一个要素,都不构成法律关系。

一、法律关系主体

(一) 法律关系主体的含义

法律关系主体或称法律主体是法律关系的根本要素。它是指法律关系的参加者,即法律关系中权利的享有者和义务的承担者。权利享有者亦称为权利主体(或权利人),义务承担者亦称为义务主体(或者义务人)。作为法律关系主体的实体必须具备两个条件:一是独立自由的,二是人格化的。法律关系主体制度发源于古罗马,最初只具有民法意义。在古罗马,作为主体的罗马市民必须具备两个条件:自由的和罗马人。

法律关系的主体具有如下特点:首先是法律性,法律主体是法律对其行为进行调整的人。这里的"人"是法律意义上的人,包括自然人和法律上的拟制人。什么样的人可以成为法律关系的主体?何种法律关系的主体是由法律来规定的?法律关系主体的性质和范围是由法律规范所决定的,不在法律规定范围内的主体,不得任意参加到法律关系中去,成为法律关系的主体。其次是社会性,法律规范确定法律关系主体的性质与范围不是任意的,而是由一定社会物质生活条件和经济结构所决定的。例如,在奴隶社会,法律关系主体主要是奴隶主和其他自由民,因为奴隶不被作为人看待,而仅仅是作为一种会说话的工具,不可能成为政治关系和财产法律关系的主体,只能是奴隶主间财产法律关系的客体。

不过,奴隶并不是只能成为法律关系的客体,在婚姻、继承、诉讼法律关系上,奴隶也可以成为法律关系的主体。在封建社会,法律确认封建主阶级的阶级特权与等级特权,农民对于封建主存在人身依附关系,在法律关系上只是不完全的主体。到了资本主义社会,形式上规定了法律面前人人平等原则,但在一切以资本为转移的社会里,只有资产阶级才是享有全权的主体,广大劳动人民是受限制的主体。在社会主义社会中,以公有制为主的多种经济结构之下,法律关系主体的范围空前广泛,人民成了国家的主人,他们不仅已成为平等的法律关系主体,而且其权利广泛,权利和义务是真正一致。

(二)法律关系主体的种类

如前所述,法律关系主体的范围和种类是由法律加以规定的,这种规定由一国的社会制度所决定。在我国法律关系主体的种类通常有:

1. 自然人

所谓自然人,是指基于人的自然生理功能出生的、有生命并具有法律人格的个人。主要包括三类:本国人、外国人和无国籍人。本国人是具有本国公民资格的人,是自然人中最基本、数量最多的法律关系主体。在我国,凡具有中华人民共和国国籍的人都是公民,可以成为我国法律关系的主体,参加由法律规定的经济、政治、文化生活等各个方面、多种形式的法律关系。对居住在我国境内的外国人、无国籍人,根据我国法律规定和我国参加、签订的国际条约以及国际惯例也可以参加我国的某些法律关系,成为我国某些法律关系的主体。按照我国《民法通则》的规定,农场承包经营户和个人合伙也包括在个人主体范围内。

2. 法人

"法人"一词最先是作为民事法律关系之一提出来的。随着社会发展,20 世纪以来,特别是二次大战以来,法人这一概念逐渐由民商法领域扩展到其他法律领域,出现了经济法人、政治法人、文化法人等概念。因此,法人这一概念有广义和狭义之分,广义上,凡是具有法律人格,能够以自己的名义独立享有权利或承担义务的组织,都可称为法人;狭义上的法人仅指具有民事权利能力和民事行为能力,依法成立、享有民事权利和承担民事义务和责任的组织。在我国现行立法中,法人的概念还只是适用于民事领域。根据《民法通则》的规定,法人分为"企业法人"和"机关、事业单位和社会团体法人"两类。有些虽不具备法律确认的法人形式和资格的团体、组织,在一定的法律关系中也可成为法律所认可的法律关系主体。在我国,非法人组织主要有:家庭、合伙、高等院校中的学院和系等。

3. 国家

国家作为一个整体,既可以成为某些抽象法律关系的主体,也可以参加某些具体的法律关系,如在国家所有权法律关系、刑事法律关系中,国家通常通过其设立的国家机关或授权的组织作为代表参加法律关系,在某些时候也可以直接以自己的名义参加法律关系,如发行国债、国家赔偿等。在国际法律关系中,国家亦是多种法律关系的参加者。

二、法律关系客体

(一) 法律关系客体的含义

法律关系客体,是指法律关系主体的权利和义务所指向的共同对象,在法学上相对应地称为权利客体和义务客体。法律关系客体是构成法律关系的要素之一。通过它将法律关系主体之间的权利和义务联系在一起,没有客体这个中介,作为法律关系内容的权利、义务就失去了目标,成为无实际内容的东西,因此也就不可能形成法律关系。

法律关系客体的内容和范围受社会制度的制约。在奴隶制社会,奴隶不是法律关系主体,而是法律关系的客体,奴隶作为一种财产为奴隶主完全占有。在封建制度下,由于农奴(农民)对封建地主仍然处于人身依附状态,农奴(农民)在某些法律关系中可以作为法律关系主体,但在很大程度上仍然是法律关系客体。在资本主义制度下,在法律上劳动人民已经不是法律关系客体,但在实际上,他们还没有完全摆脱法律关系客体的地位。在社会主义制度下,国家严禁把人身作为买卖关系的客体,拐卖人口、买卖婚姻都是要受到法律追究的违法犯罪行为。随着经济和科技的不断发展,法律关系客体的范围越来越广泛,许多原来不属于法律关系的客体,如清洁的空气、试管婴儿、人体器官、外层空间等,也成为法律关系的客体。

法律关系的客体不仅与主体,而且与主体的权利义务有着紧密联系。在每一个法律关系中,权利客体与义务客体是重合的,具有一致性。也即是说,权利主体的权利所指向的对象和义务主体所指向的对象是同一的,唯此,客体才能把主体之间的权利和义务联系起来。如在一个债权债务法律关系中双方权利义务的对象即是共同的,不然就不能形成债权债务关系。

(二) 法律关系客体的种类

法律关系客体的范围和种类是随着社会的发展和进步而不断调整、扩大和增多的。对于哪些对象可以成为法律关系客体,先前主要有三要素说和二要素说,并且以三要素说为通说。三要素说认为法律关系客体有物、精神财富和行为,二要素说则否认"行为"是法律关系的客体。近年来,较多学者认为"人身利益"也应当作为法律关系的客体。

能够成为法律关系的客体应具备一定的条件:

第一,利益性,即是一种对法律关系主体有用之物,是有价值的物质或精神资源,能够满足主体的需要,可能因此产生利益冲突,需要进行权利义务的界定。

第二,稀缺性,即法律关系的客体不能被所有人无条件、无止境地占有、利用,主体要获取它需支付相应的对价。

第三,可控制性,它是为人类有能力加以控制的,不能为人类所控制或部分控制的事物,即使能够满足主体需要,同时也是稀缺的,也不能称为法律关系的客体。

第四,合法性,必须是经法律规定许可的,具有合法性。

根据上述条件,通常认为法律关系客体的主要种类有:物、人身利益、精神产品、行为结果。

1. 物

法律意义上的物是指能为法律关系主体控制、支配的,能够满足社会上需要的各种物质资料。

人类在改造自然的活动中与自然界结下了密切的关系,人类一方面从自然界汲取生存和发展的养分;另一方面,人类又通过自身劳动使生活更为充实、丰富。因此,人与人之间由于物而发生着各种法律关系,从而物便成为法律关系中最普遍的客体。

法律关系上的物既可以是天然物(如土地、矿藏、森林等),也可以是由劳动创造之物(如建筑、机器等);可以是有固定形状的,也可以是无固定形状的(如天然气、电力等)。另外,某些天体(如月球)、某些特定空间(土地之上一定距离的空间)都可以是"物"。但是,没有被人类认识、控制的就不能成为法律上的"物"。1976年《赤道国家波哥大宣言》声称某些国家对位于地球赤道上空约35871公里的地球同步轨道这一特殊空间拥有主权,这一宣言如果得到各国的承认,则这一特殊空间就可以成为国际法律关系的客体。由此可见,并不是一切物均可作为法律关系的客体,只有为人类所认识和控制的,并且为法律所确认和保护的物质才能作为法律关系的客体。

货币以及衍生物——各种有价证券,如支票、股票等,本身既是一般种类物,同时又可作为衡量物的价值的尺度,也是法律关系的客体。在大多数民事法律关系中,客体是以货币为表现形式的。

哪些物可以作为法律关系的客体以及可以作为哪些法律关系的客体,应由法律予以具体规定。在我国,并不是一切物都可以作为法律关系的客体,如法律规定土地不得买卖。某些物只能在特定的法律关系中作为其客体,如土地、森林、矿藏、水源等只能归国家或集体所有,成为国家或者集体财产所有权的客体。危害人类之物(如毒品、淫秽书籍等)不能成为私人法律关系的客体。

2. 人身利益

人身利益包括人格利益和身份利益,是人格权和身份权法律关系的客体。人是有生命的有机体,不仅可作为法律主体存在,在某些法律关系中也可以是权利和义务所指向的对象,成为法律关系的一种客体。在法律上,人是由人身、人格、人的活动所构成的复合体,人身是由身体器官组成的生理整体,是人的物质形态;人格是人的精神利益的体现;人的活动是人的社会性表现。

但是,以身份、人格作为法律关系客体的范围有着法律上的严格限制。权利人对人身权的行使必须依法进行,不得滥用权利,禁止将人的(整个)身体作为交易的对象或者自贱身体或人格,如买卖人口、买卖婚姻、卖淫、自残行为等。

整体的人不能被作为法律关系客体中的"物",但人体的部分是可以作为"物"的,如人的头发、血液、骨髓、精子和其他器官,从身体中分离出去,已经成为与身体相分离的外部之物时,在某种条件下也可视为法律上之"物"。

3. 精神产品

精神产品是指法律规定的主体通过其智力活动或者在社会活动中所取得的非物质财富——精神财富,包括智力产品和荣誉产品。它是人类的精神文化现象,是精神文化的物化、固定化。

智力产品也称为智力成果,它与物不同,是一种无形财产,作为法律关系客体,它的取得和确认不同于有形财产,一般通过一定的法律手续,要经过批准和注册,如专利、商标的注册。

智力产品是一种与人身相联系的非物质财富,它是由创造者的特定身份而产生的,因而与人身权紧密联系。如著作权法律关系中的署名权,就不能由主体自由地变更和消灭,主体因此而取得的荣誉也不能任意转让。

智力产品作为客体,其权利的保护往往具有时效性和地域性。时效性是指对精神产品的保护有一定期限,超过期限国家不再保护,如对商标专用权的保护必须是在其注册商标的有效期之内。地域性是指一国法律所确认和保护的精神产品并不当然地在他国取得效力,必须通过权利人另行申请确认或者通过国与国之间的相关条约予以承认。如外国公司的商标在我国申请注册并经核准,方能获得我国法律的保护。

另外,信息作为一种有意义的资源和利益载体,虽然不是特定的人通过智力活动所创造的,但掌握信息的人往往在收集、整理的过程中付出了智力劳动,因而也应作为一种客体,其持有人的权利也应受到法律保护。

荣誉产品是指法律关系主体通过其社会活动而获得的物化或者非物化的荣誉价值,如主体被授予荣誉称号、奖章、奖品等等。荣誉产品是荣誉权的法律关系客体,商业信誉也是一种荣誉产品,是商标权法律关系的客体。

4. 行为结果

作为法律关系客体的行为结果,是指义务主体完成其行为所产生的能够满足权利主体的利益和需要的结果。这种结果有两种:一种是物化结果,即义务主体的行为产生一定的物化产品,诸如房屋、道路、桥梁等;一种是非物化结果,是权利主体增长知识和能力,满足了权利主体某种精神上的享受等。

三、法律关系内容

权利和义务是法律最为核心的内在构成要素,共同构成法律关系的内容。权利和义务之所以成为法律的核心要素,是因为它们在法律中具有最为突出的地位。法律是以权利义务为调整机制来规范人们行为和调控社会关系的,法律权利和法律义务贯穿了法律形成和运行的全部过程并反映在与法律相联系的法律现象的全方位。首先,从法律规范的形成到法律关系的构建以及法律责任的落实都离不开权利义务作为基本要素。其次,在国家法律体系中所有的部门法都是以权利义务为主要内容的。这些部门法也主要是围绕着权利义务的实现和落实来运行的,权利义务的实现就意味着法律关系的实现。

因此,法律权利和义务是构建法律内容的重要因素,共同构成法律关系的基本内容,两者相对应而存在,没有权利也就没有法律,没有法律义务的履行也谈不上法律权利的实现。两者都是由法律规范明文规定或从法律规范的精神中推定出来的,具有合法性。在没有得到法律或法律机关承认之前,任何权利主张仅仅只是一种主观要求,不具有客观的法律效力,义务人可以拒绝履行。因此,权利和义务具有法定性。但是,从主体行使的角度上看,权利具有自主性,权利主体可在法定范围内依据自己的意志来决定是否实施行为以及实施何种行为;而义务具有强制性,义务主体在法定或约定范围内则不能自行放弃义务甚至拒不履行义务。

第三节 权利与义务

一、权利的概念

权利这一概念可以从各个角度加以理解。权利是资格,是主体做某些事情,进行行为、占有、享受的一种资格;权利是主张,是一种具有正当性、合法性,要求别人尊重和维护主体对物的占有或要求作出某种行为的主张;权利是法律允许、保护的自由;权利是法律赋予人的意思力或意思支配力;权利是法律所承认保护的利益;权利是法律赋予权利主体的用以享有或维护特定利益的力量;权利是法律规范规定的有权主体作出一定行为或要求他人作出一定行为以及请求国家以强制力给予协助的可能性;权利是法律允许或保障的人们能够作出一定行为的尺度和范围;权利是一种法律规则承认的在特定关系中主体优于他人的选择和意志。

法律权利是规定或隐含在法律规范中,实现于法律关系中,主体以相对自由的作为或不作为的方式获得利益的一种手段。根据定义,可以看到法律权利具

有以下几个主要特征:

第一,权利的本质是由法律规范所决定的,具有合法性,得到国家的保护。当人们的权利受到侵犯时,法律通过使侵犯人承担不利的法律后果这一方式以保证权利的实现。虽然人们提出过"天赋人权""自然权利"等口号,但是在没有得到法律承认之前,任何法外权利和主张都只是一种主观要求,而不具有法律效力。

第二,权利具有一定的界限,一旦超出这一界限便不再是权利,不具有权利的属性。因此,任何权利的运行和履行都要受到一定的限制,只有在一定的限度范围内,法律规定的权利才能够真正得到保障,从而促进社会的稳定和发展。

第三,权利是权利主体依据自己的意志来决定是否实施行为以及实施何种行为,因此,权利具有一定程度的自主性和能动性。法律赋予了权利主体在法定范围内为实现自己的意志自主作出选择,为或不为一定行为的自由。

第四,权利的目的是为了保护一定的利益而采取的法律手段。一般而言,权利是受法律保护的利益,两者联系紧密。不过,值得注意的是,通过法律所保护的利益并不总是权利主体本人的利益,在有些情况下,受法律保护的权利有可能是他人的、公共的、国家的利益。

第五,权利和义务是相辅相成的,权利总是伴随着义务,没有义务人对义务的履行,权利就难以得到很好的实现,因而没有义务也就没有权利,反之亦然。

二、法律义务

权利义务是法学的一对基本范畴,是构建法律内容的重要因素。什么是法律义务也有各种界说:义务是法律上应履行的责任;义务是法律上的一种约束;义务是不为不法行为;义务是一种"不利益"。

与法律权利相对,法律义务是指设定或隐含在法律规范中,实现于法律关系中,主体以相对受动的作为或不作为的方式保障权利主体获得利益的一种约束手段。

从义务的定义中可以看到义务具有这样几个特征:

第一,义务是由法律规范所决定的。这意味着义务人的义务不是强加的,要求义务人履行义务必须符合法律依据,这种依据可以是法律规范的直接规定,也可以是当事人之间依据法律的规定约定的。总之,义务是直接或者间接地由法律规范所决定的。

第二,义务的履行不以义务人主观上是否愿意为转移,义务具有一定的强制性。法律主体一旦被设定了某种义务,就应当适当履行其义务,在任何情况下都不能以不愿意为理由拒绝履行,自行放弃义务。法律上的义务与道德义务不同,"在道德领域中,'义务'的概念和'应当'的概念是一致的。成为某人道德义务的行为只不过是他根据道德规范所应当遵守的行为而已"①。法律义务不只是"应当",而且"必须",即必须履行,否则就要承担法律制裁的后果。也就是说,法律上的义务更具强制性。

第三,义务是为了保障权利主体获得利益而采取的一种法律手段。这一点是从义务的目的角度而言的,一般说来,某一义务的设定以保障某一权利的实现为目的。义务是为享有、实现权利,或消极地说,为免受惩罚。如果没有与之相对应的义务,权利就失去了保障和实现的支撑,权利也只是空话,法律也丧失其强制和权威。

三、权利与义务的关系

权利和义务的关系是权利义务理论的基本内容之一。在权利和义务的关系问题上,现在法学界较为主流的观点认为权利和义务在总体上是对立统一的关系,具体表现为:结构上是对立统一的;总量上是守恒的;功能上是互补的;价值上是一致的。②

第一,权利和义务在结构上的对立统一性。权利和义务在法律这一事物中是既相互依存、渗透、转化又相互分离、排斥的因素,体现了两者对立统一的关系。

权利的存在以义务的存在为条件,反之亦然,社会设定某一权利必定有相应的义务,否则权利就形同虚设;设定某一义务也必有相应的权利,否则义务便不是社会义务。在一定条件下,某一行为既是权利也是义务,如行政机关依法行使职权。此外,权利和义务在一定条件下可相互转化,即权利人要承担义务,而义务人可享受权利,在法律关系中的同一人既是权利主体又是义务主体。例如,父母与子女之间的抚养、教育与赡养、扶助法律关系。因此,"没有无义务的权利,也没有无权利的义务"。权利义务一方如果不存在了,另一方也就不能存在。

第二,权利和义务在总量上的守恒性。无论是同一主体既享有权利又履行义务,还是一部分人享有权利,另一部分人履行义务,一个社会的权利总量的绝对值总是等同于义务总量的绝对值,这也是社会中公正和正义的要求。权利大于义务或是义务大于权利都是一种不公平。

第三,权利和义务在功能上的互补性。在现实中,权利的实现会受到义务的制约,而义务的履行也会受到权利的限制。权利的行使以守法、合法为其基本前提,而守法、合法在某种程度上就是一种义务,权利主体一旦超越权利的范围要求义务人履行义务是不会受到法律的保护的,作为义务人也可以拒绝这种要求。

---

① 〔奥〕凯尔森:《法与国家的一般理论》,沈宗灵译,中国大百科全书出版社1996年版,第66页。
② 参见张文显:《法哲学范畴研究》(修订版),中国政法大学出版社2001年版。

权利和义务在功能上的互补性有利于法律的目标、作用和价值的实现,例如,权利促进自由的实现,而义务有助于秩序的建立。

第四,权利和义务在价值上的一致性。一般而言,无论是权利还是义务,其设立的目的都体现了法律价值;同时,权利和义务也是法律主体实现其自身价值所不可缺少的两种途径。

第四节　法律事实

一、法律关系演变与法律事实

法律关系同其他社会关系一样并不是固定不变的,而是处于不断的运行变化之中,这种演变表现为法律关系的产生、变更和消灭。法律关系的产生是指法律关系主体之间形成法律上的权利义务关系。法律关系的变更是指法律关系诸要素的变化。法律关系的消灭是指法律主体间的权利义务关系的终止。

人们之间的法律关系的建立(或改变、消灭)有时候并不是通过人的行为,可以是由于法律规定而原生的,也可能是由于一定的客观事件而形成的。但无论如何法律关系的产生、变更、消灭离不开法律事实。

(一) 法律关系的演变

法律关系的产生、变更和消灭不是任意的,必须具备一定的条件或要有一定的原因,这些条件或原因是:一是有法律规范的规定;二是有权利义务主体的存在;三是有法律事实的出现。

法律关系是由法律规范所规定和调整的社会关系。如果没有相应的法律规范的规定,那么,任何一种法律关系都既不可能产生,也不可能变更和消灭。法律规范的存在是法律关系产生、变更或消灭的前提和法律依据。然而,有了法律规范这个前提并不意味着具体的法律关系就会出现。法律关系的核心内容是权利义务关系。如果没有权利义务的承担者,法律关系也不可能产生、变更和消灭。权利义务主体的存在是法律关系产生、变更和消灭的必要条件。但是,仅有法律规范和权利义务主体还不能够形成法律关系,这些条件只是为法律关系的产生、变更和消灭提供了可能性。要使这种可能性成为现实,必须要有一定的法律事实。例如,婚姻法有关于结婚的规定,也有符合结婚条件的男女双方,但有了这两个条件,还不能形成婚姻法律关系,只有当符合婚姻法规定的男女双方进行结婚登记这一事实情况出现之后,才产生他们之间的实际的婚姻法律关系。由此可见,法律事实在法律关系产生、变更和消灭的条件中居于突出的地位。法律规范和权利义务主体的存在为法律关系产生、变更和消灭提供了可能性条件,而法律事实则为法律关系的产生、变更和消灭提供了现实性的条件。

（二）法律事实

所谓法律事实是指法律规范所规定的,能够引起法律关系产生、变更和消灭的现象或客观情况。法律事实必须是法律所规定的、具有法律意义的并能引起法律后果的事实。那些法律未加规定的,不具有法律意义,也不会导致法律关系产生、变更和消灭后果的事实均不是法律事实。根据不同的划分标准,可以对法律事实进行分类。

1. 确认式法律事实和排除式法律事实

这是按照法律事实存在的形态所作的划分。

确认式法律事实,也称肯定的法律事实,是指只有当某种事实的存在得到肯定和确认之后,才能引起一定法律关系产生、变更和消灭的法律事实。这是一种正态的存在形式。大量的法律事实是肯定的法律事实,例如,人的出生和死亡、签订合同、作出行政决定等。肯定的法律事实对法律关系的影响力取决于它的存在。

排除式的法律事实,也称否定的法律事实,是指只有当某种事实的存在得到否定和排除,才能引起一定法律关系产生、变更和消灭的法律事实。这是一种反态的存在形式,如被任命为审判员、检察员的必须是没有被剥夺政治权利的即属于这一类。否定的法律事实对法律关系运行的影响力取决于它的不存在。

2. 一次性作用的法律事实和连续性作用的法律事实

这是按照法律事实作用时间的长短所作的划分。

一次性作用的法律事实,是指短时间地、一次性地存在并能产生法律后果的法律事实,如自然人的出生和死亡。连续性作用的法律事实,是指长时间地、持续地存在,呈现为一种状态的法律事实,如被依法解除之前的重婚状态。但两者又是有联系的,状态往往是由一次性作用的法律事实引起的,如婚姻状态是由结婚登记这一次性作用的法律事实形成的。

3. 单一的法律事实和事实构成

这是按照引起法律关系产生、变更和消灭所需的法律事实数量所作的划分。

单一的法律事实,是指无须其他法律事实同时出现就能单独引起一种或者多种法律关系的产生、变更和消灭的法律事实。例如,人的死亡可引起婚姻关系、劳动关系、扶养关系的消灭,同时也会引起继承关系的产生。

事实构成,是指某一个法律关系的产生、变更和消灭同时需要多个法律事实所组成的系统。例如,房屋买卖关系的成立,就同时需要订立合同、交付房价款、交付房屋、过户登记等多个法律事实。

二、法律事件

法律事实可以分为法律事件和法律行为。

法律事件是指与法律关系主体的意志无关的客观现象,是不依法律关系主体的意志为转移的能够引起法律关系产生、变更或者消灭的法律事实。

法律事件可以分为自然事件、社会事件和个人事件。

自然事件是指能够引起法律关系产生、变更或者消灭的自然现象,如地震、洪水等自然灾害。社会事件是指社会变革或者社会变迁,如我国进行的经济体制改革即为社会事件。个人事件是指由自然人作出、不受其意志所支配,能够引起法律关系的产生、变更和消灭的行为。

法律事件也可以分为绝对事件和相对事件。

绝对事件是由自然原因而引起的事件,如夫妇一方死亡引起婚姻法律关系发生变化。相对事件则是由人们的行为引起的但又是不以主体的意志为转移的事件。如医疗事故造成人的死亡,对行为人而言是行为,对于死者的婚姻法律关系的消灭则是一个相对事件,因为它是不以权利主体的主观意志为转移的。

三、法律行为

法律行为是指由于主体的某种实际行为引起法律关系产生、变更和消灭的法律事实。

法律行为依其性质不同,可以分为合法行为和违法行为。合法行为是符合法律规定,受法律确认和保护的行为。合法行为引起法律关系的产生、变更和消灭的情况是极其广泛和多样的。违法行为是违反法律规定,法律不予认可和保护的行为。违法行为也可以引起法律关系的产生、变更和消灭。

法律行为依据其表现形式的不同可以分为作为和不作为。作为又叫作积极的行为,是指法律关系主体主动从事一定的行为,如结婚登记。不作为又叫作消极的行为,是指法律关系主体不从事或者抑制一定的行为,如子女不履行对父母的赡养扶助义务。

法律行为依其主体的不同可分为国家行为和当事人行为两类。国家行为包括立法、执法、司法等活动。立法可以创设法律关系,也可以使现有的法律关系因此而改变。执法、司法活动可以使法律关系因此成立或者变更,如婚姻登记机关依法进行婚姻登记,从而使婚姻关系产生。法院的裁决可以使原先的合同法律关系终止。当事人行为是法律关系产生、变更和消灭的最大量的法律事实,如婚姻法律关系就是当事人行为的结果。

第五节 法律关系的运用和分析

一、法律关系分析方法

法律关系的运用和分析是以法律关系为基础的一种法学分析方法。法律关系是指根据法律规范所产生的以法律上的权利义务关系为内容的特殊的社会关系。所谓法律关系分析方法,是指通过对法律关系的性质、构成要素及演变情况的分析确定案件的争议,从而准确适用法律,作出判决的一种方法。主要就是运用法律关系的原理,从主体、客体、内容三个角度来分析案件事实。

法律关系分析方法在实务中被广泛应用,是法律人的基本思维方式,也是法律方法中最基本的分析工具。其优势在于使复杂的案件清晰化,在案件事实与法律规范之间建立有效联系,是运用其他法律方法的前提和必由之路。对简单案件来说,依据法律关系原理就能找到解决纠纷的方案。疑难案件多是由于法律关系模糊、不明,事实与法规难以弥合,通过法律关系这一分析工具则可以使我们走出困境,找到案件的症结。对复杂的法律关系的分析最好的方法就是将其化约为若干最为基本的法律关系,从法律关系的各个要素切入分析,找出案件争议是关于主体、客体或内容的哪一部分,属于哪一类法律关系。只有先确定争议的焦点,下一步才能运用法律解释、法律论证、法律推理、利益衡量、法律发现等方法准确适用法律,解决问题。可见,法律关系可以作为分析案件、解决纷争的工具,具有重要的方法论意义。

二、法律关系分析方法的运用

有效地运用法律关系分析方法是每一个法律工作者在解决法律问题时都应当具备的专业素质。在实践中考察案件事实所涉及的法律关系,首先要确定是否存在法律关系,存在几个法律关系;其次要判断存在什么样的法律关系,法律关系的各个构成要素是什么;最后根据法律关系的性质判断来搜寻相关法律规范。具体可分为以下几个步骤:

第一,界定法律事实。

法律事实是引起法律关系产生、变更和消灭的现象或客观情况。界定法律事实就是要确定是否产生了法律关系,存在一个还是多个法律关系。面对一个案件,首先要确定此种社会关系是否形成法律关系,能否由法律来调整,通过法律渠道予以救济。也即区别法律关系与非法律关系,排除非法律关系的因素,将考虑对象聚焦于法律关系,找出具有法律意义的案件事实。如果根本就没有产生法律关系,以下其他的问题则无须考虑。如民法上所谓的"好意施惠关系"属于友谊关系、生活关系,并不构成民法上的债权债务关系。准确界定法律事实是法律关系分析方法的第一步,是进入下一个环节的基础。

第二,分析法律关系的性质。

分析法律关系的性质就是要对法律关系进行梳理、定性,判断存在什么样的法律关系,法律关系的性质决定法律规范的适用。既要分析不同法律部门的法律关系,判断其究竟是刑事法律关系、民事法律关系、经济法律关系还是行政法律关系,也要确定同一法律部门内的各种法律关系,如在民事法律关系中究竟是合同关系、侵权关系、无因管理关系还是不当得利关系。法律关系的性质对于确定当事人的权利义务意义重大。当案件存在多种复杂的法律关系时,通过对法律关系性质的分析,可以理清不同的法律关系,将各种法律关系区分开来,并根据不同的法律关系确定当事人的法律权利和义务。

第三,考察法律关系各要素。

要对法律关系三要素进行全面考察,而不仅仅是其一,即考察法律关系的主体、客体、内容。

(1) 主体考察

在主体要素方面,要解决法律关系的主体适格、主体的范围等问题。不同性质的法律关系对主体的要求和范围不尽相同。民事法律关系中主体包括当事人权利能力与行为能力两方面的要求;在刑事法律关系中表现为责任能力的要求;在诉讼法律关系中,主体要与法律关系发生直接的利害关系。民事、行政法律关系主要表现为双方主体,而刑事法律关系大多涉及多方主体。

(2) 客体考察

法律关系的客体是法律权利和义务的指向对象。根据不同法律关系,客体的种类和范围也有所不同,例如,在民事法律关系中的客体种类繁多,如物权的客体是物,债权的客体是给付行为,知识产权的客体是智力成果等等;在刑事法律关系中,犯罪客体是刑法所保护的、被犯罪行为所侵害的社会关系。明确法律关系的客体,有助于最终确定主体间的权利和义务。

(3) 内容考察

任何个人和组织参与法律关系,必然要实现权利和承担义务。确定案件当事人之间具体权利和义务的性质、种类、效力对于解决纠纷具有重要意义,也是分析法律关系的直接目的。民事法律关系的内容表现为当事人之间具体的民事权利和民事义务,民事案件中对当事人请求权的考察,就是考察当事人主张的请求权内容和与请求权相关的事实根据。民事权利又可以分为物权、债权、支配权、请求权等等,在同一法律关系中,也可能存在多个权利;刑事法律关系的内容表现为司法机关与犯罪主体之间的追究与被追究之间的法律关系,即职权和职责的关系。一般说来,案件争议的焦点实际就是当事人之间的权利义务之争,通过对其权利义务的具体分析,可以直接抓住案件的实质要害,在复杂案件中,能够明确最核心的争议问题。

第四,把握法律关系的变动。

即把握法律关系产生、变更、消灭情况及变动的原因。考察法律关系的变动过程,首先要重点分析法律关系何时产生;其次考察法律关系是否发生变更及其变更原因;最后确定关系是否已经消灭。法律关系的要素确定后,可能会随着时间的变化而发生改变,按照时间顺序来考察法律事实的变动,确定法律关系的主体、客体、内容是否变动以及变动的时间、地点和原因,并分析其变动的法律效果,从而准确适用法律。

第五,搜寻法律规范。

对案件事实根据法律关系原理考察后,下一步就是法律规范搜寻的问题,即根据案件的法律关系性质寻找可供选择的法律规范。这一过程实际是运用形式逻辑三段论的模式展开的。某项法律规范能否适用还必须通过解释和论证,最后作出合理的裁决。

综上,法律关系作为一种法律分析方法在司法活动中占有重要的基础性地位,具有引路的作用,是司法的直接目的和使命。它能够使案件和纷争从不定、不明状态转向可解释、可证明的相对确定状态,是法官适用法律的事实基础。在一定意义上,司法活动可以说是理清、确认、恢复、维护、矫正法律关系的机制。

问题与思考

1. 法律事实是法律关系产生、变更及消灭的原因,根据你的生活常识,法律将某些自然事实如人的下落不明、自然灾害的发生规定为法律事实,立法者是出于何种考虑作出这种判断选择的?

2. 受害人甲到美容院做美容手术,在手术前,美容院向甲承诺该手术会达到一定的美容效果,没有任何风险,成功率百分之百。在其散发的宣传单上明确承诺,"美容手术确保顾客满意","手术不成功包赔损失"。结果该手术失败,导致甲面部受损,甲因此承受了极大的精神和肉体痛苦。后甲在法院提起侵权诉讼要求赔偿医疗费、住院费、误工费、精神损失费等。问题:本案属于什么样的法律关系?

3. 张老太介绍其孙与马先生之女相识,经张老太之手曾给付女方"认大小"钱10100元,后双方分手。张老太作为媒人,去马家商量退还"认大小"钱时发生争执。因张老太犯病,马先生将其送医,并垫付医疗费1251.43元。后张老太以马家未返还"认大小"钱为由,拒绝偿付医药费。马先生以不当得利为由诉至法院。法院考虑此次纠纷起因及张老太疾病的诱因,判决张老太返还马先生医疗费1000元。关于本案,下列哪一理解是正确的?(2012年司法考试试题)

   A. 我国男女双方订婚前由男方付"认大小"钱是通行的习惯法
   B. 张老太犯病直接构成与马先生之医药费返还法律关系的法律事实
   C. 法院判决时将保护当事人的自由和效益原则作为主要的判断标准
   D. 本案的争议焦点不在于事实确认而在于法律认定

4. 孙某的狗曾咬伤过邻居钱某的小孙子,钱某为此一直耿耿于怀。一天,钱某趁孙某不备,将孙某的狗毒死。孙某掌握了钱某投毒的证据之后,起诉到法院,法院判决钱某赔偿孙某600元钱。对此,下列哪一选项是正确的?(2008年司法考试试题)

　　A. 孙某因对其狗享有所有权而形成的法律关系属于保护性法律关系
　　B. 由于孙某起诉而形成的诉讼法律关系属于第二性的法律关系
　　C. 因钱某毒死孙某的狗而形成的损害赔偿关系属于纵向的法律关系
　　D. 因钱某毒死孙某的狗而形成的损害赔偿关系中,孙某不得放弃自己的权利

参考书目

1. 〔德〕维尔纳·弗卢梅:《法律行为论》,迟颖译,法律出版社2013年版。
2. 张文显:《二十世纪西方法哲学思潮研究》,法律出版社1996年版。
3. 胡玉鸿主编:《法制原理与技术》,中国政法大学出版社2002年版。
4. 李林:《法律的理念与行为》,社会科学文献出版社1993年版。
5. 张文显:《法学基本范畴研究》,中国政法大学出版社1993年版。
6. 谷春德等主编:《西方法律思想史》,中国人民大学出版社2009年版。

第五章 法律行为

【引读案例】

刘某与杨某、郭某相互吹嘘自己的"武功"。刘提出表演"真功夫",即用嘴叼起装满圆石的塑料桶行走,杨某、郭某与旁观的胡某三人均表示不信。刘提出刘与杨各拿20元作赌注,如果他用嘴叼起装满圆石的塑料桶行走到指定的位置,就赢20元钱,反之则输20元钱。胡某叫双方拿钱出来由其保管,刘与杨各拿出20元钱交与胡。刘便开始用嘴叼起装满圆石的塑料桶,第一次成功后,从胡手中取走了自己拿出的20元和赢得的20元。此时,刘又夸口说还能叼得更重、更远些,杨、郭均表示不信,并各自拿出10元交给胡保管,刘也拿出20元交给胡保管。此次赌法与第一次基本相同,只是又往塑料桶中加了一些沙石,距离比第一次远几米,刘叼起桶后走出约10米便摔倒了。刘失败,杨、郭从胡手中取走各拿出的10元和各赢得的10元。次日,刘被送往医院治疗,经诊断为"颈椎体骨折伴不全性截瘫,颈六椎体脱位,需长期卧床,还需手术治疗"。后被市检察技术鉴定中心鉴定为一级伤残。其损失费用为医疗费、误工费、住院伙食补助费、护理费、伤残补助费、鉴定费、再医费等共126509.54元。

第一节 法律行为释义

一、法律行为的概念

(一)法律行为的语义渊源

法律行为是法理学乃至法学的核心范畴。马克思曾指出:"对于法律来说,除了我的行为以外,我是根本不存在的,我根本不是法律的对象。我的行为就是我同法律打交道的唯一领域,因为行为就是我为之要求生存权利、要求现实权利的唯一东西,而且因此我才受到现行法的支配。"[①]作为法律关系主体自由意志与外在行为的有机统一体,法律行为在法学范畴体系中发挥着基石性作用。同时,有关法律行为的理论对法学尤其是民法学的发展与成熟奠定了基础。

从词源上讲,法律行为概念最先产生于德国。通说认为,法律行为之所以成

---

① 《马克思恩格斯全集》第1卷,人民出版社1956年版,第16—17页。

为一般性的法律范畴,是18世纪潘德克顿法学的重要成就。在德国法学家丹尼尔·奈特尔布拉德那里,开始使用拉丁文"actus iuridicus"(法律行为)指称"与权利和义务相关的行为"。在历史法学派奠基者胡果那里,首创德文"法律行为人"(juristischer Geschaftsman)一词。在潘德克顿法学创始人海泽那里,明确使用"法律行为"(Rechtsgechaft)这一概念。在历史法学派代表人物萨维尼那里,法律行为理论得以集大成,将"法律行为"与"意思表示"相提并论。

从西学东渐的历史发展上看,中文"法律行为"一词的使用起始于日本。日本学者借用汉字中"法律"与"行为"两词把德语 Rechtsgechaft 翻译为法律行为。我国受德国和日本两国影响,1911年的《大清民律草案》和1929年的《中华民国民法典》承袭《德国民法典》传统,将法律行为作为民法基本内容。在苏联的法学理论中,法律行为被认为是一切有法律意义和属性的行为,而不仅限于合法行为。受其影响,自20世纪50年代开始,我国法学界使用广义上的法律行为概念。

(二)法律行为的错误定位及其根源

在我国的法律理论与实践中,法律行为是一个长期存在使用偏差和错误定位的概念。在立法中,《民法通则》中的误用存在两个表现,一是法律行为被限定为合法行为,二是将民事行为作为民事法律行为的下位概念。《民法通则》第54条规定:民事法律行为是公民或者法人设立、变更、终止民事权利和民事义务的合法行为。在法学教科书中,我国民事立法对法律行为与民事法律行为不适当地使用导致了认识上的混乱,或者将法律行为与民事法律行为等同起来,或者将法律行为限定为合法行为,与违法行为相并列。在民法学教材中,有的直接将民事法律行为简称为法律行为,如马原主编的《中国民法教程》(中国政法大学出版社1996年版)将"民事法律行为简称为法律行为,是指公民或者法人设立、变更、终止民事权利和民事义务的合法行为";王利明主编的《民法总则研究》(中国人民大学出版社2003年版)中的定义为:"法律行为是民事主体旨在设立、变更、终止民事权利义务关系,以意思表示为要素的行为。"同时,一些法理学者也深受其影响。典型的例子就是在一些法理学教材中设专章阐述法律行为以后,又另辟章节对违法行为专门进行分析。

从本源上看,产生这种偏差与误用的原因在于我国法学理论双重渊源的影响。我国的法律行为理论既受德国和日本的影响,又受苏联的影响。法律行为概念最初源于德国,但经由日本学者的翻译最终确定了法律行为这一概念。法律行为一词在德国原初含义具有"合法的"意思,因此其日文翻译也就兼具了此一意涵。而在苏联的法学理论中,法律行为一词是指一切具有法律意义和属性的行为,而不仅仅指合法行为。由此,两种对于法律行为概念的不同理解与分歧在我国法律理论与实践中产生并长期存在。

（三）法律行为的相关范畴

与法律行为密切相关的范畴有先法律行为、后法律行为、非法律行为、中性行为和行为主义法学等。

先法律行为阶段是指法律行为成立之前，法律主体为追求私法上之效果而进行的各项准备工作的阶段，如当事人为订立契约而相互接触、磋商等活动阶段。在先法律行为阶段，法律上之主体，在社会生活往来之中，为实现私法上效果之目标，在法律行为成立前所投入之生活资源，如有所损失则通常自己承担，简称"自承损失原则"。[①] 也就是说，法律通常不干涉在先法律行为阶段主体之间就这种一般试探性往来所形成的相互关系。当然，具有侵权情节的除外。在后法律行为阶段，由意思表示所生的权利义务已经履行完毕，主体之间本应由"有法律规范状态"转入"无法律规范状态"。但是，因主体在此前实施法律行为的过程中获悉的影响对方权益的信息资料等可能被滥用以及出现其他违背诚实信用原则的情形，损及法律行为主体所追求之最终私法上效果。在此种情形中，主体之间的关系由"无法律规范状态"转入"有法律规范状态"，再次形成权利义务关系。这种权利义务并非凭空产生，而是基于保护法律行为主体所追求的最终私法上的效果。当主体所追求的最终私法上的效果不再受任何侵扰之时，这种法律关系状态自然消逝。[②]

非法律行为是指那些不具有法律意义的行为，即不受法律调整、不发生法律效力、不产生法律效果的行为。非法律行为又可称为中性行为。非法律行为或者中性行为的成因在于法律的谦抑性、法律的抽象性和法律的不周延性。中性行为是无法根据法律对其作出评价的行为，而不是法律将其评价为"中性"的行为。一个行为一旦进入法律调整的领域，则要么合法，要么违法，不存在"中性"之说。所以，"中性法律行为"根本就不存在，它是一个错误的概念。对完备的法治状态的向往，驱使人们追求立法的完善与缜密，力争把可能多的行为纳入法律的明确规定之中。法律发展的历史，从某种意义上说就是一部法律调整范围日趋扩大的历史。可以预见，随着社会的进步、科技的发展，人的行为所涉足的领域将越来越广。与此相适应，新的法律部门将会不断出现，原有的法律部门的调整范围也将不断扩大。但是，这并不意味着：终有一天，法律的调整范围将涵盖人的一切行为。恰恰相反，法律调整之外的中性行为始终都是一个客观的存在。[③]

行为主义法学，也称行为法学，它是借助一般行为科学的理论和方法来研究

---

① 参见曾世雄：《民法总则之现在与未来》，中国政法大学出版社2001年版，第249页。
② 参见席书旗：《法律行为动态性研究——以契约行为为例》，载《山东师范大学学报（人文社会科学版）》2009年第4期，第153页。
③ 参见丁以升：《中性行为的法理学考察》，载《贵州警官职业学院学报》2011年第4期，第5—6页。

法律现象的学科,更具体些说,是研究人的法律行为,尤其是研究法官的审判行为的学科。它与法律行为的关系体现在法律行为是行为主义法学的研究对象。需要注意的是,行为主义法学将法律行为的核心定位为法官的司法行为,而更多的情况下,法律行为被定位为"私人之行为",法院裁判、行政机关命令并非法律行为。这是行为主义法学对法律行为的定义与大多数法律行为定义的区别之处。

我们认为,法律行为是指人们所实施的具有法律意义、能够产生法律效力、产生一定法律后果的行为。"法律行为"既包括"合法行为"也包括"违法行为"。"法律行为"的对应概念是"非法律行为",而不是"违法行为"。

二、法律行为的特征

法律行为具有如下特点:

(一) 社会性

法律行为是具有社会意义的作为。所谓社会意义是指法律行为能够产生社会效果、造成社会影响,具有人际交互性。或者说,法律行为不是一种纯粹自我指向的行为,而是一种社会指向的行为。法律行为的发生,一定是对行为人本人以外的其他个人或集体、国家之利益和关系产生直接或间接的影响。总之,人在社会中生活,其行为在主要方面都是社会指向的,它们与社会利益发生各种各样的联系,或者与社会利益一致,或者与社会利益产生矛盾和冲突。人的社会性本质决定了他的活动和行为的社会性,这种社会性既可能表现为社会有益性,也可能表现为社会危害性。正是由于这一点,它们才可能具有法律意义。纯粹自我指向的行为,一般是不具有法律意义的。

(二) 法律性

法律行为具有法律性。所谓法律性,是指法律行为由法律规定、受法律调整、能够发生法律效力或产生法律效果。具体来说,首先,法律行为是由法律所调整和规定的行为。由于行为具有社会指向,并且可能造成社会矛盾、冲突和社会危害性,它们才有可能、也有必要受到法律的调整。而法律正是基于这一理由将那些具有重要社会意义的行为纳入调整范围之内,并对不同的行为模式及行为结果作出明确的规定。其次,法律行为是能够发生法律效力或产生法律效果的行为。所谓能够发生法律效力是指法律行为往往是交互的,法律行为一旦形成,就受法律的约束或保护。所谓产生法律效果是指法律行为能够引起人们之间权利义务关系的产生、变更或消灭,它们可能会受到法律的承认、保护或奖励,也可能会受到法律的否定、撤销或惩罚。

(三) 意志性

法律行为是能够为人们的意志所控制的行为,具有意志性。法律行为是人所实施的行为,自然受人的意志的支配和控制,反映了人们对一定的社会价值的认同、一定的利益和行为结果的追求以及一定的活动方式的选择。或者说,正是通过意志的表现,行为才获得了人的行为的性质。在法律行为的结构中,只存在意志和意识能力强弱的差别,但它本身并不是一个意志的有无问题。在法律上,纯粹无意识(无意志)的行为(如完全的精神病人所实施的行为)不能看作是法律行为。

第二节 法律行为的结构

法律行为是主客观的统一,是主体与客体、主观因素与客观因素相互作用的复杂过程,其基本结构既包括客观要件也包括主观要件,二者缺一不可、并行不悖。

一、法律行为构成的客观要件

法律行为构成的客观要件是指法律行为的外在表现,它包括外在的行动、行为方式和行为结果等方面。

(一) 外在的行动

所谓行动是指受思想支配、通过身体或言语或意思而表现出来的外在举动。行动是法律行为构成的最基本要素。没有任何外在行动的法律行为是不存在的。人的意志或意思只有外化为行动并对身外之世界产生影响才能成为法律调整的对象。

作为法律行为的外在行动大体可分为两类。一是身体行为。身体行为是指通过人的身体(躯体及四肢)的任何部位所作出的为人所感知的外部举动。这一类行动可以通过自身的外力直接作用于外部世界,引起法律关系产生、变更或消灭。二是语言行为。语言行为是指通过语言表达对他人产生影响的行为。它又包括两种:书面语言行为,如书面声明、书面通知、书面要约和承诺、签署文件等;言语行为,即通过口语表达而在语言交际中完成的言语过程。

(二) 行为方式

所谓行为方式是指行为人为达到预设的目的而在实施过程中所采取的各种方式和方法。行为方式与目的有着密切的关系。行为方式(手段)是考察行为的目的进而判断行为的法律性质的重要标准,是考察法律行为是否成立以及行为人应否承担责任、承担责任大小的根据。一般而言,行为人欲达到合法的目的,自然会选择合法的行动计划、措施、程式和技巧,否则就会选择违法(甚至犯罪)的方式和方法。同时,行为的法律性质和归属的法律部门不同,其方式、方法和手段则有所不同。在法理上必须对各种特定的行为方式予以规定,以为法律行为性质和类别的判断提供具体标准。这些特定的法律行为方式主要有:其一,与特定情景相关的行为方式,指某些行为方式只有在特定的情形下方能使用,如正当防卫、紧急避险。其二,与特定身份相关的行为方式,指某些法律行为的成立只与具有特定法律资格的主体相关联,其他主体无权采用此种法律行为的方式和方法,即使采用,也不能认定为该法律行为构成的要件,如父母对子女的监护、职务上的犯罪等。其三,与一定的时间和空间相关的行为方式,指某些行为的实施以法律所规定的时间或空间作为条件,故此选择时间和空间就成为法律行为方式的特定内容,如入室盗窃、死亡宣告等。其四,与特定对象相关的行为方式,指有些法律行为所实施的对象是特定的人或物,其行为方式由该特定对象的性质所决定,如奸淫幼女、挪用公款等。

(三) 行为结果

所谓结果是指行为完成的状态。法律行为必须要有结果,因此结果是法律行为这种法律事实的重要内容之一。没有结果的行为,一般不能被视为法律行为。法律通常根据行为的结果来区分行为的法律性质和行为人对行为负责的界限与范围。判断法律行为结果主要有两个标准:一是行为造成一定的社会影响。这种影响或者表现为对他人、社会有益,或者表现为对他人、社会有害,即造成一定的损害。同时,行为与结果之间要有一定的因果关系,没有因果关系的法律行为也是不存在的。二是对该结果应当从法律角度进行评价,即由法律根据结果确定行为的法律性质和类别。不过,行为的结果并不等于法律后果,行为结果只是行为人承担法律后果的依据之一,并不是法律后果本身。

二、法律行为构成的主观要件

客观要件只是法律行为的外在方面的表现,仅有外部举动而无内部意思,与自然现象没有什么区别。因此,基于内部意思的作用而有身体外部的举止才构成有意思的行为或称为意思活动。这里要考察的所谓"主观要件",又称"法律行为构成之心素",是法律行为内在表现的一切方面。主要包括两个方面:

(一) 行为意思

所谓行为意思是指人们基于需要、受动机支配、为达到目的而实施行为的心理状态,包括三个层次,即需要、动机和目的。需要引起动机,动机产生行为,行为趋向目的,目的实现满足,满足导致新的需要。这就是行为的内在方面诸环节的系统循环。就合法行为而言,其成立的条件不仅在于有没有行为人的动机和目的,而且在于有什么样的动机、什么样的目的,动机和目的是否正当、合法。就违法行为而言,对行为所谓"主观恶性"的考察就是对违法人的动机和目的的认识。

（二）行为认知

所谓行为认知是指行为人对自己行为的法律意义和后果的认识。行为目的并不完全是一个盲目的过程，它基于人的认知能力、水平，基于人对行为意义、后果的认识与判断。如果一个人根本无能力认识和判断行为的意义与后果，那么他的行为就不可能构成法律行为。在法律上，正是根据人的认知能力的有无和强弱而将自然人分为有行为能力人、限制行为能力人和无行为能力人。

在法律活动中，行为人受主、客观多方面因素的影响，常常会发生主观认识与客观存在之间不相一致的情况，这就是所谓的认识错误。从法律角度看，行为认知包括事实错误和法律错误两个方面。事实错误是指行为人所认识的内容与所发生的客观事实相背离。法律错误是指行为人对事实认识无误，但由于误解或不知法律而对该事实的法律意义和法律后果认识有误。认识错误在一定程度上影响行为人的动机和目的的形成，进而影响其对行为及行为方式的选择。

第三节 法律行为的分类

分类的结果取决于对事物进行分类的标准。根据不同的标准可以对法律行为进行不同的分类。

一、根据行为主体性质和特点所作的分类

（一）个人行为、集体行为与国家行为

根据行为主体的特征不同，可以把法律行为分为个人行为、集体行为和国家行为。个人行为是指公民（自然人）基于个人意志和认识，由自己直接作出的具有法律意义的行为。个人行为与群体行为相对，是一种可以在自己能够完全支配的主观意识下用于表达自己内心活动的具体行为。集体行为是机关、组织或团体基于某种共同意志或追求所从事的具有法律效果、产生法律效力的行为。集体行为与群体行为不同，群体行为是指为了实现某个特定的目标，由两个或更多的相互影响、相互作用、相互依赖的个体组成的人群集合体。前者如国家行政机关所作出的行政行为，后者如群体性诉讼行为。国家行为是国家作为一个整体或由其代表机关（国家机关）及其工作人员，根据国家的政策、法律的授权或国家权力机关的直接授权，以自己的名义所从事的具有法律意义的行为。

（二）单方行为与多方行为

根据主体意思表示的形式，可以把法律行为分为单方行为和多方行为。单方行为，又译作"一方行为"，指由法律主体一方的意思表示即可成立的法律行为，如行政行为、赠与、遗嘱等。多方行为，指由两个或两个以上的多方法律主体意思表示一致而成立的法律行为，如合同行为、签订多边国际条约的行为。

(三) 自主行为与代理行为

根据主体实际参与的状态,可以把法律行为分为自主行为和代理行为。自主行为是指法律主体在没有其他主体参与的情况下以自己的名义独立从事的法律行为,如行政主体所作出的具体行政行为和抽象行政行为。代理行为是指法律主体根据法律授权或其他主体的委托而以被代理人的名义所从事的法律行为,如代理签订合同、代理参与诉讼的行为。

二、根据行为的法律性质所作的分类

(一) 合法行为与违法行为

根据行为是否符合法律的内容要求,可以把法律行为分为合法行为和违法行为。合法行为是指行为人所实施的具有一定的法律意义、与法律规范要求相符合的行为,如依法服兵役、依法纳税的行为。违法行为是行为人所实施的违反法律规范的内容要求、应受处罚的行为,如不履行抚养、赡养义务的行为。

(二) 公法行为与私法行为

根据行为的公法性质或私法性质,可以把法律行为分为公法行为和私法行为。所谓公法行为是指具有公法效力、能够产生公法效果的行为,如审判行为、行政处罚行为、制定规范性法律文件的行为。所谓私法行为是指具有私法性质和效力、产生私法效果的行为,如结婚、签订合同、赠与等行为。

(三) 抽象行为与具体行为

根据行为内容针对的对象不同,可以把法律行为分为抽象行为和具体行为。抽象行为是针对未来发生的不特定对象而作出的、具有普遍法律效力的行为,如立法行为、抽象行政法律行为等。具体行为是指针对特定对象、就特定的具体事项而作出的,仅有一次性法律效力的行为,如司法判决行为、发放结婚证或离婚证的行为等。抽象行为的主体一般是有权制定规范的组织,公民个人不能成为抽象行为的主体。

三、根据行为的表现形式与相互关系所作的分类

(一) 积极行为与消极行为

根据行为的表现形式不同,可以把法律行为分为积极行为和消极行为。积极行为,又称"作为",指以积极、主动作用于客体的形式表现的具有法律意义的行为,如国家制定法律和政策保障公民信仰自由。消极行为,又称"不作为",指以消极的、抑制的形式表现的具有法律意义的行为,如任何人不得干涉公民信仰自由。在法律上,这两种行为不能反向选择,即当法律要求行为人作出积极行为时他就不能作出消极行为,当法律要求行为人作出消极行为(禁止作出一定行为)时他也不能作出积极行为,否则就构成了违法行为。

（二）主行为与从行为

根据行为之主从关系，可以把法律行为分为主行为和从行为。主行为是指无须以其他法律行为的存在为前提而具有独立存在意义、产生法律效果的行为。从行为是指其成立以另一种行为的存在作为存在前提的法律行为。

四、根据行为构成要件所作的分类

（一）（意思）表示行为与非表示行为

根据行为是否通过意思表示，可以把法律行为分为表示行为和非表示行为。表示行为是指行为人基于意思表示而作出的、客观效果与其意志取向一致的、具有法律意义的行为。非表示行为是指非经行为意思表示而是基于某种事实状态即具有法律效果的行为，如民法上的先占、遗失物的拾得、埋藏物的发现等等。这种基于事实而发生效力的行为，在法学上又称为事实行为。

（二）要式行为与非要式行为

根据行为是否需要特定形式或实质要件，可以把法律行为分为要式行为和非要式行为。要式行为是指必须具备某种特定形式或必须遵守特定程序才能成立的法律行为。例如，票据行为就是法定要式行为。非要式行为是指无须具备特定形式或遵守特定程序即能成立的法律行为。除法律特别规定或当事人特别约定外，均为不要式行为。

（三）完全行为与不完全行为

根据行为之有效程度，可以把法律行为分为完全行为和不完全行为。完全行为是指发生完全的法律效力的行为。不完全行为是指仅有部分效力或不发生效力的法律行为，其中包括无效的法律行为、效力未定的行为和失效的法律行为等等。

问题与思考

1. 在[引读案例]中，刘、杨、郭、胡的行为是哪种法律行为？杨、郭、胡是否应该为刘的治疗等费用承担法律责任？
2. 原始社会是否有法律行为？
3. 试阐述非法律行为与中性行为的区别。

参考文献

1. 易军：《法律行为制度的伦理基础》，载《中国社会科学》2004年第6期。

2. 柳经纬:《意思自治与法律行为制度》,载《华东政法学院学报》2006年第5期。

3. 席书旗:《法律行为动态性研究——以契约行为为例》,载《山东师范大学学报(人文社会科学版)》2009年第4期。

4. 杨代雄:《使用他人名义实施法律行为的效果——法律行为主体的"名"与"实"》,载《中国法学》2010年第4期。

5. 李军:《论法律行为的效力依据》,载《现代法学》2005年第1期。

6. 周林:《论法律行为的逻辑运行机制》,载《法律科学》1999年第4期。

7. 宋炳庸:《原始社会与法律行为》,载《当代法学》2003年第4期。

第六章 法律责任

【引读案例】
　　小李是银行的一位部门经理。他的一项主要职责是负责银行的保险柜业务。他负责保管保险柜的钥匙,监督保险柜的使用。小李平时工作非常不负责任。他经常迟到早退,上班时间也经常在办公室里上网看电影,甚至睡觉。同时,小李常常在上班时间无故离开,将办理保险柜业务的权力以及保险柜的钥匙交给自己的秘书。银行的同事都认为,小李不是一个负责任的人。一日,银行遭到歹徒打劫。歹徒拿刀威胁小李,如果不打开保险柜,取出他们要的一件珠宝,他们就杀了小李。小李并没有反抗就按照歹徒的要求打开了保险柜,找出了歹徒想要的珠宝,交给了他们。就在歹徒离开 5 分钟后,警察就赶到了。同事们都认为,小李如果稍加反抗或拖延,警察就可以及时赶到,抓住歹徒,因此小李应当负有一定的责任。在法庭上,小李承认,是自己亲自打开保险柜,将珠宝交给歹徒。就此而言,可以说他对此负有责任。但是,小李指出,当时歹徒威胁说要杀他,他没有办法,他也没有能力反抗,所以这不能怪他,他不应当受到人们的谴责和法律的制裁。经过庭审,法庭最终认定,小李打开保险柜交出珠宝的行为系受他人胁迫而为,属于紧急避险,他无须为此承担任何法律责任。

第一节　法律责任释义

一、责任的含义

　　在现代汉语中,"责任"一词通常在两个意义上使用:一是指"分内应做的事",如尽责任、岗位责任等;二是指"没做好分内应做的事,因而应当承担的过失",可以表达为并列式:责+任。① 前一种责任是一种"积极责任",责任人积极主动地采取措施做好分内之事;后一种责任是一种"消极责任",责任人通常消极被动地承担不利后果。

　　在引读案例中,"负责保管保险柜的钥匙""小李平时工作非常不负责任"

---

① 参见中国社会科学院语言研究所词典编辑室编:《汉语大词典》,商务印书馆 2012 年版,第 1620 页。

"小李不是一个负责任的人"中的"负责""不负责任"和"负责任的人"所指的"责任"就是"分内应做的事"。一个人分内应做的事是由这个人的社会角色来决定的。小李应对保险柜的安全负责,这是他作为分管此项工作的经理的责任。与此相同,父母应对自己的子女的成长负责,这是父母的责任;护士应当对住院病人的日常看护负责,这是护士的责任。如英国法学家哈特所言:"只要某人在某一社会组织中具有一种特殊的地位或职位,而为了他人的福利或以某种特殊方式促成该组织的目标或目的,该地位或职位被赋予了某些职责,那么我们就可以说,此人有责任履行这些职责,或有责任去做那些履行这些职责所必需的事情。这些职责便是一个人的责任。"[1]这种责任属于前面所说的"积极责任",其含义大体上等同于职责或义务。它可以是道义上的责任,也可以是法律上的责任。例如,父母既可以说在道义上也可以说在法律上应对其子女的成长负责。

当一个人没有履行这些职责时,我们就可以说这个人"不负责任"。如果由于他没有履行这些职责而导致他人或社会的利益受到损害时,我们就可以说,他应当为此负责,应当受到某种指责或惩罚。这里的"为此负责"就是前面所说的"消极责任"。这种消极责任并不像积极责任那么容易确定,因为它并不是那么显而易见。或者说,它涉及诸多内部和外部的因素。法律责任就是一种消极责任。大量的法律责任通常是在这个意义上被使用的。此时,法律责任具有自己特殊的含义。消极责任往往带来对责任人的指责或惩罚,而法律责任还往往带来严厉的法律制裁,所以我们在确立法律责任时应当尤为谨慎。

责任其实还有另一种含义,即表达一种因果关系。此时,中文中常常用"负责"这个动词来表示。例如,"连日的强降雨应对南方的洪涝灾害负责"中的"负责"所表达的意思是:"连日的强降雨"是"南方的洪涝灾害"的原因。又比如,"小李承认,是自己亲自打开保险柜,将珠宝交给歹徒。就此而言,可以说他对此负有责任"所表达的意思是:小李承认,自己的行为与歹徒劫走珠宝之间存在因果关系。正是因为他打开保险柜,找到珠宝,交给歹徒,歹徒才得以窃走珠宝。[2]

二、法律责任的含义

目前国内学界对法律责任的定义并不统一,主要包括不利后果说和义务说这两种不同的学说。不利后果说认为,法律责任是指行为人因其违法行为、违约

---

[1] H. L. A. Hart, Punishment and Responsibility Essays in the Philosophy of Law, 2nd edition, Oxford University Press, 2008, p. 212. 哈特将这种责任称为"角色责任"(role-responsibility)。

[2] 哈特将这种责任称为"因果责任"(casual responsibility)。See H. L. A. Hart, Punishment and Responsibility Essays in the Philosophy of Law, 2nd editon, Oxford University Press, 2008, pp. 214—5.

行为或因其他法律规定的事实的出现而应当承受的某种不利后果。① 义务说认为,法律责任是指由于违反第一性法定义务而招致的第二性义务,即法律责任是一方违反了法定义务或约定义务从而产生的一种新的特定义务。②

在基本法律概念中,法律义务和法律制裁是与法律责任关系最为密切的两个法律概念。不利后果说其实是将法律责任依附于法律制裁,而义务说其实是将法律责任依附于法律义务。尽管如此,不利后果说和义务说所依赖的基本逻辑结构是一样的,即"法律义务→法律制裁"。两者的不同之处仅仅在于:义务说将这个逻辑扩展为"第一性法律义务→第二性法律义务(法律责任)→法律制裁";不利后果说将这个逻辑扩展为"法律义务→应当受到法律制裁(法律责任)→实际受到法律制裁"。这两种做法都使得法律责任丧失了作为一个基本法律概念所应有的独立性与自足性。

法律责任这个概念要比法律制裁和法律义务两个概念出现得晚。人类创造法律责任这个法律概念是为了说明人们应当通过界定法律责任这道程序来将制裁理性化和规范化,为相应的不利后果提供证明,因此法律责任无法在法律制裁的范畴内得到说明。另外,法律义务要解决的问题是,公民或组织在一般情况下应该为什么行为或不为什么行为。法律责任要解决的问题是,已经作出特定行为的公民或组织在什么条件下才能接受制裁与惩罚,因此法律责任也无法在法律义务的范畴内得到说明。我们认为法律责任是指:根据法律规定,行为人因其行为带来损害结果,从而承担强制施加的不利后果的应当性。

法律是人类将行为规范化的产物。现代法律中的法律责任概念则是人类在确立基本法律制度之后,深入地考虑某些特定行为(主要是违法行为和违约行为)是否需要接受法律制裁这个问题的产物。这是人类发明法律责任这个法律范畴的目的。它反映了法律责任的真正功能,即建立法律行为与法律制裁之间的必然联系,从而使得人们在事后能够认可法律制裁的正当性。法律责任最终落实在法律制裁上,人们也常常是从这个结果意义上来使用法律责任这个概念的,但是法律责任功能和本质并非主要体现在它的不利后果上。法律责任的主要功能是确立法律行为接受法律制裁的正当性。③

---

① 参见沈宗灵主编:《法理学(第三版)》,北京大学出版社 2009 年版,第 336 页;朱景文主编:《法理学》,中国人民大学出版社 2008 年版,第 474 页;马长山主编:《法理学》,中国人民大学出版社 2009 年版,第 133—134 页;公丕祥主编:《法理学(第二版)》,复旦大学出版社 2008 年版,第 343 页;张文显主编:《法理学》,法律出版社 2007 年版,第 193 页;徐永康主编:《法理学》,上海人民出版社 2003 年版,第 410 页。

② 参见张文显主编:《法理学》,高等教育出版社 2007 年版,第 168 页;付子堂主编:《法理学初阶》,法律出版社 2005 年版,第 196 页。

③ 参见吴玉章:《法律责任》,载夏勇主编:《法理讲义》,北京大学出版社 2010 年版,第 672—673 页。

三、法律责任的特点

一个社会若要健康发展,生活在这个社会中的人必须承担一些责任。这些责任包括道德责任、习惯责任、法律责任、宗教责任、政治责任等等。法律责任只不过是这众多责任中的一种。法律责任与其他性质的责任有着密切的联系,但法律责任又与其他责任有着严格的界限,具有自身的内在特殊性。与其他责任相比,法律责任的主要特点在于:

(一)责任确定的法定性

法律责任的性质、范围、大小、期限都是由法律明确规定的,具有明确的法定性。任何法律责任的承担必须要有明确的法律依据,否则不得对任何责任的承担者给予处罚。承担法律责任的具体原因可能各有不同,但最终依据都是法律。当法律责任不能顺利承担或履行,需要司法机关作出裁断时,司法机关进行裁判的依据也只能是法律。

(二)责任承担的强制性

法律责任的承担由特定国家机关运用强制力量归结,以国家强制力为后盾保障实施,不以任何责任主体的个人意志为转移,这反映了法律责任的国家强制性或必为性。国家的强制力是法律责任承担的保障,离开了国家强制力这个后盾,法律责任将失去其本身的威慑力。当然,正如国家强制力有时作为威慑力隐藏于法律实施的幕后一样,在法律责任的履行上,国家只是在必要时,在责任人不主动履行其法律责任时,才会使用国家强制力。国家强制力在多数情况下只是起一种"潜在保证"的作用。

(三)责任后果的不利性

法律责任会带来一种负担,即责任的施加者对于责任主体所给予的某种不利后果。这表明国家和法律对责任主体的行为持否定性立场。在法律责任的诸多承担方式中,无论是民事、行政责任中的补偿还是刑事、行政责任中的制裁,都最终意味着将使责任承担者的利益受损,以及责任承担者的自由受到限制。从另一方面来讲,对于那些自身权益受到侵害的个人和团体来说,这种对责任主体的不利性惩罚恰恰是弥补他们受损权利的需要。

(四)责任实施的专门性

一般而言,法律责任的施行,即对于某种法律责任的认定和追究,必须由专门的国家机关依法进行,其他任何组织和个人均无此项权力。当然,这并不是绝对的,对于一些民商事责任的承担而言,责任的认定和追究,大都是通过双方的协商和谈判而达成的,只有当双方在责任的承担上无法达成共识时,付诸有关国家机关才会成为当事人最后的选择。当然,最终责任承担的实现还是离不开国家的专门机关的参与和裁断。

第二节 法律责任的产生原因和构成要件

一、法律责任的产生原因

理解法律责任这个概念最核心的是理解法律责任的产生原因和法律责任的构成要件。法律责任的产生原因大致可以分为三种，即违法行为、违约行为和法律的特别规定。

(一) 违法行为

违法行为通常是指特定主体所实施的与法律相冲突的，引起相应损害事实，法律对之进行否定性评价的行为。违法行为在不同程度上侵犯了法律所保护的某种社会关系和社会利益，因此它有可能产生法律责任。追究违法行为的法律责任，既是对被侵犯的社会关系和社会利益的恢复，也是预防相关社会关系和社会利益再次被侵犯的手段。

(二) 违约行为

违约行为是指合同当事人违反合同的约定，没有履行事先在合同上约定的义务。违约行为是产生民事法律责任的主要原因。一般来说，违约行为从属于违法行为，但是违约行为引起法律责任与违法行为引起法律责任还是有所不同的。通常，指向违法行为的法律责任是针对不特定的人，其效力及于一般人。这种法律责任设定属于法律的规范性调整范畴。违约行为引起的法律责任主要适用于合同或契约主体，因此是针对特定人，属于个别调整范畴。

(三) 法律的特别规定

某些法律事实也是产生法律责任的原因。在某些情况下，直观地看，责任主体并没有从事任何违法行为，也没有作出任何违约行为，但由于出现了法律所规定的某些法律事实，就要承担一定的法律责任。如《民法通则》第109条规定："因防止、制止国家的、集体的财产或者他人的财产、人身遭受侵害而使自己受到损害的，由侵害人承担赔偿责任，受益人也可以给予适当的补偿。"在这种情况下，受益人并没有作出违法行为和违约行为，其之所以要承担相应的民事法律责任，就是因为发生了法律规定的法律事实。

二、法律责任的构成要件

法律责任的构成要件是指承担法律责任所需要的条件。或者说，法律责任的构成要件是在认定和追究法律责任时需要考虑的要素。法律责任的构成要件要回答的问题是：当我们去决定什么行为需要在法律上负责并接受制裁时，我们需要考虑哪些要素？由于法律责任的确立会给责任主体带来法定的不利后果，因此必须科学合理地确定法律责任的构成要件,以保障责任主体的利益。

违法行为和违约行为是法律责任产生的主要原因,法律的特别规定所带来的法律责任并不常见。我们这里所讲的法律责任的构成要件主要是从违法行为或违约行为的构成要件中一般地概括出来的。具体来说,法律责任的要素包括责任主体、违法行为或违约行为、损害结果、因果关系和主观过错。

(一) 责任主体

责任主体是指因违反法律、违约或法律规定的事由而承担法律责任的人,包括自然人、法人和其他社会组织。实施违法行为或违约行为必须有行为人,但并非任何人都可以成为违法行为或违约行为的实施者,如没有行为能力的人就不行。另外,责任主体不同于违法主体或违约主体。法律责任的主体必须是具有责任能力的人,因此责任主体比违法主体或违约主体要宽泛得多。对自己行为的认知能力是责任主体最核心的要素。所谓认知能力,就是理解法律要求,能辨认自己行为的目的、性质及后果,并因此而支配、控制自己行为的能力。民法和刑法中对于责任年龄的规定体现了这一点。

(二) 违法行为或违约行为

法律责任的一个必备要素是存在某种法律行为,但并非所有法律行为都会带来法律责任,带来法律责任的法律行为主要包括违法行为、违约行为和法律特别规定的某些法律行为。违法行为可以是积极的作为,即行为人以积极的行为作出法律禁止的行为,也可以是消极的不作为,即行为人不去作出法律要求的行为。违约行为也包括作为和不作为两种。当事人直接实施了使合同或协议中止的行为就会以作为的方式导致法律责任的产生;当事人应该履行合同或协议上约定的义务,不履行就会以不作为的方式导致法律责任的产生。构成违法或违约的行为无论是作为还是不作为都是客观存在的。当然,这些行为也是由人的思想支配的,但如果仅仅是人的内在思想活动而没有外在的行为,就不可能导致法律责任的产生。

(三) 损害结果

损害结果是指违法行为或违约行为侵犯他人或社会的权利和利益所造成的损失和伤害,它包括人身的、财产的、精神的损失和伤害(或者三方面兼有)。损害结果包括实际损害、丧失所得利益及预期可得利益。构成法律责任要件的损害结果必须具有确定性,即它是一个确定的现实存在的事实结果。它是真实的而不是推测的、虚构的、臆想的情况,它是业已发生的事实而不是即将发生的。损害结果的确定性表明损害事实在客观上能够认定。值得注意的是,有些法律责任的承担不以实际的损害结果为条件,比如,危害国家安全行为所承担的刑事责任不一定以实际已经对国家安全造成实际损害为条件。

（四）因果关系

因果关系是指违法行为或违约行为与损害结果之间的必然联系。承担法律责任的行为必须与损害结果之间具有因果关系，即行为与损害结果之间具有引起与被引起的关系。值得注意的是，法律责任上因果关系是一种特殊的因果关系，它既具有一般因果关系的共性，又有其特殊性。在现实生活中，导致某个损害结果出现的原因是多方面的，某个行为与损害结果之间的关系也是多种多样的。这种事实上的客观因果关系极为复杂，而法律只考虑这其中与法律责任认定有关的因素。法律责任上的因果关系是法律规定的因果关系，具有法定性。

（五）主观过错

主观过错是指行为人在实施违法行为或违约行为时，主体的主观心理态度上必须有过错。过错是指行为主体对行为与损害结果之间的因果联系在主观上有明确认知或推断应该有明确认知。过错可以分为故意和过失两种类型。故意是指主体明知自己的行为会导致某种损害结果，却积极地追求或放任这种损害结果的主观心理状态。过失是指主体应该知道自己的行为可能会导致某种损害结果，但因疏忽大意没能预测或已经预测但轻信可以避免的主观心理状态。如果主体对行为与行为后果之间的因果关系事实上没能预测也无法推定其应该预测，这种心理状态不属于过错，而是意外。主观过错作为犯罪的主观方面的内容，是犯罪构成的要件之一，对于认定和衡量刑事责任具有重要作用。在民事责任方面，虽然主观过错的意义不像在刑法上那么重要，但一般也考虑主观过错，采用过错责任原则。

第三节 法律责任的种类

根据不同的标准，依循不同的路径可以对法律责任进行不同的分类：根据承担法律责任的主体的不同，可以分为自然人责任、法人责任和国家责任；根据责任有无财产内容的不同，可以分为财产责任和非财产责任；根据法律责任主体承担责任的限度，可以分为有限责任和无限责任；根据引起法律责任的事实和责任人的关系的不同，可以分为连带责任和非连带责任；根据法律责任是由一方还是双方承担的不同，可以分为单方责任和无限责任。在众多法律责任的分类中，以下三种分类是较为重要的：惩罚性责任和补偿性责任；民事责任、刑事责任、行政责任和违宪责任；过错责任、公平责任和无过错责任。

一、惩罚性责任与补偿性责任

根据法律责任实现形式的不同，可以把法律责任分为惩罚性责任和补偿性责任。

(一) 惩罚性责任

惩罚性责任的特点在于,法律责任最终施加在责任主体身上的是通过国家强制力对责任主体的人身、精神以及财产的限制、否定或剥夺等不利后果。民法、刑法和行政法中都存在惩罚性责任。例如,民法中的支付违约金就是一种惩罚性责任,其目的在于保护善意的一方当事人,规范市场交易或市场运行的有序性和公正性。在行政法中,行政处罚、行政强制和行政处分等都带有鲜明的惩罚性特征。刑法最具特色的地方就在于其惩罚性。以刑法为代表的公法责任就是以惩罚为其核心目的。

(二) 补偿性责任

补偿性责任的特点在于,法律责任最终施加在责任主体身上的是要求责任主体以作为或不作为的方式弥补或赔偿受害人财产或精神上的损失。补偿性法律责任广泛存在于刑事法律、行政法律和民事法律领域。刑法中的司法补偿性法律责任和行政法中的行政补偿性法律责任都具有明显的补偿性特征。以民法为代表的司法责任更是以补偿和赔偿为主的典型的补偿性法律责任。在民事法律责任的承担上,恢复原状、赔偿损失、返还财产等就是补偿性法律责任的体现。通过这些补偿性法律责任,避开国家强制力的惩罚,弥补和恢复受到损害的权利。

二、民事责任、刑事责任、行政责任与违宪责任

根据违法行为所违反的法律的性质不同,可以把法律责任分为民事责任、刑事责任、行政责任与违宪责任。

(一) 民事责任

民事责任是公民、法人、国家或其他民事主体因违反民事法律、违约或法定的其他事由而承担的法律责任。民事责任的特点是:首先,民事责任主要是一种补偿性责任。基于民事行为的相对性、经常性、广泛性的特点,民事责任的目的主要是矫正人们的民事行为、救济民事权利、救济民事损失。当然,民事责任也有惩罚功能,只不过没有其补偿功能强。其次,民事责任主要是财产责任。财产责任是指以支付财产的方式实现法律责任承担内容的法律责任。民事责任的主要承担方式是赔偿损失,而此种赔偿又主要通过物质赔偿的方式完成,常常表现为直接支付金钱等财产,即使是民事赔偿中的精神赔偿也往往折算成金钱进行赔付。再次,民事责任主要是一方当事人对另一方当事人的责任。在法律框架内,当事人可以自行协商确定民事责任的承担方式、类型等。民事责任根据责任发生原因的不同又可分为违约责任和侵权责任。前者指因违反民事约定而产生的民事责任;后者是因违反民事义务而产生的民事责任。

（二）刑事责任

刑事责任是指公民、法人、组织等主体违反刑事法律而应承担的法律责任。刑事责任的特点是：首先，刑事责任是最严厉的法律责任，具有严厉的惩罚性。刑事违法行为通常具有严重的社会危害性，从保障公民基本权利和公共秩序等目的出发，刑事责任注重法律惩罚功能的实现。从刑事责任的实现方式上看，刑事制裁的主刑（管制、拘役、有期徒刑、无期徒刑和死刑）和附加刑（罚金、剥夺政治权利和没收财产）都是极为严厉的制裁手段。其次，刑事责任主要是一种非财产责任。非财产责任是指不以财产为责任承担内容，而是以人身、行为、人格等为责任承担内容的法律责任。刑事责任的承担内容主要是限制、剥夺人身自由或生命等，这属于典型的非财产责任。再次，刑事责任主要是一种个人向国家承担的法律责任。刑事责任主体"向国家"承担责任的方式体现了犯罪的国家追诉特点，这与民事责任的国家消极不干预，允许当事人协商形成鲜明的对比。刑事责任个人承担的特点要求仅追究责任人的刑事责任，不得任意扩大刑事责任承担范围。当然，由"法人犯罪""单位犯罪"引起的集体刑事责任也是存在的。

（三）行政责任

行政责任是指行政机关及其工作人员和行政相对人违反行政法律法规或由于某些法律事实的出现而引起的法律责任。行政法律责任通常包括两个部分：一是国家行政机关及其工作人员的违法行为引起的法律责任；二是公民、社会组织等行政相对人的违法行为或不履行行政义务而引起的法律责任。行政责任的形式包括惩罚性行政责任和补偿性行政责任两类。前者包括行政处分和行政处罚；后者包括赔礼道歉、消除影响、恢复名誉、行政赔偿等。

（四）违宪责任

违宪责任是指因违反宪法而应承担的法律责任。违宪责任的特点是：首先，违宪责任主要是一种政治责任。宪法是一国的根本大法，是国家法秩序的基石。违宪行为主要是国家机关或重要国家机关领导人在执行公务的过程中从事了与宪法相冲突的行为。这种行为除了具有一般违法行为的社会危害性外，更会对整个国家法秩序造成严重损害，因此追究违宪主体的违宪责任主要是出于一种政治目的。其次，违宪责任的承担方式较为特别。国家机关的违宪行为主要是指拥有立法权的国家机关制定了与宪法相冲突的法律，其违宪责任承担方式主要是违宪的法律法规等规范性法律文件被撤销。重要国家机关领导人的职务行为如果与宪法相抵触或没有宪法依据，其违宪责任的承担方式通常是该国家领导人被罢免、被弹劾、被质询等。再次，违宪责任的归责主体较为特别。基于违宪责任主体的特殊政治地位以及违宪责任的政治性，对违宪责任的追究往往需要特殊的机构来进行。为了实现违宪责任的功能，世界各国通常设置宪法法院、宪法委员会等特殊机构来作为违宪责任的归责主体。

三、过错责任、无过错责任与公平责任

根据主观过错在法律责任中的地位,可以把法律责任分为过错责任、无过错责任与公平责任。

(一) 过错责任

过错责任是指以存在主观过错为必要条件的责任。换言之,承担责任以行为人有主观过错为前提。它是根据"无过错即无责任"的原则认定的一种法律责任。过错责任是法律责任中最古老、最为普遍的责任形式。过错原则起源于古代罗马法,经近代法的继承,在近代各国民法中得到普遍确立并一直被沿用至今。传统民法在责任承担领域所说的责任就是指过错责任,甚至在现代民法引进无过错责任和公平责任以后,过错责任仍然是民事责任中最普遍的一种法律责任形式。在刑事法律领域,所有的刑事责任均是过错责任,无过错就没有刑事法律责任的承担问题。

(二) 无过错责任

无过错责任是指不以主观过错的存在为必要条件而认定的责任。换言之,承担这种责任不必考虑行为人是否存在主观过错。在现代社会,无过错的合法行为照样可能造成损害,所以现代法律为了解决合法行为造成的损害采取了无过错责任制度。此外,在高度发达的工业社会中,要一一证明过错和损害事实的关系是非常困难的,但相关的社会利益和公民权益却需要得到一定的保护,所以人们在19世纪末20世纪初确立了无过错责任,将其作为过错责任的补充。在无过错责任下,不管主体有无过错,只要对既存的权益造成了某种损害,就必须承担法律责任。当然,不可扩大解释无过错责任,在引用无过错责任时必须有法律的明确规定。我国对于无过错责任的规定主要集中在民法和经济法律的一些规定中,如我国民法里的危险作业损害赔偿责任、饲养动物致人伤害责任等。刑法由于其严谨性和权威性,一般不适用无过错责任。

(三) 公平责任

公平责任是指法无明文规定适用无过错责任,但适用过错责任又显失公平,因而不以行为人有过错为前提,而由当事人合理分担的一种特殊责任。公平责任的出现是为了弥补过错责任和无过错责任的不足,它体现了法律的公平理念和道德关怀。公平责任与无过错责任一样,不以行为人的主观过错为责任承担前提。公平责任的适用只限于:第一,法律无明确规定要适用无过错责任;第二,如果适用过错责任显失公平或违背公平合理原则。我国《民法通则》第132条所规定的"当事人对造成损害都没有过错的,可以根据实际情况,由当事人分担民事责任",就是一个用公平责任来解决责任承担的典型例子。

第四节 不追究法律责任、归责与免责

一、不追究法律责任

不追究法律责任,是指基于某些原因,归责主体不再追究行为人的法律责任。此时,行为人的法律责任就无从产生。不追究法律责任的情况主要包括:

(一)基于时效原因而不追究法律责任

通常,法律责任的存续是有一定期限限制的。如果经过一定时限后,行为人并没有被追究法律责任,那么行为人就不再被追究法律责任。民法规定的诉讼时效制度和刑法上的犯罪追诉时效制度就体现了这种情况。

(二)基于不诉而不追究法律责任

如果法律规定某些法律责任之追究以受害人的"告诉"为前提,而受害人选择"不告诉",行为人就不会被追究法律责任。在我国,大多数民事违法行为都是由当事人或者法定的利益相关人告诉才受理的,这是对当事人意思自主的尊重。有些轻微的刑事犯罪行为(如虐待、暴力干涉婚姻自由等等)由于具有特殊性也是告诉才受理。

二、归责

归责,即法律责任的归结,是指特定的国家机关或获得国家授权的其他社会组织根据法律的规定,依照法定程序判断、认定、归结和追究法律责任的活动。归责过程是一种行使国家权力的专门活动,是一种有关法律程序的程序性活动。归责的主体是特定的国家机关或获得国家授权的其他社会组织,包括国家的司法机关和行政机关,以及根据法律的授权和委托进行归责活动的企事业组织、仲裁组织、调解组织等。归责应当遵循一些基本原则。归责的基本原则就是我们在认定和归结法律责任时必须遵循的基本准则。现代社会中,归责的基本原则包括责任法定原则、责任相称原则、责任自负原则和责任平等原则。

(一)责任法定原则

责任法定原则是指应当依照法律事先规定的性质、范围、程度、方式来认定和归结相关人的法律责任。其基本要求包括:首先,必须排除无法律依据的责任,即责任擅断和非法责罚的做法。任何归责主体都无权向一个责任主体追究法律明文规定以外的责任,任何责任主体都有权拒绝被追究法律明文规定以外的责任。其次,在一般情况下,排除对行为人有害的溯及既往。归责主体不能以今天的法律要求人们昨天应当做什么或不做什么,也不能用新法来追究人们按照旧法不应被追究法律责任的行为,更不能按新法来扩大旧法的制裁范围和严

厉程度。最后,必须严格限制类推在归责中的适用。法律类推活动与责任法定原则相冲突,所以必须严格限制类推原则在归责中的适用。

(二) 责任相称原则

这是法律公平精神在规则上的具体表现。首先,法律责任应当与相关行为相对应。确认行为的性质是认定和归结法律责任的起点,因为行为的性质决定了责任的性质。在司法审判中,只有明确了行为的性质,才可以决定究竟应该追究民事责任还是刑事责任,是合同责任还是侵权责任。其次,法律责任的认定和归结应当与行为的损害结果程度相适应。最后,法律责任的轻重和种类应当与行为人的主观恶性、心理和精神状态相适应。

(三) 责任自负原则

责任自负原则是指行为人为自己的行为承担法律责任。从反面来讲,责任自负原则禁止让行为人之外的其他人承担法律责任。这种禁止体现了反对古代社会的株连或变相株连做法的现代法律精神。当然,在某些特殊情况下,现代法律中也存在责任传承情况,比如监护人对被监护人承担替代责任,上级对下级承担替代责任。但是,原则上我们在归责的时候,要保证责任人受到法律追究,并保证无责任者不受法律追究。

(四) 责任平等原则

责任平等原则是"法律面前人人平等"的宪法原则在归责活动中的具体适用。它是指在认定和归结法律责任时,不能因责任人的民族、种族、性别、职业、文化程度、财产状况等方面的不同而区别对待,在法律责任的归责上应当一视同仁。

三、免责

免责又称为法律责任的免除,是指通过归责活动,法律责任主体被认定应当承担法律责任,但是由于某些法定事由的产生或出现而部分地或全部地免除法律责任。免责不是法律责任不成立,而是法律责任成立后,不让责任主体承担后果。换句话说,免责不是"无责任",而是有责任但免于承担。"法律责任的免除不意味着引起法律责任的行为的法律意义有所改变,该行为仍然是法律所反对的或不赞成的"[①]。

免责包括法定免责和约定免责。约定免责主要发生在民事领域。当一定的违约事由产生后,由于当事人的相互约定而免除本应承担的法律责任。在民事领域,只要当事人的约定不违法,什么都是可以约定的。与此不同,在绝大多数刑事案件和行政案件中,当事人私下的协议免责是没有法律效力的。

[①] 付子堂主编:《法理学初阶》,法律出版社2005年版,第208页。

法定免责是基于国家法律的硬性规定而当然的免责。具体而言,法律规定的免责事项包括以下几种:

(一) 立功、自首免责

立功、自首免责是刑事责任免除的法定事由,其主要是对责任主体的后续补救行为的肯定,给予违法者将功补过,重新回归社会的机会。我国刑法就对犯罪的自首和立功行为作了详细而具体的规定,在保护人民、惩罚犯罪的同时也体现了刑事立法的特殊目的。

(二) 人道主义免责

人道主义免责是指当义务人没有能力履行其应当履行的义务时,国家机关或权利人基于人道主义考虑而部分免除或全部免除其所应当承担的法律责任。例如,在民事赔偿责任里,如果责任人确实没有能力承担其应当承担的法律责任,国家机关或权利人可以适当减免或完全免除其责任。

(三) 补救免责

补救免责是指实施行为人因实施违法行为并造成了损害,但是在法律责任确定之前已经及时采取措施加以合理补救,因此免除其部分或全部法律责任。比如在刑法中,对于犯罪中止就应当免除或者减轻处罚。

第五节 法律制裁

一、法律制裁释义

法律制裁是指国家专门机关对责任主体依其所应当承担的法律责任而实施的强制性惩治措施。从法律制裁与法律责任的关系看,法律制裁是法律责任得以实现和落实的最后一个阶段。法律制裁以法律责任的存在为前提,没有责任就没有制裁,但是法律制裁并不是法律责任本身。法律责任的重心是行为是否在法律上应承担不利后果,它是一个归责过程,是一个正当性证明过程。法律制裁则是法律责任确立之后,国家对于担责主体侵害行为的矫正和惩罚。凡是受到法律制裁的主体必然是承担法律责任的主体,而法律制裁的出现意味着法律责任推进到了终点。但是,承担法律责任的主体并不一定都要受到法律制裁,有些法律责任并不必然伴随着国家制裁。在有些情况下,责任主体以主动的行为承担了法律责任,就不会再受到法律制裁了。例如,合同的违约方根据对方的要求,主动采取了补救措施,赔偿了对方的损失或支付了违约金,就无须加以法律制裁。我们不能将法律制裁和法律责任混淆起来。

法律制裁与其他性质的制裁的不同之处在于:首先,法律制裁不得针对国家和政治实体,只能针对个人,包括自然人和法人。其次,法律制裁必须依据法律或授权,并依照正当程序进行。法律制裁具有强制性和痛苦性。强制性是指法律制裁一般情况下是违背被制裁者意愿的;痛苦性是指法律制裁往往给被制裁者带来肉体或精神上的痛苦。

二、法律制裁的功能

法律制裁的功能就是法律制裁被设计出来的目的,它是指法律制裁实施后在社会生活中所应达到的积极效果。具体而言,法律制裁的功能包括惩罚功能、补救功能和预防功能。

(一) 惩罚功能

惩罚即通过法律的否定性评价,对法律责任人的人身、财产所施加的惩罚。法律的惩罚功能主要体现在以刑法和行政法为代表的公法领域,刑法的惩罚功能表现得尤为突出。惩罚实际上是个人行为的社会报应,因此惩罚集中体现了国家对一定社会关系的直接干预、对某些行为人的直接制裁。当然,报应不是原始的报复或复仇,法律制裁的科学性和法律性限制了此种报应的范围和方式。

(二) 补救功能

补救是通过法律制裁的手段使得被害人和受到侵害的社会关系得到恢复。补救的方式有很多,如心理的抚慰、金钱的补偿。在刑事犯罪领域,由于违法者的不法行为给受害者造成了严重的损害,国家通过刑事惩罚让违法者得到应有的报应,可以使受害者获得心理上的抚慰。金钱的补偿是通过补偿金、赔偿金等方式来达到恢复受损权利的目的的。不管是精神上的补救还是物质上的补救,都是法律制裁补救功能的体现。

(三) 预防功能

法律制裁的实施,其本身对被制裁人就是一种训诫和教育。一方面,法律制裁通过对责任人的惩罚,警示此人和其他人不要再作出此种行为。另一方面,法律制裁也是对被制裁者的一种教育。在接受法律制裁的过程中,被制裁者会反思自己的行为,增强对他人权利和社会权益的认识和尊重,形成良好的道德责任意识和法律责任意识。法律制裁通过对被制裁人的训诫和教育对包括被制裁人在内的社会公众的守法观念产生影响,防止违法行为和违约行为的再次发生。

三、法律制裁的种类

根据所应承担的法律责任的性质和实施法律制裁的主体的不同,可以将法律制裁分为违宪制裁、刑事制裁、民事制裁、行政制裁和程序性制裁。

(一) 违宪制裁

违宪制裁是指国家机关对于应当承担违宪责任的直接违宪行为主体所施加的国家强制性措施。违宪制裁的主要形式包括:一是改变或撤销违宪的法律、行政法规、地方性法规等规范性法律文件,拒绝适用或宣告其无效。二是弹劾、罢免失职或违法犯罪的国家元首、政府首脑以及其他重要国家领导人。

(二) 刑事制裁

刑事制裁是指司法机关依法对承担刑事责任的犯罪主体所施加的惩罚性措施。刑事制裁是各种法律制裁中最为严厉的惩罚措施。刑事制裁中最主要的制裁是刑罚。按照我国《刑法》的规定,刑罚分为主刑和附加刑两大类。主刑包括管制、拘役、有期徒刑、无期徒刑和死刑;附加刑包括罚金、剥夺政治权利、没收财产。对于犯罪的外国人,可以独立适用或附加适用驱逐出境。第二类是非刑罚的处罚。根据我国《刑法》第 37 条,这种处罚包括训诫、责令具结悔过、赔礼道歉、赔偿损失以及由主管部门给予的行政处罚和行政处分。非刑罚的处罚针对的是犯罪情节轻微不需要判处刑罚的行为。第三类刑事制裁是宣告有罪,这是刑事制裁的最轻方式。单纯地宣告有罪应当有法律上的"应当"或"可以"免除处罚的依据。

(三) 民事制裁

民事制裁是指司法机关依法对应当承担民事责任的民事责任主体所施加的惩罚性措施。由于民事法律行为是作为平等主体的当事人之间的行为,法律一般主张由当事人通过协商解决分歧,只有在一切可能的救济都穷尽后再寻求法律上的解决。因此,民事制裁比刑事制裁宽松得多,它只是一种不得已的选择,而刑事制裁是一种必然的应当。根据我国《民法通则》的规定,承担民事责任的方式是:停止侵害、排除妨碍、消除危险、返还财产、恢复原状、修理、重作、更换、赔偿损失、支付违约金、消除影响、恢复名誉、赔礼道歉等。另外,人民法院在审理民事案件时还可适用训诫、责令具结悔过、收缴进行非法活动的财产和非法所得、罚款、拘留等。

(四) 行政制裁

行政制裁是指国家机关依法对于应当承担行政责任的行政主体和行政相对人所施加的强制性处罚措施。行政制裁包括惩罚性制裁和补偿性制裁。惩罚性制裁主要包括通报批评、行政处分和行政处罚。行政主体的补偿责任形式主要包括承认错误、赔礼道歉、恢复名誉、消除影响、履行职务、撤销违法决定、纠正不当行为、返还利益、恢复原状、赔偿等。与刑事制裁相比,行政制裁的惩罚严厉性相对较低。如在我国,只有当违法行为的情节极其恶劣时才能使用刑法追究当事人的法律责任,否则只能根据《治安管理处罚法》或《行政处罚法》进行惩处,而治安处罚和行政处罚都属于行政制裁。

(五) 程序性制裁

程序性制裁是指国家司法机关对违反程序法而应当承担程序性法律责任的司法人员和诉讼参与人员的惩罚性措施。大致而言,诉讼过程中的惩罚性制裁可以包括司法人员、诉讼参与人及诉讼辅助人的诉讼惩罚性制裁。但严格来讲，其中的刑事制裁和行政制裁应归于其他相应制裁类别。对诉讼参与人和诉讼辅助人的惩罚性责任包括：警告、训诫、拘传、没收保证金、责令退出法庭、罚款、拘留、刑事责任等。各诉讼法的具体措施有所不同。补偿性程序责任主要指国家的司法赔偿。司法赔偿以刑事赔偿为主，各国对民事和行政审判是否赔偿的规定不一样。我国确立了刑事司法赔偿，也有限制地确立了民事和行政审判赔偿，即对民事、行政审判中的错判，国家不负赔偿责任，但对人民法院在民事诉讼和行政诉讼过程中，违法采取妨害诉讼强制措施、保全措施或者对判决执行错误，造成损害的，国家应负赔偿责任。

问题与思考

1. 从法律责任的角度分析[引读案例]。
2. 法律责任的构成要件有哪些？
3. 法律责任的种类有哪些？
4. 归责的基本原则有哪些？
5. 什么是法律制裁？法律制裁的种类有哪些？

参考文献

1. 〔英〕哈特：《惩罚与责任》，王勇等译，华夏出版社 1989 年版。英文版：H. L. A. Hart, Punishment and Responsibility Essays in the Philosophy of Law, 2nd edition, Oxford University Press, 2008.
2. 张恒山：《论法律责任》，载《法理要论》，北京大学出版社 2009 年版，第 462—477 页。
3. 张文显：《法律责任》，载《法哲学通论》，辽宁人民出版社 2009 年版，第 282—310 页。
4. 吴玉章：《法律责任》，载夏勇主编：《法理讲义》，北京大学出版社 2010 年版，第 666—679 页。

第二编 法律的历史发展

第七章 法律的演化

【法律故事】

法律故事之一:傈僳族人相信神明裁判,如果借贷双方毁约的话,就请巫师将油倒入锅中,并用大火把油熬至沸腾。向鬼神请示后,让当事人把手放进煮沸的油里,如果手没有烫伤,说明当事人是被诬陷的。

法律故事之二:我国古代法律规定,八种人在死刑裁判中享有特权,包括:皇室的亲属、皇帝的故旧、有大德行的人、有大才业的人、有大功勋的人、有大勤劳的人、三品以上的大官、先辈贵为国宾的人。这八种人犯了死罪,官府不能直接定罪判刑,而要将他的犯罪情况和特殊身份报到朝廷,由负责官员集体审议,提出意见,报请皇帝裁决。

法律故事之三:我国1979年《刑法》第170条规定:"以营利为目的,制作、贩卖淫书、淫画的,处三年以下有期徒刑、拘役或者管制,可以并处罚金。"由于录像机很快出现,某甲开始大量制作、贩卖淫秽录影带。法院在审理该案时认为,制作、贩卖淫秽录影带的行为,属于制作、贩卖淫画的行为,因此将某甲按照《刑法》第170条的规定定罪量刑。

第一节 法的历史类型

在不同的历史发展阶段,法律呈现不同的类型。按照各自的标准,一些哲家、社会学家和法学家划分了法的历史类型。

德国哲学家黑格尔依据"自由"意识的展现与圆满过程,将法分为"东方世界的法""希腊世界的法""罗马世界的法"和"日耳曼世界的法"四种历史类型。(1)古代东方世界是世界历史的幼年时期,人类的自由意识尚未萌发。各帝国的元首居于至尊地位,推行家长式的政治专制。法律与伦常、道德结合在一起,保障元首一个人的自由,以野蛮方式剥夺其他所有人的自由。(2)古代希腊世界是世界历史的青年时期,人类开始产生自由意识。法律与易变、主观的道德和人情结合在一起,维护少数人的自由和具体的自由:在古希腊的奴隶制度之下,只有少数人是自由的;在古希腊的民主制度之下,自由意识与各城邦、城邦内部各派乃至具体个人的特殊性相结合。(3)古代罗马世界是世界历史的成年时期,人类的自由发展到抽象、普遍的层次。贵族阶层取得了统治地位,法律抑制了情感,富于理智,具有形式性:一方面,抽象的国家、政治和权力建立起来,凌驾于具体的个体之上;另一方面,个人实现了抽象的自由,不同于具体的自由,抽象自由以"财产"形式表现。(4)日耳曼世界是世界历史的老年时期,具体的自由与抽象的自由实现了统一、融合。人们不是像罗马的平民阶层那样,违心地、被动地服从贵族阶层的统治和法律。一方面,君主的意志反映了抽象、普遍的自由;另一方面,君主的法律并非单纯的强制规定,而是与每个个体的自由选择相一致。至此,自由意识的发展达到顶点,世界历史终结。①

马克思主义法学家从生产力与生产关系的矛盾运动出发,指出人类社会依次经历原始社会、奴隶社会、封建社会、资本主义社会、社会主义社会五种社会形态,并分别阐述了其中的法律问题。(1)原始社会生产力极度低下,人们共同占有、共同劳动、平均分配、平均消费,依靠血缘氏族组织及其原始习惯、原始道德、原始宗教调整社会关系,因此既无阶级也无国家和法律。随着生产力的发展,私有制、阶级和国家初具雏形,原始社会向奴隶社会过渡;原始社会规范无法控制日益增长的社会矛盾,成为法律起源的直接原因。(2)奴隶社会,奴隶主由原始氏族的军事首领和宗教领袖演变而来,他们占有生产资料和作为劳动工具的奴隶本身,依托奴隶制国家和奴隶制法的强制力量,通过极端残酷的刑罚保护奴隶主的财产、维护奴隶主阶级的政治统治,并公开确认人与人的等级划分与不平等地位。(3)封建社会,地主阶级占有最重要的生产资料——土地,对使用土地的农民通过榨取地租、放高利贷等手段加以剥削。封建君主作为地主阶级的代言人和最大的地主,利用封建制法维护专制王权,巩固封建土地所有制和农民阶级对地主阶级的人身依附,确立封建等级关系。(4)资产阶级社会建立在资本主义市场经济和民主政治的基础上,实行以私有财产神圣不可侵犯、契约自由和法

---

① 参见〔德〕黑格尔:《历史哲学》,王造时译,上海书店出版社2006年版。

律面前人人平等为基本原则的资本主义法治。资本主义法标榜人权、民主、自由、平等,其实质是保障资产阶级能够自由地利用资本来剥削劳动,榨取无产阶级的剩余价值并瓦解其反抗力量。(5) 社会主义社会扬弃了资本主义社会的糟粕,一方面反对私有制和剥削,另一方面继承了自由、民主、人权、平等的价值追求。社会主义法代表占社会绝大多数的无产阶级的意志,致力于进一步发展生产力,逐步改变生产资料私有制,使社会主义生产资料公有制占据主导地位,最终将消灭剥削阶级、国家乃至法律本身,进入共产主义社会。

德国社会学家马克斯·韦伯按照形式/实质、理性/非理性两组标准,将人类历史上存在的法律抽象为四种"理想类型"。尽管他不像黑格尔和马克思那样,认为法律存在直线的进化趋势,但并未否认法律秩序存在从非理性向理性、从形式理性向实质理性的发展。有学者将他的法律类型学说概括为四个历史阶段:(1) 第一阶段是形式非理性的法,卡里斯玛(超凡魅力领袖)通过预言进行法律的"启示",法律领域没有得到区分。(2) 第二阶段是实质非理性的法,法律名家展开的经验性的法创造和法发现,裁判(卡迪司法)带有恣意色彩并且以个案为基础,法律领域被区分为刑事法和民事法。(3) 第三阶段是实质理性的法,世俗权力或神权强加来源于信仰、伦理的体系化规则,法律领域被区分为神圣法和世俗法。(4) 第四阶段是形式理性的法,立法脱离自然法的束缚而实证化,由全面的、形式逻辑训练的人进行体系化的法律阐释和专业化的司法,法律领域被区分为私法和公法。[①]

美国法学家庞德按照法律目的和作用的不同,将法律发展分为六个阶段:(1) 原始法阶段,法律只是最弱的一种社会控制力量,目的在于维护治安与和平,防止无限制的血亲复仇,具有法律原则匮乏、审讯方式非理性、法律主体为血亲集团而非个人等特征。(2) 严格法阶段,法律与其他社会控制形式明显分化,目的在于强化社会安全,保障安全的确定性和一致性,具有形式主义、不可改变性、不顾个人利益、非道德性、专横限制性等特征。(3) 衡平法和自然法阶段,法律的目的是维护伦理和善良道德,特征在于法与道德不分、强调义务观念、依靠理性而非专断的规则。(4) 法律的成熟阶段,法律的目的在于同时维护平等和安全,特征在于强调保障财产和契约、保障个人权利。(5) 法律的社会化阶段,法律的目的从保护个人利益转向保护社会利益,以最小成本实现社会利益最大化,其特征在于法律扩展到社会生活的方方面面,保障一般安全、社会体制、一般道德、社会资源、一般进步、个人生活六个领域的社会利益。(6) 世界法阶段,法律的目的在于建立全球普遍性的法律规则,协调法律的普遍规制与地方自治之

---

① See Joyce Sterling & Wilbert Moore, Weber's Analysis of Legal Rationalization: A Critique and Constructive Modification, 2 Sociological Forum (1987), pp. 67—75.

间的关系。①

美国法学家昂格尔结合韦伯的分析和社会历史的发展,划分了四种社会和法律类型。(1)部落社会分工不足,内部人和外部人严格区分,集团内部公社式协作,拥有共同的理想和信念,起作用的主要是"习惯法"。习惯法的特征一是"非公共性",即法律属于整个社会而不是中央集权的政府;二是"非实在性",即法律只是一些心照不宣的行为标准。(2)贵族社会在森严的等级下展开社会分工,不同等级拥有不同的理想和信念,靠与各自等级一致的名誉结合在一起。等级之间存在支配与屈从的关系,高等阶级组建的国家与社会分离,起作用的主要是"官僚法"。官僚法的特征在于由政府蓄意强加,而非社会自然形成,法律制定与法律适用、习惯与义务得以区分。(3)自由主义社会,社会分工普遍发展,等级制度衰退,内部人与外部人的界限逐渐消失,共同的理想和信念彻底瓦解,社会秩序变成利益同盟关系,起作用的主要是"法律秩序"。法律秩序的特征在于普遍性和自治性,前者指立法规则面向所有人和法院司法人人平等,后者包括法律实体内容的自治性、法律机构的自治性、法律推理方法的自治性和法律职业的自治性。(4)后自由主义社会,国家进一步干预社会,成为计划和福利国家;公共机构私人化、私人机构公共化,合作主义倾向出现。法律的普遍性和自治性遭到严重破坏,法律秩序和法治解体。②

美国法学家塞尔兹尼克和诺内特从法律发展的内在动力出发,区分了对应于三种政治组织模式的法律类型。(1)前官僚制的政治组织模式依赖传统或者神授的松散权威,采用作为压制性权力之工具的"压制型法",其主要特征在于屈从统治权力的意志、法与政治不分、放纵自由裁量。(2)官僚制的政治组织模式依赖形式合理和等级细分的权威,采用控制压制并维护自身完整性的"自治型法",其主要特征在于法与政治分离、以形式规则抑制自由裁量、追求程序正义、严格服从实证法。(3)后官僚制的政治组织模式依赖实质合理的开放性、扩散性权威,采用回应社会需要与愿望的"回应型法",其特征在于追求实质正义和社会目标、重视法律的开放性和参与性、法律权威得到维护。③

在上述六种法的历史类型学说中,马克思主义法学家的学说基于对现实历史的详尽考证,将法律演化与社会演化紧密结合,得到20世纪以来社会主义革命和建设实践的检验,最富说明力和影响力。但与任何理论学说一样,该学说也

---

① 参见〔美〕罗斯科·庞德:《法理学》(第一卷),邓正来译,中国政法大学出版社2004年版,第372—469页。
② 参见〔美〕R. M. 昂格尔:《现代社会中的法律》,吴玉章、周汉华译,译林出版社2008年版,第115—204页。
③ 参见〔美〕诺内特、塞尔兹尼克:《转变中的法律与社会》,张志铭译,中国政法大学出版社1994年版,第18、22页的两张图表。

存在一些应当继续发展的地方:第一,将国家的产生作为法律的起源,忽略了原始社会的法律现象;第二,决定法的历史类型的社会因素不仅是生产力和生产关系,"经济还原论"过于简化;第三,法的历史类型的更替不仅有法律之外的原因,也有法律自身的内部动力;第三,法律演化和社会演化既非无规律可循,亦非越来越"文明"和"进步"。当代社会学家卢曼(Niklas Luhmann)在改造社会进化论和吸收各种法的历史类型学说的基础上,重新阐释了法律与社会共同演化的理论,值得重视。卢曼从晚近的社会系统理论出发,指出人类历史上依次存在"分割社会""分层社会""功能分化社会"三种社会模式,分别对应于"古代法""前现代高等文明的法"和"现代实证法"三种法律类型。下文详述之。

第二节 法与社会的共同演化

一、社会分化与社会演化

卢曼的社会系统理论认为,面对"世界"的无限可能性和不确定性,人类的处理能力总是超载的,因此需要在人类与世界之间建立作为"系统"的社会,从而"化约外部环境的复杂性"。具体而言,任何社会都通过形成诸多社会子系统,以内部分化的方式化约外部环境的复杂性。存在三种社会分化模式,分别解决不同程度的环境复杂性问题,大致对应于三个历史发展阶段。① 社会分化模式的更替构成了社会演化的规律,这种规律不一定带有进步的意义,其根源在于回应不断增长的环境复杂性。

(1) 初民社会采用"分割分化"模式,在社会之内建立若干"平等"的子系统,亦即基于血缘和地域的差异"分割"为平等的家庭、氏族或部落。在血缘、地域的限制作用下,初民社会的社会沟通主要采取面对面的互动形式,初民"共同在场"、共同体验世界;一名成员在特定情况下将会采取的行动,任何成员在任何时候都会作出相同预期。这就一方面决定了非常低程度的社会分工,另一方面决定了实验性的社会互动难以展开,因为创造性的互动难以得到其他所有人的接受。

(2) 前现代社会采用"分层分化"模式,在社会之内建立若干"不等"的子系统,形成等级秩序,亦即基于"身份"差异"分层"为不等的阶层,但阶层内部平等。比如古罗马社会,市民作为自由民一律平等,与奴隶和外邦人不等。在对外不等的基础上,分层模式又按照"上/下"原则将各阶层等级化排列,在上的阶层负责整合全社会。比如印度的种姓制度——婆罗门位于等级顶端,起支配、整合

---

① See Niklas Luhmann, The Differentiation of Society, New York: Columbia University Press, 1982, pp. 232—238.

整个社会的作用;在下的刹帝利、吠舍、首陀罗附属之,依据距离远近取得身份定位。

分层分化模式是环境复杂化和社会演化的产物。一方面,随着初民社会的人口增长和地域扩大,大量社会成员难以面对面互动,只能使沟通在超越互动的阶层层面延续。当所有社会成员分属不同阶层,人际沟通就被简化为阶层之间的沟通,因此扩展到无数"缺席者"。另一方面,初民社会晚期,军事首领、巫师、长老等社会角色逐渐特定化,社会成员间的差异开始显现,不再拥有共同的世界体验。此时,分层模式通过促进高等阶层的内部沟通,以及增强高等阶层的支配能力,有效避免了社会撕裂。

(3) 现代社会采用"功能分化"模式,在全社会之内建立若干地位"平等"、功能"不等"的子系统,即分化为各种功能特定、不可相互替代的子系统。比如,政治系统负责"生产有集体约束力的决定",经济系统负责"减少稀缺",宗教系统负责"解释不可理解之事",科学系统负责"制造新知识",教育系统负责"培训职业技能",医疗系统负责"照护健康",法律系统负责"稳定规范性预期"。① 现代各国的宪法也从一个侧面确认了现代社会的功能分化,要求政治系统的公权力不得随意干预市场经济、司法独立、宗教自由、科学自主等。

功能分化是更为晚近的社会演化成就,有利于化约进一步复杂的社会环境。在分层社会中,一个阶层的定位和稳定化取决于其他阶层,子系统相互依赖性强,自我调整能力弱;高等阶层与低等阶层缺乏沟通,以至于往往依靠低等阶层发动起义和战争等暴力形式,促进社会结构的调整。现代功能子系统则各自承担特定的社会功能,不受其他子系统运作状态的支配;各种子系统分别应对高速变迁的外部环境,并通过和平的自我调整促成社会的全面调整。比如,经济系统只负责全社会"短缺的减少",看不到无关"支付/不支付"的沟通,因此无视高房价引发的政治抗议;但现代经济又面向一切使用"支付/不支付"语言的沟通(比如贷款利率),通过自我调整(比如价格)回应可理解的环境变动。在功能分化模式下,子系统的独立性和回应性、稳定性和变异性同时得到提升,适应于高度复杂社会的需要。

二、分割社会与古代法

古代法(archaic law)与初民社会的分割分化模式相协调。如前所述,初民社会根据血缘和地域的差异,分割为平等的氏族和部落。在血缘与地缘之间,前者为首要原则,后者是其自然延伸,因为血缘相近的群体一般都聚居在相近的地域。初民社会一切功能的实现,皆以血缘为自然基础、社会支撑和正当性依据。

---

① 参见[德]尼克拉斯·卢曼:《社会的宗教》,周怡君等译,商周出版2002年版,第28—29页。

生产资料"公有"的原始经济、与祖先崇拜相关联的原始"图腾"宗教、由氏族成员共同决定重大事项的原始"民主"政治,无不如此。古代法也不例外,且因此呈现四项特征:①

(1)"无效性"。在初民的冲突中,各方归属的血缘群体,以及加害者与受害人的亲疏关系,决定了法的实体内容。冲突的结果取决于事实性的社会力量对比,类似的冲突往往得到不同的解决,说明法律高度依赖社会结构,无法宣称普遍的"效力"。

(2)"暴力性"。在血缘原则的作用下,初民社会的"血亲复仇"和"决斗"都充满暴力色彩。由于古代法以"族群"而非"个人"为基本单位,族群内部的纠纷只是不具法律意义的"自我伤害","法律止步于家门之外";②但在不同族群之间,由于既不存在共同服膺的事实性权威,又不存在共同认可的实体规范,纠纷往往诉诸暴力解决。

(3)"相互性",可分"报应"和"互惠"两个方面。由于血缘原则强调亲疏有别,古代法的"相互性"并无平等之意。比如"以眼还眼,以牙还牙"的"同态复仇"并非公平意识的产物,而是为了避免"世仇"和以灭族为目标的战争;又如一次性的"双务契约"无法满足初民的长期需求,只有双方的付出始终处于不平衡状态,才能维持互惠经济。

(4)"仪式化"。初民社会晚期,族群交往日益密切,神明裁判被用于纠纷解决。与巫术一样,"神判"的可接受性来源于仪式,而非裁判者的权威。在亟须控制暴力的社会发展阶段,法的仪式化有其必然性:只要人们仍然从血缘角度看待纠纷,"理由"就无法促成对裁判的接受,唯一选择是将论证难题转移到无须论证的仪式。

无效性、暴力性、相互性和仪式化,都是古代法以血缘原则建构社会的后果,表明法律尚未从社会中独立出来,必须考虑"事实上"能否被社会接受、认可和执行。

三、分层社会与"前现代高等文明的法"

前现代高等文明的法(law of pre-modern high cultures)与前现代社会的分层分化模式相协调。③"阶层内平等"和"阶层间不等"的原则,决定了其与原始法的差异。

---

① See Niklas Luhmann, A Sociological Theory of Law, trans. by Elizabeth King & Martin Albrow, London: Routledge & Kegan Paul, 1985, pp. 114—129.
② 参见〔英〕梅因:《古代法》,沈景一译,商务印书馆1959年版。
③ See Niklas Luhmann, A Sociological Theory of Law, trans. by Elizabeth King & Martin Albrow, London: Routledge & Kegan Paul, 1985, pp. 129—147.

(1) 由于平等对待同一阶层的所有成员,法律在一定范围内获得了效力。立法者负责颁布一般性的规范,由与之职权分离的裁判者严格适用,血缘关系不再直接左右法律。①

(2) 由于高等阶层支配低等阶层,法律在一定程度上消弭了暴力。"刑罚"操于政治统治者之手,"私斗"被视为威胁秩序和挑衅公权,"私刑"也受到严格限制。

(3) 由于各阶层地位迥异,"相互性"不再是法律的主导原则。实体法上,类似"刑不上大夫,礼不下庶人"的差别待遇广泛存在;程序法上,高等阶层优势明显,比如"事实不清"时应作有利于贵族的判决,又如贵族证言具有更高证明力。

(4) 由于裁判者拥有高等阶层赋予的权威,纠纷处理的仪式化色彩也逐渐褪去。1215年,第四次拉特兰宗教会议禁止教士参加神明裁判,欧洲司法开启了"世俗化"进程,英国由此发展出"陪审团"审判,欧洲大陆则以"纠问制"查明事实。

然而,前现代高等文明的法严重依附于全社会的等级结构,仍未形成独立的系统。首先,高等阶层总是对立法和司法施加更大影响。即便在平民享有立法权的"共和"时期,罗马贵族也通过垄断法律知识和为裁判官提供咨询,掌握法律的进程。② 其次,低等阶层被排斥到城市边缘和乡村,对法律几无需求;普遍的不识字状况,更使他们难以参与渐趋专业化的法律发展。再次,法律并未遍及全社会,而是拒绝处理大多数纠纷。比如在英国历史上,"无令状则无救济"的情况一直持续到19世纪中叶。高等阶层通过控制诉讼机会,在法律领域维系阶层分化。最后,国王、教会、领主多种司法管辖权并存,法律运转或受制于宗教的势力,或受制于政治的区域性,根本上仍与具体的社会情势紧密联系。

四、功能分化社会与现代法

适应于功能分化的现代社会,现代法呈现三项全新特征。

一是法律功能的特定化。随着现代社会功能分化的展开,法律成为唯一负责"稳定规范性预期"的系统,也仅仅承担此项社会功能。从人类历史上看,任何社会的持续存在,都以人际之间行为预期的相对稳定为必要条件,需要特定机制加以保障。在分割社会中,由于互动主要在"熟人"之间进行,"共同在场"决定了行为模式的单一性,并且凝聚出高度稳定的习惯,社会成员能够较为容易地

---

① 参见〔德〕尼可拉斯·鲁曼:《社会中的法》,李君韬译,五南图书出版股份有限公司2009年版,第202—214页。
② 参见〔德〕马克斯·韦伯:《法律社会学》,康乐、简惠美译,广西师范大学出版社2005年版,第200—215页。

预期对方的行为。在分层社会中,与高等阶层相适应的宗教和道德规范维系着社会秩序,通过阶层内平等和阶层间尊卑有序的安排,行为预期的可能范围基于成员身份得到限缩。然而,在功能分化社会中,由于血缘、地缘和阶层不再主导社会结构,习惯、道德、宗教无法实现整合效应,只能依靠法律从规范上稳定行为预期。现代法不能确保自身得到遵守,但至少能够使人们确信,除非出现革命和战争等极端情形,对法律的违犯不会导致法律本身无效。唯有如此,现代人才能预期"陌生人"的行动,在此基础上作出交易、投资、入学、求医、诉讼、驾驶等各种风险极高的决定。

二是法律运作的实证化。从立法角度看,在以中世纪欧洲为代表的前现代社会,立法只有符合"自然法"所表达的"必然"的永恒理性,才能获得"法律"属性,否则就只是"任意"的政治命令。这是由于道德性或者宗教性的自然法反映了社会的等级结构,以及高等阶层社会支配的需要,法律必须与之保持一致;相应地,立法只能"宣示"或者"发现"法律。现代社会则通过立法手段"创制"法律,符合"程序"的立法就能成为有效的法律,标志着现代法走向实证化,与道德、宗教等社会规范相互分离,不再诉诸外部的永恒"自然"。鉴于程序本身就是法律,立法的实证化实际上反映了现代法的"自我再生产"。更全面地说,不仅立法规范实证化,法院裁判和契约同样如此:即使违背政治意志和社会舆论,终审判决仍然具有"既判力";只要没有以合法方式解除,不道德的契约也能建立法律关系。一言以蔽之,现代法律系统的一切运作都实现了实证化。

三是司法中心地位的确立。一方面,古罗马法和中世纪英国普通法都只处理有限的纠纷,只有符合诉讼程式或者"令状"的要求,纠纷才能诉诸司法。这是因为传统的道德和宗教规范已经在很大程度上稳定行为预期,除非涉及重大社会秩序问题或者君主的利益,国家的司法才介入干预。但当法律成为从规范上稳定行为预期的唯一社会机制,现代社会的司法就必须面向一切纠纷,"禁止拒绝审判"原则由此确立。另一方面,尽管现代立法调整了越来越多的社会领域,但总是落后于社会复杂性的增长和社会的飞速发展,在空间维度无法囊括一切,在时间维度也无法预知未来。面对存在"漏洞"和落后于社会发展的立法,司法必须具有"决断"能力,从而避免法律稳定行为预期功能的丧失。为了辅助司法决断的作出,一系列法律制度和法律技术得到发展,包括:(1) 终结论证的"既判力"原则;(2) 对抗制、证据规则等规避实质性决定的司法程序;(3) 围绕"疑难案件"裁判展开的法律解释学、法律推理、法律论证理论;(4) 转移法官个人责任的组织化的法院;(5) 联结外行当事人和法院裁判的职业化的律师;(6) 决定现行立法效力的司法审查制度。总而言之,在现代社会中,司法占据了法律系统的中心,从根本上负责法律功能的执行。

五、法律的内部演化

法与社会"共生共变",但并非只是为了适应社会变迁而被动演化。在演化过程中,法律自身的变异、选择和再稳定化发挥了首要作用,每个演化阶段都受益于既有法律素材的积累,接续了既有法律机制的运转,现代法则完全自主演化。达尔文进化论在此提供了分析框架,其中"变异"涉及法律要素的更新,"选择"涉及法律结构(规则)的建立,"再稳定化"涉及法律统一性的重构,均不受外部操控。[①]

(1)古代法以个案方式处理冲突,"变异"与"选择"无法区分。每次冲突都有独一无二的情境,法律要素不断变异;冲突解决依靠事后规则的创制,而非既有规则的选择。直到类似冲突频繁发生,且出现了居中的"裁判者"和作为社会记忆的"文字",才有必要和可能储存个案处理经验。然而,初民社会的裁判者以"占卜"方式使用文字,旨在保存过去的"决疑"知识,并无指引未来生活的目的。是故,即便在原始法的晚期阶段,面向未来、具有情境不变性、可重复使用的规则仍然十分罕见。

(2)当裁判者角色随着阶层分化固定下来,就可能形成相对独立于社会环境的裁判系统,古代法也向前现代高等文明的法演进。裁判系统的出现至少意味着三项演化成就:首先,高等阶层垄断法官角色,利用权限规范和程序规则,在并无共识之处宣称代表共识、排除歧见,专门化的规则自此发端。其次,当事各方被迫皆以法律为辩护依据,可能暴露规则间的矛盾,形成变异的契机;法官独立于亲友关系等社会情势,对规则适用进行决断,构成选择的过程;变异和选择得以区分,法律要素的变动不再总是导致法律结构的明显更新。最后,由于裁判决定不能针对个案和个人,普遍性的法学概念可能成为论证基础。罗马法学甚至开始使用超越个案情境的抽象概念,孕育着一种对抗道德、常识和日常语言的法律文化。

但罗马法学家不检验"法命题"的一致性,不承认抽离个案具体特征的法律"体系",不认为规则只要符合体系即"有效"。他们预设法律恒定不变,通过"拟制"手段解决新型案件,没有"新法优于旧法"的思想。中世纪英国法也大量使用拟制,仍然不能解决的案件则被视为"例外",诉诸"衡平",不会轻易创设新规则并重构法律体系。要言之,在传统法律秩序中,"再稳定化"和"选择"尚未分离。

(3)通过诉诸"体系"的自主反思实现法律"再稳定化",在欧洲始于中世纪晚期,得益于印刷术的普及。此前,规则与注释、特权与个别义务、令状与诉权虽

[①] 参见〔德〕尼可拉斯·鲁曼:《社会中的法》,李君韬译,五南图书出版股份有限公司2009年版,276—280页。

然已经得到文字记录,但法律主要以零散的"格言"形式口耳相传。印刷术使法律素材得以汇编和广泛传布,将其庞杂矛盾摆上台面,才刺激了简化的需要;法律教义学也才与实务分离,关注法律的体系性和历史融贯性。19 世纪,"概念法学"崛起,法律的反思性进一步增强:整个法律系统都以"原则"和体系的方式把握;变异的规则通过"解释"得到建构,不具"可建构性"的规则遭到排斥。20 世纪,层出不穷的立法加速了法律发展,法律的体系性不再能够依靠解释达成,形式性的"效力"又替代实质性的"原则",将高度变异的法律不断再稳定化。至此,法律的自主演化彻底实现,现代法从社会中独立出来。

第三节 当代西方主要法系

一、法系的概念与划分标准

法系又称法的家族或法圈,是西方法学家首先使用的一个概念。在历史发展的过程中,一些国家和地区的法律形成了某些共性和共同传统,法系即这些法律的总称。当今世界上存在近两百种国家或地区的法律,有的国家还存在两种或两种以上传统的法律,但都可以归于少数的法系之内。尽管法系与法的历史类型都是法律演化的产物,但前者侧重地域性,后者侧重时间性;前者侧重实质特征,后者侧重形式特征;前者侧重法本身的演化结果,后者侧重法与社会共同演化的过程。

比较法权威茨威格特和克茨认为,划分法系的标准是各种法律秩序和这些法律秩序所构成的整个群体所具有的"法律样式"。所谓法律样式,不是法律秩序之间的细微差异,而是重要的、本质的差异或者独特性。尽管对于一种法律秩序来说,哪些差异具有重要性通常取决于研究者的判断,但由于来自不同法律秩序的研究者往往易于感知陌生法律秩序的独特性,因此通过国际协作的比较研究,影响法律样式的主要因素还是可以得到识别的。

作为划分法系的标准,法律样式包括五种构成要素:(1) 法律秩序的历史来源和发展;(2) 占支配地位的法律思想方法;(3) 具有特征性的法律制度;(4) 法律秩序中法律渊源的种类及其解释方法;(5) 政治、经济学说方面或者宗教信仰方面的思想意识。

按照法律样式的差异,茨威格特和克茨将世界上的法系划分为八种,包括:(1) 罗马法系;(2) 德意志法系;(3) 北欧法系;(4) 普通法法系;(5) 社会主义法系;(6) 远东法系;(7) 伊斯兰法系;(8) 印度教法法系。[①] 但"八法系"说更

[①] 参见〔德〕K. 茨威格特、H. 克茨:《比较法总论》,潘汉典、米健、高鸿钧、贺卫方译,法律出版社 2003 年版,第 116 页。

为适合比较法专业的研究者,对于法理学研究者而言显得过于繁琐,而且有的法系已经逐渐丧失影响力。有鉴于此,本节采用法国比较法学家勒内·达维的"三法系"说,简要介绍除社会主义法系之外在当代世界占主要地位的两大法系:民法法系和普通法法系。

二、民法法系

民法法系是以罗马法为基础而形成的法律的总称。作为西方两大法系之一,民法法系以欧洲大陆为中心,遍布全世界广大地区。近代以来,民法法系形成了法国与德国两个支系。在欧洲范围内,法国支系包括拉丁语系各国,即法国、比利时、西班牙、葡萄牙、意大利等;德国支系包括日耳曼语系各国,即德国、奥地利、瑞士、荷兰等。在欧洲范围外,民法法系还通过近代欧洲各国的海外殖民,扩展到亚洲、非洲以及中、南美洲。

民法法系是历史发展的产物,起源于古代罗马法;中世纪中期,随着罗马法在欧洲大陆的复兴,以及教会法、习惯法、商法的相互影响继续发展;17—18世纪,在法国大革命和古典自然法理性主义思潮的刺激下进一步推进;19世纪,由于法典编纂运动在欧洲大陆的广泛展开,以及殖民化进程的深入,影响扩展到世界广大地区,成为西方两大法系之一。

民法法系的基本特点可以概括为以下五个方面[①]:

(1) 全面继承罗马法。表现在吸收了罗马法的许多原则和制度,特别注重保护私有财产和调整商品所有者之间的关系;接受了罗马法学家推动法律发展的一整套技术方法,包括他们进行法学研究所使用的法律术语、法律概念和法律分类等。13世纪,罗马法在欧洲复兴,接受罗马法教育的法学家阶层登上历史舞台;在法学家阶层的推动下,欧洲各国统治者从罗马人那里接受了法是社会关系重要调整工具的理念,统一的法观念逐渐形成;经由法学家阶层的研究和传播,罗马法的概念、原则、制度和精神被运用于欧洲各国的社会实践,欧洲普通法(jus commue)逐渐产生;随着西欧民族国家的形成,欧洲普通法作为超国家体系的地位走向衰落,但各国都接受了以其为表现形式的罗马法。

(2) 实行法典化。19世纪以来,民法法系国家都致力于编纂系统的、逻辑清晰、结构严谨的法典,原因有四:首先,古罗马《民法大全》的传统,就是以抽象的原则和概念系统阐述法律;其次,资本主义的发展需要形式理性的法律,资产阶级革命的成果也需要固定下来;再次,民族国家的兴起要求垄断立法权,清除不具主权属性、散乱的教会法、习惯法和商法;最后,古典自然法学影响力巨大,

---

① 参见高鸿钧、赖骏楠、鲁楠、马剑银编:《比较法学读本》,上海交通大学出版社2011年版,第111—116页。

要求制定合乎人类理性的法律,法律在形式上应当公开、明确、内容完备、编排有序,便于每个人掌握。

(3)立法与司法明确分工,强调制定法的权威,不承认法院的造法功能。在民法法系各国,制定法都具有法律渊源上的优先效力;法官的职责在于将抽象的法规适用于具体案件,尽管可以解释法律,但其法律解释不能侵犯立法权,仅限于阐明立法者的意图;判例在司法实践中不具有正式的效力,"法官是制定法的奴仆",不能根据判例裁判案件。

(4)法学在法律发展中作用突出。如前所述,在13世纪罗马法复兴和形成欧洲普通法的过程中,法学起到了决定作用。此外,在法典编纂时期以及资本主义法律制度确立以后的时期,法学仍然极大地推动了法律的发展:自然法、理性、民族国家、社会契约和分权制衡等法学学说创立了法典编纂和立法的理论基础;法典编纂的内容、体系、风格,以及立法机关所使用的法律概念和词汇来源于法学;法律解释在司法过程中的地位日益重要,而法官解释法律实际上受到法学的支配;法律适应社会发展需要的任务首先由法学完成。

(5)法律规范的抽象化和概括化。由于法学和法学家的巨大影响,民法法系各国的法律规范具有抽象性和概括性的特点,不是以解决具体案件的规范形式出现,而是针对并适用于一类情况。司法活动带有形式逻辑的三段论演绎风格,以法律条款为大前提,以案件事实为小前提,判决则是逻辑演绎的结果。

三、普通法法系

普通法法系是以英格兰普通法为基础而形成的法律的总称,是当代西方与民法法系并列的主要法系。由于美国法在其中占有重要地位,普通法法系又被称为英美法系。伴随着英国近代以来的殖民统治,普通法法系国家分布于世界各地,包括:欧洲的英国(苏格兰除外)、爱尔兰;美洲的美国(路易斯安那州除外)、加拿大(魁北克省除外);大洋洲的澳大利亚、新西兰;亚洲的印度、马来西亚、新加坡;以及非洲的冈比亚、尼日利亚、加纳、肯尼亚、乌干达、赞比亚等。

普通法起源于英国,以1066年威廉一世征服英国(史称"诺曼征服")后建立的土地分封制和中央集权制为基础。(1)普通法是从土地法和刑法开始的。在威廉一世建立的封建土地分封制下存在三种地权:不限定继承人身份的地权、限定继承地权、终身地权,其中限定继承地权后来发展成为长子继承制,是普通法区别于罗马法的一个重要特征。(2)威廉一世及其继承人建立了中央集权的君主制,以维护安全与统治。御前会议作为实现中央集权专制统治的一个重要组织,逐渐分化出王室法院,对各级领主法院和教会法院进行监督,并通过巡回审理案件,最终建立起判例法形式的、适用于全国的普通法。(3)王室法院的出现,导致陪审制取代了古老的"神明裁判"和"司法决斗",为"对抗制"诉讼模式的出现提供了条件,这些也都是普通法的重要特征。①

英国虽然也受到罗马法的影响,但并没有像欧洲大陆那样接受罗马法,而是实现了独立的法律发展,其主要原因有四②:一是英国的法律传统即经验主义传统。民法法系重视学者的论著和制定法规则,英国则更注重司法判例。二是英国的中央集权君主专制。与长期割据的欧洲大陆国家不同,英国自诺曼政府后就建立了中央集权的君主制以及全国性的王室法院。法官和律师在普通法的基础上成长起来,成为顽固坚持普通法传统的力量。三是普通法在资产阶级革命时期赢得的地位。16世纪以后,法官、律师与由新兴资产阶级组成的议会结为同盟,利用普通法与专制王权作斗争,决定了普通法不容挑战的地位。四是普通法法院的管辖范围长期限于地方法院管辖之外的特殊案件,每一类案件又受到个别的"令状"和"诉讼形式"限制,统一的、普遍的罗马法不容易得到接受。

普通法法系的基本特点及其与民法法系的差异可以概括为以下七个方面③:

(1)以英国为单一传播中心。普通法法系的形成与发展以英国为单一的传播中心,民法法系则在欧洲大陆各国相继接受罗马法的基础上形成,随后由欧洲大陆各国通过殖民扩张以多中心的方式分散传播到世界各地。

(2)以判例法为主要渊源。现代普通法国家确立了遵循先例原则,以法院判例而非制定法作为最重要的法律渊源。尽管19世纪末以来,普通法国家的制定法乃至法典数量都大量增加,但与民法法系不同,普通法国家的法典通常缺乏系统性和逻辑性,只是制定法的汇编;法典的颁布并不意味着既有的判例法失去效力,反而是判例优先于法典适用。

(3)变革缓慢、富于保守色彩。民法法系通过立法和法典的编纂实现大规模的法律改革,甚至许多法典本来就是社会革命的产物。但在普通法法系,一方面,法律主要通过个案裁判渐进发展,借助法官的司法技术进行细微的调适,以适应社会的变迁;另一方面,许多传统的法律制度被保留下来,特别是在英国,资产阶级革命没有触动普通法,君主和贵族的特权仍然受到普通法的保护。

(4)法官在法律发展中作用突出。民法法系的法官只有适用立法机构颁布的法律的义务,没有创制法律的权力;普通法法系的法官则通过在没有先例可循时创造先例,或者在有先例时扩大或限制先例的适用范围,创制和发展法律。民

---

① 参见沈宗灵:《比较法研究》,北京大学出版社1998年版,198—201页。
② 同上书,第212—213页。
③ 参见高鸿钧、赖骏楠、鲁楠、马剑银编:《比较法学读本》,上海交通大学出版社2011年版,第126—133页。

法法系的法官与一般公务员没有本质差别,而英美等国由于更强调司法独立,法官往往经过了长期的职业训练或者高要求的学院教育,因此也更具备推动法律发展的能力。

(5) 体系庞杂,缺乏系统化。由于制定法与判例法并存、判例法包含了几百年积累下来的汗牛充栋的判例,以及制定法只是既有法律的汇编,普通法法系的法律体系异常庞杂。更重要的是,普通法法系的法律分类是在中世纪英国的诉讼形式基础上发展起来的,不像民法法系那样对法律部门加以理论分类,且重视学者的抽象概括,因此其法律十分缺乏系统化。

(6) 程序中心主义。在民法法系国家,实体法比程序法更为重要,权利义务关系由实体法预先加以界定;但在普通法法系,中世纪英国普通法实行令状制度,不同的令状规定了不同的程序,"无令状则无权利",因此形成了程序中心主义的观念。令状制度废除后,由于对抗制诉讼模式等因素,普通法国家的律师仍然更加关注诉讼中的方法和技巧等程序性问题,而不是据以作出判决的实体法规则。

(7) 重视经验和实际应用。由于大学法律教育和法学家在法律发展中起着重要作用,民法法系重视逻辑、抽象的概念和原则。相反,普通法法系强调经验和法律的实际应用,这是由于英美法学教育传统上不是由大学承担,而是采取行会式的职业学徒制。即便在大学教育迅速发展的今天,英美的法学院也更重视教授法律实务,并主要采用案例教学的方法。

问题与思考

1. 本章【法律故事】分为三个小故事,分别涉及三个社会发展阶段和三种法的历史类型,请结合本章内容思考:

(1) 美国学者伯尔曼在考察日耳曼部落法时认为,神明裁判与原始人"极端相信命运的任意性紧密相关"。僳僳族人采用神明裁判是因为他们愚昧无知吗?

(2) 从社会分化模式的角度解释我国古代法律为何形成"八议"制度。

(3) 如何看待法院将"淫秽录像带"解释成"淫画",从而判决某甲犯"制作、贩卖淫画罪"?在现代社会中,司法与立法的关系如何?

2. 如何评价马克思主义法学家关于法的历史类型的论述?

3. 法律与社会如何"共生共变"?

4. 试论当代西方两大法系的特点与差异。

参考文献

1. 〔德〕尼可拉斯·鲁曼:《社会中的法》,李君韬译,五南图书出版股份有限公司2009年版。
2. 〔英〕梅因:《古代法》,沈景一译,商务印书馆1959年版。
3. 〔德〕马克斯·韦伯:《法律社会学》,康乐、简惠美译,广西师范大学出版社2005年版。
4. 〔德〕K.茨威格特、H.克茨:《比较法总论》,潘汉典、米健、高鸿钧、贺卫方译,法律出版社2003年版。

第八章 法律的继承和移植

【法律故事】

　　明治维新后，日本自1870年起着手制定民法典，于1878年完成了民法典草案。与此同时，又聘请法国巴黎大学法学院教授保阿索那特帮助修改起草民法典。经过漫长的时间，日本于1890年4月和10月正式公布了民法典全文。这部主要由外国人起草的民法典，历时20年，投入了大量的人力和物力，但由于其基本上是移植《法国民法典》的条文，有些内容尤其是身份和家族部分不符合当时日本的现实，因此，在日本保守势力的反对下，这部本来应当在1893年生效的法典，于1892年5月被宣布延期实施。于是，日本1890年旧民法典因全盘移植《法国民法典》而归于失败。

　　但是，旧民法典中的主体财产法部分，后来为1898年《日本民法典》所吸收，成为其立法的基础。另外，1890年旧民法典颁布后，虽然在理论界有争论，但在实践部门，民法典中的财产法规范已经被作为正式法律而获得实施。当时，日本的司法实务部门并没有将1890年民法视为草案，而是将其作为"真正的法律渊源"，甚至将其奉为"写下来的理性"。因此，费时20年制定的1890年旧民法典，立法成本不算高，它为1898年《日本民法典》提供了坚实的基础，从而使后者能够实施一百年而不过时，至今仍然是日本的现行法典。

第一节 法律的继承

　　何谓继承？继承一词的含义，在英语里有多种表达方式，甚至还有词组可供选择，但是比较贴切的应该是"inheritance"一词，其动词的形态是"inherit"。《牛津英汉词典》里的解释是继承（金钱、财产等）；经遗传获得（品质、身体特征等）；接替（责任等）；继任等。《现代汉语词典》中对继承一词的解释是：依法承受；泛指把前人的作风、文化、知识等接受过来；后人继续做前人遗留下来的事业。民法中的继承是一种法律制度，即指将死者生前的财产和其他合法权益转归有权取得该财产的人所有的法律制度。国际法中的继承指国际法上的权利和义务由一个承受者转移给另一个承受者所发生的法律关系。而法的继承则是指不同历史类型的法之间的延续和继受，一般表现为旧法（原有法）对新法（现行法）的影响和新法对旧法的承接、继受或借鉴。法的继承是新事物对旧事物的扬弃。

一、社会生活条件的历史延续性决定了法律继承性

从根本上说,法律继承性的根据在于社会生活条件的延续性及继承性。马克思明确指出:"人们自己创造自己的历史,但是他们并不是随心所欲地创造,并不是在他们自己选定的条件下创造,而是直接碰到的、既定的、从过去承继下来的条件下创造。"[①]这说明,人类社会每一个新的历史阶段开始时,不可避免地要从过去的历史阶段中继承下来许多既定的成分,生活于现实社会的一代人只能在历史留给他们的既定条件所允许的范围内重新塑造社会的形象和书写他们的历史。法是社会生活的反映,只要那些延续下来的生活条件在现实的社会中具有普遍意义,那么,反映这些生活条件的既有规则就会或多或少地被继承下来并被纳入新的法律体系之中。

二、法律的相对独立性因素决定了法律发展过程的延续性和继承性

与经济基础相对应的社会意识形态或社会上层建筑具有相对的独立性,即社会意识在反映社会存在的同时,还具有自身的能动性和独特的发展规律。这种独特的发展规律就是每一历史时期的社会意识及其诸形式都同它以前的成果有着继承关系。也正是由于这种历史的继承性,社会意识及其诸形式的发展才能持续而不中断,才有其可追溯的历史线索。同时,由于历史继承性在不同历史条件下的表现,才形成了各具特色的民族法律文化传统。

三、法作为人类文明成果的共同性决定了法律继承的必要性

法作为社会调整或控制的技术,是人类对自身社会的性质、经济、政治、文化以及其他社会关系及其客观规律的科学认识的结晶。这些认识成果不管形成于何种社会,具有什么特定的时代性、阶级性和社会性,都是人类认识的成果和人类文明的标识,具有超越时空的长久而普遍的科学性、真理性和实践价值。因为文明本来就是借鉴、积累和升华的产物,作为人类文明成果的法律制度亦不例外。所以,任何后继的法律制度绝不可能是在世界法律文明发展的大道之外产生的,而是人类以往法律思想、法律技术和法制经验的继续和发展。

四、法律发展的历史事实验证了法律继承性

法的继承性与阶级性不是绝对对立的,它们反映的是法的历史类型变更过程中的两个不同方面。人类法制史的实践证明,不仅私有制即剥削阶级类型的

---

① 《马克思恩格斯选集》第1卷,人民出版社1995年版,第585页。

法律之间可以继承,社会主义法也可以而且必然要批判地借鉴前社会主义社会的法。前者如西欧中世纪时期各个国家对罗马法的继承、美国在独立战争之后对英国殖民地时期法律的继承、汉朝对秦朝法律制度的继承;后者如新中国成立后我国社会主义法律体系中对旧法中诸多原则、规则、技术、范畴和术语的继承。

法律继承的内容是十分广泛的。就社会主义法对资本主义法的继承而言,一切能够以科学、理性、民主、自由、公平、人权、法治、和平、秩序和效率为内容的时代精神融为一体的那些富有生命力和再生能力的积极因素都在继承之列。一般而言,最容易被继承的内容主要有:法律技术、法律概念;反映商品经济规律的法律原则和法律规范;反映民主政治的法律原则和法律规范;有关社会公共事务的法律规定。以上内容集中体现了人类共同的法制文明成果,因而成为法律继承的主要内容。

第二节 法律的移植

一、法律移植的概念

何谓移植?据《辞海》和《现代汉语词典》解释,移植是指将有机体的一部分组织或器官补在或移入同一机体或另一机体的缺陷部分,使它逐渐长好。从词源上看,移植最早是植物学和医学上的概念。从植物学的角度看,移植是指将植物移动到其他地点种植,后引申为将生命体或生命体的部分转移,将身体的某一部分通过手术或其他途径迁移到同一个体或另一个体的特定部位,并使其继续存活的方法。从医学的角度看,移植是指将自体或异体的正常细胞、组织或器官从它所在的位置植入到另一位置,是临床治疗多种终末期疾病的有效手段。

"移植"概念缘何与法律相嫁接?"移植"一词之所以被引入到法学之中,"法律移植"一词之所以被人们创造、使用并推广,在本质上是基于法律迁移理论与实践的需要,更进一步而言是基于法律迁移与生物学上移植的客观相似性。首先,这个隐喻较为形象、生动,令人印象深刻,使人读后不易忘记;其次,法律移植与植物或医学的移植毕竟存有某些共同之处,即涉及某物离开原来的位置,转移到新的位置;最后,它们都涉及移植之物与受体或环境之间的关系问题,即被移动之物是否能够适应新的环境问题。①

对法律移植下过定义的学者很多。英国学者阿兰·沃森认为,法律移植即一条法规或一种法律制度自一国向另一国或自一族向另一族迁移。勒内·罗迪埃尔则将法律移植阐述为把外国法律纳入自己的法律体系。我国部分学者认

---

① 参见高鸿钧:《法律移植:隐喻、范式与全球化时代的新趋向》,载《中国社会科学》2007年第4期,第118页。

为,法律移植指的是特定国家或地区的某种法律规则或制度移植到其他国家或地区,即在鉴别、认同、调适、整合的基础上,引进、吸收、采纳、摄取、同化外国的法律,使之成为本国法律体系的有机组成部分,为本国所用。

在理论与实践中,存在几个与法律移植相关的概念。其一为法律借鉴。法律借鉴是指保留本国的法律体系以及本国法律的基本原则,只是在个别法律或个别条款上吸收外国法律的先进做法。法律移植则是指一个法律相对落后的国家,系统接受外国较先进的法律制度,重塑本国法律体系。[①] 其二为法律继受。欧陆法学界传统上用法律继受来指称法律迁移现象,英美学界则习惯于用法律移植来描述这种现象。自英国比较法学家沃森的《法律移植:比较法的方法》一书问世后,"法律移植"一词不仅在英语世界成为描述法律迁移现象的主流话语,而且在其他地方也产生了广泛的影响,成为学者论述法律迁移现象时常用的词语。其三为上节所阐释的法律继承。一般认为,法律继承与法律移植的区别非常明显地在于借鉴对象不同。前者是对历史上的域内法律,后者针对的则是所有域外法律。然而,在现实中有时会出现法律继承与法律移植交织在一起的情况。例如,西欧中世纪对古罗马法的全面借鉴活动常常被认定为法律移植,但其同时是一种法律继承现象。将其认定为法律移植是因为对现当代西欧各民族国家来说罗马法是域外法,对其借鉴是一种法律移植。但如果从古罗马帝国的角度去分析,古罗马疆域几乎涵盖了所有现代西欧国家,古罗马法曾经通行于这些国家。从这个视角看,中世纪欧洲各国的罗马法复兴运动是一种较为典型的法律继承活动。

综合以上因素,我们认为,法律移植是指特定国家(或地区)的某种法律规则或制度被移植或推行到其他国家(地区),从而使其接受并成为后者法律体系之有机组成部分的活动。

二、法律移植的必要性

对法律移植的可能性和必要性问题,古今中外学者之间的分歧很大。一部分学者从根本上否定法律移植的可能性,更遑论法律移植的必要性。他们对法律移植持悲观态度,代表性人物为孟德斯鸠、萨维尼、罗格朗和赛德曼夫妇。在孟德斯鸠看来,法律是特定民族的独特产品,一个民族的法律会适合另一个民族则是一种巧合;在萨维尼看来,法律是"民族精神"的体现,不同民族精神是特定民族的历史传统和现实经验的产物,因而法律无法穿越民族的历史传统和文化界限。另外一部分学者则对法律移植持乐观态度,代表性人物为沃森。他主张,历史上法律规则的跨民族或国家迁移屡见不鲜,法律的发展主要得益于法律规

---

① 参见吴传毅:《论法律移植》,载《湖南行政学院学报》2002年第2期,第25页。

则在不同法系或法律制度之间的移植;作为以规则形式存在的法律是自治的体系,独立于政治、经济和社会等力量的影响。乐观主义者认为,法律移植不仅可能而且十分容易,是各国法律得以发展的重要方式之一。

在理论争议之外,大量的历史与现实经验证明了法律的可移植性和必要性。具体而言:

(一)社会发展和法律发展的不平衡性决定了移植的必然性

同一时期不同国家的发展是不平衡的,它们或者处于不同的社会形态,或者处于同一社会形态的不同发展阶段。在这种情况下,比较落后的或后发达国家为了赶上先进国家,有必要移植先进国家的某些法律以保障和促进社会发展。法律移植的原因多种多样,或者源于不同法律文明之间自发的法律交流和传播,或者源于强势文明对弱势文明的法律强加,或者源于一个国家或民族变法改制的内在需求,或者源于不同国家间的区域性法律协调、整合或一体化的需要,或者源于经济全球化和法律全球化的压力等。① 世界法律的发达史已经表明这是落后国家加速发展的必由之路。

(二)市场经济的客观规律和根本特征决定了法律移植的必要性

当今世界,市场机制成为统和世界经济最主要的机制。尽管在不同的社会制度下市场经济会有一些不同的特点,但它运行的基本规律是相同的。这就决定了一个国家在构建自己的市场经济法律体系和制定市场经济法律的过程中必须而且有可能吸收和采纳市场经济发达国家的立法经验。法律移植正有助于减少不同国家之间的法律抵触和冲突,降低法律适用上的成本,为长期、稳定、高效的经济技术合作创造良好的法律环境。

(三)法律移植是对外开放的应有内容

在当代,任何一个国家要发展自己都必须对外开放。对外开放反映了世界经济、政治和文化发展的客观规律。世界本来就是一个开放的世界,任何一个国家的发展都离不开世界。特别是像我们这样经济和文化相对落后的发展中国家更有必要实行对外开放。全方位的对外开放不仅使经济国际化,而且其他的社会和国家事务越来越带有跨国性质,从而使一个国家的国内法越来越具有涉外性和外向性,法律在处理涉外问题和跨国问题的过程中,必须逐步与国际社会通行的法律和惯例接轨。

(四)法律移植是法制现代化的必然需要

在当今世界,法律制度之间的差异不只是方法和技术上的差异,也是法的时代精神和价值理念的差异。正是根据时代精神和价值理念的差异,各种法律制

---

① 参见高鸿钧:《法律移植:隐喻、范式与全球化时代的新趋向》,载《中国社会科学》2007年第4期,第118、第127页。

度中间有传统与现代、先进与落后的区分。对于其法律制度仍处于传统型和落后状态的国家来说,要加速法制现代化进程,必须适量移植发达国家的法律,尤其是对于发达国家法律制度中反映市场经济和社会发展共同的客观规律和时代精神的法律概念和法律原则要大胆吸纳。

三、中国近现代法律移植的实践

中国近现代法律移植的过程与中国法律现代化的进程是紧密联系在一起的,是一个大的历史进程的两个方面。这种移植也符合近代以来世界范围内法律移植的基本规律。近代以后,法律移植的现象更为普遍,如法国移植古代罗马的法律,近代德国移植法国的法律,近代美国移植英国的法律,近代日本移植法国和德国的法律,近代亚洲国家移植日本以及西欧的法律,第二次世界大战以后日本移植美国的法律,广大亚非拉发展中国家移植西方两大法系国家的法律等。作为后发型法治国家,中国法律移植的对象不仅包含与中国法律传统有很多相近之处的大陆法系国家,还包括法律传统有重大区别的英美法系国家,更有全面移植苏联法的经历。

(一)对大陆法的移植

对大陆法系的移植可以分为晚清、民国和新中国成立后三个大的阶段。

在晚清阶段,晚清政府之所以选择移植大陆法主要基于以下因素:从社会根基上看,根源于中华法系传统与德日等大陆法国家的相似性;从国家治理角度上看,源自于德国的迅速崛起和德国法自身的优良传统;从经验借鉴上看,出国考察政治的大臣对大陆法极其推崇;从移植可能性上看,日本等国移植德国法的成功范例对晚清政府起到了直接示范作用。在这一阶段之中,法律移植的成就在于:在形式上引进了现代意义上的宪政制度;司法从形式上开始独立;以大陆法系为蓝本开始修订刑律、制定民律和诉讼法草案。①

在民国时期,初步完成了具有大陆法系特征的"六法全书",在宪法、行政法、自治法、民法、商法、刑法、诉讼法、劳工法、土地法等方面均取得长足进步。在这些法律部门之中,大陆法系的影响进一步加深,各种立法活动、法律规范、法律理念进一步参酌大陆法系,在各种法律、条例、法案和草案中遍布大陆法系重要法典的影子。

在新中国成立后,经过反复的探索和艰辛发展,逐步建立和形成了一套有中国特色的社会主义法律制度。社会主义中国的法制建设不可避免地继续受到大陆法的影响,新的政权有新的理论——马克思主义理论为指导,但仍受着传统的和西方国家法律理论和文化的影响。大陆法系在这个时期的影响主要体现在如

---

① 参见何勤华等:《法律移植论》,北京大学出版社2008年版,第115—124页。

下几个方面:法律体系的法典化目标、法律解释制度的形成、法典编纂观念的演变、社会法与经济法的兴起等。

(二) 对英美法的移植

自晚清法制变革以来,不止大陆法影响了中国法制建设,英美法也产生了重要影响,甚至在某个特定时期成为法律移植的主要对象。具体表现在:美国宪法和《独立宣言》对《中华民国临时约法》《中华民国宪法》《曹锟宪法》等宪法性文件的影响;英美法对法律教育的影响,如案例式教学、模拟法庭、比较教学法等等;有关英美法译著和研究成果不断涌现。

(三) 对苏联法的移植

对苏联法的移植是中国近代以来法律移植中不可忽略的重要方面。对苏联法的移植有多方面的原因。在苏联诞生之后不久,苏联法即对中国产生了影响,主要是因为中国人对学习西方迷梦的破灭,总结出要实现中国国家独立必须走苏联道路的结论。而新中国成立后向苏联学习的原因则在于:旧法统被彻底摧毁亟须新的法制以避免蛮荒、苏联社会主义法制建设的成功实践对近现代中国产生了权威性影响、苏联法制理论与中国革命实际需要相吻合是移植苏联法的现实基础,新中国"一边倒"外交政策的确立使法的移植对象转向苏联法、中苏友好前提下苏联法学家的帮助是移植苏联法的直接动力。

对苏联法移植的第一阶段是中国国民党"以俄为师"时期对苏联法的移植,第二阶段为中国共产党领导的根据地结合国情逐渐移植苏联法,第三阶段则是新中国成立初期全面移植苏联法。其中,第三个阶段的影响最为直接和深远,具体表现为:在法学理论领域,以维辛斯基为代表的苏联法学家关于法律的基本概念和理论,特别是法律是统治阶级的意志、由国家强制力保证实施的观点备受推崇;在法学教育领域,提出全面移植苏联法学的方针,除派留学生到苏联学习法律、聘请苏联法学专家到华讲学之外,还成立中国人民大学作为移植苏联法的基地,国内的教学内容以苏联法为主;在中国法律体系的初创上,1954 年《宪法》带有明显苏联痕迹,部门立法中也大量移植苏联法律制度。[①] 在全面移植苏联法的阶段之后,当代中国的法律移植放弃了"一边倒"的"苏化"倾向,更加注重向西方国家法律的移植与借鉴。

四、法律移植的形式与效果

法律移植的形式主要有三种:一是双向移植,即经济、文化和政治处于相同或基本相同发展阶段和发展水平的国家相互吸收对方的法律,以至于融合和趋同;二是单向移植,即落后国家或后发展国家直接采纳先进国家或发达国家的法

---

① 参见何勤华等:《法律移植论》,北京大学出版社 2008 年版,第 143—169 页、第 170—199 页。

律;三是多向移植,即区域性法律统一运动和世界性法律统一运动。有学者把这种类型的相互移植和合成称作"法律趋同",这是法律移植的最高形式,如欧共体法律体系的形成便是这种形式的典型表现。

在现实中,法律移植常常遵循如下规律:

第一,一般而言,主动移植比被动移植效果好。主动移植是接受移植的国家(受体国)主动地去移植它认为值得移植的法律体系,如美国独立以后移植英国法,日本明治维新之后移植法国、德国法等。被动移植是被强制地移植外国的法律,如中国在鸦片战争之后被迫与西方列强签订不平等条约,接受外国的法律等。在主动移植中,移植的主导权在被移植方,故而被移植方对移植效果的影响比较大。在被动移植中,移植的主导权在移植方,故而移植方对移植效果的影响比较大。

第二,一般来说,私法最容易移植,社会法居中,而公法则最难。所移植的法律制度与政治家们的日常活动关系越密切,则移植中受到影响的可能性就越大,比如宪法、行政法以及刑法。与之相反,私法因为其自身性质受国家性质、政权性质和政治体制的影响明显较小,在法律移植中相对容易被接受,比如民法、商法。

第三,在全球化背景下,全球治理和国际法治的理念开始形成并得到强化,全球法律的地方化和地方法律的全球化对民族国家的法治模式提出新的挑战。这些新趋势对法律移植产生了重要影响。面对这些新的变化,法律移植的理论范式应得到发展。对不同类型的社会应当适用不同的法律移植理论范式:对初民社会适用文化范式,对国家产生后和现代社会前的传统社会适用政治和文化范式,对民族国家阶段的现代社会适用政治范式,对全球化时代的社会适用经济、政治和人类共同价值范式。

第四,"全球法""世界法"或"人类法"所产生的法律移植已经具有了自上而下纵向移植的特征。在这种法律移植过程中,主权国家虽然握有一定的决定权和选择权,但在全球化的背景和国际社会的压力下,国家主权的决定权和选择权日益受到限制。全球法律的地方化涉及的也是自上而下的法律移植。①

第三节 法律全球化

一、全球化理论的产生与发展

在当前的世界政治中,迄今为止以主权国家为主体的国家之间关系构成的

---

① 参见高鸿钧:《法律移植:隐喻、范式与全球化时代的新趋向》,载《中国社会科学》2007年第4期,第124、125页。

国际体系发生了巨大的变化,正在形成一个由包含主权国家在内的多元性主体构成并具有世界规模的复合性政治框架,即全球体系。新的世界秩序虽然还不是很确定,但无疑所有的国家、社会、公民、民族、社会集团、非政府组织等正在形成一个相互联结的全球性政治、经济和社会文化的关系网络。为了在全球化大潮中生存,民族国家必然让渡出一部分固有的领域。全球化固然不意味着世界朝一级化方向发展、主权和民族国家终结、文化走向一元化,但不可否认的是民族国家受到了国际社会的压迫与"侵蚀"。以前,人类社会以民族和国家为基本单位,具有自主性、自助性与自足性。在全球化时代,其自主性被削弱、自助性被弱化、自足性被超越。① 全球化显然是通过突破民族国家社会的边界而进行的,甚至是从多方面突破这种边界。在这方面,有三个相互联系又相互区别的概念,即国际化、全球化和跨国化。国际化是指取消边界的分离作用、提高跨越边境的大型交易活动这一发展过程;全球化意味着一种世界范围通讯交往的出现,意味着跨越世界区域的交换关系日益密集;跨国化则是伴随着跨越民族国家法律规章制度的组织结构和集体活动主体的出现而产生的。②

　　法律全球化实际上是经济和社会其他领域正在进行的全球化的法律表现。冷战结束以来,"全球化"一词被人们在不同的意义上使用。克林顿主义的法律全球化没有法律基础,其法理基础是"人权高于主权"。WTO 的法律全球化的基本原则的核心是贸易自由化,其理论基础是新自由主义的经济学。从其社会内容看,经济全球化确实给一些国家带来了效率和经济繁荣,使全球经济的总量获得了较大的增长,但它也给各国带来了更大的经济风险和不安全,带来了全球范围内更大的不平等。法律移植意义上的法律全球化是指在一国或一个地区范围内通行的法律制度由于某种原因而在更广泛的领域乃至在全球流行。这种形式的全球化,往往与某一国家或某些国家在世界经济或政治中的霸权地位(或主导地位)相关。就接受国而言,或者出于依附地位,或者出于文化影响接受这些制度和规则。③ 法律全球化的外在表征包括:其一,许多超国家的政府组织、经济组织和非政府组织日益积极地介入国际社会的共同事务,行使其超国家权力和国际社会权力;其二,越来越多的法律规范来自原来的"私法"领域,特别是国际商法、国际贸易法等领域;其三,伴随着科学技术全球化出现的产业化、标准化以及经济政策的跨国界协调等,都显示出法律规则逐渐超越一国官方政策的干预而日益全球化的趋势;其四,人权、环境保护、生态甚至体育等问题日益全球

---

　　① 参见蔡拓:《全球主义与国家主义》,载《中国社会科学》2000 年第 3 期。
　　② 参见〔德〕乌尔利希·贝克等:《全球政治与全球治理——政治领域的全球化》,张世鹏等译,中国国际广播出版社 2004 年版,第 30—31 页。
　　③ 参见朱景文:《法律全球化:法理基础和社会内容》,载《法制现代化研究》第 6 卷,南京师范大学出版社 2000 年版,第 341—242 页。

化,并且都表现出"非国家"(社会性)的多元法律渊源特征;其五,国际社会更加关注政治自由、人权保护、民主化以及加强司法的国际交流复兴等。

二、法律与全球化理论的多重理解与争论

全球化浪潮席卷而来并成不可逆转之势,必然而且已经对全球的政治、经济、法律、文化、科技等诸多方面产生全方位、多角度、深层次和长时期的影响。

(一)激进主义观点

这是欧美主流学者的立场。其主旨就是认为经济全球化必然带来法律全球化,全球范围的法律理念、法律价值观、法律制度、执法标准与原则的趋同化势在必然。法国著名刑法学家、人权学者马蒂指出:"法的世界化已不再是一个人们是否赞成或反对的问题,而是因为事实上法正变得越来越世界化。"[①]美国法学家伯尔曼则透过对法律史的研究,揭示说在当前正在形成一种融汇世界东西南北各色各样文化的不同法律传统而成的"新法律传统"——世界法(World Law)传统,其内容已不限于经济法,还包含诸如世界环境法和世界人权法,并将有助于建立世界秩序和世界司法制度。

(二)怀疑主义观点

一些"左"翼的欧美国家学者和部分亚非拉国家学者对上述体现资本主义霸权的激进主义观点持坚决反对立场,他们认为:第一,市场经济的全球性扩张改变不了世界各国经济发展水平的多样性,在一定历史时期内它还会加剧发达国家和不发达国家之间的贫富分化。在受资本控制、以资本主义制度为基础的时代,全球化的扩展必然造成中心与边缘、霸主国家和依附国家之间在全球范围内的不公正。第二,国家主权仍有其深刻的现实合理性。尽管人类共同利益在国际关系中的分量愈来愈重,但围绕国家利益的冲突、对话与合作,仍具有更基础的意义。简单地提出"国家主权过时论"或者"全球统一论",缺乏充分根据。第三,法律乃是一种"地方性知识",不论在什么时候,法律只能是根植于特定的国家、民族及具有时代特色的土壤之中,符合本国家、本民族大多数人利益的行为规范。普适于全球各地、作为唯一最高真理的"世界法律"并不存在。那种将法律全球化直接等同于"法律美国化"的观点反映了赤裸裸的国际霸权思想。

(三)折中主义观点

不同于激进主义的全球化学者,折中主义论者多倾向于对全球化问题进行谨慎的语义分析和动态研究。而相较于怀疑主义者,折中主义论者则对经济关系的全球化必然要求国际法律规则趋同的观点抱有真挚的理解。他们认为,从

[①] 〔法〕米哈伊尔·戴尔玛斯-马蒂:《法的世界化——机遇与风险》,卢建平译,载《法学家》2000年第4期。

更为根本的意义上说,这是一个法律文化趋同的时代,即随着时间的流逝,法律制度会变得更为相似。虽然他们也反对霸权主义的全球化,但主张过程性、渐进性地解决种种现代化和全球化过程中出现的问题,并对基于经济全球化而可能建立和生长的国际政策协调以及秩序均衡的前景充满希望。①

全球化过程本质上是一个内在地充满矛盾的过程。首先,全球化是普遍性与特殊性或者说单一化与多样化的统一。一方面,全球化是一种单一化,它体现为各国、各民族和各种不同的文明体系之间在生活方式、生产方式和价值观念上的某种趋同化。但另一方面,与上述单一化过程相伴随的则是特殊化和多样化。其次,全球化是整合和碎裂或者说一体化和分裂化的统一。全球化是一种整合,是一体化,它具体表现为国际组织的增加,尤其是跨国组织的作用前所未有地增大。但在全球一体化的同时,各个国家、各个民族和各个地方的特殊性和独立性却比以往任何时候都得到强调。再次,全球化是集中化与分散化的统一。全球化的一个重要内容就是资本、信息、权力和财富的日益集中,尤其是日益集中于跨国公司。但另一方面,资本、信息、权力和财富分散化的趋势也有增无减。最后,全球化是国际化和本土化的统一。全球化正在冲破传统的民族国家壁垒,随之而来的是越来越多的国际性标准和国际性规范为世界各国所共同接纳和遵守。但是,各国在接纳和遵守这些普遍的国际准则时,始终没有忘记其本国的传统和本国的特征,而是将国际准则与本国传统结合起来,使国际准则本土化。②

三、法律与全球化理论的内涵

第一,在当今全球化趋势日益发展的宏观背景下,全球法律生活也必然表现出同构与异质的辩证统一特征。这种同构的根源在于全球共同的人性基础、市场经济的普遍确立、法律发展的一般规律以及跨国公司和国际组织的迅猛发展,并表现在法律原则、法律规则和法律适用机制等多重层面。但由于各国的文化传统、政治体制和经济结构等因素的千差万别,全球法律生活也呈现出五彩缤纷的复杂画面。在当代全球化进程中,各国的法律生活必将在一定程度上呈现出某种同构的现象,这种现象有着多方面的思想根源和物质基础。首先,共同的人性追求是全球法律同构的思想前提。其次,当代社会市场经济体制在世界范围内的确立是全球法律同构的现实根基。再次,跨国公司的日益庞大是全球法律同构的直接诱因。最后,全球法律同构也是法律发展一般规律的当然结果。

第二,全球化固然促成了全球法律在一定程度和一定层面上的同构趋向,但

---

① 参见冯玉军:《法律与全球化一般理论述评》,载《中国法学》2002年第4期,第179—180页。
② 参见俞可平:《全球化的二律背反》,载俞可平、黄卫平主编:《全球化的悖论》,中央编译出版社1998年版,第20—23页。

这绝不意味着全球法律将从此走向大同。正好相反,正如世界上将不会出现一个单一的普世文化而是有许多不同的文化和文明相互并存一样,全球法律由于各国不同的文化传统、相异的政治体制以及不平衡的经济发展水平等物质和文化原因而表现出各自独特的性质,进而形成了全球法律多元并存的客观格局。这是因为:各具特色的法律文化传统是全球法律多样性的历史根源;迥然相异的政治意识形态是全球法律多样性的客观前提;互不平衡的经济发展水平是全球法律多样性的现实根基。①

第三,法律全球化有三种途径,即全球治理与国际法治、全球法律的地方化和地方法律的全球化。法律全球化的第一种途径是全球治理与国际法治。现代法治与民族国家的形成和发展密切关联,法治是现代主权国家主要的治理模式,也是民族国家建构其正当性的重要方式。因此,"国际法治"(international rule of law)的概念一提出就遭受各种质疑。但是,无论人们对"国际法治"的概念如何表示怀疑,都不得不承认,全球化背景下出现的许多问题,无法在民族国家的范围内得到有效解决,必须从全球的视角予以考虑。法律全球化的第二种途径是全球法律的地方化。所谓全球法律的地方化,主要是指联合国、国际组织和国际社会层面的法律被各国全部或部分承认或接受,通过这种承认或接受,全球性的法律成为各国法律的组成部分。法律全球化的第三种途径是地方法律的全球化。所谓地方法律的全球化,主要是指原本是地方性的法律,经由某种途径被全球化了。②

由此决定我们应对法律全球化的基本立场是:一方面,适应经济全球化的需要,积极主动地参与全球化,与时俱进,全面深化改革和对外开放,借鉴西方先进经验完善民主和法制建设,与国际通行规则接轨,实现法律现代化;另一方面,切实维护国家主权和法律独立,妥善处理国内法和国际法的关系,旗帜鲜明地反对少数国家的霸权主义行径,反对少数国家将其特定的社会制度和意识形态强行推展到世界各个国家。只要我们充分认识到法律全球化的本质,并且积极主动地去迎接它、驾驭它,必然有助于消除相互隔绝、制度迥异的国家间壁垒,有助于发展一种"异而趋同,同而存异"的法治文明格局。

问题与思考

1. 1890 年日本旧民法典为何归于失败?

---

① 参见黄永忠:《论全球性法律的同构与异质》,载《学海》2004 年第 1 期,第 144—145 页。
② 参见高鸿钧:《法律移植:隐喻、范式与全球化时代的新趋向》,载《中国社会科学》2007 年第 4 期,第 121—123 页。

2. 以日本旧民法典的得失为例思考法律移植的成本与效果。
3. 法律继承与法律移植的异同何在？

参考文献

1. 高鸿钧：《法律移植：隐喻、范式与全球化时代的新趋向》，载《中国社会科学》2007年第4期。
2. 何勤华等：《法律移植论》，北京大学出版社2008年版。
3. 蔡拓：《全球主义与国家主义》，载《中国社会科学》2000年第3期。
4. 冯玉军：《法律与全球化一般理论述评》，载《中国法学》2002年第4期。
5. 黄永忠：《论全球性法律的同构与异质》，载《学海》2004年第1期。
6. 俞可平、黄卫平主编：《全球化的悖论》，中央编译出版社1998年版。

第九章 法治国家的社会基础

【法律故事】
　　早在 18 世纪,普鲁士国王腓特烈二世的"莫愁宫"边有一座磨房,挡住了他的视线。腓特烈多次试图买下这座磨房并拆掉,但始终得不到磨房主的同意。后来腓特烈又扬言要将其没收。但是,磨坊主听后却冷静地回答:"柏林还有个法院嘛!"欧洲早期的"依法施政"精神和"法治"信念开始逐渐显现。

第一节　法治的含义与构成要素

一、法治释义

　　在西方,法治思想有很悠久的历史渊源。古希腊先哲柏拉图在晚年就开始了从"哲学王"的人治思想向"法律的仆人"的法治思想的过渡,而亚里士多德则把城邦制度看成是全城邦居民由以分配政治权利的体系,并认为只有法律才是最优良的统治者,否则就会混入了兽性因素。他指出:"法治应包含两重意义:已成立的法律获得普遍的服从,而大家所服从的法律又应该本身是制订得良好的法律。"①这样看来,亚里士多德对法治的理解就是"良法之治"。
　　近代以来,随着法治思想的发育成熟和法治制度的建立完善,人们对法治有了更深的认识和理解。从中世纪中后期开始,英国就形成了"the Rule of Law"的概念,意为"法的统治"或"法律主治",而在近代德国,则逐渐形成了"Rechtsstaat"(英文为"the Rule by Law")的概念,意为"依法施政"或"依法而治",也即"法治国"的概念。从某种意义上讲,"法的统治"(the Rule of Law)是一种实质法治的理念,强调"法律至上",即无论是"治者"还是"被治者"都必须遵从法律,因而有"法大于国家"的内在取向;"法治国"(the Rule by Law)则是一种形式法治的理念,强调"依法而治",即通过依法治理来实现社会秩序,因而具有"国家大于法"的内在取向。
　　在古代中国,先秦法家曾在与儒家论争时阐发过"法治"思想。不过,先秦法家思想主要是针对儒家的"礼治"和"德治"思想而言的,强调国家的治理活动

---

①　〔古希腊〕亚里士多德:《政治学》,吴寿彭译,商务印书馆 1965 年版,第 167—168 页。

主要靠法律,而不是主要靠礼制和道德。他们所讲的"一断于法""垂法而治"等等,都是建立在"法自君出"前提下的,甚至是"法""术""势"的结合。这种"法治"是不能约束君主的,反而是要保障君主的专权行使和对百姓的统治。因此,这种"法治"是君在法上的,与主要是约束"统治者"的近代法治是不能同日而语的。

总之,法治是以制约权力、保障自由和权利为核心价值取向,以法律制度为主导调控形式,以普遍法律规则为根本行为尺度及生活准则的国家—社会治理方式、运行机制和秩序形态。它旨在强调权力制约、权利保障、"良法至上"和司法独立,特别是强调无论国家元首还是普通民众,都必须受法律的同等约束,因此,它必然是以民主体制为前提的,是与人治相对立的;同时,法治也不同于法制,法制更主要是指法律制度,只要有法律制度就可以称为"法制"。没有法制就不会有法治,但有了法制并不等于就有了法治。因此,秦始皇时代的严刑峻法、纳粹时代的法律恐怖都可以称为"法制",但绝不可以称为"法治"。

二、法治的构成要素

尽管法治有几百年的发展历史,法治思想和理论也汗牛充栋,但是,人们对法治的构成要素仍存在很大分歧。特别是在当代,自然主义法学派、分析实证主义法学派、社会学法学派等对法治构成要素都进行了不同视角的分析和研究,形成了关于法治构成要素的诸多看法和观点。

美国新自然法学家富勒在《法律的道德性》中认为,具有法治品性的法律制度需要具备八个要素:① 法律的一般性(即必须有规则存在);② 法律向民众颁布;③ 法律不溯及既往;④ 法律是清晰明确的;⑤ 法律无内在矛盾;⑥ 法律的现实性(不能要求公民做不可能实现之事);⑦ 法律的连续性或稳定性;⑧ 合法性(法官及其他官员的行动与法律的一致性)。①

英国新分析实证主义法学家拉兹在《法律的权威》中也列出了法治的八项原则:① 所有法律应该是不溯及既往、公开的和明确的;② 法律应该相对稳定;③ 特别法(尤其是法律命令)应服从公开的、稳定的、明确的、一般的规则的指引;④ 保障司法独立;⑤ 必须遵守公平审判、不偏不倚等自然正义原则;⑥ 法院应对下级法院、议会立法以及行政活动等具有审查权;⑦ 法院是容易接近的(不能拖延不决、费用高昂等);⑧ 不容许执法机构利用自由裁量权歪曲法律。②

非常巧合的是,英国新自然法学家菲尼斯在《自然法与自然权利》中同样提

---

① 参见〔美〕富勒:《法律的道德性》,郑戈译,商务印书馆2005年版,第55—106页。
② 参见沈宗灵:《现代西方法理学》,北京大学出版社1992年版,第192页。另参见夏勇:《法治是什么——渊源、规诫与价值》,载《中国社会科学》1999年第4期。

出了法治的八点要求：① 法律是可预见的、不溯及既往的；② 法律规则应是可能遵守的；③ 法律规则是已公布的；④ 法律规则是明确的；⑤ 法律规则是相互一致的；⑥ 法律规则是稳定的；⑦ 适用于相对有限情况下的命令是在已公布的、明确的、稳定的和一般的规则指引下制定的；⑧ 制定、执行和适用规则的官员首先是自己要遵守规则，并真正一贯地符合法律精神来执行法律。①

　　从上可以看出，不同学派的法学家给出的法治构成要素既有很大区别，同时又有很多共同性。当然，也有一些学者提醒我们，尽管"法治是一个备受赞颂的、历史性的理想，其精确含义今天也许比以前任何时候都更加模糊"，"法治在世界上的进程并不确定，而且即使是在普遍实行法治的地区也发生倒退，一个主要的解释是人们并未完全了解实行法治的条件及其所促进的价值观念"。② 然而，法治作为人类的一种生存方式、生活态度和制度文明，毕竟还是有其核心要素和底线原则。也即"作为最低标准，法治要求建立一个使政府和人民都平等地受到法律的有效约束的体制。在这种体制中法律是根据预先确定的制度制定的并且是普遍的和公开的"③。同时，人的核心基本权利（人权）应该受到尊重和保护，"假如这个核心含有承认人人都在法律面前自由且平等之意，那么至少平等对待与均衡原则可以作为基本权利以及确定法治基本权利范围的标准。只有被治者基本上是自由的，'法治'才有意义"④。可见，从最根本上讲，法治就是确保"治者"与"被治者"受到法律的同等约束，"被治者"平等的基本权利和自由能够得到保障的一种制度设计、运行机制和秩序形态。只有建立在这一核心要素和底线原则基础上，才能深入理解和把握法治的精神与原则。

　　从这一精神与原则出发，并综合各派观点，我们可以概括出如下关键性的法治构成要素：

　　（1）法律体现公众意志和权力制约、权利保障精神，制度体系健全完备。即法律不能是当权者或者立法者的主观臆断，而必须反映民众的切身利益和权利要求，体现民众的正义理想，体现对国家权力的法律控制；把法律确定为国家和社会生活的总纲与行为指南，进而纳入规范化、法制化轨道。

　　（2）法律具有公开性、确定性和一致性。即法律应该随时向社会公布，使其家喻户晓；法律必须是确定的、易于理解的，不能模棱两可、模糊不清；法律之间

---

① 参见沈宗灵：《现代西方法理学》，北京大学出版社1992年版，第79页。
② 参见〔美〕巴里·海格：《法治：决策者概念指南》，曼斯菲尔德太平洋事务中心译，中国政法大学出版社2005年版，"序言"第2页。
③ 〔澳〕切丽尔·桑德斯：《普遍性和法治：全球化的挑战》，毕小青译，载夏勇、李林、〔瑞士〕丽狄娅·芭斯塔·弗莱纳主编：《法治与21世纪》，社会科学文献出版社2004年版，第273页。
④ 〔德〕埃尔哈特·丹尼格：《新世纪初期的法治：关键问题、主要趋势与未来发展》，李忠译，载夏勇、李林、〔瑞士〕丽狄娅·芭斯塔·弗莱纳主编：《法治与21世纪》，社会科学文献出版社2004年版，第292页。

是内在一致的,不应存在严重矛盾和冲突。

（3）法律具有稳定性、连续性和不溯及既往性。即法律是稳定的、连贯的,不能朝令夕改;法律对公众而言是可预期的,不能对法律制定并实施以前的行为产生效力,这样社会成员才是安全的、有保障的。

（4）法律规范符合生活现实需要,具有可操作性。即法律规范要立足于现实需要,不能脱离生活实际;法律是能够操作的,而不能是理想化的、空洞的、无法落实的。

（5）"治者"与"被治者"共同尊崇法律权威,依法办事。即无论是国家元首、政府官员还是平民百姓,都必须同样遵守法律,不允许有任何法律之外、法律之上的特权存在,特别是国家权力拥有者、行使者更需要带头遵守法律、服从法律权威,严格依法办事、依法施政。

（6）确保司法独立、正当程序和执法司法公正。即司法机关享有真正的独立司法权,不受任何党派、政治组织、国家机关、利益群体和个人的不当、非法干预;司法机关严格按照既定的正当程序行使审判、检察权力;行政执法机关及其工作人员也必须公平执法,不得肆意擅用自由裁量权,更不得徇私舞弊、徇私枉法,以确保法律的准确、公正实施。

（7）规章命令、司法解释以及自由裁量权的行使应当符合法律原则和法治精神。在法治社会,法律是维护国家和社会生活最基本的、最权威的准则,但它却是抽象的、概括的、普遍的,因而并不是事无巨细的,更不是天衣无缝的,因此,法律的实施和运行总会存在不周全,总会需要制定相应的具体规章、细则和司法解释,总会留给执法机关和执法者一定的自由裁量权,来保障法律更现实、更灵活地适用。但是,这也容易给规章命令、司法解释和自由裁量权的制定者、适用者以太多的权力空间,因此,为防止这些权力被滥用,就要求规章命令、司法解释和自由裁量权的行使必须符合法治精神与原则,接受公众监督和法律约束,不得主观擅断和肆意滥用。

（8）法院对国家权力行为具有合宪、合法审查权。即法院作为国家独立行使司法权、维护宪法和法律的权威裁判机关,不仅具有对法律纠纷的裁决权,也具有对一切国家权力行为的合宪性、合法性进行审查的权力,以保障法律的权威和可靠遵行。

（9）保证执法司法效率,法律救济途径是畅通便民的。执法机关和司法机关在执行或实施法律时,必须讲求效率,不能效率低下、无故拖延、久拖不决;裁决、复议、诉讼等法律救济途径必须是畅通的、"成本"低的、方便百姓的,不能"门难进、脸难看、事难办",也不能"成本"过高而让人难以承受,从而使社会成员能够很方便、很容易地凭借法律,来真正维护自己的利益、主张自己的权利,促进社会公正和法律秩序。

以上要素并不是孤立的,而是相互联系和相互影响的,只有具备了这些构成要素,才能走上真正的法治道路,法治国家也才能真正建立起来。

第二节 法治国家的形成与发展

一、近代法治国家的形成

人类在很早就进行了法治的理论思考,如前所述,古希腊思想家亚里士多德就曾认为法治应包含两重含义:一是人们要普遍遵从法律,二是法律本身是制定良好的法律。① 但是,法治作为一种现实制度、作为一种生活方式,却是在近代出现的。不过,我们并不能简单地认为法治就是近代的产物,更不是资产阶级革命的"一声炮响"所带来的,恰恰相反,近代法治是在众多复杂因素作用下,经历了一个漫长的孕育发展过程。这个过程可以追溯到中世纪,特别是在中世纪中后期的多元权力斗争、平衡妥协和"市民社会"的出现,对近代法治的形成产生了至关重要的作用。在某种意义上讲,近代法治是一种在多元权力"恶"的斗争中产生的偶然的"善"果。

(一)中世纪西欧的多元权力斗争

我们经常从史书上看到关于中世纪黑暗时期的一些描述,诸如封建等级、专权特权、宗教统治等等,这些无疑造成了严重的专权统治、人身依附和等级压迫。但是,中世纪也并不是完全"黑暗"的,在某种意义上说,它也是一种"黎明"前的"黑暗",其中也孕育了分权、契约等一些现代文明的因子,特别是 11 世纪之后,随着城市的兴起,城市文明和市民精神开始出现,这些因子成为近代法治生成发展的重要动力和基石。正因如此,西方研究法治的三部名著,即伯尔曼的《法律与革命——西方法律传统的形成》、昂格尔的《现代社会中的法律》和泰格、利维的《法律与资本主义的兴起》,都是从中世纪中后期开始出现的。

众所周知,公元 476 年,蛮族入侵毁灭了西罗马帝国的辉煌文明,西欧开始进入"黑暗"的中世纪。一方面,是分裂、野蛮和战乱,另一方面却是基督教神圣力量的极度扩张。表面上看,中世纪是一种"无国家"状态,但实质上,是政治国家获得了新的表现形式,也即神权、王权和贵族权凭借领主分封制,把政治原则社会化了,私人生活领域、私人利益和要求屈从于政治附庸地位和关系,形成了国家对社会的包容、吞噬和同化。但西欧封建社会或西方专制主义与东方专制主义相比,有两个突出特点:① 有"封建契约"("领主分封制"的相互权利义务关系)的基础;② 存在着王权、神权、贵族权、市民权等多元权力斗争景观。它不

---

① 参见〔古希腊〕亚里士多德:《政治学》,吴寿彭译,商务印书馆 1965 年版,第 167—168 页。

仅形成了西欧历史的独特性,而且也为西方后来居上,率先走上现代化道路和近代法治的形成提供了重要前提和基础。这种多元权力格局表现为:

1. 教权

日耳曼、法兰克、东哥特、西哥特等蛮族人摧毁西罗马帝国后,在罗马帝国文明的废墟上建立了一些蛮族国家。在战争和掠夺的社会背景下,贵族、富豪纷纷建立自己的庄园和武装,出现庇护制。在蛮族摧毁西罗马帝国文明的时候,教会却得以幸存。在罗马帝国时期,教会从属于罗马皇帝。而现在罗马帝国原有版图上出现了若干个小的蛮族国家,教会在一夜间顺理成章地成了跨国性教会力量,并在由辉煌文明一下子跌入野蛮状态的过程中发挥着重要作用,蛮族政权一时无力接管的庞大罗马世界的行政管理,也自然落到了基督教身上。蛮族国家的国王为了能够更好地统治文明程度更高的罗马人民,便努力从教会那里寻求"合法性"。他们纷纷皈依基督教,教会则以上帝的名义,通过给国王行涂油礼、加冕等形式,使国王获得了上帝的"承认"。一旦上帝"承认"了国王的地位,在当时全民信教的背景下,王权就获得了正名,国王的统治权威也就确立起来了。① 作为回报,国王则赏赐给教会很多的领地和财产,教会也利用机会快速扩张势力,增强其权力。所以,从中世纪初期开始,就出现了政教二元化的局面。教会不仅拥有自己的教堂,还拥有土地和其他财产,很多教主渐渐成为封建贵族,教会的组织体系也延伸到社会多个层面和角落。教权的强大表现为:① 它有强大的经济实力。通过教徒捐赠和征收什一税,控制了欧洲大约1/3的地产和巨大财富,成为西欧最大领主。② 拥有智力上的优势。中世纪,教士是唯一受过教育的文化阶层,并控制学校、文化机构及社会舆论。③ 拥有组织上的优势,教会从罗马帝国继承了统一集权的组织体系,建立了系统的教阶制,面对四分五裂的国家,具有统一的和超国家的组织力量。④ 教会具有无可争议的精神权威,这一点尤为重要。教皇原意为父亲(教父),教士是牧羊者,平信徒为羊群(迷失的羔羊)。教会是上帝与教徒的中介,教会一手拿着进入天堂的"钥匙",一手拿着下地狱的"判决"。如果教会拒绝为教徒做洗礼、弥撒,拒绝主持结婚、葬礼、忏悔等仪式,就等于宣判教徒精神上的死刑;如果被开除教籍,就等于被判

---

① 如公元496年克洛维率三千亲兵接受洗礼、751年教皇为丕平加冕、800年教皇为查理曼加冕、962年教皇为奥托一世加冕等等,这些君主借助教会的神圣色彩,来获得巩固政权、平定局势以及对外扩张的合法性。

入地狱。这样,教会就"不仅是宗教的机构,也是一个经济、政治和军事的机构"①,它使欧洲变成了一个"精神的整体",并日益由精神世界向世俗世界扩张其权力,直到与王权相抗衡,乃至有时凌驾于王权之上。

2. 王权

日耳曼人入侵建立起来的蛮族国家是在征服中完成的,带有明显的原始文明的痕迹。蛮族国家建立后,由庇护制发展为分封制。因此,中世纪封建关系中的政府是建立在契约基础上的,主要确立领主与封臣的关系。根据这种契约,双方的权利和义务永远是相互的,领主虽然比封臣具有更多的权利,承担较少义务,但却没有对封臣的绝对统治权。封臣必须忠于领主,服从领主的公正统治(主要是司法审判),但以领主依照法律进行统治为前提。如果契约中的任何一方违反契约,另一方就不再受义务的约束,并有权采取行动予以纠正(往往以私人战争来解决)。国王只是一个最高一级的领主,他不是政治权力的核心,没有自己的官僚机构,政治权力分散在无数大大小小的贵族手中,这些贵族不由他任命,不受他支配,他不掌握自己的军队和税收,这些靠他的直接封臣为他提供。这就是中世纪的"个人君主制"。对于国内大多数臣民来说,国王只是通过"第二"或"第三道手"与他们发生关系,因而不存在真正意义上的国家以及国家制度、国家机构和国家管理。这样,国王就时刻面临着教会权力扩张的野心和贵族"坐大"甚至反叛的威胁,因而很难集中起像东方皇帝那样强大的统治权力,也不能肆意妄为,他在稳坐国王宝座和宗主地位之前,是不敢有过多奢望的。不过,国王作为最大封建领主,作为国家象征,仍享有一些重要特权,如行涂油礼、加冕、对外宣战媾和、征税、颁布法令等等。

3. 贵族权

法兰克等蛮族入侵时,始终是靠赠送征服土地的方式,来维持亲兵贵族对王室的忠诚和服从,并享有纳税等方面的"豁免权"。从6世纪开始,"豁免权"又由纳税权扩展到司法权,并从教会贵族扩展到世俗贵族。同时,多年的战乱导致了公共权威衰微,自由小农不得不以"契约"形式,委身投靠大封建贵族来寻求保护,这就从一开始培植并不断强化了一批具有经济实力和社会势力的贵族集团。在法国卡佩王朝时期(987—1328),是贵族权力最强大、国王权力最弱的时期。国王名义上是全国一切大贵族的宗主,也是最高一级的领主,各地大贵族是

---

① 〔美〕威尔·杜兰:《世界文明史——信仰的时代》(中),幼师文化公司译,东方出版社1999年版,第788页。另参见〔法〕基佐:《欧洲文明史——自罗马帝国败落起到法国革命》,程洪逵译,商务印书馆1998年版;〔美〕伯恩斯、拉尔夫:《世界文明史》,罗经国等译,商务印书馆1995年版;〔美〕詹姆斯·W.汤普逊:《中世纪经济社会史》,耿淡如译,商务印书馆1961年版;朱孝远:《近代欧洲的兴起》,学林出版社1997年版;王亚平:《权力之争——中世纪西欧的君权与教权》,东方出版社1995年版;黄春高:《西欧封建社会》,中国青年出版社1999年版;陈曦文:《基督教与中世纪西欧社会》,中国青年出版社1999年版等等。

他的附庸,他名义上有权要求这些贵族忠诚并尽义务,但实际上,国王与大贵族之间的关系取决于双方的实力。当时法国被一些公爵、伯爵的大领地所分割,这些公侯们在自己的领地上几乎拥有绝对的权力,他们可以铸造钱币、征收赋税、主持审判、征集军队,在他们的领地上建立起了独立王国。与这些大领主相比,法兰西国王即使不是最弱的一个,也绝不是最强的一个。这些贵族在最好的情况下,承认国王是同辈中的"老大",而实际上,他们常常根本不把国王放在眼里,不向国王履行任何封臣的义务,有的还是国王的敌人。在12—13世纪的德国,著名诗人福格尔魏德说过这样几句话:"德意志民族啊,我为你悲伤!对秩序的嘲弄——这是你的景况。甚至蚊子也有自己的国王。"[1]

然而,在这种多元权力并存的社会背景下,教权、王权和贵族权并不是和平共处的,而是经常相互冲突和对抗,并形成了一定的平衡和均势,严重抑制和削弱了专权得以存在和发展的基础。

首先,教权与王权的斗争。在中世纪,流行一种"双剑论"。它认为耶稣有"两把剑":一把剑是"精神之剑",赐给教会来掌管精神世界;一把剑是"世俗之剑",赐给国王来掌管世俗世界。但是,精神世界和世俗世界不可能是泾渭分明的,而且双方都想扩张自己的势力和"地盘",这样,两把"剑"之间的摩擦和冲突就随之而来。最典型的就是格里高利七世与德王亨利四世的"主教授职权"之争。1075年,教皇格里高利七世反对私有教会权,对根据私有教会权由世俗任命的大主教表示不信任,这触及了德王利益。德王反对并在1076年召开帝国会议,宣布废黜格里高利七世教皇之职,格里高利七世则开除德王教籍,解除所有臣民对他的誓言,并开除了所有参加帝国会议的主教们的教籍。这导致一些原本反对王权的贵族召开会议,废除德王,选举新国王。亨利四世不得不改变态度,一方面与贵族谈判,一方面表示愿向教会忏悔。1077年,亨利四世作为一个普通的忏悔者,摘下王冠,身披毛毡,赤脚在卡诺莎城堡门前等候三天。格里高利七世才接受其忏悔,撤销了对他的处罚。1080年亨利四世王权得到加强,给格里高利七世在德国扩大权力造成障碍。格里高利七世再次宣布处罚亨利四世,但亨利四世此时已得到了教俗大贵族和中小贵族的支持,他拒绝服从教皇处罚,并率军挺进罗马,废黜格里高利七世教皇,推举克莱蒙斯二世为新教皇,格里高利七世在逃亡中辞世。[2] 这一冲突表明,教权脱离了王权并能控制王权,王权头上的光环被教会摘去。

其次,贵族权与王权既有联合,也有斗争。它们联合起来是力图以世俗力量

---

[1] 参见马长山:《国家、市民社会与法治》,商务印书馆2002年版,第49—50页。另参见王亚平:《权力之争——中世纪西欧的君权与教权》,东方出版社1995年版;黄春高:《西欧封建社会》,中国青年出版社1999年版;陈曦文:《基督教与中世纪西欧社会》,中国青年出版社1999年版等。

[2] 参见王亚平:《权力之争——中世纪西欧的君权与教权》,东方出版社1995年版,第四章。

对抗教会的神圣力量,巩固其世俗特权,但他们也有很大矛盾和摩擦。我们前面说过,封君封臣封土制是以"契约"为基础的,相互有保护和忠诚的权利义务,但同时,作为封君的国王总是凭借其优势地位,想方设法巩固和扩大其王权,并加强对封臣贵族的控制。而封臣也总是竭力来维护自己的传统权力和契约权利。这场斗争也是中世纪的一幕重头戏,尤其是集中在税收、征兵、集市管理等方面。国王作为公共权力的化身,对内维持社会秩序,对外保卫疆土,都离不开贵族的支持,包括征税、招募军队等;而贵族往往以此为条件,要求国王在司法审判权、减轻赋税等方面给予让步。英国1215年著名的《大宪章》就是贵族与王权斗争的产物,它开辟了英国人自由之先河,拉开了限制王权的序幕,也促进了代议制的产生和发展。

再次,教会与贵族的联合与斗争。贵族和教会有时也会联合起来共同对付国王,反对王权扩张,但有时又相互斗争,特别是在赋税、领地方面有纷争。

可见,这种多元权力的斗争和妥协造成了一种特有的均势、平衡和妥协,普遍争取特权的斗争不仅使特权本身势力得到了化解,而且导致一切政府都是建立在契约基础上的,并反对绝对权威,从而抑制了专权的滋长和扩张。这样,"既然谁也不能消灭谁,那就必须让各色各样的原则一起存在——他们应该在他们之间订立某种协定。大家都同意各自去进行可以属于自己的那部分发展。在别处,当某一个原则占优势产生了暴政时,在欧洲,自由已成为文明因素多样性的结果,已成为它们经常所处的斗争状态的结果"①。也正是在这种多元权力斗争格局中,为欧洲城市"市民社会"的兴起创造了条件。城市"市民社会"的出现,不仅加剧了多元权力斗争的复杂性,而且成为教权、王权和贵族权之间斗争的重要砝码,使得城市"市民社会"能有很好的生存土壤和空间,进而在斗争夹缝中不断伸张自己的权力要求,并日益发展壮大,最终成为推动近代民主和法治的重要新生力量。

(二)近代"市民社会"的形成

在蛮族入侵并毁灭西罗马帝国之初,西欧的商业经济消失殆尽,城市遭到毁灭性打击。随着战争的结束,蛮族定居以后开始转向生产,即"放下刀剑,拿起犁头"。经过几个世纪的生产力恢复和农业生产技术的进步,有了农产品剩余,开始出现商业。到9—10世纪,意大利、法国南部、莱茵河和多瑙河畔的许多罗马城市开始复苏。城市最初是建立在封建主和教会领地上,教俗封建主为了增加收入而招徕工商业者,因而大都隶属于教俗封建主,有的城市同时隶属于2—3个甚至更多的封建主。封建主派家臣对城市进行统治,行使行政和司法权力,

---

① 〔法〕基佐:《欧洲文明史——自罗马帝国败落起到法国革命》,程洪逵译,商务印书馆1998年版,第24页。

征收捐税和摊派劳役。

但是,这些城市无疑是"封建海洋中的岛屿",①这一方面是指作为城市文明势力像岛屿一样弱小,被"封建海洋"包围着;另一方面则指它与周围的封建文明是"异质"的,它不是"海洋"而是"岛屿",代表着近代文明的最初样态。到11世纪,则开始了遍及西欧的城市自治运动。一些富庶的城市,常以大量金钱从领主那里赎买自治权,有的通过谈判取得自治权,甚至有的城市通过武装暴动夺取自治权。自治城市享有行政、司法、财政和军事大权,决定战争和媾和等,俨然是独立的城邦。它只在名义上从属于皇帝或大小封建主,对领主的义务仅限于缴纳一定金额的捐税,战时提供少量军队。城市里有议会(最高权力机构)、行会、司法机构,一切重大问题都由市议会讨论来决定。城市有人身自由、支配财产自由和贸易自由,不受领主限制。这吸引了广大农奴。德意志有句著名谚语:"城市的空气使人自由"(农奴逃至城市住满101天,就获取人身自由)。这样,城市就成为"表达近代生活的一种最早形式"②,并在城市里产生了除"打仗的贵族""祈祷的教士""工作的农夫"之外的"经商的市民",这一市民阶级就是近代资产阶级的前身。③

从上面可以看出,中世纪城市的城墙内呈现着与周边完全不同的另一个生活世界,他们并不太多计较出身,有着共同的法律地位;自由是他们的重要属性,每个人都可以追寻自己喜欢的生活方式。为了维护他们的商业生活和自由地位,他们必须与封建集团的特权进行斗争。因此,他们建立了城市内的民主政府,有自己的反映商品经济要求的法律体制,有自己的行业管理和税收,有自己的公共文化生活,甚至有自己的军队。正是在这里形成了最初的城市"市民社会",塑造了以个人身份加入,摆脱等级、血缘和宗教纽带的新型文明雏形。当时的市民形象可以概括为:"背插长矛(随时准备战斗),腰挂钱袋(私有财产与生命同在);一手捧着圣经(信仰基督教),一手拿着算盘(计算经济利益)"。相应地,城市"市民社会"也就成为私人利益、私人领域、私人活动的领地,是自由、平等和物质利益追求的家园,展现着个体精神和价值原则,因而与代表普遍利益、公共利益、公共活动及共同体精神和价值原则的"国家"是相对应的。后来,随着商品经济不断发展和城市扩张,城市"市民社会"精神与原则渐渐辐射到了全社会,这也就使城市"市民社会"过渡到近代"市民社会"。个性获得了巨大解放,代表着人类由群体活动、先赋角色、伦理联结向个体活动、后致角色、利益联

---

① 参见金观涛、唐若昕:《西方社会结构的演变》,四川人民出版社1985年版,第172—175页。
② 〔美〕詹姆斯·W.汤普逊:《中世纪经济社会史》(下),耿淡如译,商务印书馆1963年版,第407—408页。
③ 参见〔美〕威尔·杜兰:《世界文明史——信仰的时代》(中),幼师文化公司译,东方出版社1999年版,第896页。

结的进步取向。城市"市民社会"的兴起,也加剧了中世纪西欧权力斗争的复杂性,这不仅使原来的"三元权力鼎立"转化为"四元权力格局",也在封建权力斗争中注入了现代性因素,从而改变了历史的发展方向。①

(三)"市民社会":近代法治的根本社会动力

如前所述,如果没有城市"市民社会"的出现,国王、教会和贵族的斗争仍将是封建特权的内部斗争,也许有一天权力平衡和均势会被打破,专权的形成仍是不可避免的。但是,城市"市民社会"的出现,则将自由平等、世俗利益、个性追求等注入其中,因而也就成为多元权力斗争中的关键砝码和推动近代民主和法治的重要动力。

随着城市的兴起和发展,基于各自的现实利益考虑,国王与城市开始走到了一起,一方面城市利用王权开辟统一市场、统一关税和法制,另一方面国王则利用城市力量来反对教会、贵族并获取经济收入,推动了"市民社会"的扩展和壮大。然而,当宗教权威和贵族势力开始逐渐衰退、国王和市民阶级力量不断强大的时候,国王和市民阶级的深层矛盾就突显出来了。因为,国王与市民阶级"合作"并不是为资本主义发展开辟道路,而是想利用市民阶级来对抗教会和贵族;市民阶级"支持"国王也并不是帮助他坐上真正的君主地位,而是想利用国王所代表的"公共"之力来推进资本主义发展。可惜的是,当国王由原来的最高封建领主变成了真正的一国之君,王室的财务总管、税收官、法庭等等就变成了国家财政部、税务官署及法院。也就是说,国王由个人性质的权力变成了具有公共性质的权力,并建立起了庞大国家机器和常备军,具有主权、人口和领土要素的民族国家形成的时候,城市"市民社会"的私有精神和个人权利追求扩展到全社会,市民阶级不断壮大并演变为近代资产阶级,同时一些教俗新贵也开始融入新兴资产阶队伍。这一过程实际上也就是近代"市民社会"与政治国家的二元对立发展进程。随着商品经济和"市民社会"的进一步发展,新型资产阶级和王权之间的矛盾日益激化,最终由原来的"称兄道弟"走向"大打出手",终于在17—18世纪爆发了资产阶级"市民社会革命"并推翻了专制王权,把国家权力还原为真正的公共权力,并承诺代表普遍利益和公共精神,使国家只能作为"守夜人",服从服务于"市民社会"的要求。"市民社会"也就成为特殊利益、私人利益的真正家园,展现着私人权利、个性自由和世俗追求。也就是说,国家的存在完全是为了保护个人的自由权利和利益追求而存在的。这一历史进程产生了"市民社会"权利的主张、制约公权力的诉求、"良法之治"的渴望、"市民社会"权利保护的理性化程序化等等,②特别是在如下两个关键方面对法治的形成和发展具有

---

① 参见马长山:《国家、市民社会与法治》,商务印书馆2002年版,第44—100页。
② 同上书,第74—110页。

重大促进作用:

第一,公共权力的契约性复归和统治合法性的确立。我们说中世纪是一种"无国家"状态,没有真正的公共利益和国家权力,但 14—15 世纪时发生了重大变化。由于欧洲的多元权力斗争性质,使得其传统政治结构中议会占据了十分重要的地位。贵族、教士、市民通过议会成为王权的重要制约力量,英国、法国、德国等都是如此。后来在市民阶级支持王权对抗教会和贵族力量的过程中,使王权急剧膨胀,成为公共权力的化身,出现了 16—17 世纪的专制主义时代。但此时的"市民社会"力量也在增长,他们往往以第三等级进入议会,并渐渐成为主流。他们通过议会斗争争取民主自由权利,最后在启蒙运动推动下爆发了资产阶级"市民社会革命"。这一革命,在英国,是颠倒了王权和议会的关系,确立了使王权屈从于议会的君主立宪制;在法国,是彻底打碎了旧制度,建立了宪法政治的共和国;在美国,则是推行三权分立的宪法主治,建立起"民有、民治、民享"的民主政府。他们主张,政府不是人们为谋利而开设的店铺,而是一种信托;政府本身并不拥有权利,而只负有义务。这样,就在民主契约的价值原则下,确立了人民主权,国家权力也必须恢复其公共权力的本来面目,并服从服务于"市民社会"的需要,国家权力的合法性也就由宗教神谕的上帝("君权神授""双剑论"等)转移到民众手中。这样,议会就成为"市民社会"利益和要求的代表,通过议会行使立法权来制定"良法",国家权力的运行必须服从法律规则和要求,实现"良法之治"。用英国法学家维尔的话说,是"国王和人民都受为人所知的法律的管制"[①],也就是说,是"法律的统治而不是人的统治",法律至上原则和精神就得以确立。

第二,"市民社会"权利对国家权力的分割制约。恢复公共权力的本来面目,只是要求国家权力服从服务于"市民社会"权利的基础和前提,它只解决了公共权力的性质问题。要有效地控制权力专断、扩张和腐化,还必须以权利对权力的范围进行分割框定和制约。这一分割和制约是通过议会与王权的斗争和妥协来完成的。16 世纪以后的议会已成为新兴资产阶级的代表,他们主张和捍卫自由与财产权利。特别是英国下议院,在 1610 年提出了著名的权利请愿书,认为除了普通法以外,他们不受任何扩大到他们的生活、土地、身体或财产上的任何惩罚,并要求为自由起见,政府大可放下一切职能,只需保留国防、维护国内交通和社会治安等功能就够了。国家权力仅限于"守夜人",而其余都是"市民社会"的自由民主权利。这样,就用"自由主义剃刀",把原来集中的国家权力进行了多元化分割,把它化解为每个社会成员切实享有的广泛化、世俗化的自由和权利,从而从外部使权力"由大变小"。与此同时,已被分割得十分有限的权力仍

---

① 〔英〕维尔:《宪政与分权》,苏力译,三联书店 1997 年版,第 30 页。

具有扩张性,为防止其扩张和腐化,还必须实行权力内部的分立制约,即三权分立。通过权力之间的相互钳制和制衡,通过建立司法审查制度(美国)或行政法院(法国、德国),来限制国家权力的滥用和保护社会权利,从而从内部使权力"由集中变分散"。这样,就通过"市民社会"权利分割国家权力和对国家权力在内部进行分工制衡两个向度,确保国家权力受到法律规则的拘束,纳入法制框架之中,实现"良法之治",以使社会成员的自由和权利得到充分有效的保障。

从上面分析可以看出,西欧历史独特性就在于,它呈现了一种多元权力均势,诚如19世纪法国著名史学家基佐所分析的那样:神权政治的、君主政治的、贵族政治的及民主政治的成分并存,也存在着无数程度不等的自由、财产和势力。这些多色多样的势力处于不断斗争的状态,但却没有一种势力能消灭其他势力而占有整个社会。这样,各种势力就只好在一定程度上妥协共存。在其他地方,当一个原则占优势的控制地位而产生暴政时,在欧洲,多样性斗争、妥协则产生了盛行于今天的自由。① 可见,这种多样性和斗争性造成了四个具有重大历史意义的结果:① 它使得专制权力难以滋长和扩张,从而为限制权力、保障权利、维护自由奠定了重要基础;② 各种互相斗争的势力为了获得正名,都想方设法为自己的存在寻求合法性理由和根据,这就导致了对法律的尊重(如教皇和国王斗争纷纷寻求《圣经》中的合法根据,9世纪时大主教欣克马甚至不惜伪造《艾西多尔教令集》);③ 多元权力斗争和均势为近代"市民社会"的生长和扩张提供了良好的机会和生存空间;④ 教俗贵族、市民阶级和国王等的多元权力斗争给象征国家权力的国王带来了重大的压力,促进了"三级会议"的出现和《大宪章》的诞生,最终推动了近代民主代议制的形成。这就推进了"市民社会"和国家二元化分离与对立的发展进程,而这一结构的出现则揭开了历史新篇章。一方面,它展现了个人权利和自由、私人利益和私人活动针对国家权力和公共活动领域的斗争,要求无论国王还是臣民都得遵从法律,从而就以高度权威的、普通有效的至上法律规则,来调整、规范和平衡权利与权力、自由和强制、特殊利益和普遍利益、私人领域和公共领域的矛盾和冲突,并通过限制国家权力来保护个人自由和权利,通过民主代议制来制约国家权力和消除专制。另一方面,"市民社会"的出现和发展则把个人从封建等级和王权控制的枷锁中解放出来,使社会成员成为一个个独立的、自由的、斤斤计较的"经济人",它也形成了"市民社会"内部多元复杂的个人利益、色彩纷呈的私人活动之间的矛盾和冲突。它同样需要权威性、普遍性的至上法律规则,来对社会成员间的权利义务进行界定和

---

① 参见〔法〕基佐:《欧洲文明史——自罗马帝国败落起到法国革命》,程洪逵译,商务印书馆1998年版,第23—24页。

平衡,这就必然要求确立"法律的统治",并构成了法治的基础和界限。① 就像19世纪英国著名法学家戴雪所称的"全国人民以至君主本身都须要受治于法"②。近代法治也就应运而生,进而影响了世界。

二、法治国家的不同历史模式

经过17—18世纪资产阶级"市民社会革命",相继在英美和欧洲大陆国家建立起了近代法治,但是,这些国家的法治在确立、发展并走向现代法治进程中所表现出来的模式却大不相同。主要有以英国"法的统治"为代表的社会优位型法治模式和以德国"法治国"为代表的国家优位型法治模式。

(一) 社会优位型法治模式

这一模式主要是以英国"法的统治"(the Rule of Law)为典型代表。"法的统治"意味着"法律主治",意味着国家和社会事务及人们的活动都必须接受且只接受理性、正义之法的统治,即使最高统治者也不例外。其主旨在于保障"市民社会"权利、个人自由和限制国家权力。"法的统治"主张,治理社会不应靠君王意志,而应由法律来统治,但进行统治的法律必须是正义的、优良的,这样的法律也才能获得遵守,因而"法的统治"就是"良法之治",这无疑形成了注重法律价值和实质要件的"实质意义上的法治"。它具有古典文化传统的渊源,③并在中世纪中后期的英国得到了弘扬,最终与"议会主权"一起成为英国宪法的重要原则。1066年的"诺曼征服"拉开了英国君主制度发展的帷幕。军事征服建立的国家导致了其主权的强大,使得"在所有欧洲国家中,英国是封建化最彻底的国家"④。征服者威廉为巩固其统治,将没收的土地除一部分留作私人领地外,其余按诺曼底分封方式,分配给军事部下和高级教士。但英国实行"我的附庸的附庸也是我的附庸"原则,大大小小的封建主都要向威廉行臣服礼,并宣誓永远效忠于威廉,国王成为名符其实的全国最高领主。不像法国实行"我的附庸的附庸不是我的附庸"原则,随着土地的层层分封,权力也层层下放,国王被架空,成为虚有其名的最高领主。⑤ 然而,历史的戏剧性发展很快就表明,在欧洲大陆国家主权日益强大并走向君主专制时代的时候,英国王权的增长反而开始受到贵族和市民阶级力量的有效扼制。从1215年《大宪章》到1258年《牛津条例》,再到1628年的《权利请愿书》和1676年《人身保护法》,从1258年宫廷会

---

① 参见马长山:《国家、市民社会与法治》,商务印书馆2002年版,第127—181页。
② 〔英〕戴雪:《英宪精义》,雷宾南译,中国法制出版社2001年版,第228页。
③ 参见〔英〕哈耶克:《自由宪章》,杨玉生等译,中国社会科学出版社1999年版,第242—244页。
④ 程汉大:《英国政治制度史》,中国社会科学出版社1995年版,第38页。
⑤ 同上书,第37—38页。

议到 1265 年伦敦会议①,再到 1343 年上下两院的形成,王权不断受到法律的限制和议会的制约。应当说,封建贵族、教会、市民与王权之间的多元对抗与妥协,是中世纪中后期的普遍特征,但是,英国与大陆国家所不同的是,"没有一种旧因素彻底消亡,也没有一种新因素彻底胜利,或者某一种原则取得了独霸优势。各种力量总是在同时发展,多种利益和要求总是在折衷调和",即使是在正当纯君主制如日中天的都铎王朝时代,我们也会"看到民主的原则、公众的力量在同时兴起和壮大",而不像大陆国家,"包括宗教界和世俗界在内的多种社会因素——君主制、贵族统治制、民主制,不是齐头并进,而是首尾相接"。② 这使得中世纪英国有一种特殊的权力均衡,王权强劲有力,但要受到习惯法和议会的某种约束,王侯之间实力对比上的均势,在其中起到了关键作用。③ 这种更为复杂、更为活跃的社会政治局势,不仅促成了国王、市民和封建贵族在复杂斗争中常常两两结盟,以遏制一方不占绝对优势的机制,推动了英国议会的成长和职能强化,④而且为近代"市民社会"的成长和扩张提供了极为有利的条件和机会,并创造了宽容和自由的社会精神,形成了英国反抗王权、维护权利的自由主义传统。这无疑加速了英国"市民社会"及其契约经济的发展进程,使其"市民社会"的力量日益强大,并逐渐能够左右国家前进的方向,并于 1688 年以"权利法案宣布了以'法的统治'为宪法原则的宪法文书"⑤,使英国自由的传统原则得到重申、确认和进一步弘扬。正是以新兴资产阶级为代表的市民社会力量,通过议会形式与王权进行长期斗争,并在哈林顿、洛克等人的法治思想鼓舞下,形成并发展了"英国人受法律的统治而且只受法律的统治"的法治模式,它包含着这样一种观念,即"除了代议制立法机构的权力之外,所有政府权力都应当由适当明确的法律来分配和限定"⑥,这样,作为"市民社会"代表的议会,就获得了至上的主权地位,并通过"法的统治"把国家公共权力框定在法律规则之下,以制约国家权力来保护个人的自由和权利,使国家权力服从服务于"市民社会"的权利、利益的主张和要求,从而形成"自由民主"的社会优位型法治模式。当然,英国这种法治模式的发展局限性也是十分明显的,尤其是议会主权不受法律拘束,会导致议会像国王一样专断地行动,从而有悖法治精神。也正因如此,"法的统治"

---

① 1265 年伦敦会议被史学界视为近代议会的起源。
② 参见〔法〕基佐:《欧洲文明史——自罗马帝国败落起到法国革命》,程洪逵译,商务印书馆 1998 年版,第 218 页。
③ 参见马克垚:《英国封建社会研究》,北京大学出版社 1992 年版,第 85 页。当然,造成英国这一种特性的因素是很复杂的,可能有征服因素、内外战争因素、王室权力斗争因素、城市和产业复兴因素、宗教因素及民族性格因素等等。
④ 参见金观涛、唐若昕:《西方社会结构的演变》,四川人民出版社 1985 年版,第 194 页。
⑤ 〔日〕畑中和夫:《法的统治与法治国家》,林青译,载《外国法译评》1997 年第 4 期。
⑥ 〔英〕W. Ivor. 詹宁斯:《法与宪法》,龚祥瑞等译,三联书店 1997 年版,第 34 页。

模式在随后的美国宪法法治中得到了进一步发展,其突出表现,就是建立了以对立法机构加以限制为主旨的司法审查制度。"美国人曾通过保卫住宪法,从而保卫住了自由"①。这反过来又对英国产生了影响。

(二) 国家优位型法治模式

这一模式主要以德国"法治国"为典型代表。"法治国"(Rechtsstaat)的理论在某种程度上可追溯于康德和洪堡。② 它主张国家依法进行统治或"依法施政",即"依法律之方法,正确规定并确保国家作用之方向与界限,以及市民自由之领域"③。"法治国"主要强调法律的实施,并不过多考虑法律是良还是恶,认为只要是法律就该遵守,执行、实施了法律就是法治国。这就形成了注重法律的形式要件,不大追问法律价值的"形式意义上的法治"。它并不像英国"法的统治"那样强调"法大于国家",而是以康德和卢梭的"公意""人民主权"思想来强调"国家大于法"。法治国之所以发端于德国,有其深刻的社会历史原因。在13—15世纪,德意志曾是欧洲"最杰出的"市民国度。它既不像法国,也不像意大利,而是"自由城市的国家"④。其整体经济水平到16世纪已居欧洲首位。但是,德国从9世纪到19世纪一直处于分裂状态,长达1000年之久,王权衰微。虽然城市十分发达,但因王权十分弱小,教会力量强大和封建势力顽固而无法统一起来,王权未能占据社会主导地位。当16世纪西欧改革运动使西欧大部分地区市民社会快速发展,并逐渐过渡到近代资本主义文明之时,德国却处于"神圣罗马帝国"的梦想之中,"导致民族国家、主权国家的建立进程停滞,工商业和农业发展延缓,成为旧封建主义文明的殉葬品"⑤。这样,就造成了德国"市民社会"发展速度放慢乃至停滞,议会也与英法不同,"市民社会"代表的成分很小,而成为封建贵族的表决器。于是,就导致了封建国家力量的强大和"市民社会"力量的弱小,因而1848年德意志革命与英法革命的一个重大不同,就是要实现统一德国和推翻专制两大目标,但最终由容克领导了德国的统一,新兴资产阶级与容克相妥协而建立了宪政体制,并实行了"自上而下的结构改造",⑥建立统一市场、统一货币、统一关税、统一司法等,推进自由贸易和工商业发展,从而建立起"自由资本主义"制度。同时,英、美、法在经济、政治乃至军事上日益崛起强大和对外扩张,也给德国带来了巨大压力,尤其是对法国革命干涉战争的失败,深深刺激了德国。当时以德国为首的后进国,不可避免地要面临向资本主义和

---

① 〔英〕哈耶克:《自由宪章》,杨玉生等译,中国社会科学出版社1999年版,第297页。
② 同上书,第307—308页。
③ 黄国瑞:《法治国思想与法之支配理论》,载《宪政时代》1990年第3期。
④ 〔美〕汤普逊:《中世纪晚期欧洲经济社会史》,徐家玲等译,商务印书馆1992年版,第172页。
⑤ 朱孝远:《近代欧洲的兴起》,学林出版社1997年版,第406页。
⑥ 参见〔美〕斯科克波尔:《国家与社会革命》。转引自钱乘旦、刘金源:《寰球透视:现代化的迷途》,浙江人民出版社1999年版,第52页。

立宪体制过渡的问题,但它们是采取非革命手段完成的。可见,当时的过渡是不得已采取的"逆向型改革",即"自上而下的近代化"的形式。① 就是在这一背景下,受英、美、法的法治思想之影响,同时又偏重于国家的法治国理论,开始兴起并逐渐付诸实践。法就简单地成为国家权力运作的规则和保障。于是人们很快就发现,"宪法颁布是颁布了,法治国家宣布是宣布了,但实际是警察国家依然故我。要保障公共法律及其个人主义的基本权利原则,由谁来充当卫士呢? 不是别人,正是基本法律本来要对其扩张活动范围的势头加以防止的那些行政机关"②。这样,虽然使用法治国家的近代词汇,包装上近代国家的外观,但普鲁士的封建、绝对主义权力仍继续存在。③ 为此,在普鲁士议会里不得不进行围绕"法治国家"原则的多场斗争,直到19世纪才创立独立的行政法院。"正是在德国这里,以宪法来对一切政府施加限制,尤其是以由法院来对一切政府施加限制和由法院来执行的法律对行政机关的一切活动加以限制,这一点已经成了自由主义运动的中心目标。"④"法治国家"才被赋予新的内涵而有所改观,但主导倾向仍然是国家优位型的"法治国家"。

这里需要指出的是,日本近代化进程与德国有诸多相似之处,尤其是其历史发展进程中所导致的强国家、弱"市民社会"的结果,而且它是在西方文明压力下后发进入资本主义体系的,因而自然很容易接受德国"法治国"的理论和实践。法国虽然与德国的"法治国"不同,但它也不是英国式的"法的统治"。这不仅因为它属于大陆法系而非英美法系,更深层的背景原因则是法国过于浓重的专制主义传统导致的其行政权力的庞大,加之受卢梭"人民主权"思想影响和对分权原则的过于极端的理解,导致了国家行政权力的强化。直到后来的发展中,行政法院由最初保证立法机关意图的忠实执行,转化到保护公民权利免受行政自由裁量权的侵犯,法治的理想才重现光辉。

三、法治国家的当代发展变革

不管是社会优位型的"法的统治",还是国家优位型的"法治国",从19世纪末20世纪初都开始出现相互接近的倾向。在英国,管理私人生活和公民财产的行政权力机构呈现快速增长之势,且新的社会和经济立法赋予这些机构以不断增加的处置权,"更为极端的是,法律甚至赋予行政机构决定某种'一般原则'的权力,依据它可以剥夺公民私产。这样,行政机构就拒绝使自己受制于任何固定

---

① 参见〔日〕杉原泰雄:《宪法的历史——比较宪法学新论》,吕昶等译,社会科学文献出版社2000年版,第40页。
② 〔英〕哈耶克:《自由宪章》,杨玉生等译,中国社会科学出版社1999年版,第313页。
③ 参见〔日〕畑中和夫:《"法的统治"与"法治国家"》,林青译,载《外国法译评》1997年第4期。
④ 〔英〕哈耶克:《自由宪章》,杨玉生等译,中国社会科学出版社1999年版,第312页。

的规则"。这就形成了一定的行政权力扩张趋势,对"法的统治"原则的尊重也明显下降。这种状况在美国也同样存在。① 这就难免出现了"法治国"的某些因素和倾向。另外,在德国等大陆国家则出现了相反的发展倾向,也即自 19 世纪六七十年代以后,就开始创设行政法院来监控行政权力,强调法律对权力的约束和限制,以防止行政权力威胁个人自由和权利,从而开始为"法治国"注入实质内容和"法的统治"要素,直至联邦德国基本法实现了由"形式法治国"向"实质法治国"和"社会法治国"的转变。与此同时,"法的统治"和"法治国"理论也在基本概念、强调人权、重视行政权和用征税完成社会福利等方面发生了趋同。②

两种法治模式的相互转化及趋同,根植于西方国家的"国家社会化"及"社会国家化"的新变化。对"法的统治"的典型——英国来说,"资本主义已经处于垄断阶段,自由商品交换关系都在国家介入之下进行,以消极国家乃至司法国家向积极国家乃至行政国家的转变受到承认,行政权的扩大乃至权力向行政权方面集中的现象,任何人都一清二楚。这必然会向行政部门授予司法权限或准司法权限,进而授予准立法权限。行政法的形成也发展到不可避免的局面"。这样,"法的统治"的基础就发生了动摇,同时,为实现福利国家,则允许向一切领域扩大、加强行政干预,这自然就不再像过去那样主张"法的统治",而是更多主张"依法律统治"。③

对于"法治国"的典型——德国来说,"由于现代社会结构复杂,法律变动甚速,法律数量亦多,所以,由宪法理念及其他正义观念浓缩而成的较少量但高层次(位阶)的'法价值',就变成追求实质法治国理念所不可或缺的判断标准了。换言之,法治国观就如同名学者佛斯多夫(E. Forsthoff)所称的已成为一种'反求诸己'的'内向型法治国'(Introvertierter Rechtsstaat),将法治国的重心朝向人民内在权利的保障及正义的实现"④。这就意味着,"法治国"也不再单纯注重依法而治,也开始强调法律的正义性和优良性了。可见,社会优位型法治与国家优位型法治,都在新的社会条件和环境下不断调整自己,以适应时代发展的需要,两种法治模式不得不相互借鉴和吸收,而且这种趋势在福利国家发展进程中日渐明显。但是,法治的精神与原则,尤其是法律至上、权力制约、权利保障等法治核心思想,却在新的历史发展中得到了进一步的弘扬。1955 年的《雅典法案》和1959 年的《德里宣言》,就是这些精神与原则的重新确认和阐发。⑤

---

① 参见〔英〕哈耶克:《自由宪章》,杨玉生等译,中国社会科学出版社 1999 年版,第 384 页。
② 参见黄国瑞:《法治国思想与法之支配理论》,载《宪政时代》1990 年第 3 期。
③ 参见〔日〕畑中和夫:《"法的统治"与"法治国家"》,林青译,载《外国法评论》1997 年第 4 期。
④ 陈新民:《德国十九世纪"法治国"概念的起源》,载《政大法学评论》第 55 期,1996 年。
⑤ 参见〔英〕哈耶克:《自由宪章》,杨玉生等译,中国社会科学出版社 1999 年版,第 392 页;龚祥瑞:《比较宪法与行政法》,法律出版社 1987 年版,第 82 页。

第三节　法治国家的社会基础

在回答"法治是如何产生的"也即西方法律传统如何形成和法治秩序如何出现这一问题的理论著述中,韦伯强调的是"理性主义"的力量,伯尔曼突出的是"教皇革命",泰格和利维关注的是市民阶级(资产阶级)的"造反"运动或"市民革命",昂格尔则指出它是"多元集团"和"自然法观念"的结合所致。① 事实上,西方法律传统的形成及近代法治的确立,乃是多因之果,既有宗教信仰的、理性文化的、民主政治和市场经济的因素,也有社会结构的、观念变革的等等因素。但从根本上看,还是在多元权力斗争、平衡、妥协和"市民社会"崛起过程中孕育出来的。在当代,多元社会机制的良性发展,奠定了法治运行和发展的重要社会根基。

一、社会与国家的恰当平衡,要求确立法律的至上权威

国家与社会的分离是人类进入文明社会的标志,人们既要享受家庭、私人交往等等尽少受干预的私人生活,也要进入涉及普遍利益、共同福祉的公共生活。国家本来是为保障私人生活秩序和提供公共利益、实现公共管理而出现的,然而不幸的是,国家权力的主宰者从一开始就把国家异化为一种"虚幻"的普遍利益、公共利益,使它成为假借"公共"之名来谋求自己特殊利益的工具。这样,公共利益也就为统治阶级所篡夺,并利用手中的权力来攫取社会成员一定的私人利益为己有,同时又披上了合法的外衣,从而使得国家吞噬了社会,法律也因而在更大意义上成为维护阶级统治秩序和社会秩序的工具。尽管在古希腊城邦、罗马共和国黄金时代和中世纪前期,曾有明显的尊法重法倾向,但是,古希腊公民因国家与社会的复合而被城邦"吞没",个人利益囿于"普遍利益"之中而没有真正的个人自由,包括罗马共和国黄金时代也大致如此。在中世纪中前期,社会结构是按照严格的封建等级建立的,国王、封建领主及附庸的权利和义务也是明显不对等的。因此,这种当时的"法律统治"也是以王权统治和等级特权秩序为前提的。同样,在东方专制主义及非洲专制主义国家,法是"帝王工具"的认识和实践更是走向极致。这样,就导致神权和王权在法之上而不是在法之下,因而法律的至上权威就难以确立,广大社会成员力图夺回其真正公共利益及保护其

---

① 参见〔德〕马克斯·韦伯:《新教伦理与资本主义精神》,于晓等译,三联书店1992年版;〔德〕马克斯·韦伯:《儒教与道教》,洪天富译,江苏人民出版社1999年版;〔美〕伯尔曼:《法律与革命——西方法律传统的形成》,贺卫方等译,中国大百科全书出版社1993年版;〔美〕泰格、利维:《法律与资本主义的兴起》,纪琨译,学林出版社1996年版;〔美〕昂格尔:《现代社会中的法律》,吴玉章等译,中国政法大学出版社1994年版。

私人利益的斗争也从未停止过。

随着近代"市民社会"的形成和发展,才在多元权力斗争中逐渐孕育个人主义追求、自由权利信念和"法律的统治"精神,特别是资产阶级"市民社会革命"之后,真正开辟了"市民社会"与政治国家之间二元对立、冲突与协调的矛盾发展进程。人们开始依据"社会契约"思想,为"自由放任"的私人利益、私人领域和天赋人权而斗争,要求国家只能是管事最少的"守夜人",并要"回归"其本来的"公共"面目,使其成为旨在保护多元化、世俗化的私人利益、私人权利和个人自由而设定的公共机构。在这一历史进程中,国家是"一项可由老子传给儿子的私有财产"的古老观念被摧毁了,"政府的权力不再能被用作以牺牲多数人的利益来为少数人谋利"[①],政府权力也就成为协调私人利益、追求公共利益的化身。这样,专制权力就失去了存在的理由,而划定国家权力行动边界,防范、制约和抗衡国家权力就成为必要,对"市民社会"中释放出的多元利益、权利和自由之间合作、竞争、冲突的规范和调适也迫在眉睫。面对这种现实,宗教和道德都显得无能为力,只有普适性、确定性、理性化的法律才能胜此重任,进而成为界定、确认、规范、保护公共利益与私人利益、私人利益与私人利益关系的权威规范和根本准则,而政府和公民之间的"社会契约"也就落实为宪法,以"市民社会"对抗国家为基础的近代法治精神与原则就这样确立起来了。

应当说,以"市民社会"对抗国家为基础的近代法治,把人们从专制社会中解放出来,极大地释放了个人权利和自由,从而把国家权力限定在"最小化"的"守夜人"范围内,并在"产权私有、契约自由、责任归己"原则上建立起社会经济秩序。但是,它的不足也随着社会的进一步发展而日益暴露出来。首先,"守夜人"国家的公共权力仍不能从根本上改变其异化和扩张的本性,而单个人面对国家权力时却显得十分弱小,权利保护和权力制约仍是个问题;其次,大量释放解放的私人利益也呈现一种膨胀性欲求,主张权利而规避义务甚至滥用权利的情况较为严重,导致社会矛盾突出和秩序危机;再次,过度的自由竞争造成了严重的贫富两极分化,简单的个人权利宣告对下层民众而言只是一种无法兑现的空洞承诺等等。为了缓解这些矛盾和危机,"福利国家"时代就应运到来了。它改变了"守夜人"的被动角色,主张扩大国家权力干预和公共利益范围,特别是通过"杀富济贫"的方式来缩小贫富差距、为低收入者提供福利和生活保障、限制垄断和不正当竞争、强化社会责任和义务等,从而大大强化了国家规划、调控"市民社会"的功能,这无疑又造成了公共利益对私人利益和社会自由的限制和侵蚀,助长了政府权力的扩张和滥用,不仅打破了"三权分立"的平衡,普通民众

---

① 〔美〕伦斯基:《权力与特权:社会分层的理论》,关信平等译,浙江人民出版社1988年版,第332页。

亦被排斥在公共决策之外。这不仅使启蒙时期以来的制度理想受到挑战,也导致了法治困境和危机。

这表明,"市民社会"对抗国家或者国家规划"市民社会"都不再适应新时代的发展要求。事实上,在当今全球化时代,面对公共利益的迅速增长和国家权力的不断扩张,如果没有社会自由和权利对公共利益和国家权力的分解制衡,就失去了民主、自由和法治的基础,这是至关重要的前提;但是,面对权利"爆炸"和私人利益冲突,如果没有"公共利益"和国家权力对社会权利和自由的协调保障,社会权利和自由也难以实现,包括现代公司权力的扩张和滥用也需要国家权力和个人权利的制约平衡来予以控制。这样看来,"一个多元社会若想维持,它们之间的平衡必不可少"[①]。通过这种恰当的互动平衡,既防止权力的专断腐化,也抑制权利的冲突无序。这种恰当平衡是在近代"市民社会"向当代多元社会转型的过程中得以实现的。也就是说,为更好地制约国家权力和更切实地保障个人权利与自由,捍卫法治精神与原则,人们需要从"消极个人"走向"积极公民",通过建立多种多样的民间组织,既以个体力量更以群体力量来表达利益主张和权利诉求,并进行广泛的民主参与和社会治理;通过媒体和网络等进行意见表达而形成公共舆论,对公共政策形成重要影响;通过环保运动、女权运动、民权运动等社会运动,推动政治生活民主化和权利保障等等。这些多元机制和公民行动,既限制了公共利益范围和国家权力活动的方向,又决定了政府干预的限度,捍卫了公民权利和自由,并在多元化的个人利益、群体利益、公共利益的恰当平衡中建立社会秩序,因而"它本身就是规制个人与国家关系的所有规则的源泉"[②]。这样,各种势力和利益所表达、转化出来的要求就开始创造法律和诉诸法律,[③]这些"法律之所以存在,因为人们继续不断地评估和重新评估利益,因为他们希望利益调和,因为他们希望保障他们本身的利益和承认尊重他人利益的正当。这种相互的权利义务观念是建设政治社会的基石"[④]。可见,在多元社会和国家的复杂平衡条件下,在私人利益、群体利益与公共利益的多元冲突与协调过程中,必然要求法律进行权威性界定、严密化规范和制度化保障,使得多元势力和利益方都来参与法律规则的制定,并按照预先设定的规则行事,从而共同信守"法律的统治"原则和"法律至上"精神,建立法治秩序和促进法治的当代发展。

---

① 〔英〕安东尼·吉登斯:《第三条道路及其批评》,孙相东译,中共中央党校出版社2002年版,第57页。
② 〔法〕莱昂·狄骥:《公法的变迁·法律与国家》,郑戈等译,辽海出版社、春风文艺出版社1999年版,第10页。
③ 参见〔美〕劳伦斯·M.弗里德曼:《法律制度——从社会科学角度观察》,李琼英等译,中国政法大学出版社1994年版,第174—175页。
④ 〔荷〕克拉勃:《近代国家观念》,王检译,商务印书馆1936年版,第57页。

二、公民权利的纵向分解指向，扼制了国家权力的专断膨胀空间

近代法治的产生与运行是以权力制约和权利保障为基础和核心的，并强调"治者"与"被治者"同样服从既定的法律，①它的基本前提是反对权力专断，实现国家生活的民主化。要做到这一点，首要的问题就是分权。近代法治也正是通过"三权分立"原则和制衡机制来遏制专断权力的，它属于权力内部的、横向的分权。这固然是十分必要的、关键的，但却是不够的。因为如果国家权力本身的总量十分庞大，无论对它进行怎样的"三分"，每一部分仍然很大，仍然具有很强的扩张性和侵犯性。因此，对其进行内部的、横向的"三权分立"的同时，更需要外部的、纵向的分权，这样才能把国家权力"由大变小"，这可能是更基础、更根本的分权。换句话说，国家权力越大，社会自由和权利就会越小，反之亦然。因此，限制国家权力、推进民主化的根本途径，就是缩小国家权力，尽量转化为普遍性、多元性的社会权利和自由。也只有这样，权力内部的、横向的"三权分立"才更为有效。

多元社会的结构基础在于利益的普遍分化和私人领域的兴盛，其价值原则就是个人主义、世俗主义、理性主义、多元主义和规则主义，其核心导向无疑就是反抗专断权力，主张自由和权利、倡导社会自我管理和自主自律。因此，它不可能接受从上至下的单向"管理—服从"关系，而是必然要求与国家建立"民主契约"关系。在这种"民主契约"关系中，赋予每个人以不可剥夺的公民权和人权，国家权力应服从、服务于多元社会的广泛自由和权利。这样，就把原来庞大的国家权力分割分解成多元化的自由和权利，并分散落实到每个公民头上，形成一个多元、自由的社会。其中"每个个人都有一个受到承认的私人领域，是同公共领域划分得一清二楚的，单个私人不能被命令来命令去，只能要求他服从对所有人都一视同仁地适用的规则"②。这样，每个公民的自由和权利都成了国家权力不能随意逾越的边界，国家权力也就不得不局限在较小的、可控的范围内，从而消除了国家集权和权力专断的社会基础。这就意味着，政府必须在民主决策的基础上制定公共政策，并且只有在执行广泛保护生产、自由和财产的普遍规则时，才可以合法地干预多元社会，而"法律沉默则一切自由"③。因此，"法治就成了对强制权力至关重要的限制，成了个人自由的条件"④。

---

① See Joseph Raz, The Authority of Law, Clarendon Press, 1979, p. 210.
② 〔英〕哈耶克：《自由宪章》，杨玉生等译，中国社会科学出版社 1999 年版，第 330 页。
③ 〔英〕米尔恩：《人的权利与人的多样性——人权哲学》，夏勇等译，中国大百科全书出版社 1995 年版，第 131 页。
④ 〔英〕戴维·赫尔德：《民主的模式》，燕继荣等译，中央编译出版社 1998 年版，第 326—327 页。

三、社会组织的多元自主化发展,形成了自由和权利的保障机制

垄断资本主义时代的到来,打破了个人权利对抗、消解国家权力的梦想。一方面,福利国家在匡时济世、伸张正义、维护权利与秩序的名义下,不断地膨胀、技术官僚化并向社会各个领域扩张,进而动摇了"三权分立"、地方自治等传统体制和观念。而现代社会中的个人表面上是自由自主的,但实际上却是孤立分散的,因而他们往往身单力薄,无力与国家权力相抗衡,常常受到权力的限制和侵犯。另一方面,日益庞大的现代公司在政治、经济和社会生活中扮演着越来越重要的角色,其活动范围甚至超过了国界、洲界,其权力也越来越具有政治性,个人面对公司权力往往显得弱不禁风,传统的市场民主和契约精神也就受到了挑战。其结果是"在充满着自由主义民主全部符号的现代秩序中,公民权被剥夺的状况也在逐渐扩散"①,进而形成了对民主法治传统的挑战。

因此,人们为了对抗风险和抵御强权、捍卫利益和争取权利、进行民主参与和自治管理,就通过结社自由形成了丰富多样的各种协会、学会、联合会、促进会、基金会等非政府组织(NGO),这些为数众多的民间组织具有自愿性、民间性、自治性、民主性,成为多元社会所具备的丰富而多样性的、富有生命力的象征,促进了权力的多中心化、分散化和统治资源的社会化。首先,它能够以组织化、群体化的形式,把个体力量凝聚起来,反对政府过多包办、过分"操心"社会事务,主张进行民主的自我管理、服务和解决社会问题,主张官民合作的"治理"而反对官方独断的"统治",从而把官方机构降为以协调为主的"同辈老大"而不再是以命令为主的"长辈"。这就是说,民间组织构成了相对软弱无力的公民联合起来去抗衡专权的"堤坝"和监督权力的"社会独立之眼"。② 其次,它能够以组织所拥有的各种资源、政治技能和专业知识,"为公民提供了一种特殊的、往往非常有效的政治生活的表达途径"③,进而代表所属群体的利益和诉求去影响公共决策,反映民主呼声和监督制约国家权力。同时,它们代表不同利益群体进行斗争、对话和妥协,就必然会排斥单一性和独占性,孕育并弘扬了民主、宽容和自由理性精神,也必然要维护法治权威、避免有序的多样性受到威胁。再次,民主与法治的重要条件之一,就是在民主"多数决"的原则下,保证少数获得安全与尊重,避免被多数压制和吞没,使少数人的声音可以被各方听到。民间组织恰恰能够使少数组织起来,以集体力量去抵制"大多数人专制"的"民主利维坦",使少数和不同意见免受歧视与暴力,避免苏格拉底式的悲剧,并有机会成为多

---

① 〔美〕卡尔·博格斯:《政治的终结》,陈家刚译,社会科学文献出版社 2001 年版,第 107 页。
② 参见〔法〕托克维尔:《论美国的民主》(上),董果良译,商务印书馆 1988 年版,第 217 页。
③ 〔美〕罗伯特·达尔:《论民主》,李柏光等译,商务印书馆 1999 年版,第 194 页。

数。① 最后,它能够以群体的力量来抵制公司权力的社会控制和延伸,通过集体合同谈判、对话协商、组织抗议等形式制约公司权力,以维护社会民主、市场民主和自由平等、契约公平、消费者权益等等。这样,就实现了个人无法达到的抵御"社会和制度的巨兽"、保障权利免受侵害和权力受到制约分解的目标,促进了由个人抗衡权力向团体制衡权力的转向,造就了组织化、高强度社会分权和多元权力的互控与平衡,进而使得国家权力或公司权力都不得不关注和遵从程序与规则。因此,有西方学者将民间社会组织称为"民主的生命线"和"现代法治的思想基础"。② 这不仅为由"统治"走向"治理"的转型奠定了基础,也为避免民主法治危机、实现民主法治的当代发展创造了必要条件。

四、多元社会的差异性追求和多样价值评判,决定着国家权力的合法性

在政治学上,如果一个政权统治和社会制度反映了社会公众的利益要求和价值标准,就能够获得社会公众的自觉认同和服从,这个政权统治和社会制度就具有"合法性",社会秩序是健康稳定的,否则就没有"合法性",就会出现社会动荡和危机。在前资本主义社会,国王或皇帝的专制统治合法性建立在"君权神授"或"真命天子"的宗教神意基础上,而近代民主法治的建立,则将统治合法性回归到民众手中,回归到"民意"和民主选举的基础上。也即"一切社会制度若要得到民众最大的支持,必须拥有为全社会所接受的、行使社会权威的道德正当性"③,否则就会引起民众的不服从、非暴力反抗直至发动"革命",以摧毁"非法权力"而重建合法化权威和合理性制度。在当代多元化、个性化、自由化的多元社会生活中,每个人、每个群体都基于不同的阶级阶层归属、角色认同、利益需求及兴趣心理,具有不同取向的价值判断和权利诉求。如果没有普遍的"公民认同",这种多元化、个性化、自由化的社会就可能沦为一场每个人对所有人的战争,国家政权也难以维持。因此,"公民认同"就成为规约个人、集体、社会和国家彼此间的关系,限制冲突强度和制约离心倾向的必要途径与可靠手段,它"把统治消解为轻松的限制,而这种限制只有在一种强制性的公众舆论的基础上才能盛行起来"④。也就是说,多元价值评判经过民间聚会、媒体、网络等"公共领域",进行公开的、自由的、理性的评判、讨论、建议和认同,并形成一定的公共舆论,进而通过政治生活系统(如听证会、压力集团、代议机构、民主选举等)成为统治者制定公共政策及典章规则的依据和舆论督导力量,构成了公共政策制定

---

① 参见马长山:《法治进程中的"民间治理"》,法律出版社 2006 年版,第 66—70 页。
② 参见[美]曼瑟尔·奥尔森:《集体行动的逻辑》,陈郁等译,格致出版社、上海三联书店、上海人民出版社 1996 年版,第 139—142 页。
③ [美]丹尼尔·贝尔:《资本主义文化矛盾》,赵一凡等译,三联书店 1989 年版,第 124—125 页。
④ [德]哈贝马斯:《公共领域的结构转型》,曹卫东等译,学林出版社 1999 年版,第 97 页。

和国家权力运行的正当性、合法性基础。如果公共政策制定和国家权力运行违背这些公众舆论和民意,就会引发社会不满和抗议,甚至引起政权危机。可见,当代社会的多元追求和价值评判,不仅构成了国家权力合法性的决定要素,也是推进政治民主化的重要力量,从而为民主和法治提供关键支撑。

五、多元社会的利益冲突与合作,促进了民间自律秩序

事实表明,仅有国家调控的法律秩序是不足以建立法治的,恰恰相反,只有建立起民间自律秩序,法治才是可能的、稳固的,而这种民间自律秩序的深层土壤则在于多元社会。它是多元主义并赋有自由、平等精神和个体价值追求的,但同时也具有节制个人、地区和集团特殊利益与需求的"公民认同",它使得冲突与合作互相关联和不可分割,进而成为社会演进和制度变迁的重要推动力量。即自由而平等的众多"经济人",以及基于不同利益和需要的多元群体和组织,在社会生活中形成日常交往和社会交换网络,它构成了群体之间的关系、个体之间的关系以及对抗力量之间的冲突与合作。但是,多元社会并不希望也不可能通过减少多样性或压制冲突来谋求通向一致的道路。实际上,不允许冲突发生,并极力阻止针对新环境的必要调整,是一个僵化、专制制度的重要特征,它会把灾难性崩溃的危险增至极限。而一个灵活、民主的社会则通过冲突及其协调而获益,因为种种冲突行为通过规范的改进和创造,保证了它们在变化了的条件下延续下去。① 为此,当代社会自然接受利益和理想的多样性,它允许个人及机构追求个性化、自由化的目标,但它不允许不择手段地追求这些目标,② 而是要对冲突进行合理的控制来达致公民认同、社会整合和理性规则秩序。齐美尔就强调,在冲突发生过程中,新规则不断地被创造,旧规范不断地被改进。冲突造成了一种部分或全部不受规划和规范所约束的新环境,同时它也作为一种催化剂促进了新规则、规范的建立。③ 这意味着,当代社会多元复杂的利益冲突与协调,必然导致高度的法律需求和创设。因为不同的利益主体在市场经济竞争与合作中,既要竭力主张其自身利益和自由平等权利,同时又必须作出必要的妥协、让步与合作。这不仅衍生了一种多元社会内部抑制单一独占性和专断霸权的平衡机制,也确立了多元社会的自主自律、宽容共存的自由理性诉求。人们很清楚,大家都必须遵从共同的、保障每个人权利和自由的社会习惯和规则,并根据社会生活情势的发展而予以不断创立更新,很多商业惯例和社会习惯规则就是这样形成的,从而塑造了多元社会的民间自律秩序。它不仅奠定了民主与法

---

① 参见〔美〕科塞:《社会冲突的功能》,孙立平等译,华夏出版社1989年版,第114页。
② 参见〔美〕希尔斯:《市民社会的美德》,李强译,载邓正来、〔英〕亚历山大编:《国家与市民社会》,中央编译出版社1999年版,第40页。
③ 参见〔美〕科塞:《社会冲突的功能》,孙立平等译,华夏出版社1989年版,第108—109页。

治的基础,同时也是民主与法治的重要推动力量。①

六、多元社会孕育的公民意识,构成了法治的文化支撑

古希腊、古罗马时代,就已出现了"公民"身份和公民文化,尽管它也曾赋有自由和平等的内涵,但在相当大程度上则是从属于"整体主义"政治的"政治动物",没有个人自由的概念,而且因奴隶、妇女等被排除在外而不具有普遍性。它最多只是少数统治者的特权的平等和自由,故此不能与现代普遍化的"公民"同语。而黑暗中世纪的权力附庸网更是扼杀了个性自由,它所衍生的更多的是一种"群畜意识"和"臣民意识"。

资产阶级革命把资产阶级自己从封建政治国家的桎梏中解放出来,这种"政治解放一方面把人变成市民社会的成员,变成利己的、独立的个人,另一方面把人变成公民,变成法人"②。这样,宪法就以最高法律权威的形式,宣布社会成员为公民——具有"俱乐部成员"的独立主体资格,享有充分而平等的人权和公民权,从而摆脱王权、神权的附庸和狭隘的群体本位,个性自由获得了空前的解放。这样就使公民个体获得了国家和社会的"双重生活":一方面,在国家生活中,公民要积极广泛地参与政治生活而主张其政治权利,塑造公共精神和社会责任感;另一方面,在社会生活中,公民要在日常生活交往、社会交换、竞争合作等相互关系领域,维护自己的私权利,弘扬个性自由和自律精神。它展现着个体在国家和多元社会的"双重生活"中的个性与共性、自由与责任、权利与义务的和谐统一,因而在根本上呈现的是一种主体自由自觉的公民文化。这样,公民意识也就在多元社会中孕育出来,它在本质上必然呈现为与民主政治和市场经济相适应的,以平等、自由为轴心的正义价值追求和理性自律精神。具体包括三方面:一是对制度合理性的评判意识;二是对制度合法性的认同意识;三是担当社会责任的道德意识。

美国学者普特南的一项研究也表明,公民意识较发达的地方,人们推崇团结、公民参与和社会合作,他们彼此信任对方办事公正,并遵守法律;而在"没有公民精神的"(uncivic)或"无公民心"(incivisme)的地方,大家对公共事务漠不关心,几乎每一个人都认为法律要注定被破坏,但由于担心他人的无法无天,他们又要求严刑酷律。在这种恶性循环中,每个人几乎都感到无能为力,有被剥夺感和不幸福感。③ 可见,没有足够的公民道德和公民品质,规范制度是很难有效运行的,而多元社会中孕育的良好公民道德意识,是法治秩序必不可少的有效

---

① 参见马长山:《国家、市民社会与法治》,商务印书馆2002年版,第170—174页。
② 《马克思恩格斯全集》第1卷,人民出版社1956年版,第443页。
③ 参见〔美〕罗伯特·D.普特南:《繁荣的社群——社会资本与公生活》,杨蓉编译,载李惠斌、杨雪冬主编:《社会资本与社会发展》,社会科学文献出版社2000年版,第157页。

支撑。

第四节 建设社会主义法治国家

一、新中国的法治进程

人类历史既有普遍的演进规律,又有各自的多元化发展进程。以西欧为代表的西方国家与中国等东方国家具有明显的不同。应当说,中国历史上曾孕育了灿烂的文化,创造了享誉世界的辉煌文明,但是,它也衍生了一种专制主义文化和德治传统。在政治上,东方国家呈现的是一个人的独断专行和中央集权,不存在多元权力,皇帝拥有庞大的官僚机器,至高无上;在经济上,贯彻的是"普天之下,莫非王土;率土之滨,莫非王臣"原则,私有制是极为次要的和脆弱的;在思想文化上,中央集权政府要求国民统一信仰和实践,不能有个人的言论自由和信仰自由,否则将面临"文字狱"的灾难。也就是说,个人的生命、财产和思想都严重依附于王权和等级特权,包括公卿宰相的生命都难免因君王的喜怒无常而危在旦夕。对此,孟德斯鸠、黑格尔、马克思、韦伯等都指出这是一种"东方专制",它造成了一种"普遍奴隶制"状态。它必然衍生、传承着专制文化和德治传统,不可能产生民主和法治,即使古代法家的"法治"思想也只是以"帝王之具"来维护帝王之序,不可与近代以来的法治同日而语。

晚清以来,梁启超等进步思想家和改革家才开始从西方引入法治观念,认为"法治主义,为今日救时唯一之主义"[①]。此后的"戊戌变法"、清末改制等也曾提出过法治主张。到中华民国时期,曾在"三民主义"精神指导下探索过法治之路,但是,由于当时的政治、经济、文化、国际环境等因素的制约和局限,未能取得成功。

新中国成立后,开始了大规模法制化建设进程,但是其中经历了很多历史挫折,大致可以划分为四个阶段:

第一阶段是法制的创始奠基时期(1949—1957)。在新中国成立前期,即1949年2月和4月,中共中央、华北人民政府就分别颁布了《关于废除国民党的六法全书与确定解放区的司法原则的指示》《废除国民党的六法全书及一切反动的法律的训令》,确立了人民司法工作的原则。1949年10月新中国成立后,则相继颁布了一系列法律、法令,从此拉开了新中国法制建设的序幕。这时的主要任务是废旧立新,仿照苏联法制模式,探索中国社会主义法制建设道路,并为巩固政权、管理经济和社会服务,奠定了新中国法制建设的基础。

---

① 梁启超:《中国法理学发达史论》,载范忠信选编:《梁启超法学文集》,中国政法大学出版社2000年版,第71页。

第二阶段是倒退和毁灭阶段(1957—1976)。1956年9月中共八大为适应"把我国尽快地从落后的农业国变为先进的工业国"的任务和目标,提出了建立健全社会主义法制,"有法可依、有法必依"的指导方针。但是,1957年4月,则开始了"整风"和"反右"斗争,进而出现了"反右"斗争扩大化和不断的政治运动,法制建设受到严重冲击。1966年5月,"文化大革命"爆发,历时十年,这不仅给国家和人民带来了重大灾难,也使法制建设遭受了灭顶之灾。在这阶段,主张一切"以阶级斗争为纲""砸烂公检法",并在"无产阶级专政下继续革命"。政治思维取代了法律思维,专政取代了法制,法制建设发生了重大倒退和毁灭。

第三阶段是恢复和重建阶段(1977—1997)。1976年"文化大革命"结束,1978年开始划时代的改革开放,并提出"发展社会主义民主,加强社会主义法制""一手抓建设、一手抓法制"的建设任务和目标,开始了中国法制的恢复和重建进程。在这二十年间,1982年制定了现行《宪法》,1988年、1993年对《宪法》进行了两次修改,同时颁布了《民法通则》《刑法》《公司法》《劳动法》《消费者权益保护法》《民事诉讼法》《刑事诉讼法》《行政诉讼法》等大量基本的、重要的法律法规,初步建立起社会主义市场经济法律体系,政治生活日益民主化、制度化,司法制度不断健全和完善,法制观念也不断强化和传播,因而极大地促进了中国的民主法制建设进程,为社会主义法治国家建设奠定了良好基础。

第四阶段是深入发展阶段(1997—至今)。1997年9月中共十五大把"依法治国,建设社会主义法治国家"确定为治理国家的基本方略,1999年3月全国人大九届二次会议又通过宪法修正案,把"实行依法治国,建设社会主义法治国家"写入《宪法》,正式以国家根本大法的形式确定了"法治国家"的治国方略和奋斗目标,开启了中国法治进程的新篇章。从此,法制建设进入了更高发展阶段,"社会主义法治国家"建设和发展的时代到来了。

二、建设法治国家的现实基础条件

法治并不是凭空产生的,而是在一定的现实基础条件下逐渐孕育生成的,这些条件也是当代法治运行和发展的重要支撑。要建设法治国家,就必须努力加强和完善这些现实基础条件,而具备了这些现实基础条件,也必然会要求建立法治国家,二者是相辅相成、互动发展的。

(一)市场经济是法治国家的经济基础

人类历史发展表明,法治总是与商品经济、市场经济密切相关,而人治总是与自然经济、计划经济密切相连。

我们知道,自然经济的特点是自给自足,社会分工和利益分化程度低,基本是一个狭小交往范围的"熟人社会"。人们的日常交往、生产生活、社会关系和社会管理等等,主要靠血缘纽带、宗法关系、道德伦理、等级身份和家长制权威来维系,皇权也是家长制权威的放大。因此,这必然产生独断专制。计划经济的特点是权力配给,社会分工和利益分配全由权力来决定,人们的日常交往、生产生活、社会关系也受到权力的影响和支配,社会管理则更是全凭行政命令和长官意志,这就必然形成人治状态。可见,无论是自然经济还是计划经济,都会导致权力意志和等级特权,并凌驾于法律之上。因此,这里的法律规则最多也只是维护人们既得利益和统治秩序的工具,它是保障权力的,而不是制约权力的,所以不会产生法治,而只能是人治。

商品经济、市场经济的特点是商品交换,社会分工和利益分化程度高,基本是一个广泛交往范围的"陌生人"社会。在商品经济、市场经济社会中,人们是平等而自由的主体,是利益和需要的纽带把大家联系在一起,在人们的日常交往、生产生活、社会关系等中,通行"财产私有、契约自由、责任归己"的商品经济法则,社会管理也体现商品经济需要和市场经济价值要求,从而产生民主和法治的动力与需求。这表现在:

1. 个性化追求。即在商品经济和市场经济社会中,打破了血缘纽带和等级身份,每个人都以独立的"个人身份"而存在,安排自己喜欢的生活,追求自己喜欢的事物,建立自己独特性的家园。这种个性化追求必然主张个人自由和权利,要求权力制约和生活民主化,强调私有财产和个人领域的法律保障。

2. 多元化主张。商品经济和市场经济发展的一个必然结果就是社会分工的复杂化和利益的高度分化,进而形成利益、权利、阶层、群体、组织、观念等等全方面的多元化、多样化。这种多元化无疑产生一定的竞争、冲突、平衡与合作,它一方面遏制了利益和权力的集中,促进国家和社会生活民主化,另一方面也要求大量的法律规则来定分止争,建立理性的规则秩序。

3. 自由化发展。商品经济和市场经济是一种自由经济,贯彻着财产自由、经营自由、契约自由、择业自由、婚姻自由、生活方式自由等等,这些自由也正是国家权力不能逾越的边界,它不能靠道德、宗教或习惯来维护,而只能靠法律规则、正当程序来予以确认、平衡和保障。

4. 世俗化取向。商品经济和市场经济社会倡导科学和利益,反对迷信,反对空洞的政治和道德说教,因此,人们十分注重现实生活和世俗利益追求,而这些世俗利益追求自然会不断要求上升为各种权利,并纳入法律框架予以调适和保障。

5. 规则化预期。商品经济和市场经济的主导倾向是市场化和自由交易,这就要求统一市场、统一货币、统一赋税、统一规范、统一秩序。在商品生产和交换过程中,如果没有稳定的、连续的、严密的、可预期的行为规则和秩序安排,人们的私有产权、契约自由、交易安全就难以得到保障。因此,从商品经济形成之初,人们就着力建立可预期的规则秩序,从而促进和保障商品经济和市场经济的健康发展。

可见,商品经济和市场经济不仅产生了浓重的法律需求,也产生了自由、平等、正义、权利等价值追求,这些价值追求构成了法治精神和理念的核心和源泉,进而成为法治生成的重要推动力。同时,法治的形成和发展也促进了商品经济和市场经济的健康发展,成为商品经济和市场经济秩序的根本保障。因此,在我们建设社会主义法治国家的进程中,就必须大力发展市场经济,强化产权保护、贯彻契约自由、保障多元利益、维护公平交易秩序,从而为法治国家奠定必要的经济基础。

(二) 民主政治是法治国家的政治基础

民主政治是现代社会文明的重要标志,它的伟大功绩在于消除了专制统治,把国家权力交还到人民手中,并服从服务于社会公众的自由和权利。但是,任何一种制度都不是完美的,也不是自动运行的。民主政治只有纳入规则和制度框架才能得以正常运行,更为重要的是,民主政治的属性、价值和机制内在地否定人治和专权,要求建立法治社会。具体而言:

1. 分权制约。民主政治是对专制和人治的否定,它确认一切国家权力属于人民,国家权力的设立和行使要以保障广大社会成员的自由和权利为目的。但是,国家权力是由人来行使的,人都不是天使,因此,要确保民主机制的正常运行,首要的任务就是必须进行分权。只有良好的分权,才能防止专制,也才能遏制国家权力异化为谋取私利的工具。民主机制的分权制约主要有两个向度,一是国家权力不能庞大,只能是间接的宏观调控权力,而更多的是应赋予社会成员广泛的自由自主权利,也即通过社会多元权利来分割分解国家权力,使国家权力"由大变小",从而把国家权力限制在可控的范围内;二是已经缩小的国家权力还需要进行其内部的分权,即立法、行政、司法等国家权力之间的分工制约、相互制衡,并按照正当程序来运行,从而实现相互监督和控制,防止权力的滥用。这两个向度的分权,都需要法律制度来予以界定、平衡和规范,使权利与权力、权力与权力都必须服从既定的规则,严格依法行事,不得有超越于法律之上的特权。也正是有了这种分权,"法律至上"或"法律的统治"才是可能的。

2. 自由和权利保障。人们追求和选择民主政治,就是因为它能够以保障社会成员的广泛自由和权利为目标。这就要求通过制度设计和法律规范来确认、保障社会自由和权利,国家权力不得侵犯这些自由和权利,社会成员之间也不得滥用自由和权利来侵犯他人的合法自由和权利;同时,也要求国家权力必须忠实履行自己的义务和职责,切实为社会自由和权利的实现提供必要条件、服务和保障。这些自由和权利保障必然要求以法律为尺度和后盾,要求按照法律设定的权威规则来行事。

3. 民主参与。民主政治的核心是"人民当家作主",一切国家事务和社会事务都由大家说了算。因此,直接民主的"多数决"是最理想的民主方式。但是,现代国家都不是古希腊那种"小国寡民"状态,间接民主制才是更现实的选择。于是,人民就只能通过民主选举等形式选举自己的代理人来进行公共决策和实施公共事务管理,这就难免会发生代理人违背被代理人意志的情况发生。因此,为更好地监督代理人履行职责,同时也有更多机会直接参与公共决策和公共事务管理,就需要每个公民能够通过听证会、意见征询会、协商对话会、民主评议会、信访申诉、游行示威、民间自治管理等多种途径和形式,积极参政议政、参与民主管理与监督。这些民主参与必然要求法律来确认和保护,否则就会失去程序约束和安全保障。另外,在"多数决"的民主参与机制下,"少数人"的权利维护和意见表达也同样需要法律的有力保障。

4. 合宪性审查。民主政治的重要理论基础是启蒙时期以来的"民主契约论"。按照这一理论,公民权利先于国家权力而存在,为了结束"无政府状态",每个公民都让渡自己的一部分权利,组建政府而形成国家权力,并与国家权力签订"民主契约",要求这个国家权力只能为保障公民自由和权利而行使,除此不能再有其他目的,更不能为自己谋利。为了保证这一"民主契约"的可靠实施,就需要以法律形式明确规定下来,这就是宪法。因此,可以把宪法视为条文化的"民主契约"。这样,防止国家权力违背这份"民主契约"的有效途径,就是确立违宪审查机制。它是由司法机关对其他国家机关行为是否符合宪法进行审查和裁决。这既是控制国家权力,使其遵守"民主契约"的重要保障,也是树立宪法和法律权威、实行司法独立、保证国家权力在宪法和法律范围内活动的关键环节,因而推行法治也就成为一种必然要求。

可见,民主政治的属性和价值追求是推行法治的重要动力和基础,没有民主政治就会重蹈人治覆辙,专权也就在所难免,法治也就难以建立起来。当然,法治也会对民主政治产生促进和保障作用,特别是对民主政治可能产生的"大多数专制"具有控制和防范作用。中国要建设社会主义法治国家,就必须继续推进民主政治改革,强化权力制约、自由权利保障和民主参与机制,从而推进中国法治进程。

(三)理性文化是法治国家的文化基础

人是一种既有感性又有理性的动物,人类社会也同样既有非理性的成分也有理性的发展。事实表明,从蒙昧社会到农业社会到工业社会再到现代社会,人类不断从野蛮、愚昧、无知、迷信走向文明、开化、知识、科学,从神治、人治、德治走向民主和法治,这无疑展现了人类从非理性走向理性的发展历程。

我们知道,在人类最初的神治情况下,人们无法对抗神秘莫测的大自然,社会知识和经验匮乏,于是,就将人类的命运交给了幻想出来的"神"。基于对神的崇拜、迷信和图腾,人们自然就会按照神的启示、神意推测来安排社会制度和生活方式,并作为判断是非曲直的标准,古代的神明裁判、独角兽式的"正义"等等即是如此。在人治情况下,无论是西方的国王还是东方的皇帝,都将自己的统治权力贴上"神"的标签,要么是"君权神授",要么是"真龙天子",并向人们灌输迷信观念和愚忠思想,统治者的人治统治也常常是凭个人喜好的、随意性的、感性化的。而在德治情况下,社会统治主要把道德传统、道德习惯和道德规范作为国家和社会生活的基本准则。一方面,德治主要是靠人的道德品性,因此,对"圣君贤相""青天老爷"的企盼就成为必然,这就难免走向人治;另一方面,道德毕竟不是成文的,它更大程度上是一种存在于内心的、具有理想色彩的行为规范,每个人对道德的理解和认同都会有所不同,因此,它是主观化的、多样化的、弹性化的、人情化的。这样,就带有较重的感性成分和不确定性,德治也就会出现随意性和人治走向。

随着启蒙思想的萌发和传播,理性精神和文化开始逐渐形成。它反对愚昧迷信、专权人治、等级身份、道德教化,倡导科学民主、自由平等、人权信念、规则秩序,从而对民主和法治产生了重要推动作用。这些理性文化主要表现为:

1. 科学精神。科学精神是随着近代科学的发展而兴盛起来的,它致力于探索自然和人类社会的秘密和规律,并通过发现和利用规律来为人类服务。这就必然反对愚昧迷信和非理性。它认为人是世俗的、善恶兼具的动物,人的行为和社会关系是建立在商品经济基础上的,政治生活则应该建立在科学民主管理规律之上,因此,迷信化的神治、随意性的人治、人情化的德治都不能再满足社会发展需要,而必须确立反映人的行为和社会关系规律的理性规则之治,这个规则就是法律。法律具有普适性、确定性、连续性和一致性特征,因而它是不讲神性的、不徇私情的、不能随意的、不凭个人意愿的理性规则。把法律作为国家和社会生活的基本准则,正是科学精神的必然要求和体现,它不仅孕育了人们的"法律信仰",也促进了"法律至上"原则的确立。

2. 自由平等观念。近代科学理性精神的发展,不仅让人们认识到自然界的演进规律,也深刻认识到人类社会自身的发展规律。即人并不是什么神造物,而是生而自由和平等的现实主体,只是由于多种因素的制约和影响才有了差别和限制,消除这些差别和限制,使每个人都能获得自由和平等的发展,是人类社会发展的理想境界和目标。因此,反对天生贵贱、等级特权、专权统治、禁欲道德,主张人的自由和平等发展,从而为民主法治发展提供了重要思想源泉。

3. 人权信念。在科学理性精神看来,如果人类社会并不是神造的,也不是君王个人意志所能随意安排的,一切都是人为的、人们后天共同创造的,那么,每个人就应该都是平等的社会主体,都享有作为"人"所不可剥夺的权利,每个人的主体地位和主体价值都应得到同等的尊重,都应该过有"人"的尊严的生活,任何人都不能对其予以随意侵犯、限制或剥夺。在这里,任何非理性的神意先定、专制安排、道德说教都失去了效力,人权信念就成为人们的主体追求和价值目标,进而成为推进法治的重要精神动力。

4. 公民意识。近代理性精神的主导倾向是消除神性和等级,弘扬人性和平等,强调人的主体地位、主体精神和主体权利。在政治生活中,就主张民主契约精神和公民政治,倡导公民文化。也就是说,公民是国家和社会的主人,不仅具有独立自主的身份和人格,也是公共事务的决定者和积极参与者,他们要赋有对制度合理性的评判意识、对制度合法性的认同意识、担当社会责任的道德意识等,从而形成民主参与的观念、公共治理的观念、权利正当性与合法性的观念、权利义务相一致的观念、尊重他人同等权利的观念、不得滥用权利的观念、自觉履行义务和承担社会责任的观念、树立公共精神的观念等等,从而为法治的形成和发展提供了重要文化支撑。

中国有几千年的封建文化传统,人治和德治思想较为浓重,理性文化基础薄弱。因此,在中国建设社会主义法治国家的进程中,就需要扬弃传统文化,克服传统文化中的非理性因素,培育现代理性文化,从而为法治国家建设创造必要的文化基础。

(四) 多元社会是法治国家的重要基础

如前所述,多元社会与国家的恰当平衡,推动了"法律至上"权威的确立;它的多元权利取向有效分割分解了国家权力,遏制了国家权力的专断倾向;社会组织的多元化、自主化发展,形成了自由和权利的保障机制;多元的利益追求和价值评判,决定着国家权力的合法性;多元的利益冲突与合作,促进了民间自律秩序的形成;多元社会孕育的公民意识,构成了法治的文化支撑。因此,多元社会构成了法治国家的重要社会基础(详见本章第三节)。

中国几千年的发展历史一直是皇权专断的历史,私人权利、私人领域、私人利益、私人追求都附庸于皇权和特权,并没有产生民主和法治。这固然有很多错综复杂的因素,但其中十分关键的则是中国历史上并没有出现"市民社会",也没有成就一个多元社会,因而未能形成多元权利对专断权力的分割制约,皇权专制就在所难免。

中国及其他东方国家也有城市,但却缺乏西方城市的那种政治上的特殊性,它们既不是古希腊等地的城邦国家,也没有中世纪那样的城市法。具体来说:① 西方城市是封建海洋中的岛屿,东方城市则是封建海洋中的暖流,并不是具有自己政治特权的"特区"。② 东方城市里没有西方古代城市特有的市民阶级——一个武装起来的居住在城市里的军人阶层,没有市民或公民概念,只有臣民概念。③ 东方城市更多的是官邸所在地或军事要塞。在西方,中世纪城市的城墙是用来防止外来力量侵犯其自由的,而东方城市的城墙则是用来防御武装占领的。④ 东方城市的兴盛主要不是靠城市居民在经济上和政治上的冒险精神,而是有赖于皇室统辖的功能,特别是治河的行政管理。因此,东方国家虽有城市,但却没有西方那种城市"市民社会",更无法转化为与国家相抗衡的近代"市民社会",呈现的是一种国家吞并社会的"东方专制主义"形式。在这里,没有多元权力的斗争和妥协,而是皇权专制势力一统天下,它决不允许任何其他权力存在,一切不同的倾向都会被排斥和追杀。因此,它没有议会,没有市民阶级,也没有控权的法律,国家专权得不到制衡,缺少权力制约和权利保障的社会基础,法治也就无从酝酿产生,相反,它为人治和专权提供了良好的土壤。

中华民国的建立,推翻了几千年的专制统治,真正开始了民治政府的新纪元。但是,由于多种因素的制约和影响,虽然颁布了宪法,社会成员也被赋予了公民(国民)资格,但是,多元社会并未真正形成,民主法治进程也就步履蹒跚。新中国成立后,为推进民主法治进程创造了更好的制度条件,宪法也赋予了更广泛的公民权。然而,受极"左"思想和中央集权政治体制的影响,随后却发生了一系列的政治运动,直至发动"文化大革命",国家主义便以极"左"的"革命"姿态卷土重来。事实上,多元社会恰是以国家公共利益与私人利益相互分离、以多元利益和多元权利对国家权力的分割分享、以私人领域的独立自由发展为取向的,是以是否存在个人主义、世俗主义、理性主义、多元主义和规则主义精神为坐标的。然而,不无遗憾的是,这种多元自主的社会一直没有在中国出现,这也就成为民主法治一直难以在中国立足的一个重要原因。

改革开放开启了中国振兴崛起的新时代,市场经济迅速发展,民主政治不断推进,理性文化逐渐形成,多元社会也在逐渐孕育。

1. 日益多元化、世俗化的发展走向

首先,在利益主体上,出现了巨大的社会分化和利益解组。工人、农民、干部和知识分子的阶级划分已经显得捉襟见肘,代之以新兴社会阶层的崛起和传统身份社会的瓦解,像企业家、私营业主、律师、会计师、自由业者等等;而传统阶级内部分化也十分严重,如工人的阶层划分,白领、蓝领、金领等;家庭和企业也成为自主经营、自负盈亏的主体,中产阶级开始形成。

其次,社会资源的占有也出现了高度的分散化。从 1978 年到 1997 年的 20 年,国有经济从 77.6% 降至 26.5%,而集体经济从 22.4% 升至 40.5%,非公有经济从 0 升至 32.9%。到了 90 年代之后,国有、集体和非公有经济的发展速度差距逐步扩大,比值为 1∶2∶3。近年来,90% 以上的企业在私营经济领域,50% 以上的从业人员在私营经济领域。

再次,价值观念更加自由和多元。个人自由和权利意识觉醒,人们不再满足于理论说教和政治崇高,而是立足于市场经济大潮,展开个性化、自由化、世俗化的自我追求。人们的择业观念、生活观念、消费观念、交往观念,包括亲情观念都在发生改变,多元化趋向明显。这些多元化、世俗化进程,无疑直接瓦解了那种国家兼并、统合社会的传统中央集权体制基础,奠定了多元社会成长的现实根基。

2. 不断增长、活跃的民间社会组织

多元化民间社会组织是多元社会的重要基础,也是它成长壮大和充满活力的标志。我国过去是大一统,国家吞噬社会,民间社会组织不发达,缺少民间自治管理。改革开放后才发生重大改变,特别是随着市场经济的快速发展和民主政治进程的不断推进,各种民间组织蓬勃兴起,并呈阶梯式增长。截至2007年底,全国经过登记注册、取得合法地位的各类民间社会组织已达到38.69万家,比1999年增长了171%。这些民间社会组织分散在各行各业,在国家政治、经济和社会生活中发挥着重要的作用,尤其是对法治的推动作用不可低估。它们不仅形成了组织化、群体化的权力制约和平衡力量,促进了多元利益、权利保障和增进了自生自发秩序,也形成了反思对话的互动协商机制和"民间治理"等等,从而构成了市民社会兴起的重要动力和支撑。

3. 逐渐崛起的公共舆论

公共舆论是由社会公众对国家权力进行理性批判、对公共事务进行自由讨论和意见表达而形成的"公共意见",它是展现多元社会的自由自主价值追求、民主参与与监督功能的重要途径。我国历史上一直是"一言堂",没有真正的公共舆论存在。改革开放后,随着社会利益的日益复杂分化,阶级和人民的观念也逐渐为多元化的世俗公众观念所取代,这必然要求国家权力抛弃过去空洞的政治说教,切实回应多元复杂的社会诉求。人们通过报纸、电视、期刊、网络等媒体来关注社会热点,反映社情民意,表达社会呼声,甚至捍卫被"边缘化"的权利,使得多元化的社会诉求能够通过人大、政协、信访、听证、司法等机制,以意见、建议、提案、批评、诉讼等形式,形成民主开放的"公共舆论",进入到国家的决策体制和制度框架之中,进而为公共权力提供必要的合法性支撑,也形成了对国家权力的民主监督和控制。由"孙志刚案"引起的《收容遣送条例》的废止就是典型一例(尽管其中的某些问题还有待深入探讨)。此外,中央电视台的"焦点访谈"栏目,以及《人民日报》《光明日报》《经济日报》等开辟的舆论监督专栏,曝光和揭露了很多违法违纪事件、权力滥用行为、垄断行为等,促进了行政公开化、法治化和民主化。

4. "星星之火"的社会自治

社会自治是多元社会推进社会民主、实现自律秩序的重要动力。我国几千年的文明历史,基本上都是农业文明的历史,商品经济和商业文明很不发达,在此基础上建立了高度中央集权的社会控制体系。虽然从清末开始已有"地方自治"出现,后来又出现"联省自治运动""乡村建设"等等,但均告失败。而新中国的人民公社化运动,则再度加强了国家对农村的社会控制。改革开放后,才真正开始了中国的现代化和民主法治进程,基层民主和社会自治也就提上了日程。目前,我国以村委会选举为基点的村民自治和以居委会选举为基点的街区自治,已全面展开和深化。选举制度、选举程序和自治管理制度都日益完善,公民参选热情和能力也空前提高,很多地区的参选率都能达到 90% 以上。事实表明,尽管基层民主和社会自治还存在这样或那样的困境和问题,但是,它们确实是提高基层民众的民主观念、自我管理能力、自我权益保护意识、理性自律发展信念等等的重要途径和手段。可见,这种"草根民主"不仅是社会摆脱国家垂直监控而实现自主自律发展的重要基础和动力,也是培育多元社会、推进民主法治建设的重要生长点。

正是有了多元社会的孕育和发展,我国的民主法治进程也在不断加快,它是社会主义法治国家建设的重要社会根基。如果不去着力培育这一根基,只是简单照搬西方法治理念或者移植西方法律制度,民主法治就很难真正变成我们的生活现实,向传统的"复归"或者"新瓶装旧酒"的畸形发展可能是难以避免的。因此,继续加强多元社会的培育和发展,将是民主法治能否在我国扎根、能否变为我们生活现实的关键所在,也是我们法治国家建设努力不可忽视的重要方面。

三、社会主义法治国家的建设目标

从近代法治的产生,再发展到现代法治,经历了几个世纪的漫长而复杂的演进过程,至今仍在不断探索和发展之中,以至于有西方学者声称:"法治在世界上的进程并不确定,而且即使是在普遍实行法治的地区也发生倒退,一个主要的解释是人们并未完全了解实行法治的条件及其所促进的价值观念。"[①]我国才启动法治进程,并要努力建设"法治中国",因此,这绝不是一个简单的、一蹴而就的过程,更不是照搬或移植所能解决的,而是需要大量借鉴西方法治建设的历史经验,并立足我国本土实际需要,进行更多的努力、探索和创新,从而踏实有效地逐步实现法治国家的建设目标。

(一)建立和完善权力制约、权利保障的民主制度与治理机制

不受制约的权力必然走向专权和独断,而没有自由和权利保障的社会必然是非民主的社会,再健全的法律制度也只能为专权统治服务,法治也就难以建立起来。因此,权力制约和权利保障是法治的根本和核心,它的重要动力和理论来源是"社会契约论"。

"社会契约论"是现代民主政治的理论基石,为推翻封建专制统治,确立民主法治立下了汗马功劳,但它却是以抽象"自然状态"的理论预设和推导为基础

[①] 〔美〕巴里·海格:《法治:决策者概念指南》,曼斯菲尔德太平洋事务中心译,中国政法大学出版社 2005 年版,"序言"第 2 页。

的,因而终将在生动的社会实践面前陷入困境。而马克思主义经典作家在批判西方社会契约论的同时,深刻阐发了国家权力来源于社会,来源于人民群众的"民主契约"观,并把"民主契约"思想建立在唯物史观基础上。它蕴涵着浓重的社会本位观、权利本位观和自由本位观,具有很强的民主和法治精神导向。① 社会主义民主法治建设就应在这种"民主契约"思想指导下,建立、完善权力制约和权利保障机制,它既是法治的前提和基础,也是法治国家的重要标志和建设目标。

1. 横向的权力分立制约机制

按照马克思主义"民主契约"观,国家是建筑在社会生活和私人生活之间、公共利益和私人利益之间矛盾基础上的,是市民社会决定国家,而不是国家决定市民社会。而"国家制度只不过是政治国家和非政治国家之间的协调,所以它本身必然是两种本质上各不相同的势力之间的一种契约"②。这样,国家政治生活就"只是人权、个人权利的保证,因此,它一旦和自己的目的即这些人权发生矛盾,就必须被抛弃"③。可见,国家权力并不是先天就存在的,而是来源于社会并服从于社会的。因此,只有建立对国家权力的多元分立、分割制衡机制,才能在各种权力之间形成互控平衡,从而防止任何一种权力独尊做大而形成专断,使权力真正服从、服务于社会。这样,民主精神才能得以切实贯彻,法律规则也才能获得至上地位,这也正是近代以来民主法治进程展示给我们的真实所在。我们固然不能照搬西方的"三权分立"制度,但是,根据社会主义民主属性和中国特色,建立和完善权力的分立制衡机制却是必要的。我国宪法规定,全国人民代表大会是国家的最高权力机关、代议机关和立法机关,负有监督"一府两院"(即国务院及地方政府、各级人民检察院、各级人民法院)的职责,国务院及地方政府依法行使行政权,人民检察院独立行使检察权,人民法院独立行使司法审判权,此外还有人民政治协商会议等民主参政议政制度。应当说,这已形成了一定的分权制约机制,但是很多方面还是需要改进和完善的,如人民代表大会监督权限、手段和力度还显不够;行政权力仍过于庞大、行政权力控制仍需加强;司法机关的独立性也显不足等等。因此,如何适应建设法治国家的新形势新要求,建立健全立法机关、行政机关和司法机关之间的分权制约关系,使它们能够真正地、切实地既相互合作又相互制约,从而有效抑制权力扩张和腐败,将是法治国家建设过程中必须解决的重要问题。

---

① 参见马长山:《法治的社会维度与现代性视界》,中国社会科学出版社2008年版,第13—39页。
② 《马克思恩格斯全集》第1卷,人民出版社1956年版,第316页。
③ 同上书,第440页。

2. 纵向的权力分解与自由和权利保障机制

在马克思、恩格斯看来,公共权力和国家的产生最初只是人类社会发展的需要,但它从产生那天起便被统治者异化了,因此,共产主义的最终目的就是要废除国家,建立"人的自由的联合体"。然而,在社会主义阶段,还需要国家的存在,以维护公共利益和社会秩序。但必须克服"权力拜物教"和"国家崇拜",不能把国家当成"永恒的真理和正义所借以实现或应当借以实现的场所",更不可产生"对国家以及一切同国家有关的事物的盲目崇拜"。[①] 因为这种"国家主义"倾向及其对国家的忠顺信仰,会造成人治和权力独断,泯灭和侵吞人的自由权利与主体精神。改革开放前,我国推行的高度中央集权体制和全面彻底的"国有化",其实质是赋予了国家权力以相当的神圣性和贤能性,倡导"为民做主"和"监护包办"。这无疑是一种"权力拜物教"和"国家崇拜",严重背离了民主契约法律精神,民主与法制遭到严重践踏,吞噬了人的尊严和价值,窒息了社会生机活力和束缚了生产力的发展。

可见,法治国家建设就不仅需要横向的权力分割制衡,使国家权力"由合变分",更需要消除"权力拜物教"和"国家崇拜",对国家权力进行外部的纵向分权,使国家权力"由大变小"。对当下中国而言,就是继续深化政治体制改革,贯彻"小政府、大社会"原则,通过精兵简政、转化职能来缩减国家权力的管理权限和辐射范围,并尽量转化为每个社会成员、各个经济主体、众多利益群体、不同民间组织等的广泛自主自治权利,从而把原来的中央集权分解、分散成落实到多个社会主体头上的自由和权利。另外,随着社会发展和科技进步,必然会创造出来更多新的社会利益,而这些新的社会利益又会导致新型权力或者新兴权利的出现和增长。这时,就需要通过正当程序和法律设定,把这些新增利益最大限度、最及时地转化为社会权利和自由,而不是更多地转化为国家权力,从而形成自由和权利对国家权力的动态、同步分解机制。这样,就形成了多元社会权利对国家权力的分解、制约和平衡,这种"自由主义剃刀"式的纵向社会分权,不仅有利于遏制集权专权的产生和权力运行的肆意性,也有利于使权力与权利共同服从于法律的规制,从而达到权力制约和自由权利保障的目标。

3. 多元化的民主参与和监督制约机制

事实表明,仅有横向和纵向的分权尚不足以控制权力、保障权利和自由,还必须同时建立适应时代变化、多元化的民主参与和监督制约机制,这也是民主法治建设的必然要求和体现。在我国,多年的民主法制建设积累了一些有益经验,也形成了一些有中国特色的民主参与和监督制约制度,但是,在当今经济市场化、政治民主化、利益多元化、阶层多样化、社会自主化的新时期,很多制度和机

---

① 参见《马克思恩格斯选集》第 3 卷,人民出版社 1995 年版,第 13 页。

制还需要进一步发展和完善。这主要包括：① 继续完善人民代表大会和政治协商制度。人大代表和政协委员不仅是一种政治身份和荣誉，更是社会多元利益和权利的代言人，因此，必须加强其利益代表的广泛性、实效性，完善各项参政议政程序，切实保障他们参政议政的自主性和各项民主权利。② 在人民代表大会和政治协商会议中，增加民间社会组织（即各种社会团体）的界别，使不同利益群体的声音能够更多地、更直接地进入民主决策程序。③ 建立健全公共决策公开制度、听证制度、意见征询制度、人民代表大会和政治协商会议旁听制度、人大代表和政协委员质询制度、国家机关的公众评价制度等等，推进更广泛、更直接的社会公众参与和民主监督。④ 继续推进政治民主化、公开化，拓宽网络平台、新闻媒体等的公众舆论监督途径和民主参与渠道，加强舆论自由权利保障，强化公共政策制定过程中的公众讨论、民主对话和多元协商机制，从而为公共决策奠定必要的合法性基础。⑤ 建立健全信访、复议、申诉、请愿制度，完善各种正当程序，拓宽并畅通民众的诉愿渠道和权利救济途径。

通过以上运行机制的建立和完善，就能有效地推进权力分解分割、制约平衡以及自由与权利的维护和保障，谁都不能擅自超越自己的边界和尺度。这样，就能逐步实现从"统治"走向"治理"的转型，建立起"国家治理"和"民间治理"的"双轮"驱动机制，权力和权利、权力和权力以及各种多元权利之间，都不得不"坐下来"进行理性协商和对话平衡，以设定大家公认的权威规则，并且大家都必须共同服从这一既定规则。继而，法律权威才能真正得以确立，法治秩序也才能真正建立起来。

（二）建立和完善"良性"的法律制度体系

古希腊先哲亚里士多德早就指出，法治应包含两层含义，一是法律必须是制定良好的，二是法律必须获得普遍的服从。自然法学派也自古主张法律的优良性，特别是近代以来更是主张"恶法非法"。尽管分析实证主义法学曾强调"恶法亦法"，但是后来也不得不面对现实，承认现实规则必须服从"最低限度的自然法"。这意味着，"良法"体系的建立是法治国家的重要标志。而要保证"良法"体系的建立，就要实现公众的立法参与、确立法律的正义价值取向、建立理性化的法律体系。

1. 公众的立法参与

法治是以民主体制为基本前提的，法律不再是维护专制统治、确保权力运行的工具，而是广大社会公众自由和权利的根本保障。因此，法律的制定就不能再是君王意志、统治集团意志或者具有优势地位的少数人的意志，而只能是社会公众多元利益和权利诉求的体现。因此，法律的制定就不允许个人臆断或者由少数人垄断，而必须是公开化、民主化和公众参与的。人们能够通过立法建议、意见征集、民意调查、网络讨论、法案辩论甚至是"院外活动"、和平请愿等多种途径和形式,来表达各自的权利主张,形成对立法的利益诉求和舆论压力,让多方"声音"都能进入到立法过程中来,使得立法过程成为多元化利益、多样性权利的对话协商、理性平衡的过程,成为社会公众把正义理想和合理性信念注入法律的过程,以确保法律的优良性。

在我国,随着法治进程的不断推进,立法的民主化也日益增强。如近年来《物权法》《就业促进法》《劳动合同法》等的立法过程中,就有很多社会公众参与进来,发表看法和建议,以至于对《物权法》草案的多方建议和激烈争论,影响了物权立法的进程,这无疑是我国立法民主化的一个进步。我们要建立法治国家,就必须继续加快立法公开化、民主化进程,拓展、畅通和完善公众立法参与的各种途径和形式,让更多的民众意见、要求和呼声能够进入到立法过程中,成为立法予以考虑和衡量的重要因素,从而使立法更多地反映社会公众的正义理想和合理性信念,促进"良性"法律体系的建立。

2. 法律的正义价值取向

正义是法律的核心价值和根本目标,因为"一个不具坚固的正义基础的法律秩序所依赖的只能是一个岌岌可危的基础"[1],在多元平衡的当代法治社会尤其如此。事实上,无论是柏拉图关于等级有序的和谐关系基础上的正义,还是亚里士多德关于平等均衡分配美好事物的正义,也包括启蒙思想家以来直至当今时代仍在探寻的以自由、平等和权利为基础的公平正义等等,都在一定意义上表明,正义构成了和谐与平衡的重要价值准则,我国历史上"和谐大同"的理想社会目标更是如此。也就是说,"一种态度、一种制度、一部法律、一种关系,只要能使每个人获得其应得的东西,那么它就是正义的"[2]。它的核心就是实现最大限度的自由和平等。

自启蒙运动以来,人就被视为生而自由和平等的,并且自由和平等是相互依存和互为条件的。但是,随后的事实发展却表明,自由的扩大并不一定能够促进人类平等,而追求平等也并不一定能够增进自由,它们反而时常会产生一定的张力和冲突。历史表明,无论是过多的自由要求还是过多的平等主张,都会超出正义所赋予的限度而失去正当性、合法性。这就需要正义原则来框定自由和平等的各自范围及其正当性,只有"当正义对自由和平等的追求起着支配作用时,自由和平等就能在限定的范围内和谐地扩展到最大限度"[3]。然而,"正义并不只是以一种声音说话"[4],也没有一个确定不变的铁律和图表,它会因各国的不

---

[1] 〔美〕E.博登海默:《法理学——法哲学及其方法》,邓正来等译,华夏出版社1987年版,第304页。
[2] 同上书,第254页。
[3] 〔美〕艾德勒:《六大观念》,郗庆华等译,三联书店1998年版,第170页。
[4] 〔英〕约翰·格雷:《自由主义的两张面孔》,顾爱彬等译,江苏人民出版社2002年版,第7页。

同政治、社会和经济条件,以及一国历史发展的不同阶段而产生很大差别。但是,正义原则所要求的多元平衡的价值尺度在于实现最大限度的自由、平等和权利,这一点则是确定无疑的。

具言之,权力与权利关系的轴心是国家权力控制范围与私人自由领域、平等权益保护等问题,权利与权利关系的轴心是不同群体和不同个人之间的权利平等、自由和权利界限等问题,权利与义务关系的轴心是利益与负担、自由与责任的平等分配等问题,而法律与多元社会规则关系的轴心则是国家理性规制与社会自主选择的问题。从某种意义上说,这四方面关系都内在地传递和表达着自由与平等的价值诉求,都须遵循正义原则而进行恰当、合理的平衡,以实现既定政治、经济和社会条件下最大限度的自由、平等和权利,促进人的自由、平等发展,从而达致自由社会和法治秩序的目标。我们要建立法治国家,就必须确立法律的正义取向,把社会公众的正义理想和合理性追求最大限度地注入到法律中,切实保障社会的多元自由和权利,从而建立起适应法治建设需要的"良性"法律体系。

3. 理性化的法律体系

良法体系的建立不仅需要公众的立法参与和确立正义价值取向,也需要建立健全从宪法到法律法规、从实体法到程序法、从基本法到部门法的严密的法律体系,以满足民主政治和市场经济发展的需要。基于法治对法律权威性、严密性、科学性、合理性、人本性的要求,法治国家的法律体系就应该符合理性化精神。这主要包括:① 法律的公开性,即法律应该随时向社会公布,让公众家喻户晓;② 法律的确定性,即法律必须是确定的、易于理解的,不能模棱两可、模糊不清;③ 法律的一致性,即法律之间是内在一致的,不应存在严重矛盾和冲突;④ 法律的稳定性、连续性,即法律是稳定的、连贯的,不能朝令夕改;⑤ 法律不溯及既往,即法律是可预期的,不能对法律制定并实施以前的行为产生效力;⑥ 法律的可操作性,即法律是能够操作的,而不能是脱离生活实际的、空洞的、无法落实的;⑦ 规章命令、司法解释以及自由裁量权的行使,应当符合法律原则和法治精神。具备了这种理性化精神,法律体系才能有效发挥其应有的规范效力,从而建立起法治秩序。

(三)建立和健全公正的执法司法体系和运行机制

法律制度体系的存在,只是实现"法的统治"的基本前提,再完美的制度体系也不能自动运行,它只有通过执法、司法机制才能获得现实效力,取得规范国家生活和社会秩序的实际效果;同样,再好的法律制度设计,也会因执法、司法不公而大打折扣,因此,"良法"的正义价值,只有通过公正的执法司法体系和运行机制才能得到充分实现。可见,公正的执法司法体系和运行机制是法治国家建设的重要环节。

1. 司法独立

司法独立是保证执法司法公正的重要前提,也是法治国家的重要标志。在专制社会,法律是维护君王权力运行的统治工具,因此,一切执法司法都必须服从君王的最高意志,它必然是不独立的,要服从君王专制统治的需要。而在法治国家则相反,法律是社会公众意志的体现,是维护社会自由和权利的坚盾,它代表着社会正义准则和最高权威,因此,无论是国家权力还是社会权利,都必须服从法律的规制。这样,作为适用法律、进行司法裁判的司法机关,就必须具有独立的、权威的地位,只有保证司法机关不受任何个人、组织的非法干预,才能使司法机关客观、中立、公正地适用法律,按照法治原则和法律规则进行居中裁判,从而建立起公正的司法运行机制。我国宪法规定,人民法院和人民检察院依法行使审判权和检察权,不受国家行政机关、社会团体和个人的干涉,同时近年来又进行了大量的司法改革,司法独立机制也就逐步建立起来了。但是,在建设法治国家的新时期,司法独立机制还需进一步健全和完善。

2. 正当程序

正当程序主要是指法律程序的正当化,它旨在反对肆意性、遏制权力擅断,从而保证法律的公正实施。一般认为,正当程序起源于1215年英国《大宪章》对法律程序的设定。发展到今天,正当程序已成为法治国家的一个重要特征,它为权利平等、权力制衡、解纷效率、权利实现和法律权威提供了重要保障。近年来,随着我国法治进程的不断推进,颁布了大量的程序性法律法规,特别是推进了国家权力运行的程序化、规范化、法制化,建立起相应的执法司法正当程序制度和机制,但是还不能满足建设法治国家的需要。因此,需要真正确立程序正义、程序控权观念,严密正当程序制度和机制,从而以正当程序来制约权力、保障权利和自由,维护法律权威和执法司法公正,促进法治秩序的建立。

3. 法律监督

执法司法是一项十分复杂的社会活动,它难免会受到政治、经济、文化、社会甚至人为因素的影响,无论执法司法机制是多么健全和完善,都不能保证百分之百的正确和公正。因此,法律监督就成为必须建立的一种纠补机制。目前,我国已形成了一定的法律监督体系,这主要包括:① 权力机关的法律监督,主要是各级人民代表大会及其常委会,依据宪法和法律对一切国家机关制定的法规、规章的合法性的监督;依法对执法司法机关的法律实施活动的监督等。② 行政机关的法律监督,主要是指在行政机关系统内上级机关对下级机关以及具有特定监督权的机关对其他机关的依法行政活动的监督。如上级机关对下级机关的层级监督、监察机关对国家机关及其工作人员的监督、审计机关对国家机关及其工作人员的监督等等。③ 审判机关的法律监督,主要是在人民法院系统内,上级法院对下级法院司法活动的监督。④ 检察机关的法律监督,主要是人民检察院依法对法纪、立案、侦查、审判、刑罚执行等执法司法活动的法律监督。⑤ 社会的法律监督，主要包括：执政党的监督，即中国共产党在宪法和法律的范围内，依据党章和组织原则对执法司法机关党组织和党员干部的政治性监督，特别是带头守法、遵法、公正执法司法的监督；人民政协和民主党派的监督，即政协代表统一战线组织、各民主党派代表所属参政议政党派，通过批评建议、议案谏书、对话协商等方式，对立法、执法、司法等活动的法律监督；社会团体的监督，即工会、妇联、共青团、行业协会、商会、学会、联合会等社会组织，通过参政议政、对话协商、批评建议、控告申诉等多种途径和形式，实施对执法司法活动的监督；社会舆论的监督，主要是通过新闻媒体、网络等，对立法、执法和司法活动进行公开讨论、对话、批评、建议，从而形成巨大的社会舆论压力和公众呼声，实施对执法司法活动的监督；社会公众的直接监督，主要是公民、群体等通过批评建议、谏言信访、举报控告等方式，形成对执法司法活动的直接监督。

应当说，这些法律监督体系成为执法司法公正的重要保障，但是，要使这些法律监督机制发挥更切实的作用和功能，就必须适应法治国家建设的需要，进行深化改革和制度完善：① 建立和完善人民代表大会及其常委会实施法律监督的具体制度，使其监督程序化、规范化、法制化，避免随机性和不确定性；② 党的监督要在宪法和法律的范围内进行，注重政治性监督，不应直接指令、干预具体的执法司法活动，以确保司法独立；③ 完善审判机关、检察机关监督的具体程序和制度，保障监督的实效性、公正性；④ 拓展、强化人民政协、民主党派和社会团体监督的范围、途径、力度和效果，并予以程序化、制度化，使其监督不只是一种形式，而是一种真正的民主监督渠道，成为推进执法司法公正的重要力量；⑤ 强化媒体、网络等公众舆论平台建设和规范，切实保障言论自由，强化公众舆论监督的能力、质量和水平；⑥ 建立多元化的公民、群体的利益表达、意愿诉求和权利主张机制，畅通公民和群体的维权通道，切实保障公民和群体的监督权利。可见，只有使各种法律监督机制取得实效，才能发挥其应有的功能，从而提升执法司法的公正水平。

4. 法律职业伦理

在很久远的人类社会就产生了法律，也自然需要专门从事法律事务的人。随着法律的逐渐发达完善，专业化的法律职业群体就出现了，并逐渐形成一套基本相同的法律信念、职业操守、法律技术和操作方法。在当今法治社会，人们称之为法律共同体，包括法官、检察官、律师、法学家等等，他们是解释法律、实施法律、保障法律运行的关键主体。他们以法律为职业，承袭法律职业传统，信奉法律、忠实于法律、秉持中立立场、信守公平公正价值、坚持法律人思维，因而客观理性、依法行事、处事公断，形成了共同的职业伦理和道德操守。这种职业伦理和道德操守不仅维护着其特定的社会地位、身份和声誉，也保证了他们客观公正地理解法律、运用法律和适用法律。如果不具备这些职业伦理和道德操守,执法司法的公正性就很难实现,而偏私裁判、徇私枉法等更会摧毁法律的公正性和权威性。可见,法律职业伦理是法治建设与发展的重要推进和支撑力量。

在我国,随着法治进程的不断推进,法律职业伦理也日渐形成。但是,由于多种因素的制约和影响,法律信仰不足、执法司法不公、腐败现象等还在一定范围内存在,法律职业伦理的建设任务还很艰巨,成为制约和影响执法司法公正的重要瓶颈之一。因此,要建设法治国家,就必须大力推进司法改革,高度重视和加强法律职业伦理建设,培育适合法治国家需要的法律职业信念、职业操守和职业道德,从而为执法司法公正提供必要保证。

(四)确立普遍有效的法治精神和信念

法治的运行和发展并不仅仅依赖于制度,也依赖于面对法律的人,依赖于法治精神和信念的支撑。如果是"先进的制度"面对"传统的人",早晚是会出问题的。这诚如西方学者所言,许多发展中国家正是经历了长久的现代化阵痛和"难产"后,才逐渐认识到其国民的心理和精神还被牢固地锁在传统意识中。"如果一个国家的人民缺乏一种赋予这些制度以真实生命力的广泛的现代心理基础,如果执行和运用着这些现代制度的人,自身还没有从心理、思想、态度和行为方式上都经历一个向现代化的转变,失败和畸形发展的悲剧结局是不可避免的。再完美的现代制度和管理方式,再先进的技术工艺,也会在一群传统人的手中变成废纸一堆。"[①]可见,确立普遍有效的法治精神和信念,对法治国家建设是至关重要的。这些精神和信念包括:

1. 民主契约观念

在马克思、恩格斯看来,人们为了实现单凭个人力量所不能实现的利益和自我保护,满足人的本质的社会性需要,就必须建立并参加国家共同体,并让渡一部分可与自身相分离的个体权利和利益给国家,而国家则必须服从于个人权利和自由的需要。因此,国家"必须实现法律的、伦理的、政治的自由,同时,个别公民服从国家的法律也就是服从自己本身理性的即人类理性的自然规律"[②]。正是基于这一民主契约观念,在推进法治国家建设进程中,就要摒弃"国家崇拜"、权力本位和官本位意识,确立国家权力服从服务于社会自由和权利的观念;摒弃"臣民文化"传统,确立民主参政议政、公民自由和权利神圣不可侵犯的观念;摒弃"法律工具主义"精神,确立法律的权力制约和权利保障的观念等等。只有这样,才能准确、理性地认知和定位公民与国家、权利与权力、权利与权利、

---

① 〔美〕英格尔斯:《走向现代化》,载《世纪档案——影响20世纪世界历史进程的100篇文献》,中国文史出版社1996年版,第435页。

② 《马克思恩格斯全集》第1卷,人民出版社1956年版,第129页。

权利与义务、法律与国家、法律与社会等关系,从而为建立法治秩序奠定必要的思想基础。

2. 正义观念

正义是人类自古就开始不断孜孜追求的崇高美德和至善理想,甚至可以说没有正义观念,社会制度、社会秩序、社会行为、社会关系等等就会失去基本的判断标准和道德约束,杀戮、偷盗、强暴等等也就会滋生蔓延,人类社会自然难以为继,只是不同时代人们的正义观念有很大差别而已。从古至今,法一直被视为维护和促进正义的艺术或工具,在当今法治社会更是如此。法律具有独立的至高权威地位,是国家和社会生活的基本准则,它必然要反映、承载社会公众的正义追求和信念,从而建立公正合理的规则秩序。因此,从国家元首到平民百姓、从城市到乡村、从资产者到流浪汉,尽管身份、地位、境遇、条件等等差别悬殊,但是,他们都应有自己的正义理想和渴望。只有在全社会普遍确立以自由、平等和人权为核心取向的正义信念,才能把遏制权力扩张、强化权利保护、消解社会不平等、促进社会自由、化解矛盾和冲突等等,化作人们的价值选择、道德约束甚至是自觉行动。这样,法治秩序才能真正建立起来。

3. 尊法观念

法治社会是主张"法律统治"或者"法律治理"的社会,它的一个重要标志就是法律的独立性和权威性。在这里,法律不再是专断权力运行的工具和等级集团的护卫者,而是社会多元利益的界定者、平衡者和协调者,是多元自由和权利的确认者、维护者和保障者,它要求不得有任何超越于法律之上的特权和特殊利益,而必须都平等地服从法律的约束。因此,尤其是国家机关及其工作人员更必须自觉带头尊法重法、遵法守法,无论其级别有多高、权力有多大,都必须如此。否则,一旦有超越于法律之上的特权和特殊利益,就会导致强权干预法律、破坏法律权威、维护特殊利益的情况发生,法律也就降为强权和特殊利益的御用工具,法律面前人人平等无疑成了一句空话,自由权利保障和法治秩序更是无从谈起。可见,只有在全社会树立起信奉法律、服从法律的尊法观念,才能保证法律的独立性和权威性,也才能使法律获得普遍的遵从并实际的效力,自由和权利才有可靠保障。因此,尊法观念的培育是法治国家建设的重要一环。

4. 权利义务观念

法治国家是以市场经济、民主政治、理性文化和多元社会为基础的,并且由法律来主导社会秩序。人们之间的社会关系就不能再建立在传统的血缘纽带、等级身份、宗法伦理的基础上,而是要建立在利益联结、平等自由、法律关系基础上。无论是国家与社会、群体与群体、群体与个人还是个人与个人,都必须依法确立相互的、平等的权利和义务关系,也即享有权利必须承担相应的义务和责任,承担义务也必须获得相应的权利,无论对谁都是如此。因此,在法治国家建设进程中,就要摒弃传统的权力本位、特权观念、等级观念、"臣民"观念、草民意识和宗法道德观念,在全社会真正树立权利义务观念和公民意识。只有这样,才能保障法律关系得到维系,相互的、平等的权利义务关系得以确立,法治秩序也才能建立起来。

(五)建立多元化的规范秩序和纠纷解决机制

从一定意义上讲,近代法治的生成发展呈现着一种理性化的进程,它意味着在国家预先制定好的普适性规则基础上来处理和调适社会关系。这种官方的、非人格化的普适性规则,遏制了权力的肆意专断,保证了个性化的主体平等、自由和权利,并极大地提高了社会成员规划并预测其利益和行为的法律后果的可能性。但是,法治的随后发展特别是当代发展昭示人们,法律并不是万能的,法律的"至上权威"也并不意味着"唯法律独尊"而抛弃其他。事实表明,法治国家的建立和发展需要多元化的规范秩序和纠纷解决机制来支撑。

1. 建立多元化的规范秩序

经过几个世纪的发展,人们发现法律在带来权力制约、权利保障和理性规则秩序的同时,它的一些局限性也逐渐显现出来。特别是法律过于僵硬的理性、法律无处不在的"法律之灾"导致生活格式化和缺乏自主性、法律上的自由平等与实际生活中的不自由不平等之间的反差等等,导致了法律的某些异化发展和当代法治的困境与危机。为此,西方人便开始反思其官僚制中的法律理性,是"如何导致奴役而不是带来自由了"[1]。而"法律制定者如果对那些促进非正式合作的社会条件缺乏眼力,他们就可能造就一个法律更多但秩序更少的世界"[2]。这就必须克服"法治乌托邦"的浪漫幻想和"法律工具主义""法律万能主义""法律单边主义"倾向,在发挥法律主导作用的同时,确立多元主义精神,实现法律与多元规则的互动平衡。[3]

我们知道,法律、道德和宗教是人类社会三种重要的行为规范,即便是主张"法律主治"的法治社会,道德和宗教对社会关系的规范和调整作用仍是十分必要而重要的。因为法律只能调整最基本的社会关系,是对人的行为的最低防范和社会秩序的底线保障,而大量的社会关系和日常生活则是由道德、宗教、习惯和惯例等来调整、规范和维系的,没有这些规范的补充支撑作用,再多再完美的法律也不可能单独建立起规则秩序。因此,我们在积极推进法治的过程中,要注意不可视法律为无所不能的灵丹妙药,更不能以法律替代、剔除所有其他规范。

---

[1] 〔美〕文森特·奥斯特罗姆:《政治文明:东方与西方》,潜龙译,载刘军宁等编:《经济民主与经济自由》,三联书店1997年版,第272页。

[2] 〔美〕罗伯特·C.埃里克森:《无需法律的秩序》,苏力译,中国政法大学出版社2003年版,第354页。

[3] 参见马长山:《法治的平衡取向与渐进主义法治道路》,载《法学研究》2008年第4期。

否则,后果将是严重的。事实表明,"狭隘的依赖重视惩罚的法律理性,其结果就是人们普遍地采取只遵守法律条文、寻找法律漏洞的策略,从而避免惩罚,对此就需要严格先前的法律,弥补漏洞,而这就会使得法律更加严厉。如果所有人都把自己的事业发展限制在法律的范围之内,那么生活就会变得不可忍受"①。可见,过分推崇、依赖法律的乌托邦理想,就会物极必反,使得法律成为人的主宰,而人就成了法律大肆规划与约束的对象和客体,人的主体价值、主体权利和自由自然也会受到严重的侵蚀和消减。可想而知,这并不是法治所追求的真正目标。因此,我们在建设法治国家的过程中,在主张"法律主治"的同时,要注意不能走向极端,而是要根据本土实际和国情,注重"民间法"的规范整合作用,加强道德建设和发挥宗教的积极作用,适时培育和建立多元化的规则秩序,这样法治秩序才会有更牢固的根基。

2. 建立多元化的纠纷解决机制

在当代西方,人们出于对"法律之灾"和"法律万能"的反思,开始主张"程序主义法治范式"和"回应型法",也就是要建立主体间对话协商的法律运行机制和弹性规则框架,为不同主体之间能够平等地对话谈判和协商妥协保留了自由和权利空间。如西方劳动法上的集体谈判制度,就是通过塑造集体谈判的组织、界定程序性规范、限制或扩展集体行为者的权能,来平衡谈判权,从而间接地控制了谈判结果,WTO 谈判机制也大致如此。此外,人们认识到,并非所有纠纷都要通过法律程序来解决,或者说,通过法律程序来解决某些纠纷并不一定是最理想的方案,胜诉也并不一定代表着是真正的赢家,民事、经济及行政纠纷中的非诉讼调节机制(ADR)、刑事案件中的辩诉交易等等的兴起,就说明了这一点。可见,建设法治国家,并不意味着法律就成为解决纠纷的唯一方式,而是要建立多元化的纠纷解决机制,在法律制度框架内赋予纠纷解决一定的自主空间,既保证法律的主导性和权威性,也使纠纷当事人有更多的自主选择权利和自由,从而减少纠纷解决成本,避免不必要的诉累,提高纠纷解决效率,有效维护当事人权益,建立赋有人本精神、自主和谐的法治秩序。

总之,建设社会主义法治国家是一项艰巨而长期的历史任务,也是一项涉及众多复杂问题的系统工程。权力制约和权利保障的民主制度和运行机制、"良性"的法律制度体系、公正的执法司法运行机制、普遍有效的法治理念和精神、多元化的规范秩序和纠纷解决机制,是法治国家建设的基本目标。只有实现了这些目标,法治国家才能真正建立起来。

---

① 〔美〕文森特·奥斯特罗姆:《政治文明:东方与西方》,潜龙译,载刘军宁等编:《经济民主与经济自由》,三联书店 1997 年版,第 272 页。

问题与思考

1. 法治的含义是什么?
2. 法治的构成要素有哪些?
3. 近代法治是如何形成的?
4. 为什么说多元社会是法治的社会基础?
5. 法治国家的现实基础条件包括哪些?
6. 社会主义法治国家的建设目标是什么?

参考文献

1. 〔古希腊〕亚里士多德:《政治学》,吴寿彭译,商务印书馆1965年版。
2. 〔法〕基佐:《欧洲文明史——自罗马帝国败落起到法国革命》,程洪逵等译,商务印书馆1998年版。
3. 〔英〕哈耶克:《自由宪章》,杨玉生等译,中国社会科学出版社1999年版。
4. 夏勇:《法治是什么——渊源、规诫与价值》,载《中国社会科学》1999年第4期。
5. 马长山:《国家、市民社会与法治》,商务印书馆2002年版。

第十章 法律与社会

【引读案例】

　　上海高院五名法官集体召妓事件引发的社会问题

　　2013年8月1日,有网友上传视频,爆料"'上海高院副院长陈雪明'等5人在某度假夜总会娱乐"。根据网上视频,五人傍晚乘电梯到二楼包房吃饭,约三小时后进入夜总会包房"钻石一号"。此后多名年轻女子曾进入包房。视频记录五人中的二人与女子手挽手下楼以及勾肩搭背的场景。根据爆料视频,几人随后回到位于四楼的包房休息。次日零点30分许,数名女子陆续上楼,进入几间包房。约半小时后,第一名黑衣女子离开,一小时后,其他女子陆续离开。对于群众举报市高院几名公职人员在夜总会娱乐并参与色情活动的情况,中共上海市委高度重视。8月2日当晚,市委召开专题会议,市委主要领导要求立即成立联合调查组,迅速查清事实,依纪依法严肃查处、严惩不贷,坚决惩处干部队伍中的腐败分子,相关调查和处理结果要向社会公开。

　　8月6日,上海市纪委、市高院党组和有关部门作出决定,对市高院法官陈雪明等夜总会娱乐事件作出严肃处理,相关法官被开除党籍,提请开除公职。

　　8月8日,上海高院召开全市法院集中教育专项整顿活动动员大会。会上,崔亚东代院长(时任)指出,五法官集体嫖娼事件对党的事业造成了巨大影响和损害,给境内外敌对势力借机攻击党和政府、攻击社会主义司法制度、攻击上海党政干部队伍提供了可乘之机。对此,有网民评论:"不知道这是什么逻辑?什么思维?是不是持批评态度的都成了崔院长心中的敌对势力?"

　　8月1日,河南省人大通过《河南省公共安全技术防范管理条例》,明确规定"禁传视频",引发网友批评:"作为政府官员应该时时刻刻为人民服务,而不是想方设法、处心积虑严防死守,甚至出台规定打压人民。"

第一节　法律与经济

一、法律与生产力、生产关系

　　生产力是人们认识自然、改造自然的能力。生产关系是人们在生产过程中所结成的社会关系。生产力是解决人和自然矛盾的能力,它直接反映的是人与自然之间的关系。生产力的发展,标志着人们认识和改造自然的能力的提高。生产关系反映的人与人之间的关系,表现为政治、法律、道德、宗教、艺术和感情等方面的关系。

生产力和生产关系有着密切的关系。生产关系与生产力的发展相一致。生产力发展到什么阶段,就有什么样的生产关系。正如马克思所说:"手推磨产生的是封建主的社会,蒸汽磨产生的是工业资本家的社会。"① 但生产关系并不是完全消极的,生产关系对生产力有反作用。根据马克思主义的理论,当生产关系对生产力的发展构成阻碍作用的时候,生产关系对生产力的发展就具有决定作用。同时,生产力的发展虽然能促进生产关系的变革,但生产力并不决定社会的性质。社会的性质是由人与人之间关系的总和即社会关系所决定的。

在民主和法治的时代,生产力和生产关系的发展离不开法治的保障。从生产力看,生产力的水平和性质取决于劳动者的素质和技能水平、生产工具的科技含量和性能及劳动对象的合理和充分利用的程度,这都离不开法治的规范和保障。即使是劳动者的素质和技能水平在不同的法律制度下也有极大的差别。中国古代有很多辉煌的科学技术,如干将莫邪的铸造兵器技术、东汉华陀的麻沸散、三国时诸葛亮的木牛流马、张衡的地动仪、明朝时巨舰的制造技术等,今天我们只能在史书上去想象它们当年的辉煌了。为什么中国历史上这么多科学技术未能转化为生产力?制度保障的缺失显然是一个根本的因素。从生产关系看同样如此。比如,市场经济离不开法治的保障,市场经济是法治经济,没有法治的保障,市场的公平性和竞争性就无法实现,市场就会扭曲。

二、法律与市场经济

市场经济是社会化的商品经济,它以市场为基础性配置手段,全社会的一切经济活动、经济活动主体的一切经济往来,都要通过市场来实现,市场机制是经济运行的基本机制。在市场经济中,市场经济规律起着支配作用,所有的经济活动都按价值规律运行。市场经济有一些基本的特点,如平等性、公平竞争、开放性等,这些特点既是市场经济的表现,又是市场经济得以正常运行的基本要素。如公平竞争就是市场不可缺失的要素,在一定意义上,没有公平竞争,就没有市场竞争。现代反垄断法之所以要反垄断,就是因为垄断遏制和消灭了竞争。同时,这些要素又是互相联系、互相制约的,缺失一个要素,其他的要素就会受到影响,如开放性是市场经济的基本要素,开放保证了市场有源源不断的竞争。同样,平等性也是如此,市场主体如果没有平等的地位,必然影响公平竞争。

为了保证市场经济的基本秩序,就需要有法治加以保障。"市场经济天然

---

① 《马克思恩格斯选集》第 1 卷,人民出版社 1995 年版,第 142 页。

要求法律规范的完善或者说法治的建立。"①市场经济就是法治经济,首先,在于市场的规则和机制需要法治的保障。比如市场交易中的诚信原则,要有良好的法律机制加以维护。一个良性的市场经济,同时也是市场诚信最好、交易成本最低的经济形态。今天的发达市场经济国家,都建立了极为严格的市场法治,有效保障了市场经济。其次,公平的市场秩序需要法治维护。市场经济涉及各种不同利益群体的经济交往,经济交往越多,交易的纠纷就越多。法治为市场的纠纷得到及时化解和公平处理提供了一种最公平有效的模式,从而有效地维护了市场的公平正义及其秩序。最后,法治是解决市场经济各种问题的最有效、最公平的制度形式。比如,市场经济中主体的多元化问题,就离不开法治的保障。市场经济能否实现,市场主体的多元化是先决条件。市场经济最大的优点之一,就是保证了多元主体的存在,从而使市场呈现出生生不息的活力。这就要求法治平等地保护一切市场主体,使其在市场经济中有平等的地位,除了市场因素和技术因素外,任何经济主体的任何合法市场活动都能够受到法律的保护。而市场中的不平等现象、影响多元主体公平竞争的现象都会受到法律的约束和追究。反过来,充分发展的市场经济,对法律的完善,对法治的规范性和严格性都有促进作用。

三、法律与经济全球化

经济全球化是当代世界全球化(globalization)潮流在经济领域的反映,正如联合国开发计划署在《1999 年人类发展报告》中指出的:"全球化,这一 20 世纪最后 10 年占支配地位的力量,正在形成国家、经济、个人之间相互作用的新纪元。"②经济全球化指经济活动超越国界,通过对外贸易、资本流动、技术转移、提供服务等而形成的全球范围的有机经济整体,但目前对经济全球化并没有一个公认的概念。经济全球化在内涵上表现为生产要素加速自由流动和优化配置;高新技术推动世界经济进入知识经济发展阶段;国际经济制度与国际经济组织充分发挥在国际经济问题上的协调,等等。自 20 世纪 80 年代末以来,整个世界经济一体化的发展进程不断加快,世界各国经济相互渗透、相互整合、互相依存程度日益加深,国际经济技术及人力、资本的交流越来越频繁,整个世界日益联合成一个整体,经济全球化是当代市场经济的重要特征之一,也是世界经济发展的重要趋势。

经济全球化对于发展中国家是一把双刃剑。一般来说,经济全球化可以带

---

① 王利明:《我国市场经济法律体系的形成与发展》,载《社会科学家》2013 年第 1 期。
② 联合国开发计划署编:《1999 年人类发展报告:富于人性的全球化》,中国财政经济出版社 2002 年版,第 25 页。

动发展中国家的经济发展,并将之纳入世界经济体系。例如,在《物权法》刚刚通过不久,世界银行和国际金融公司(IFC)于 2008 年 4 月 22 日联合发布了《2008 全球营商环境报告》,指出中国大陆地区 2007 年因《物权法》的颁布,大大地改善了中国的商业环境,并因此将中国大陆地区列为商业环境改革前十位之一。① 这无疑是中国经济环境的进步。但在经济全球化的过程中,由于发展中国家法律不健全、不完善,市场经济的机制和秩序还没有完全形成,就很容易在经济全球化的过程中遭受不公平待遇。正如英国经济学家安东尼·吉登斯在论述经济全球化时强调,资本主义市场经济从来就不是商品和服务的单一市场,它还包含着经济关系中劳动力的商品化,这种经济关系将劳动者从对生产方式的控制中分离出来。这个过程无疑充满了全球性的不平等的寓意。② 同样,在中国也出现了这种情况。在 1992 年中国进入市场经济的步伐加快以后,农业利用外资额的比重反而降低了。这说明,中国在经济全球化的过程中,外资更多地流向了城市,直接流入农村的份额微不足道。在这种情形下,外国直接投资不仅无益于城乡差距的缩小,相反在很大程度上倒成了加大城乡不平等的推动力量。③ 因此,发展中国家一方面要欢迎经济全球化,又要谨慎地对待全球化,用法律规范、约束和顺应经济全球化。如历经 15 年的艰苦谈判,中国最终于 2001 年 12 月 11 日以发展中国家身份加入了世贸组织。这是中国应对经济全球化最重要的举措。WTO 的规则是一套权利与义务平衡的原则,要获得它的待遇和参与它的决策过程,就必须履行应尽的义务,付出一定的代价。这方面最重要的内容之一,就是要修改和完善中国现有的经济和贸易法律。所谓用法律规范顺应经济全球化,就是通过法律将经济全球化的作用限定在有利于社会经济发展的层面,尽可能减少经济全球化的负面作用。用法律约束就是防止经济全球化过程中可能造成的对一个国家经济发展的负面影响。如加入 WTO 短期内会对中国一些企业带来冲击,这就要限制大公司,特别是那些拥有巨大经济权力的大跨国公司,防止它们在经济全球化过程中损害国家利益,而将其积极作用发挥到最大。所谓顺应经济全球化,就是要通过法律保障和促进经济的开放,通过经济的开放和竞争,多元化地培育自己国家的经济主体,使市场经济秩序和机制逐步完善。

---

① 《IFC:中国营商环境全球排名由第 83 位升至第 67 位》,载《中国经济时报》2008 年 4 月 24 日。
② 参见〔英〕安东尼·吉登斯:《现代性的后果》,田禾译,译林出版社 2000 年版,第 57—63 页。
③ 参见韩克庆:《经济全球化、不平等与中国社会政策的选择》,载《东岳论丛》2007 年第 3 期。

第二节 法律与政治

一、政治与法律的相互关系

政治是什么？由于理解的不同，往往有不同的界定。有人把政治称为"对社会公共事务进行决策的过程"①，也有的如布坎南认为："政治是用以解决价值冲突的过程。"②马克思主义经典作家全面概括了政治的本质，认为"一切阶级斗争都是政治的斗争"③"政治就是参与国家事务，给国家定方向，确定国家活动的形式、任务和内容"④"政治是一门科学，是一种艺术"⑤"政治是经济的集中表现"⑥等，正如马克思所说："普鲁士国家也是由于历史的、归根到底是经济的原因而产生出来和发展起来的。"⑦根据马克思主义的基本理解，政治是一种具有公共性的社会关系；政治的根本问题是权力，也就是国家政权问题；政治是一门科学也是一门艺术，有其独特的规律性，有其矛盾运动和产生、发展、变化的过程。但作为上层建筑，政治的本质、内容、形态和方式从根本上是由社会经济关系决定的，政治以其特定的社会作用，体现着社会经济关系，因为每一个社会的经济关系首先是作为利益表现出来的，它体现着各种经济利益和要求。恩格斯在批判杜林的"政治决定经济"的谬论时说："暴力仅仅是手段，相反地，经济利益是目的。目的比用来达到目的的手段要'基础性'得多。"⑧

法律是国家制定或认可，由国家强制力保证实施的，以规定人们权利和义务为内容的具有普遍约束力的社会规范。如果说政治是经济的集中体现，法律则是政治的外化。任何一种法律都会在不同程度上体现着经济。马克思说："普选权就等于英国工人阶级的政治统治"⑨。普选权是一种法律权利，而工人阶级之所以要通过普选权争得政治统治，根本目的就是要摆脱经济压迫，实现经济上的自由和解放。由于这个原因，法律往往与政治有密切的关系。法律产生于政治的需要，不同的政治形态有不同的法律；政治的变化会通过法律表现出来，政治的发展要通过法律来表现。故政治发展到什么阶段，法律也就发展到什么阶段。从我们国家看，我国社会主义民主政治，就与宪法和其他法律法规的颁布实

---

① 张明澍：《政治是什么》，载《政治学研究》1987年第5期。
② 宋衍涛：《人类为什么需要政治》，载《学习与探索》2008年第6期。
③ 《马克思恩格斯全集》第4卷，人民出版社1958年版，第475页。
④ 《列宁全集》第31卷，人民出版社1985年版，第128页。
⑤ 《列宁选集》第4卷，人民出版社1995年版，第189页。
⑥ 同上书，第407页。
⑦ 《马克思恩格斯全集》第37卷，人民出版社1971年版，第461页。
⑧ 《马克思恩格斯全集》第20卷，人民出版社1971年版，第175页。
⑨ 《马克思恩格斯全集》第8卷，人民出版社1961年版，第390页。

施有密切关系。我国社会主义民主政治的发展程度,大体上决定了我国法律的发展水平。从这个意义上说,进一步推进我国法治建设,就是要大力促进社会主义民主的发展。

同时,法律对政治具有保障和促进作用,一方面,它通过对政治的保障和促进来维护经济。发达国家的阳光法、反垄断法都具有保障经济的作用,后者甚至被称为经济宪法。另一方面,政治本身也需要法律的保障。1688年英国议会发动"光荣革命"①并于1689年通过了《权利法案》,该法明确规定:未经议会同意,国王不得颁布法律或终止法律的效力,不得征收和支配税收,在和平时期不得招募和维持常备军;臣民有向国王请愿的权利;议员有在议会期间自由发言的权利;议员的选举是自由的,国王不得干涉,等等。英国革命后,连"威廉和玛丽都不可能否认他们的王冠是国会授予的"②。孟德斯鸠在考察英国政制的时候指出:英国政制的特质在于它解决了权力的问题。在英格兰,保护社会成员免遭相互和外敌的侵害所必需的国家权力是强有力的;公民是由国家保护的,但他们也受到免遭国家侵害的保护;他们拥有一定的政治自由,这种政治自由就来源于英国封建社会后期限权政治也即法律的发展。

在芬兰,送礼会被官员视为侮辱其人格。不久前到访中国的丹麦记者拉尔森告诉中国同行,丹麦多少年都没有出现轰动一时的官员腐败案了。"我印象中不记得监察专员处理过任何出名的反腐败案件——也许是因为丹麦压根就没有真正的腐败吧!"③这不能不归功于这些国家的反腐败机构:监察专员。早在1809年瑞典就立法设立了具有现代反腐意义的监察机构,它由议会选举任命,独立于政府,代表议会监督政府,保护公民权益,改善公共行政。芬兰和丹麦在20世纪上中叶先后引入这项制度,如今全世界有近七十个国家设立了国家级或省级监察专员机构。近十多年来透明国际的清廉指数排行榜上,北欧国家一直名列前茅。其中,北欧的芬兰和丹麦经常并列排在廉洁第一位。正是在这样有效的监督体系下,芬兰政府官员和公务员滥用职权、以权谋私的现象极其少见,全国各地法院每年受理的行贿受贿案件不足十起而且几乎没有大案,芬兰因此被公认为世界上最廉洁的国家。一些官员甚至因为有以权谋私的嫌疑就不得不辞职。2002年芬兰《晚报》披露时任文化部长林登利用职务之便批准向一家高尔夫公司提供17万欧元的政府赞助。此后一周内,林登便被迫辞职。④

---

① 参见宗传军:《英国宪法形成过程》,载《人大研究》2004年第4期。
② 〔美〕爱德华·麦克诺尔·伯恩斯、菲利普·李·拉尔夫:《世界文明史》第2卷,罗经国等译,商务印书馆1995年版,第270页。
③ 吴黎明:《北欧反腐机构为啥成"冷衙门"》,载《新华每日电讯》2013年8月22日。
④ 参见杨昊等:《北欧公务员想腐败都难》,载《科教文汇》2005年第7期。

二、法律与国家

法律与国家有密切的关系。古罗马思想家西塞罗关于法律与执政官的关系的论述,就包含了国家不能忽视法律的见解:"执政官乃是会说话的法律,而法律乃是不会说话的执政官。"[①]中国古代韩非也提出过"以法为本""以法治国"的主张,并强调"国无常强,无常弱,奉法者强则国强,奉法者弱则国弱"[②];诸葛亮也有"治国犹于治身,治身之道,务在养神;治国之道,务在举贤"[③]等观点。近代以来,最具影响力的国家观是近代的社会契约论,它认为国家本质上是所有人共同签订契约而建立起来的,它存在的目的是保障所有公民的生命、财产和自由权利。而国家保护公民生命财产和自由的最主要形式就是法律。马克思主义认为,资产阶级国家只不过是少数统治者的工具和暴力机器,是具有阶级性的。社会主义国家是一个共同体,马克思认为,只有在这个共同体中,"个人才能获得全面发展其才能的手段,也就是说,只有在共同体中才可能有个人自由"[④]。但无论是马克思主义国家观还是非马克思主义国家观,都承认国家离不开法律。启蒙运动中,甚至俄国的叶卡捷琳娜大帝都表态:"所有公民在法律面前一律平等"[⑤],可见法律的重要性。马克思在总结巴黎公社经验时指出的防止公仆变为主人的许多设想就包含了现代社会最重要的法治理念——治权:"旧政权的合理职能则从僭越和凌驾于社会之上的当局那里夺取过来,归还给社会的负责任的勤务员。……为了服务于组织在公社里的人民"[⑥]。恩格斯也高度赞扬了巴黎公社"为了防止国家和国家机关由社会公仆变为社会主人"[⑦]而采取的两个正确的方法——废除等级授权制和废除官吏的高薪,这都是现代民主法治中最重要的阳光法案的内容。

在现代社会,法律和国家的关系主要有以下三层关系:

(1) 法律是由国家法定的立法机关通过立法程序制定和认可的。在现代民主法治国家,法律的制定要体现民主性和科学性。国家制定法律,应当体现民主。同时,法律的制定还应当体现社会发展的规律。这样才能保证依法治国的法是良法。而法律由国家来制定和认可,有最大的权威性,可以保证法律的实施

---

① 〔古罗马〕西塞罗:《法律篇》。转引自《西方法律思想史资料选编》,北京大学出版社1983年版,第79页。
② 转引自陈鹏生主编:《中国古代法律三百题》,上海古籍出版社1991年版,第571、581页。
③ 同上书,第591页。
④ 《马克思恩格斯选集》第1卷,人民出版社1995年版,第119页。
⑤ 转引自〔美〕斯塔夫里阿诺斯:《全球通史》,吴象婴、梁赤民译,上海社会科学出版社1992年版,第335页。
⑥ 《马克思恩格斯选集》第3卷,人民出版社1995年版,第57页。
⑦ 同上书,第12页。

效果。

(2)法律由国家执行和实施。制定法律的目的就是为了实施。有法而不依,法律得不到实施,等于无法。因此,国家不仅要制定法律,而且要保障法律严格的实施,任何人不得破坏法律。国家推进和实施法律的形式有多种。国家机关、司法机关、警察、法院、监狱等都是国家保障法律实施的重要物质力量,普法教育和法治宣传是国家实施法律的观念和思想手段。

(3)为了保障国家机关忠实地遵守法律,法律也限制国家权力。法律不仅是国家管理的工具,也是限制国家权力的重要力量,它通过规定国家权力的行使目的、手段和程序来约束国家权力,防止国家权力的滥用,从而实现保障社会和公民合法权益的目的。近现代以来的法律,都有这样的特点。近代史上第一部正式的宪法性文件、英国 1679 年通过的《人身保护法》,就是限制国王及其大臣的专横行为的法。现代法治国家的行政程序法、行政赔偿法、官员道德法及反腐败法等都具有限制国家权力的意义。

三、法律与政策

在我国,政策通常是指执政党和国家为了实现某个设想、达到某个目标、完成某一任务而制订的各种行动计划和方案,在实践中表现为党的政策和国家的政策。如改革开放之初邓小平所说的"有利于发展社会主义社会的生产力,有利于增强社会主义国家的综合国力,有利于提高人民的生活水平"[1],就是我们党改革开放的基本政策。又如,计划生育是我国的国家政策。

与政策相比,法律则是具有国家立法权的机关制定的调整社会关系的各种规范性文件的总称。作为管理国家和社会的基本规范,两者有相同的地方,也有不同的地方。从相同点看,首先,它们都是党和政府管理国家和社会的工具,都是要达到调整、控制社会行为和规范社会关系的目的。现代社会和国家的管理,需要缜密的方针、计划和严格的规范来保证管理目标的实现,法律和政策是最好的形式。党和国家既需要法律的管理方式,也需要政策的管理手段。其次,它们在内容上具有一致性。在我国,作为国家基本政策的大政方针,往往体现在宪法和法律之中,并通过法律来保护实现,具有明显的法律效力,往往成为宪法和法律的主要内容。从这个意义上说,国家政策往往成为法律的指导原则或法律本身。同样,中国共产党是我国的执政党,党的政策(除了党务方面)一般都通过一定的法律程序上升为国家和政府的政策,它不仅在实践中对我国法律的制定和执行具有指导作用,而且为了保障这些政策的严格实施,往往会上升为法律。再次,它们在适用上具有互补性,表现为两种情况。一是适应范围的互补。政策

---

[1] 《十四大以来重要文献选编》(上),人民出版社 1996 年版,第 521 页。

与法律虽然在功能和性质上有相同的地方,但二者的适用范围并不完全相同。一般来说,政策比法律调整的社会关系更加广泛和普遍,社会生活的各个方面都受政策的调整和规范,而法律的调整范围是有限的,如宗教、道德、民族等领域就不能用法律来调整。二是适用过程中的互补。如法律在适用中,要以原则和政策为指导。如我国刑事诉讼中的宽严相济政策,对刑事诉讼有指导意义。同样,政策在实施过程中,也必须依法,如计划生育政策的实施就有一个依法的问题。

从不同点看,政策与法律的区别也较为明显。首先,它们所体现的意志属性不同。在民主和法治的国家,法律是由国家机关依照法定职权和法定程序加以制定的,它反映的是国家的意志和人民的"公意"。而政策则不同,党的政策是党的领导机关依党章规定的程序制定的,是全党意志的体现;国家政策则是国家机关依法制订的管理国家事务的计划或措施,虽然它也有一定的国家意志性,但它没有人民意志的属性,故国家政策有与法律相一致的问题。其次,两者的规范形式不同。法律具有规范性,其内容十分明确、具体,且有前提、行为和后果,在形式上,每一部法典或单行法律和法规,都以规则为主,虽然也有一些原则性的规则,但仅限于规则的适用,否则就难以对权利义务关系加以有效的调整。而政策则不同,政策主要是原则性规定,它没有明确的适用性,只是指导性的纲领或原则,一般比较抽象,不是行为的规则,但对于规则的适用有指导意义。再次,两者的实施方式不同。法律具有鲜明的强制性和惩罚性,对于违反法律的行为具有追究的权力,故能够依靠强制力使人们普遍遵从。而政策未必都没有强制力。政党的政策主要靠宣传教育、劝导,靠人民对政策的信任、支持而贯彻执行。与政党的政策不同,国家的政策具有一定的强制力,但它仍必须通过法律,即使是对违反政策的人也必须通过行政手段依法予以处分。最后,两者的稳定程度不同。法律是有权的国家机关通过法定程序制定的,是人们行为的规范,社会对法律的稳定性有较高的要求。如果法律朝令夕改,人们对生活就没有预见性,就不能有效地规范生活。法律的稳定性是法治的一个重要标志。而政策相对要灵活得多,因为执政党和政府在处理社会和国家事务时,要适应社会发展,特别是要及时解决新出现的社会现象和社会问题,就不能不灵活多变。

四、法治与民主政治

法律与法治相联系。亚里士多德曾指出:"法治应包含两重含义:已成立的法律获得普遍的服从,而大家所服从的法律又应该本身是制定得良好的法律。"[①]但有法律并不必然导致法治。一是因为法律本身有良法恶法之分,二是因为即使是良法也有一个严格遵守的问题。历史上,无论是中国还是西方,法治

---

① 〔古希腊〕亚里士多德:《政治学》,吴寿彭译,商务印书馆1965年版,第199页。

的产生都很晚。西方的法治产生于资产阶级革命,至 20 世纪中叶才逐步完善。中国古代韩非也提出过"以法治国"的主张,但中国封建社会的专制统治不可能实施法治。古代的法的实施是自觉型的或道德型的,由于缺乏法治实施的制度保障,不可能真正实现良法受到普遍遵守的法治目的。即使是古代历史上法治最好的时候,仍然是人治保护下的法治。而一旦撤去了人治的保护,就不再有法律。所谓"为政在人,人存政举,人亡政息"很典型地勾画出了古代人治型法治的特点。明代首辅张居正倾毕生之力,试图革新腐朽低能的文官体系,但一朝仙逝,十年心血即随之东流,保存下来的政制没有几项。生前他可以用实权来推行自己的政治主张,但个人面对制度的软弱,从他死后不到两年即被抄家一事足可见古代人治的悲惨。

法治与近代民主政治相联系。由于民主政治的发展,统治者依法行事不再是道德要求,而成为一种法律约束。同人治相比,法治最大的优点在于克服了古代法律的任意性和主观性,找到了实现法律的最佳途径,使法治成为一种具有稳定性和普遍性的国家体制。几千年来,人类为解决社会的和谐问题,想出了各种办法,有依靠圣贤德性的人治和德治,有宣扬暴力的武治,有求助信仰的神治以及依法而为的法治,最终通过法治选择了法治。因为宪政以外的一切政治形态包括传统的古代的法治都存在缺陷。大卫·休谟一反历史上关于政治家是追求公益的道德人预设,指出:"在设计任何政府制度和确定该制度中的若干制约和监核机构时,必须把每个成员都假定为是一无赖,并设想他的一切作为都是为了谋求私利,别无其他目的",并说:"必须把每个人都设想为无赖之徒确实是条正确的政治箴言"。[1] 这构成了现代法治的政治基础。

因此,法治与民主政治的关系,首先就在于,法治是民主政治的产物。民主政治才要求法治。法治是民主政治对国家治理的基本要求。在民主政治条件下,人民把国家管理的职责交给政府,前提是政府必须为人民服务。由于公权力具有独立性、逐利性、扩张性和侵略性的特点,因而需要对国家权力进行限制。法治就是约束政府为人民服务的法制机制。法治的基本目标就是保障人民主权不受侵犯,公民的合法权益受到保障。因此,真正的法治,都以保障公民福祉和国家利益作为法律的根本宗旨,这是民主政治最重要的特征。正因为这个特征,公民才会通过法律信仰的方式向国家奉献出自己的政治忠诚。

其次,民主政治的发展水平决定了法治的发展程度。法治是适应民主政治的要求产生的,故民主政治的状况大致决定了法治的发展及其现状。也就是说,法治是否能够严格实施或多大程度上能够实施法治,本质是由民主政治的发展决定的。民主政治发展到什么程度,法治就发展到什么程度。没有民主政治的

---

[1] 《路德选集》(上),徐庆誉、汤清译,基督教文艺出版社 1968 年版,第 446 页。

充分发展,法治不但不合理,甚至是令人怀疑的。

再次,民主政治是法治发展的动力。为什么要进行法治建设?因为这是民主政治的要求。一部法治史严格意义上就是民主政治的演变和发展史。没有民主政治的充分发展,就不可能有法治的任何进步。而民主政治的每一步发展,都会在法律上提出要求,并把民主政治的成果法律化,这就是法治。从这个意义上说,发展和推进法治,关键是做好民主政治建设。

当然,法治也不完全是被动的。一个民主和法治的国家,以公民福祉特别是生命尊严和表达自由为核心。面对全球化这一前所未有的世界格局,提出合理、规范、人道、可持续发展的社会和国家安排,实现中国之为一个文明大国的法律布局,无疑能够在相当大的程度上促进民主政治建设。从民主政治之需要法治的根源和动力看,民主政治离不开法治的保障。这就是为什么近代以后,"不论是英国、法国、美国,或者是苏联,都是在革命成功有了民主事实之后,颁布一个根本大法,去承认它"①的基本理由。

第三节 法律与道德

一、法律与道德的联系

道德也是一种行为规范。一般认为,道德是"一种社会意识形态,指以善恶评价的方式调整人与人、个人与社会之间相互关系的标准、原则和规范的总和,也指那些与此相应的行为、活动"②。

作为一种行为规范,道德与法律有许多相似之处,概括起来主要有两个方面:一是法律中有道德。法律包含着道德。道德是人们之所以服从法律的人性基础。正如迪尔凯姆所说:"人们之所以要遵从法律,不是因为我们已经制定了某种法律,或者是通过多次选举决定了法律,而是因为法律表达了公民的意志,它是一种善的东西。我们之所以应该服从它,是因为我们希望它成为法律"③。二是道德中有法律。有许多道德会被转化成为法律。比如上海的"七不"规范,先是道德,后来成了法律。道德之所以要变成法律,是因为法律具有巨大的优越性,它能够用国家的强制力保障实施,从而使一种道德的行为能够普遍化和规范化,提升社会的道德和精神文明的水平。

法律和道德之所以能够实现"你中有我、我中有你",是由下列一些因素造

---

① 《毛泽东选集》第 2 卷,人民出版社 1991 年版,第 735 页。
② 《中国大百科全书·哲学》,中国大百科全书出版社 1985 年版,第 123 页。
③ 转引自〔法〕爱弥尔·涂尔干:《职业伦理与公民道德》,渠东、付德根译,上海人民出版社 2006 年版,第 112—113 页。

成的：

首先，道德和法律的社会作用相同，都是调整社会关系和社会生活的行为规范。道德通过人们的内心信念和社会舆论等，引导一种本质上有利于社会生活的行为方式。法律通过国家颁布的规范性文件，把人们的行为纳入到国家和社会所希望实现的社会关系，确立一种符合社会需要、有利于社会发展的行为方式。从这个意义上看，法律和道德具有同一性。正如迪尔凯姆所说："道德规范和法律制度在本质上表达了自我同一性要求"①。

其次，道德和法律的目的相同。道德和法律的目的都是要有利于社会的进步，有利于社会关系的和谐，有利于人们在社会生活中行为的规范化。所以，在实践中，道德和法律往往互相渗透。道德行为不仅"伴随人们的其他活动，如政治、经济、法律、艺术创作等社会活动而存在"②，而且几乎所有的法律问题都包含着道德问题。比如，2007年南京发生的彭宇案③就不单纯是一个法律问题。案件发生后，引发社会生活中许多人的困惑，老人倒地还能不能救？同时这还直接或间接引发了社会生活中大量的所谓"彭宇案"。同样的，道德问题也往往与法律有关。比如，官员廉洁是一个民主和法治的国家基本的道德准则，但在越来越多的国家，官员廉洁成为一种法律要求，法治发展的程度越高，道德法治化的范围就越大。

再次，道德和法律一样，都与特定的经济基础相一致，并随着经济基础的变化而变化。道德是人类社会生活中所特有的、由经济基础决定的一种体现为内心信念、社会舆论等的行为规范。不同的经济基础有不同的道德。比如，在农业时代和人治社会，注重的是群众对君王或领袖的忠诚，而在市场经济时代和民主法治社会，领袖要反过来忠诚于人民。同样，在农业文明中，投机取巧、不肯吃苦被认为是不道德的，但在工业文明和市场经济中，能够抓住市场的机会，是一种优秀的市场道德。在工作中不一味蛮干，主张用科技发明来创造更好的劳动条件，用更少的劳动时间、更舒适的劳动方式来创造更大的社会财富，就成为现代市场化经济基础的特点。因此，"法律与道德不仅要随着社会类型的变化而变化，而且就是在同一个社会类型里，如果集体生存的条件发生了变化，法律与道

---

① 转引自〔法〕埃米尔·涂尔干：《社会分工论》，渠东译，三联书店2000年版，第17页。
② 周隆宾主编：《社会历史观大辞典》，山东人民出版社1993年版，第560—561页。
③ 2006年11月20日早晨，南京一位老太在公交站台被撞倒摔成了骨折，鉴定后构成8级伤残。老太指认撞人者是刚下车的小伙彭宇。老太告到法院索赔13万多元。彭宇表示无辜，下车后看到老太摔倒后，主动过来扶老太。老太不停地说谢谢，后来大家一起将她送到医院。后来事情来了个180度大转弯，老太及其家属一口咬定彭宇是"肇事者"。2007年9月4日下午4点半，鼓楼区法院一审宣判。法院认为本次事故双方均无过错。按照公平的原则，当事人对受害人的损失应当给予适当补偿。因此，判决彭宇给付受害人损失的40%，共45876.6元。此案事隔五年后，南京市政法委负责人宣称彭宇确实撞了人。但五年后再公布的这一真相，却不能不受到人们的质疑。同时，即便真相确实如此，也不能挽回这一案件在当时对社会道德造成的巨大冲击。

德也要发生变化"①。

又次,在形式上,道德也和法律有许多相似之处。道德有多层次、多方面的特性,有深层次的道德、一般的社会道德,有正道德和负道德。美国法学家朗·富勒认为,道德可分为义务的道德和希望的道德,后者是优秀人物的道德,是那种不满足于普通义务标准的人的道德,前者则规定了人们为满足在社会中共处的要求而必须遵循的准则。法律与道德在这一领域内是最大程度地一致了。当代澳大利亚学者维拉曼特也持这种层次论的观点。他认为,道德学家提出了七种之多的道德水准——从对儿童行为的奖惩直到圣人的道德。而在较低水平上,法律与道德之间的联系最多。② 同样,法律也有多种,如有根本法、非根本法,有程序法、实体法,有民法、刑法、行政法,等等。最典型的是法律有公权和私权,道德有公德和私德,在形式上有许多相似之处。

最后,道德和法律的实施主要都是靠自觉。一般认为,道德靠人们的自觉遵守,"道德行为的主要特征是自觉和自愿,是行为主体能够进行自主选择"③,而法律则往往被认为是一种强制性的规范,因为法律有国家强制力的约束。但国家强制力的约束并不否定法律同样需要自觉。在一个民主和法治的国家,绝大多数法律都应当由公民自觉实施。法治发展的程度越高,法律实施的自觉度就越高。反之,如果一个国家的法律完全靠暴力来实施,那就与暴政无异。

二、法律与道德的区别

道德和法律有许多联系和相似之处,但也有许多不同。

首先,道德是法律的基础,法律是道德的保障,两者表现为基础与保障的不同。近代西方有所谓"恶法亦法"和"恶法非法"的争论,主张"恶法非法"的自然法学派就强调法的基础是道德。法不建立在道德的基础之上,这种法就是恶法。正由于这个原因,现代民主法治社会的道德和法律在相当大的程度上具有一致性,法律则侧重于对道德的法治保障。法律是道德的产物,社会之所以在有了道德之后还要有法律,就在于需要法律的强制性手段保障道德。一切真正的法律都应当具有促进道德的作用。比如诚信是一种道德,而合同法则通过法律形式追究违反合同的不诚信行为,就是法律对诚信的保障。

其次,道德和法律自觉实施的方式不同。一般来说,道德的实施主要靠自觉,对于不遵守道德的行为,通常也只能舆论批评、宣传教育或者表现为道德上的鄙视。法律的实施也是靠自觉,在一个民主和法治的国家,绝大多数法律都是

---

① 〔法〕迪尔凯姆:《社会学研究方法论》,胡伟译,华夏出版社1988年版,第55页。
② 参见〔澳〕维拉曼特:《法律导引》,张智仁、周伟文译,上海人民出版社2003年版,第234页。
③ 周隆宾主编:《社会历史观大辞典》,山东人民出版社1993年版,第560—561页。

靠公民的自觉遵守。区别在于,法律的自觉有国家的强制力保障,任何人不自觉遵守,就有可能受到法律的追究。因此,正如卢梭所说,法律是"逼迫自由"。

再次,法律在内容上是义务和权利的统一,法律不仅规定了人们应当怎么做,而且规定了如果不做或违反法律可能会面临的责任风险。社会生活中的行政责任、民事责任和刑事责任就隐含着一种法律的风险。而现代社会中的道德则仅仅是一种观念义务,它要求人们对社会和他人履行义务,以至于在必要时作出不同程度的自我节制和或多或少的自我牺牲。① 对于不履行道德义务的行为,人们除了批评教育等以外,一般不能对当事人进行处罚,因为道德没有与此相适应的责任性规范。

最后,法律和道德调整的社会关系的范围有所不同,它们各有自己的界限。历史上,"在实证主义法学出现以前,一个基本的智识思考方式是,任何关于法律的陈述,最后都可能归结到一种为社会普遍接受的自然法理论上来"②。但随着历史的发展,法律有着更加明确的界限,这就是法律只调整行为不涉及思想的表现。如果不属于行为,纯属意识观念表达出来的不道德,法律不能干预。同时,如果没有法律的明确规定,虽然道德上极为恶劣,同样不能用法律的手段解决或干预道德问题。而道德的范围则比较宽泛,人们的极大多数行为都有一定的道德准则,法律同样有一个道德问题,古罗马思想家乌尔比安就说过:"对于打算学习罗马法的人来说,必须首先了解'法'(jus)的称谓从何而来,它来自于'正义'(justitia)。"③人们可以用道德去审视法律。但只有上升为法律的道德,才能用法律来实施。

三、法律与道德的互动

法律和道德的内在联系和区别表明,它们之间存在一种互动关系。首先,道德推动和完善法律。这里既包括新法的制定也包括法律制定后的不断完善。从新法来说,是不是合乎道德,本身就是立法的基本要求。在现代社会中,不符合道德的立法很难堂而皇之地出现。从法制的完善来说,是不是符合道德,同样是推进道德完善的重要力量。2002 年,中国曾有"撞了白撞"法的大讨论④,其基本法律依据就是当时的《道路交通事故处理办法》和《沈阳市行人与机动车道路交通事故处理办法》。《道路交通事故处理办法》第 19 条规定:"一方当事人的

---

① 参见《中国大百科全书·哲学》,中国大百科全书出版社 1985 年版,第 125 页。
② 姚俊廷:《道德诉求法律化的法理学思考》,载《济南大学学报(社会科学版)》2013 年第 4 期。
③ 转引自〔意〕桑德罗·斯奇巴尼选编:《正义和法》,黄风译,中国政法大学出版社 1992 年版,第 34 页。
④ 2002 年 6 月 12 日,深圳一个 7 岁的孩子在放学回家的路上,在机动车道被汽车撞死。事后,车主向法院起诉,要求孩子的父母赔偿他两千多元的汽车修理费。法院依法支持了车主的诉讼请求,孩子的父母二审败诉。

违章行为造成交通事故的,有违章行为的一方应当负全部责任,其他方不负交通事故责任。"《沈阳市行人与机动车道路交通事故处理办法》规定,当机动车方无违章行为,由行人承担全部责任,老百姓称之为"撞了白撞"法。针对这一立法,不少学者提出了道义上的批评,有的学者强调,法律不能用"血腥的野蛮"来纠正公民道德范畴的"不文明"行为。① 2002 年全国人大常委会经过慎重讨论,决定吸收法学界的正确主张,颁布《道路交通安全法》否定了沈阳、深圳等地的"撞了白撞"立法,是国家立法中道德推进法律的重要例子。

其次,法律保障道德,具有促进道德普遍化的功能。法律促进道德,比较典型的是南京彭宇案。它为我们的法律提出了一个极为严峻的问题:面对道德危机,法律的社会功能究竟是什么?一个有着几千年道德文明的社会主义社会,人们还应不应当行善?法律应不应当支持人们行善?结论是不言而喻的。在我国精神文明和道德建设中,不能忽略法律对道德的引领和保障作用。这就要求我国司法机关特别是法院在审判案件的时候,不仅要依法,而且要有道德建设的理念,要通过法律的保障作用,促进我国社会主义道德的弘扬。因为,我国社会主义法与社会主义道德在本质上是一致的。违背社会主义法律,必然也违背社会主义道德。同样,违背社会主义道德的法律,必然产生严重的社会后果。这就要求我国的法律要有维护和保障道德的功能。我国《民法通则》将"社会公德"写入法律,本来就具有用法律保障道德的作用。"社会公德"本来是一个伦理道德的概念,它不是一个法律概念,这样一个道德概念之所以能被写进法律文本并且居于民法基本原则的地位,就是因为道德规范和法律制度在本质上具有自我同一性,需要在实施中实现某种互动。类似法律在发达国家也普遍存在。②

法律和道德的互动是法治文明的基本特点。法律和道德的互动,不仅是提升整个社会道德面貌的重要举措,也是推进法治文明化的重要力量。在一个民主和法治的国家,只有法律与道德实现了真正的"联姻",社会成员才能积极主动地遵守法律,而不是迫于法律的威慑作用。否则,正如日本法学家川岛武宜所说:"即使制定出了法律……法律也只能部分实行,或者完全行不通"③。

---

① 参见魏雅华:《对"撞了白撞"的再批判》,载《中国律师》2002 年第 9 期。
② 西方各主要成文法国家的民法典中也都将"诚实信用""公序良俗"等道德规范上升为法律原则,如《法国民法典》第 6 条、《德国民法典》第 138 条、《日本民法典》第 90 条。
③ 参见〔日〕川岛武宜:《现代化与法》,申政武、渠涛等译,中国政法大学出版社 1994 年版,第 137 页。

第四节　法律与宗教

一、宗教释义

宗教泛指信奉超自然神灵的意识形态,是对神明的信仰与崇敬,或者可以把宗教理解为是对宇宙存在的解释的一套信仰体系及与信仰的遵从相一致的仪式,包括符号意义、叙事体的故事,还有应该给予修行者生命体验的宗教实践,并由此获得一种精神上的慰藉。美国法学家伯尔曼在其《法律与宗教》一书中如是写道:"宗教是人们的一种内心确信,是人们关于社会生活的终极意义和目的的直觉知识以及对终极意义的个人信仰。"①宗教是人类社会发展到一定历史阶段出现的一种文化现象,属于社会意识形态,有它发生、发展和消亡的过程。宗教的基本特点是相信现实世界之外存在着某种超自然的神秘力量或实体,它统摄万物而拥有绝对权威、能够主宰自然进化、决定人世命运,从而使人对其产生敬畏及崇拜、信仰及认知以及各种仪式活动。宗教信仰、宗教感情,以及同这种信仰和感情相适应的宗教仪式和宗教组织,都是社会的、历史的产物。不同的宗教有不同的信仰,但不管哪一种宗教,都有相似的修行者的祈祷、仪轨、冥思及音乐和艺术表现形式,体现出不同文化的差异。

在人类历史上,对宗教反思最深刻的当属费尔巴哈。他对于宗教本质的反思曾起到过极大的思想解放作用。"上帝之意识,就是人之自我意识。……你可以从人的上帝认识人,反过来,也可以从人认识上帝。"②马克思充分吸收了费尔巴哈宗教观的合理内核,但又在其基础上进一步深化了:"费尔巴哈把宗教的本质归结为人的本质。但是,人的本质不是单个人所固有的抽象物,在其现实性上,它是一切社会关系的总和。"③同时强调:"一切宗教都不过是支配着人们日常生活的外部力量在人们头脑中的幻想的反映"④,是由对神灵的信仰和崇拜来支配人们命运的一种认识形式。虽然西方教堂里的神是以一种血淋淋的、受苦受难的形象出现的——耶稣被钉在十字架上,圣母不是流泪就是流血,但那实则是人的化身,是人的苦难、思想的化身。而中国庙宇里的神虽然大腹便便、无忧无虑、嬉皮笑脸,却也逃不开人的影子,除夸大了其形象外,仍然是人的化身。宗教产生根源,从初期看与生产力水平极端低下和缺乏科学知识,以及人们对自然现象的无知和恐惧,与人们生活在自然压迫和社会压迫下有关。但在现代社会

---

① 〔美〕伯尔曼:《法律与宗教》,梁治平译,中国政法大学出版社2003年版,第18页。
② 〔德〕费尔巴哈:《费尔巴哈哲学著作选集》下卷,荣震华译,商务印书馆1984年版,第38页。
③ 《马克思恩格斯选集》第1卷,人民出版社1995年版,第60页。
④ 《马克思恩格斯选集》第3卷,人民出版社1995年版,第666—667页。

中,宗教的产生和存在有其更加深刻和广泛的根源。

二、法律与宗教的关系

"法律必须被信仰,否则它将形同虚设",伯尔曼的这段话,在中国影响很大,一定意义上揭示了法律和宗教的关系。从历史角度看,法律与宗教的关系表现为宗教对法律发展起着基础作用。伯尔曼明确指出:所有西方国家以及所有处在西方法律影响之下的非西方国家的法律制度都是宗教态度与设想的一种世俗遗留。历史地看,这类态度与设想先是表现在教会的意识、圣礼以及学说之中,后来表现在法律的制度、概念和价值中。西方独特的宗教传统形成了西方独特的法律制度。中世纪西方社会中的犯罪与刑罚充满宗教色彩。教会法中的犯罪一般并不作为直接针对政治秩序和一般社会的侵犯,而是一项针对上帝的侵犯行为。相应地,对犯罪者的惩罚主要被看作是对损害上帝荣耀而实行的一种"补赎行为",也被看作是使受害者与犯罪者之间和解的悔悟行为。公元5世纪到10世纪的日耳曼人、斯拉夫人和欧洲其他民族的统治者,原来主要采用由原始部族习惯和血亲复仇规则构成的法律制度。皈依基督教以后,许多主要部落民族的统治者,从盎格鲁-撒克逊的英格兰到基辅罗斯,都颁布了成文的部族法律汇编,并且进行了各种改革,特别是有关家庭法、奴隶制、对穷人和受压迫者的保护,以及教会财产和教士权利等方面。这些方面的许多法律都来自宗教教律。如阿尔弗雷德(Alfred,约公元890年)的法律开篇就援引了"十诫"和摘自摩西律法的条文。同样,现代西方法律中的一些法律原则,如法官要严守公正,不偏袒富人,亦不袒护穷人,不以亲疏敌友为断等正是宗教的基本精神。宗教和法律的互相渗透一直延续到今天。美国法学家伯尔曼正是从这个角度详尽论述了西方宗教的发展过程与法律的依存关系,认为"法律赋予宗教以社会维度,宗教赋予法律以精神"[①],深刻揭示了基督教对于塑造西方法律制度所产生的深刻而重大的影响,甚至将西方法治理解成基督教精神的必然产物也不无道理。中国的儒家、道教、法家等虽然与西方的宗教不同,但也同样对中国的法律有很大影响。如战国末期的法家思想就严重影响了秦王朝的立法,至今对中国有极为广泛的影响。正如有的学者所说:"从本质上讲,中国的法律正是一种宗教性的法律。中国古代的法律起源于对天及对祖宗祭祀的宗教活动。两汉以后中国古代的法律表现出很强的儒家化色彩,但是儒家思想正是起源于中国古代的宗教。"[②] 习仲勋在谈到道教时也指出:"在长期的历史发展过程中,对我国政治、经济、文化思想都发生过深刻的影响,积累了大量的经籍和文献资料,是我国古代文化遗产

---

① 〔美〕伯尔曼:《法律与宗教》,梁治平译,中国政法大学出版社1993年版,第201页。
② 李光昱:《浅谈中国古代法律的宗教性》,载《中外法学》1999年第2期。

中一个重要组成部分。"① 这其中当然也包括了对法律的影响。

从实践层面看，法律与宗教在社会生活中共同担负着维护社会秩序的职能。伯尔曼教授指出："法律与宗教都产生于人性的共同情感。它们代表人类生活的两个方面：法律意味着秩序，宗教意味着信仰。没有法律，人类便无法维系社会；失去信仰，人类则无以面对未来的世界。"② 虽然今天西方国家的科学技术很发达，但宗教信仰的普遍化程度仍然很高，民众大多数有宗教信仰。可以说，宗教和法律的互相影响极为普遍。如当今美国的证人制度，当证人在法庭作证的时候，要举起一只手向上帝宣誓说真话。事实上，也确实很少有人在法庭作证的时候说假话，这就与宗教意识及心理有关。在某种意识上，某种宗教精神已经成为法治的一部分。美国人手捧《圣经》，在基督教的指引下，建立了属于自己民族的法律。"私有财产神圣不可侵犯""人人都由造物主赋予了某些不可让渡的权利"等都体现了对个人的基本尊严和价值的承认，买卖法中的"购者自慎"原则、侵权行为法中的"过错责任原则""共同过失规则""自甘冒险理论"都以尊重人的独立性、自决性为标榜，为劳动者、消费者承担社会经济发展风险提供了依据。在立法中常常援引基督教的圣理，在立法和司法过程中处处渗透着宗教仪式。基督教为法律提供了对人们有一定约束力的行为规则和合理依据。

在现代社会中，法律和宗教作为不同的上层建筑发挥其社会职能，与以往有了较大的不同。虽然随着科学的昌明，宗教的影响有所减弱，但作用仍然极大，在有些地区甚至在相当大的程度上影响着社会的发展和稳定。因此，处理好宗教和法律的关系，不仅关系到宗教和法律本身作用的发挥，而且关系到社会的稳定和进步。

三、我国宗教政策与法律调整

宗教信仰自由是我国宪法的规定，也是我国宗教政策和法律调整的基本原则。我国现有各种宗教信徒 1 亿多人，宗教活动场所 8.5 万余处，宗教教职人员约 30 万人，宗教团体 3000 多个。宗教团体还办有培养宗教教职人员的宗教院校 74 所。③ 从当代世界看，大多数国家都通过宪法规定了公民的宗教信仰自由。据有关资料，在 142 个国家的宪法中，有 61 个国家涉及了宗教自由，有 64

---

① 《新时期宗教工作文献选编》，宗教文化出版社 1995 年版，第 155 页。
② 〔美〕伯尔曼：《法律与宗教》，梁治平译，中国政法大学出版社 1993 年版，第 46 页。
③ 参见周永健：《论新时期我国宗教政策的特色》，载《西藏民族学院学报（哲学社会科学版）》2013 年第 4 期。2007 年 2 月 7 日英文版《中国日报》发表了一篇题为《宗教信仰者三倍于估计》的文章，披露自 2005 年开始，华东师范大学童世骏教授和刘仲宇教授领导了一项有关宗教信仰的首次大型调查，被调查人数达 4500 人，发现 16 岁以上的中国人中有 31.4%，依此推算，也就是大约 3 亿人是信教者。其中佛教、道教、天主教、基督教和伊斯兰教是 5 种主要的宗教，占信仰者的 67.4%。参见魏德东：《中国宗教徒人数达到 3 亿》，http://www.mzb.com.cn/html/node/19793-1.htm。

个国家既涉及了宗教自由又涉及了信仰自由,有 2 个国家只涉及了信仰自由,还有 15 个国家两者均未涉及。① 近些年宗教在我国的影响有扩大之势。其中大多数人是自愿的,一定程度上体现了我国宗教信仰自由的实施。有关统计分析显示:66% 的宗教徒表示自己是在具有强烈内在意愿的状态之下接触宗教信仰的,44% 的宗教徒表示是通过自己积极主动地寻求而皈依所信仰的宗教的。相关分析显示,宗教徒接触宗教信仰的内在意愿与皈依宗教积极主动性程度相关性较高。②

宪法是我国宗教政策和法律调整的原则,我国宗教工作和相关法律都不得违背宪法的宗教信仰自由原则。必须认识到,宗教的产生和存在有自然的、社会的、认识论的以及其他复杂的因素,在我国社会主义社会将长期存在。用行政命令的方式消灭宗教,这不仅违背宗教产生发展的规律,而且不符合宪法的原则。邓小平也明确讲过,像宗教这样的问题不是用行政方法能够解决的。我们要遵循宗教发展变化的规律,做好宗教工作,发挥宗教中的"弃恶扬善"内容和心理调节作用。同时,宗教在我国的活动,也必须守法。《宪法》明确规定:"任何人不得利用宗教进行破坏社会秩序、损害公民身体健康、妨碍国家教育制度的活动。"1991 年 2 月,中共中央 6 号文件《中共中央、国务院关于进一步做好宗教工作若干问题的通知》也指出:"任何人不得利用宗教反对党的领导和社会主义制度,危害国家统一、社会稳定和民族团结,不得损害社会、集体的利益,妨碍其他公民的合法权利。""不得恢复已被废除的宗教封建特权和压迫剥削制度。"反对利用宗教达到不良目的。这是我国处理宗教问题的基本政策和法律原则。

宪法作为我国宗教政策和法律调整的原则,必须贯彻依法管理宗教事务的方针。依法治国已经写进我国宪法,宗教管理也必须体现依法治国的原则。宗教活动除包含有宗教情感、信仰等思想因素外,还有宗教仪式、组织等涉及国家利益和社会公共利益的事务,必须依法进行管理,这既是依法治国、建设社会主义法治国家的需要,也是为了保障公共利益和包括信教者在内的全国各族人民的根本利益的需要。一方面,中国境内的宗教活动不得违反国家的政策和法律,作为宗教徒的个人,既是一个宗教信仰者,更是一个公民;宗教组织是许多宗教活动和仪式的组织者,是联系信教群众的重要纽带,也是社会事务的重要组成部分,必须依法进行活动。对于违反国家宗教政策和法律的宗教行为或宗教活动,应当追究其相应的责任。另一方面,政府依法对宗教事务进行管理。"政府对有关宗教的法律、法规和政策的贯彻实施进行行政管理和监督。政府依法保护

---

① 参见〔荷〕亨利·范·马尔赛文、格尔·范·德·唐:《成文宪法的比较研究》,陈云生译,华夏出版社 1987 年版,第 19 页。
② 参见梁丽萍:《关于宗教认同的调查与分析》,载《世界宗教研究》2003 年第 3 期。

宗教团体和寺观教堂的合法权益,保护宗教教职人员履行正常的教务活动,保护信教群众正常的宗教活动,防止和制止不法分子利用宗教和宗教活动制造混乱、违法犯罪,抵制境外敌对势力利用宗教进行渗透。"①当然,依法管理宗教事务,是为了把宗教活动纳入有关宗教的法律、法规和政策范围,而不是去干预宗教团体的内部事务和限制正常的宗教活动。这是我国宗教健康发展和党的宗教工作不断完善的重要保证。

第五节 法律与科学技术

一、科学技术对法律的影响

在人类文明史上,科学技术始终是文明发展的基础和杠杆,它的应用给人类增添了巨大的力量,改善和丰富了人们的物质和文化生活,也大大促进了法律的发展。近代民主法治的发展中,就以科学的巨大进步为背景。正是以蒸汽机为代表的科学技术和工业文明,推动了近代资本主义生产方式的发展,发展出了与此相一致的法律制度。资本主义生产方式的每一次重大进步,背后都伴随新法律的胜利,其中最主要的就是确立了法律对权力的控制。比如,13世纪产生的英国议会制度改革,表面上是议会和王权的斗争,实质却是法律对王权的胜利,开始是征税权,后来发展到人身权、立法权,议会一步步地将权力从国王手中争取过来,最终将国王关进法律的"笼子"。哈耶克曾深刻地指出:"立法的发明,很可能是人类曾有过的成就中影响最为深远的一种成就——比火的使用、文字和火药的发明所具有的影响更为深远,因为在所有这些成就中,是立法最大限度地将人类的命运交到了人类自己的手中。"②此后300多年间,当其他国家频频陷于内战之时,英国再未发生重大的社会动荡。由于社会发展比较稳定,较少流血冲突,没有急风骤雨式的革命,社会发展便有可能通过纳入正常渠道——法制轨道来解决,保障并维护了社会和市场的繁荣,工业革命后英国一跃而起,成为18世纪的世界工业强国。它人口不到世界的1%,但1870年的工业产值在世界工业总产值中所占比例高达32%,成为当时世界头号强国。

当然,科学技术对法律不全是正面作用。如果没有相应的制度保障,科学技术不但不利于法律的进步,有时还会产生相反的结果。正如列宁所说:"如果数学定理触犯了人们的利益(更确切些说,触犯了阶级斗争中的阶级利益),这些定理也会遭到强烈的反对。"③一战前的德国科技发展举世瞩目,"在大约三十年

---

① 《新时期宗教工作文献选编》,宗教文化出版社1995年版,第216页。
② 〔英〕弗里德利希·冯·哈耶克:《自由秩序原理》,邓正来译,三联书店1997年版,第77页。
③ 《列宁全集》第25卷,人民出版社1988年版,第47页。

的时间内,德国经历了英国用一百多年才完成的事情——将一个农业占统治地位的落后国家转变为一个现代高效的工业技术国家",从而谱写了整个世界近现代史中"最令人惊异的篇章"。① 当时 42 个自然科学诺贝尔奖,有 1/3 是颁发给德国人的。② 但是,由于政治体制僵化,科学技术反而被用来助推社会两极分化,社会公平缺失,矛盾尖锐,成为国家恐怖主义的工具,最终不能逃脱灭亡的命运。后来的纳粹和日本法西斯都是如此。

二、法律对科学技术的影响

马克思说过:"科学是一种在历史上起推动作用的、革命的力量。"③要让科学技术长久地造福于人类,发挥起推动作用的革命的力量,就必须对科学技术的发展作出规范。在历史和现实中,科学技术不只具有进步作用。科学技术是一把双刃剑,科学技术对人类既是恩惠也是挑战,正如有的学者所指出的:"科学进展是一种悲喜交集的福音"④。"用它造福人类,那是价值观念的善;用它毁灭人类,那是价值观念的恶。"⑤因此,一个建立在民主法治基础之上的社会,要充分利用和发展科学技术,使之能够更好地推进社会的进步。同时,还要立法严格限制科学技术被用来阻碍社会的进步。从社会进步的角度看,法律可以有效保障科学技术的良性发展。干将莫邪的铸造兵器技术、张衡的地动仪、明朝时巨舰的制造技术等,都是当时的顶尖科学技术,但由于缺乏法律的保护,这些科学技术未能保留下来并对历史的进步起到推动作用。"就科技本身而论,直到 15 世纪,中国和阿拉伯国家显然高于西欧,但西方国家很快后来居上,在经济上大大超过东方国家,原因是西欧在中世纪中后期建立了一种有利于不断创新的社会机制。"⑥可以说,西方法治的进步大大促进了科技的发展。

因此,促进科技有利于增进人类福祉的发展,这需要法律的保障。比如,科学的观念要得到维护,就离不开法律的保障。伽利略、哥白尼的遭遇是人类科学发展的悲剧。要防止人类历史上再出现类似悲剧,就必须通过严格的立法加以保障。社会的需要和经济的发展会给科学的发展以巨大的推动力,但是科学在本质上是一种非功利性的活动,因此,要使科学活动持续、健康地向前发展,除了社会的需要以外,还必须依靠科学精神作为科学活动的强大的精神动力。社会

---

① 参见〔美〕科佩尔·S.平森:《德国近现代史:它的历史和文化(上)》,范德一译,商务印书馆 1987 年版,第 318 页。
② 参见景德祥:《不可拯救的帝国——兼论 1871—1918 年间德国的科技与政治现代化》,载《科学文化评论》2006 年第 1 期。
③ 《马克思恩格斯选集》第 3 卷,人民出版社 1995 年版,第 777 页。
④ 〔英〕波普尔:《科学革命的合理性》,载《世界科学》1979 年第 8 期。
⑤ 齐振海主编:《未竟的浪潮》,北京师范大学出版社 1996 年版,第 251 页。
⑥ 马玲、胡朝阳:《创新型国家与产业技术政策法治化》,载《科技与经济》2007 年第 5 期。

的政治、经济、法律、文化等各项体制或规则的确立、改革和完善,都离不开科学精神和理性精神,必须通过法律,使蔑视科学规律、亵渎科学精神的现象无法生存。

同时,科学技术的合理应用需要法律加以确认、维护、规范、调节和保障,良好的法律环境是科技进步和合理应用的可靠保障。要防止对科技成果的不合理应用所造成的社会危害,同样必须有相应的法律加以防治,并对受害者给予法律救济。至于研究开发的科技成果,其应用有可能危害人类社会,造成不可逆转的后果,应当以相应的立法预先作出应用范围与性质的规定。目前,许多国家制定了一些规避技术风险与保障科技的人道主义应用为目标的科技法规,立法的重点涉及生命科学技术、计算机与信息技术等新兴科技领域。如原子能法是旨在和平利用原子能、安全处理核废料、严格禁止核扩散、有效防止核战争的法律;克隆技术应用法、信息安全法等,是分别对有关生物技术、信息加密与解密技术、网络安全技术等应用范围和性质作出的相应规定。所有这些都是法律对科学技术的保障和维护,并已经成为世界潮流。

第六节 法律与人权

一、人权的根源、要素与特质

人权是指人因其为人而应享有的权利,是受一定伦理、道德所支持与认可的,人依其自然属性和社会属性所应当享有的权利。它主要的含义是:每个人都应该受到合乎人权的对待。人权的这种普适性和道义性,是它的两种基本特征。在当代世界,维护和保障人权是一项基本道义原则。是否合乎保障人权的要求已成为评判一个国家或社会组织(无论是政治上的还是经济上的)优劣的重要标准。但是,由于历史和文化等多方面的原因,不同国家和地区对于人权的具体定义及保障人权的具体方式都存在着相当大的争议,甚至引发了一定的冲突。

关于人权的根源,目前有多种观点。历史上最早的观点是自然权利说,认为人源于自然,人类是自然的一部分,受自然法所支配。对这样的人,自然法必然要赋予一定的权利,即自然权利。自然权利具有神圣性和不可剥夺性,维护着人类的人格和尊严。这是最早的人权来源学说。第二种观点是天赋人权说,它与自然权利说相似,但是用最简明而生动的语言概括人权根源的一种人权理论,在历史上影响极大,曾成为资产阶级革命的思想武器。资产阶级革命后,它被写进了许多国家的人权宣言,美国的《独立宣言》就是这样表达的:"我们认为这些真理是不言而喻的:人生而平等,他们从造物主那里被赋予了某些不可转让的权利"。但天赋人权的客观基础不牢固,没有事实依据,何谓"天"?既然没人能够回答"天"是什么,那么,天赋人权就不能让人们信服。第三种是法定权利说,这种学说否认人权的道德基础,并批评自然权利说的神秘性和主观性,认为人权的根源是法律。如边沁就主张"权利是法律的产物,没有法律也就没有权利"①。我国也有学者持这个观点:"权利是法律之子,自然权利是无父之子。"②第四种是革命斗争说,认为人权不是自然就有的,也不是天赋的,而是人民经过革命斗争得来的。即使是法定权利,也需要人民先夺取国家权力,才能将自己的意志上升为法律。在历史上,确实有不少人权是人们通过斗争得来的,包括法国大革命就大大推动了人权的发展。但也不能片面化。柏克就批评过法国大革命时期的这种观点:"他们对人权不能有任何限定,任何反面的辩论都是无效的;他们认为人权的要求不容许任何人让步和妥协,任何有损人权要求充分实现的东西都是十足的狡诈和不义。"③此外,还有社会连带说,认为人是一种社会存在物,人不能脱离社会而独立存在,必须与他人共同生活于其中,在人与人之间形成连带关系。其代表人物狄骥就认为:"人们有共同的需要,这种需要只能通过共同的生活来获得满足。"④上述观点都有其一定的合理性,但也有不足之处。比如,我国理论界主张的法定权利说就不够完整,人权岂能因为法律没有规定就可能任意侵犯?因此,应当全面地理解和总结,不能片面化。

人权的要素就是构成人权最主要的因素。美国伦理学家格维尔茨认为,人权是一种狭义的权利,即主张权,包括五个因素:(1)权利的论证基础和根据;(2)权利的主体,即有权利的人;(3)权利的客体,即权利指向什么;(4)权利的性质;(5)权利的回答人,即具有义务的人。⑤ 人权的"五要素"说基本上合理地反映了权利概念的内在构成。当然,这五个方面都有争论,需要在理论和实践中进一步完善。

人权的特质是人所特有的权利,它区别于物、动物和神的权利——如果它们也有权利的话。作为人的特质的权利可以从不同的方面来加以概括,如有的学者将其概括为道德人权、法律人权、现实人权。道德人权是最高层次的人权,它是人类文明进步的指针,为法律人权确定和指引方向。法律人权使道德人权由道德自律保障转向国家强制力保障,标明了权利的尺度。现实人权把人与权利联系起来,权利由观念变为实在,由纸上走向现实,它是人权实效的体现。另外,人权的不同内容也体现了人权的不同特质,如按照权利的内容来划分,人权包括

---

① Hart, Essays on Benthen, Oxford University Press, 1982, p. 82.
② 张文显:《当代西方法学思潮》,辽宁人民出版社 1988 年版,第 357 页。
③ 〔英〕埃德蒙·柏克:《自由与传统》,蒋庆等译,商务印书馆 2001 年版,第 66 页。
④ 〔法〕狄骥:《宪法论》第 1 卷,钱克新译,商务印书馆 1959 年版,第 63 页。
⑤ 参见〔美〕A. 格维尔茨:《人权的认识论》。转引自沈宗灵、黄枬森主编:《西方人权学说》(下),四川人民出版社 1994 年版,第 117 页。

公民、政治权利和经济、社会、文化权利两大类。按照权利的内容来划分,人权包括公民、政治权利和经济、社会、文化权利两大类。按享受权利的主体分,人权包括个人人权和集体人权两种。前者是指个人依法享有的生命、人身和政治、经济、社会、文化等各方面的自由平等权利;后者又可分为民族平等权、民族自决权、发展权、环境权、和平权等。总之,人权是涉及社会生活各个方面的广泛、全面、有机的权利体系,是人的人身、政治、经济、社会、文化诸方面权利的总称。它既是个人的权利,也是集体的权利。

二、人权观念的形成与发展

人权观念与权利有关。权利是权和利的统一,在拉丁文中有法律和正义的意思。在古希腊哲学中,权利基本上被归结为正义,即道德意义上的权利。作为法定的权利,最早发端于罗马法,即梅因所说的"概括的权利"。这种权利一开始只是出现在与财产的私人占有关系紧密相连的法律中,在《查士丁尼民法大全》中,权利一般用来表达某种合法的财产和占有关系,这就是"正当"。人的权利就其来自于特定的法律规范而言,叫公民权。马克思指出:"权利决不能超出社会的经济结构以及由经济结构制约的社会的文化发展。"[①]故古希腊、罗马虽然有权利的意识,但那时还没有人权概念。在柏拉图那里,人是不平等的。奴隶在柏拉图和希腊其他思想家那里,根本就算不上是人,更谈不上什么法律权利。亚里士多德也说过:在正义的社会中,"奴役既属有益,而且也是正当的"[②]。进入封建社会后,虽然在对待自由民和奴隶上,社会有了很大的进步,但同样没有人权的概念。中世纪是神学统治的时代,人的主体地位为神所取代,人因为带有"原罪"而沦为奴隶;由于人的"罪恶"大小不等,所以人们之间是天然不平等的。由于人定法最终源于体现神的理性和智慧的永恒法,因而权利和人权都是由神授的。马克思曾指出:"君主政体的原则总的说来就是轻视人,蔑视人,使人不成其为人"[③]。整个封建社会只有一个最高的意志才是自由的。法国大革命前只占人口的2%的第一、二等级的僧侣和贵族,却把持着整个宗教与国家机器,享受了一切政治特权,这是极少数人的不平等的自由和绝大多数人的平等的不自由。

人权概念产生于启蒙运动。意大利人文主义者率先发起了一场声势浩大的"争取人权"以对抗"神权"的思想解放运动,第一次将"自由""平等"作为人类的本性和人权提了出来。拉伯雷甚至在《巨人传》中设计了一座男女不分的特

[①] 《马克思恩格斯选集》第3卷,人民出版社1995年版,第305页。
[②] 〔古希腊〕亚里士多德:《政治学》,吴寿彭译,商务印书馆1965年版,第13页。
[③] 《马克思恩格斯全集》第1卷,人民出版社1956年版,第411页。

莱美修道院,这里的人不屈辱于任何束缚,"他们的规则只有一条:想做什么便做什么"①。

现代意义上的人权概念是伴随着工业化和商业化社会的发展而出现的,在启蒙主义的思想家看来,中世纪的人是政治的人,人与人的关系首先表现为等级与特权,人的本来状态被政治与宗教的表象所掩盖住了。如今则要求返回到"自然的人"。市民社会或资本主义社会的人恰恰是非政治的、自然的人,人与人的关系也就表现为"自然权利"。"自然权利"的另一种表述方式是"天赋权利"。"天赋人权"论的创始者格劳秀斯就认为,人的权利来自于人的理性或自然本性,是人固有的品质。② 伏尔泰、孟德斯鸠,特别是卢梭,使人权口号充满了革命精神。卢梭在其主要著作《社会契约论》中发出"人是生而自由的,但却无往不在枷锁之中"的呐喊,自由、平等、幸福成为他的人权观的主要内容。卢梭直接把"政治权利原理"作为《社会契约论》一书的副标题,此书成了法国革命者公认的"圣经"。真正的国家,应按"公意"来组成。所谓"公意",即是个别意志互相抵消后剩下的共同意志。这样一来,"自然权利"通过"社会契约"才合法化为"真正的权利"。随着"自然权利"转换为法律权利,人的平等才获得了法律意义上的普遍形式。法律的平等很大程度上弥补了自然所造成的人与人之间在身体与智能上的差异。被马克思称为"第一个人权宣言"的美国《独立宣言》就明确宣布:"人人生而平等,他们从造物主那里被赋予了某些不可转让的权利,其中包括生命权、自由权和追求幸福的权利"。为了保障这些权利,人们才建立政府;政府的权力来自被统治者的同意,任何政府一旦损害这些权利,人民就有权改变或废除它,建立新的政府。法国的《人权和公民权宣言》也沿袭了同样的人权观念。"天赋人权"观念便从在"自然"面前人人平等,形式化为"在法律面前人人平等"。

从发展的角度看,"人权"的抽象,无论怎么说,都是人类文明史上的一大进步,它不仅体现了人类自我意识能力的增强,也体现了人们对自身关怀层次的提高。与特殊性相比,任何抽象都更深入地揭示了事物的本性与发展趋势。因此,"人权"尽管是资产阶级的思想产物,但同时又超越了资产阶级的阶级的和历史的局限。"人权"不再是资产阶级的"专利"。这种人权观念不仅是对英国殖民主义践踏人权暴行的回击,同时也唤醒了世界各国人民为争取和维护自身的权利而斗争,并且为当代国际人权的理论与实践奠定了基础。二战以后,随着国际经济的分工与合作的加强,人权合作出现了一体化的趋势,处于不同经济发展阶段的民族与国家逐渐以对话和沟通的方式相互理解,在某些重大的人权问题上

---

① 〔法〕拉伯雷:《巨人传》,成钰亭译,上海译文出版社1981年版,第207页。
② 参见〔英〕弥尔顿:《为英国人民声辩》,商务印书馆1958年版,第42页。

达成共识。国际社会在人权事务上也开辟了一些合作领域,并形成了若干国际行为的共同准则,有力地促进了国际人权的保障。

三、人权与法律的相互作用

首先,法律以人权为基础。最早的人权立法产生于英国。1215 年的《大宪章》、1628 年的《权利请愿书》、1689 年的《权利法案》在人权的法律保障方面有重要意义。我国《宪法》明确规定:"国家尊重和保障人权。"保障人权是我国宪法的原则。我国一切法律,包括立法、执法、司法和督法,都必须体现保障人权的原则。宪法是最高法,作为宪法规范的人权保障原则,当然应当成为法律的核心。人权作为法律的核心,是法律保障人权体现社会自由的基本要求。现代法治的实质是治权,而"法治的真谛是人权"①,治权的目的正在于保障人权。治权是人权保障的需要。因此,以人权保障作为法律的核心,就是以治权为法治的核心,两者在本质上相一致,由此才能实现社会自由的目的。正如列宁所说:"意志如果是国家的,就应该表现为政权机关所制定的法律,否则'意志'这两个字只是毫无意义的空气震动而已。"②

其次,人权需要法律的保障。在现代社会,保障人权最有力、最有效的工具就是法律。法律具有规范性、普遍性,当人权内容为法律规定的时候,人权的保障就能够得到最普遍、最广泛的实现。一方面,它以国家法律的庄严形式昭示公民应享有的人权,公民的人权受到宪法和法律的保障,任何人不经法定程序不得侵犯人权。另一方面,法律又以否定评价性的形式,对各种各样的侵犯人权的形式规定了与之相应的惩罚与制裁措施,也只有法律,才能对人权进行必要的限制和特殊情况下的剥夺。不能离开人权谈法律,同样,也不能离开法律谈人权,从而保证了人权的最终实现。因此,人权只有以法律的形式存在才具有最大的现实意义。"如果没有一个能够强制人们遵守权利准则的机构,权利也就等于零。"③从这个意义上说,没有法律,就没有人权。如果没有法律的保障,人权就不复存在。中国三十多年前的"十年动乱"是最好的说明。"文革"期间,由于公检法司部门受到严重冲击,结果是到处私设公堂、草菅人命,人权荡然无存。

人权和法律的关系也体现出权利和义务的对应性。法律以权利和义务的形式来保障人权,是人权保障的规范化形式。人权是权利,但任何权利都相对于一定的义务。只有权利,没有义务,这样的人权是不能实现的。强调人权和法律,就是要求人权的行使要在法律的范围内进行。也就是说,个人所享受的基本人

---

① 徐显明:《法治的真谛是人权》,载《学习与探索》2001 年第 4 期。
② 《列宁全集》第 25 卷,人民出版社 1958 年版,第 75 页。
③ 《列宁选集》第 3 卷,人民出版社 1995 年版,第 200 页。

权,并不是不受任何限制的"绝对人权",它要受到来自国家、集体和个人等方面的限制。如果法律仅仅以授权性规范的形式规定公民的自由和权利,而不进行必要的限制,那么,人们将会置国家、集体、他人于不顾各行其是,其结果必将是社会的动荡不安和国家的解体与毁灭。到那时,个人的自由与权利也必然化为乌有。可见,法律与人权不是对立的,人权和义务也不是对立的;相反,法律限制人权也正是为了保障人权。一切限制人权的法律都具有保障人权的意义,否则就不是法律。

四、人权的国内法保护与国际法保护

人权保护是我国法治建设的重要使命。虽然我国宪法中人权保护的提法出现较晚,但我国宪法对公民基本权利的保障,本身就是人权保障的主要内容。从国外看,在宪法中不出现人权字样或以基本权利与义务来确认人权的范围,或者直接以条文的形式规定公民的基本权利来体现对人权的确认的情况,也是比较普遍的。如日本《宪法》在第三章"国民之权利及义务"中的多个条文中具体确认了人权的内容;瑞士 1874 年的《瑞士联邦宪法》直接以近二十个条文规定了公民的权利;此外,保加利亚、白俄罗斯也都有这个特点。2004 年,我国以宪法修正案的形式增加了"国家尊重和保障人权"的规定,其意义不仅在于为国家保障人权施加了明确的责任和义务,更重要的是在于我国民主法治建设突显出了人权保障的重要性,为我国宪法和法律保障人权奠定了明确的价值基础,具有重要意义。此后,我国许多法律以人权保障为原则,作了重大修改。比如,取消了 13 种罪名的死刑。限制和废除死刑是当今世界死刑政策的主旋律,《世界人权宣言》《公民权利和政治权利国际公约》《〈欧洲人权公约〉关于废除死刑的第六议定书》《关于废除死刑的〈公民权利和政治权利国际公约〉第二任择议定书》以及《〈美洲人权公约〉旨在废除死刑的议定书》等国际或区际公约对生命权给予高度关注,要求废除或限制死刑。死刑的存废与设置状况已经成为检验一国人权保障状况的重要指标。此外,最高人民法院收回死刑复核权、规范死刑复核程序等,强化了检察机关对死刑复核程序的监督等,都是我国刑诉法在人权保障方面的重要努力。特别是被称为"小宪法"的《刑事诉讼法》在修法之初即确立了人权保障的理念,2012 年修正后的《刑事诉讼法》在第 2 条增加了"尊重和保障人权"的规定,是我国部门法中首现的人权保障条款。与此相适应,为贯彻人权保障理念,近年来我国刑事法制取得了许多进步,其中刑罚制度表现得尤为突出。

与此同时,我国有关公民人权保障与救济的立法、行政和司法也日益完善。一系列保障公民人权的法律相继出台,而且在法治实践中不断修改完善,如《选举法》《集会游行示威法》《工会法》《劳动法》《教育法》《著作权法》《未成年人保护法》《民族区域自治法》《监狱法》《国家赔偿法》《立法法》等将宪法规定的公民基本权利具体化;《行政处罚法》《行政许可法》等规定了行政执法中保障人权的规范;《民事诉讼法》《刑事诉讼法》《行政诉讼法》《行政复议法》等法律以程序性规范确认了我国公民在权利受到侵害时的救济权。但是,必须看到,与发达国家相比,我国宪法和人权保障仍然存在着一定的不足——我国宪法在人权和国家关系的处理上还存在着一定程度的脱节,国家对保障人权和约束权力仍没有引起根本的重视,特别是一些地方政府和官员缺乏人权意识,对人权的尊重和保障不够,淡漠人权、无视人权、侵犯人权的事件时有发生;人权保障的基础民主政治的发展还不够充分,还时不时有质疑民主甚至反民主的观点和理论遏制我国社会民主的发展。而没有充分发展的民主,权力不受制约,人权的法治保障往往得不到充分实现。

在国际上,自《世界人权宣言》发表以来的六十多年来,国际社会逐步确立了一系列有关国际人权保护的原则和规则,制定了许多国际人权法律文件,形成了各种人权国际保障的措施和程序,组建了各类人权保障专门机构和其他附属机构,有力地推进了国际社会在人权保障中的协同性和国际合作,形成了国际性的人权保护环境,大大促进了人权保护的国际化。根据《联合国宪章》,国际社会专门成立了各种保障人权的机构,如一般机构有联合国大会、安全理事会、经济及社会理事会、国际法院、联大秘书长和秘书处,专门机构有人权理事会、妇女地位委员会、人权事务委员会、消除种族歧视委员会。此外,还通过了大量国际性的人权保障公约,如《公民权利和政治权利国际公约》《禁止并惩治种族隔离罪行国际公约》《经济、社会、文化权利国际条约》《消除一切形式种族歧视国际公约》《废止奴隶制、奴隶贩卖及类似奴隶制的制度与习俗补充公约》《关于难民地位公约》等。与此相一致,随着经济发展、社会进步,关心人权事务的团体在迅速扩大,各类研究发展机构、国际智囊团以及各类民间组织对人权事务越来越感兴趣。20世纪90年代以来,各类非政府人权组织在国际人权领域中的作用引起国际人权界的广泛关注。尤其是1993年日内瓦第二次世界人权大会后,大量非政府人权组织和人权倡议运动出现在世界各地。① 它们参与人权运动的方式和热情将大大提升世界人权保障成效并在某种程度上会决定未来世界人权运动的发展方向,当然也会大大推进中国人权的法治保障。

> 问题与思考

1. 在本章【引读案例】中涉及许多法与经济有关的问题:

---

① 参见肖健明、湘君:《论联合国人权保障机制的改革》,载《国际关系学院学报》2007年第2期。

(1) 现在市场经济发展了,普通人可以到娱乐场所消费,法官为什么不能去消费?

(2) 在娱乐场所有各种消费形式,有没有必要规定法官不能进行某种消费?

(3) 法与经济是什么关系?如果法官经常进入娱乐场所,法官能保障公正吗?

2. 在本章【引读案例】中法与政治有关的问题:

(1) 法官嫖娼是生活问题还是政治问题?

(2) 如何理解上海高院时任代院长关于该事件的"内外敌对势力"论?

(3) 河南出台"禁传视频"属于什么性质?

3. 在本章【引读案例】中法与道德有关的问题:

(1) 如果嫖娼是不道德的行为,为什么几个法官都没有羞耻感?

(2) 法官下班后的私生活受道德调整,法律能介入吗?

(3) 如果这几个人不是法官,他们的行为道德吗?

4. 在本章【引读案例】中法与科学有关的问题:

(1) 本案视频是报料人用高科技上传的,如何用高科技促进反腐?

(2) 法对科学的保障作用如何体现?

(3) 公平正义和科学是什么关系?

5. 在本章【引读案例】中法与人权有关的问题:

(1) 本案中,只查处法官不查处嫖娼事件中的妇女是不是一种保障人权的体现?

(2) 网民在网上的相关批评有没有人权问题?

(3) 河南人大"禁传视频"规定是限制人权还是保障人权?

参考书目

1. 〔英〕亚当·斯密:《国富论》,郭大力、王亚南译,上海三联书店2009年版。
2. 〔法〕托克维尔:《论美国的民主》,董果良译,商务印书馆1988年版。
3. 〔英〕亚当·斯密:《道德情操论》,谢宗林译,中央编译出版社2008年版。
4. 〔德〕马克斯·韦伯:《儒教与道教》,洪天富译,江苏人民出版社2010年版。
5. 江晓原主编:《科学史十五讲》,北京大学出版社2012版。

第三编　法律的作用和价值

第十一章　法律的作用

【引读案例】

　　1994年,橄榄球运动员辛普森杀妻一案成为当时美国最为轰动的事件。此案当时的审理一波三折,辛普森在用刀杀前妻及餐馆服务生罗纳德·高曼两项一级谋杀罪的指控中以无罪获释,仅被判定为对两人的死亡负有民事责任。此案也成为美国历史上适用"疑罪从无"原则的最著名案件。在法庭审判时,检方若要指控被告有罪,一定要提出确凿可信的证据来证明被告的罪行。

　　法律作用有规范作用和社会作用之分,这是由法律的调整对象所决定的。法律的调整对象有直接对象和间接对象两个层次,其直接调整对象是人的行为,其间接调整对象则是社会关系。所谓法律的调整对象,实际上就是法律对其发生作用的对象。法律首先是一种行为规范,它直接作用于人的行为;同时,法律又是社会关系的"调整器",它间接作用于社会关系。因此,法律作用客观上也有两个层次:一是法律规范作用,即法律作为调整人的行为的规范,对人的行为所产生的影响;二是法律社会作用,即法律作为社会关系的"调整器",对社会关系所产生的影响。

　　实际上,不少思想家、法学家都是从规范作用和社会作用这两个层次来剖析法律作用的。例如,我国古代思想家管仲曾说过:"法者,所以兴功惧暴也;律者,所以定分止争也;令者,所以令人知事也;法律政令者,吏民规矩绳墨也。"①从字面上看,管仲是在论述法、律、令之间的不同点和相同点,并没有划分法律的规范作用和社会作用。但是,我们不妨根据对法律这种作用的认识,把这句话解释为:法律是通过"令人知事""规矩绳墨"的手段(规范作用),来达到"兴功惧暴""定分止争"的目的(社会作用)。当代英国新分析实证主义法学家拉兹明确提出,在分析法律的作用时,应注意区分法律的规范作用和社会作用。他认为,法律因有规范性而具有规范作用,因有或想有社会影响而有社会作用。② 可见,法律规范作用和社会作用的区分是客观存在的,法律规范作用是法律社会作用的手段,法律社会作用是法律规范作用的目的。

第一节 法律的规范作用

一、对行为的评价

法律作为一种行为准则,是判断、衡量人们的行为是否合法的标准和尺度。法律预测作用发生于人们作出一定的行为之前,是人们在事前对某一行为的性质和后果的推测;而法律评价作用则发生于人们作出一定的行为之后,是人们在事后对某一行为的合法性、有效性所作的判断。运用法律对人们的行为进行评价,会得出以下三种结论:第一种是被评价的行为系合法行为,即该行为符合法律的规定,是法律所允许的行为;第二种是被评价的行为系违法行为,即该行为违反法律的规定,是法律禁止的行为;第三种是被评价的行为系"中性行为",即该行为没有被纳入法律的调整范围之内,法律既未允许也未禁止,因而该行为在法律上是"中性"的,人们日常生活中的许多行为就属此类。

事实上,任何社会规范都是评价人的行为的标准,但它们各自所包含的评价标准以及评价的侧重点是不一样的,因此,依据不同的社会规范对同一行为进行评价,得出的结论有可能不一致。拿法律和道德来说,它们的评价标准即各自所包含的价值取向就不一样,法律的核心价值取向是"正义",道德的核心价值取向是"和谐"。法律评价是评价某一行为是否合法,其主要衡量标准是看行为是否符合正义的要求;而道德评价是评价某一行为是否合乎道德,其主要衡量标准是看行为是否符合伦理关系的要求。因此,法律评价和道德评价之间的分歧就在所难免,合法的行为不一定就符合道德,反过来,违法的行为也不一定就违反道德。同时,法律评价和道德评价的着重点也不一样。前者的着重点在于主体的外部行为及其结果,后者的着重点在于主体的思想动机和情感状态。这就进

---

① 《管子·七臣七主》。
② 参见沈宗灵:《现代西方法理学》,北京大学出版社1992年版,第211页。

一步加剧了两者的分歧,因为主体的行为在客观上合法,并不意味着其主观动机就是道德的,反之,主体的行为在客观上是违法的,也不意味着其主观动机就一定不道德。可见,对同一行为,法律评价和其他社会规范的评价之间存在着一定的矛盾和冲突,这就提醒立法者在制定法律时要尽量保持法律和其他社会规范之间的协调。当然,在任何时候,法律都不可能也不应该和其他社会规范完全一致,法律评价总是有其独特之处。在法治社会中,出于法律至上的要求,必须维护法律评价的权威性,反对用其他社会规范的评价排挤法律评价。

二、对思维的指引

法律通过对人们的行为进行指引、预测、评价、保护和强制的过程中,直接或间接地影响着人们的思想,进而影响到人们未来的行为选择。法律作为国家创制的行为规则,是国家所认可的价值观念的"载体"。因此,法律调整人的行为的过程,就是法律价值观作用于人的思想的过程。在此过程中,人们了解到法律的内容,同时也体会到其中所包含的价值取向。这样,人们自身的价值观念自然会受到潜移默化的影响,这无疑又会进一步影响到人们未来的行为选择。

法律的实施不仅对人们的行为形成了非常现实的影响,而且也会影响人们的思维方式和习惯。法律的实施包括两种形式:一是法律的遵守,即人们自觉按照法律的规定办事;二是法律的适用,即有关的国家机关运用法律管理社会或处理案件。在法律的遵守中,不仅行为人本人的守法观念会得到加强,同时,其守法行为也会对其他人产生示范作用。同样,在法律的适用中,不仅行为人本人的思想受到了洗刷,其他人也会从中吸取教训。可见在法律的实施过程中,法律总是作为一种精神力量对人们的思想和以后的行为发挥着巨大影响。

三、对行为的预测

人们根据法律的规定,可以预先推测出,在特定情况下别人将会如何行为以及自己应如何行为。一般而言,人们总是在某种动机的推动下,为追求一定的目标才选择某一行为的。行为目标能否实现,在很大程度上要取决于法律是否允许人们作出这种行为,作出这种行为会产生什么法律后果。因此,作为一个"理性人",在作出行为选择之前,法律的规定是一个不得不考虑的因素。正因为如此,人们依据法律就可预测别人在某种情况下会选择何种行为方式,也可预测自己在某种情况下应该选择何种行为方式。无论是对别人的行为还是对自己的行为进行预测,对行为主体最终的行为选择都至关重要。人们的行为总是互相影响的,因此,主体只有在对别人可能选择的行为方式有所预测的基础上,才能相应地安排自己的行为方式。例如,一个人在决定是否与另一人签订一份合同前,往往要考虑对方是否愿意签订这份合同,对方在签约时会提出什么条件,对方将来是否会履行合同等。同时,主体为了实现一定的目标,总是有多种行为方式可供选择,因此,需要根据法律规定对各种方案的可行性及法律后果作比较,从中选择一种在他本人看来最为可行、效果最好的行为方式。例如,当某人的正当权益受到他人非法行为的侵犯时,他至少面临着"公了"和"私了"两种选择,最终选择何者,就取决于他对这两种行为方式的可行性及法律后果的预测。

法律预测作用,是法律秩序得以建立的前提。正因为人们根据法律的规定,可以预测到一定的行为是否合法、会产生什么样的法律后果,所以,才会努力选择合法行为。在有些奴隶制国家,统治者出于"刑不可知,则威不可测"的考虑,把法律束之高阁,不让民众了解法律的内容,这实际上是一种野蛮、愚蠢的做法。因为民众不了解法律的内容,法律预测作用就无以发挥,人们的行为必然陷入无序状态。在现代国家,法律必须向社会公开,这样,人们在作出一定的行为之前,就有机会事先预计到行为的性质及后果。这不仅是发挥法律预测作用的需要,也是法律文明化的必然要求。

第二节 法律的社会作用

一、法律在建设和谐社会中的作用

构建社会主义和谐社会,把提高构建社会主义和谐社会的能力作为加强党的执政能力建设的重要内容,是党的十六大和十六届三中、四中全会提出的重大任务。所谓社会主义和谐社会,就是民主法治、公平正义、诚信友爱、充满活力、安定有序、人与自然和谐相处的社会。

要想实现社会的公平和正义,离开法治是不行的,法治是实现社会和谐的最重要的保障机制。法律可以在以下几个方面促进我国社会的和谐:

第一,积极推进民主政治。要想使制定出来的法律充满对人性的关怀,并得到普遍有效的实施,要想使公共权力的行使不偏离公共的轨道,要想使构成社会的各种利益团体之间的关系成为合作关系,就必须实行民主政治,这是人类经过长期摸索得出的结论。

推进民主政治建设,在我国现阶段首先是完善人民代表大会制度。完善人民代表大会制度,建立有效的权力制约和运行机制,是构建和谐社会的最根本的制度保障。其次是要依法建立健全社会沟通机制和平台。当代中国正处于社会的转型时期,原有的社会组织逐渐解体,各种新的社会阶层不断出现,社会的组织化程度有所下降,各种利益关系重新被调整,特别是诸如农民、农民工、下岗职工等社会弱势群体缺乏有效的组织,缺乏自己利益表达的有效渠道,在这种时候如果不重视对话和利益表达,极易引发社会冲突。因此,必须建立健全社会沟通机制和平台。

第二，完善法律体系。进入20世纪80年代以后，我国进入了一个立法快速发展的时期，各种法律法规纷纷出台，但即便如此，由于我国过去"欠债"太多，加之整个社会又处于转型时期，法律欠缺，甚至是一些重要的法律欠缺的现象仍很严重。这种现象使社会主体之间的正常交往缺乏普遍恒定的标准，极不利于社会的和谐。因此，加快立法，完善法律体系就成了我们必须高度重视的问题。

在立法方面，有两点尤为重要。一是尽快完善社会法的制定。伴随着社会的转型，人们正逐渐从家庭、单位等融入社会，个体与社会之间的联系越发密切，因而加快社会法的制定和完善，特别是劳动法、社会保障方面的立法对于当代中国来说就显得尤为重要。二是完善立法听证制度。立法的本质是权利的再分配。因此，必须重视立法的程序问题，如完善立法听证制度等，使听证真正变成各种不同利益之间博弈的过程，各种利益在法律制定的时候交锋得越充分，制定出来的法律才能越科学，越被各方所接受，并自觉遵守。

第三，形成一切纠纷通过法律解决的习惯和机制。社会的转型、价值的多元和利益的重新调整导致纠纷的多发，有效地解决纠纷是从法律角度构建和谐社会的主要任务。而要想有效地解决纠纷，首先应该强化司法的权威。目前在我国司法的权威性不够，司法在解决纠纷方面的主导地位尚未确立，极大地延缓了对纠纷的有效解决，我们必须对此给予高度重视。形成纠纷主要通过法律来解决的习惯和机制，是实践证明维护社会和谐的有效手段。其次要确保司法公正。司法是维护社会公正的最后一道防线，因而只有司法公正，公民的权利才能真正得以实现，才能有效地消除威胁社会和谐的负面影响。最后要平等地对待所有社会主体，依法维护一切社会主体的合法权益。

二、法律对政治统治的作用

尽管阶级性并非法律本质的唯一属性，但不可否认的是，在阶级社会里，法律在一定程度上是有阶级性的，所以，它自然要在维护阶级统治方面发挥作用。法律对政治统治的作用是指法律通过对各种社会关系的调整，以维护统治阶级的统治地位。它涉及的范围十分广泛，包括政治、经济、思想等领域，而不仅仅限于阶级镇压和阶级斗争。

法律的政治统治作用的主要表现是：第一，法律通过对政治关系的调整，维护统治阶级在政治上的统治地位。法律调整政治关系，就是运用法律手段对不同的阶级、阶层、社会集团之间的矛盾和冲突进行协调和解决，以维护社会的政治稳定。第二，法律通过对经济关系的调整，维护统治阶级在经济上的统治地位。法律调整经济关系，就是运用法律手段推行一定的生产资料所有制形式和经济体制，并组织经济建设，促进经济发展。第三，法律通过对政治关系、经济关系和其他社会关系的调整,维护统治阶级在思想上的统治地位。法律对各种社会关系进行调整,保护合法行为,制裁违法行为,实际上就是在推行统治阶级所奉行的思想观念,迫使人们接受统治阶级的道德观、价值观和世界观。

三、法律对经济秩序的作用

在自然经济条件下,自给自足的农业经济居主导地位,而交换的规模很小,所以,法律也主要集中在对农业生产方面的关系进行调整。在进入商品经济阶段之后,社会生产力飞速发展,交换则成为商品实现价值的必经途径,经济形态日趋复杂,经济秩序对法律的依赖性得到了前所未有的增强。这方面的立法越来越细致,逐渐形成了一个完备的体系,主要包括:

第一,法律保护财产所有权。只有明确了谁是财产的合法所有人这一问题,商品生产才能有足够的动力,商品交换才能有合法的起点。否则,商品经济秩序的建立就失去了最根本的前提和保障。

第二,对经济主体资格加以必要的限制。对经济主体若不加限制,则必然会产生经济主体的无限多样性,不合格经济主体将会大量出现,这必将危及交易安全,造成经济秩序的混乱。所以,法律必须对经济主体进行资格的限制和管理,设置经济主体成立的条件,明确经济主体经营的权限。

第三,调控经济活动。在商品经济社会,各类经济主体被赋予很大的自由活动空间,但这种自由绝不能危及基本秩序,法律在这里是通过调控经济生活来维护秩序的。首先,以禁止性法律严禁经济生活中偏离正常秩序的经济行为。如禁止欺诈、侵权行为等。其次,通过宏观调控手段对全社会的生产、分配和交换等经济活动进行管理和监控,防止和缓和各经济主体之间的比例失调,消除市场活动的盲目性。

第四,保障劳动者的生存条件。劳动是经济运行的起点,为了经济正常运行必须要确保劳动者能够维持正常的生存和发展。近代以来,随着商品经济的发展,在劳动关系中,企业处于越来越强势的地位,于是其凭借这种优势,以格式合同、补充合同等形式迫使工人接受其提出的苛刻条件。对此,现代立法规定了最低工资标准、基本劳动条件等工人的劳动权益,禁止企业以任何形式加以剥夺。此外,现代社会立法大多建立了完善的失业、养老和医疗保险制度,以更好地保护劳动者的生存和发展的权利。

四、法律对社会秩序的作用

如果没有一个安全的环境能让人放心地生活,人类的一切活动就失去了最基本的条件。所以,任何社会都必须建立一个正常的社会生活秩序。法律在维护社会秩序方面的作用主要体现在:

第一,确定权利义务。"人生而有欲,欲而不得,则不能无求,求而无度量分界,则不能不争。争则乱,乱则穷。先王恶其乱也,故制礼义以分之。"①也就是说,人类生存所依赖的资源之有限性与人类欲望的无限性之间的矛盾是产生纠纷冲突的重要原因,而法律规则通过确定权利义务的界限,将有限的资源按规范的标准在社会成员之中分配,以定分止争。

第二,解决法律纠纷。立法只是建立社会生活秩序的一个前提条件,而法律的实施和秩序的建立还需要人们对法律的正确理解和尊重。在现实生活中,人与人之间的矛盾和纠纷是不可避免的。而法律正是通过有效地解决人与人之间的矛盾和纠纷,从而使社会生活秩序得以维系。

第三,维护社会安全。人身安全、财产安全、公共安全和国家安全等都属于社会基本安全,它们是人类社会生活正常进行的基本条件。社会基本安全如果得不到保障,则社会关系的稳定性将被打破,社会将陷入混乱,秩序将不复存在。任何国家都必须高度重视对社会安全的维护。法律恰恰是维护社会安全的最有效手段,法律通过民事制裁、行政制裁和刑事制裁严厉打击各种违法行为和犯罪行为,从而有效地保障了社会安全。

第三节 法律的局限性

一、法律发生作用的条件

"徒法不足以自行。"法律的正常运行需要一定的辅助条件。如果这些必要的辅助条件不具备,法律的作用就无法正常发挥。例如,法律的运行离不开高素质的执法和司法人员,离不开良好的执法和司法体制,否则,执法和司法必然走向腐败,法律正义将化为泡影。又如,法治社会的建立是以雄厚的物质条件和优良的文化氛围为基础的,在一个经济、文化条件十分落后的国度,民主和法治建设必然举步维艰。

二、法律作用的有限性

法律的作用不是无限的,事实上法律在很多方面的作用都是非常有限的,主要体现在以下几个方面:

第一,法律只能涉及人的外部行为,而不应涉及人的思想。人的思想如果没有表达出来,就与社会无关,就不应受制于法律。惩罚人的思想的法律是专制主义的法律,是一个党派对付另一党派、一个利益集团对付另一利益集团的工具。在这种法律面前,公民权利和自由将荡然无存。中国封建法律中曾有"腹诽罪"

---

① 《荀子·礼论》。

和"思想犯"之类的规定,其结果自然是导致司法专横和随意出入人罪。毛泽东也认为,不能用法律手段对人的思想进行强制,否则只能是适得其反。他指出:"企图用行政命令的方法,用强制的方法解决思想问题、是非问题,不但没有效力,而且是有害的。"① 可见,法律应该视人的思想为"禁区",不能随意介入。

第二,法律只能调整人的某些行为,而非全部行为。法律对人的行为的调整也并非无所不能,企图把人的一切行为都纳入法律的调整范围之中,最终只能碰壁。这方面的典型是1794年的《普鲁士普通邦法》,它雄心勃勃地要预见一切可能的偶然情况,甚至将法律的触角延伸到琐碎的家庭生活领域,结果妨碍了自身的正常运行。该法被戏称为"法律自大的纪念物"。《拿破仑法典》较好地避免了规定和预见一切的毛病,但还没有完全放弃这种奢望,其第4条不允许法官自由裁量的规定便是一例,后来不得不作出修正。应该看到,人的有些行为客观上是不宜由法律来进行调整的,例如,有关个人私生活方面的行为往往就不宜由法律强行进行干预。对人的另一些行为,如习惯行为,如果运用法律进行干预,可能难以起到应有的作用。在这方面,美国"禁酒法"的失败就很有代表性。1919年1月29日,美国国会公布了宪法第十八条修正案宣布"禁酒",规定:"本条经批准1年后,凡在合众国及其管辖领地境内制造、售卖或转运足以致醉的酒类饮料,均应禁止。"各地制定的刑法规定,对违反上述规定的行为可处1万美元罚金、3年监禁。根据这些规定,美国先后逮捕了75万人,没收财产205亿美元,罚款7500万美元。但由于"禁酒法"与大多数人的习惯相抵触,无法达到"禁酒"的目的,最终不得不于1933年废止。

第三,法律有其固有的不周延性,不可能对人们千差万别的行为作出详尽的规定。任何社会的法律都不可能面面俱到,把一切应该规定的行为尽收其中。这一方面是因为立法者认识能力和立法水平相对有限,导致立法出现"真空"和"漏洞",一些应该由法律加以规定的行为却没有被纳入法律的调整范围之中。毕竟,立法者并非"圣贤",不可能不犯错误。另一方面,则是由立法技术所固有的缺陷造成的。例如,采用列举式立法体例对某类违法行为作出规定,就很难把各种可能出现的具体违法行为一一穷尽而没有遗漏。

第四,法律不可能平等地保护每一种利益。人们之间的一切法律冲突,实质上都是不同利益之间的冲突。在两种相互冲突的利益中,法律往往难以"两全其美",而只能保护其中的一种利益,牺牲另一种利益。美国经济学家科斯在分析侵权行为问题时曾指出:"人们一般将该问题视为甲给乙造成损害,因而所要决定的是:如何制止甲? 但这是错误的。我们正在分析的问题具有相互性,即避免对乙的损害将会使甲遭受损害,必须决定的真正问题是:允许甲损害乙,还是

---

① 《毛泽东选集》第5卷,人民出版社1977年版,第368页。

允许乙损害甲？关键在于避免较严重的损害。"①科斯的这一见解具有普遍的应用价值。事实上，一切立法活动和司法活动都是对相互冲突的利益进行权衡，以决定何者应该受到优先保护，其他的利益则只能被舍弃。有时，即使是某种正当利益，只要它与另一种更重要的利益发生了冲突，也无法受到法律的保护。

三、法律方法的有限性

法律追求形式合理性，有可能因此而牺牲一定的实质合理性。法律的重要特征之一在于其形式化、程序化，而且越是现代的、发达的法律制度，往往越重视这种形式正义，因此，它并不总是能够实现实质正义。例如，在审判活动中，法律要求以证据作为处理案件的依据，这里的证据是"法律证据"，它的取得和运用都必须符合法律的规定，以这种证据作为认定事实的依据，就未必能够发现案件的"客观真实"。尽管如此，审判依然会被人们认为是公正的，因为它符合形式正义的要求。又比如，在处理某些类型的案件中，法律规定"谁主张，谁举证"。在这种举证制度下，当事人如果因为某种缘故而无法举证或举证不足，他所主张的事实就不能成立，其合法权利可能因此而得不到保护。但是，从客观事实的角度看，他的主张或许是成立的。这同样说明，法律特有的操作技术并不能保证每一个案件都能实现实质正义。

问题与思考

1. 结合本章的【引读案例】和相关知识，思考为何辛普森被判无罪。
2. 法律通过哪些途径来调整和规范人的行为？
3. 为什么说"市场经济"也是"法治经济"？法律是如何作用于市场经济的？
4. 如何理解"法律不是万能的，没有法律是万万不能的"这句话？

参 考 文 献

1. 《管子·七臣七主》。
2. 《荀子·礼论》。
3. 《毛泽东选集》第5卷，人民出版社1977年版。
4. 沈宗灵：《现代西方法理学》，北京大学出版社1992年版。
5. 〔美〕科斯：《论生产的制度结构》，盛洪、陈郁译校，上海三联书店1994年版。

---

① 〔美〕科斯：《论生产的制度结构》，盛洪、陈郁译校，上海三联书店1994年版，第142页。

第十二章　法律的价值

【法律故事】
　　苏格拉底是古希腊的著名哲学家,学问高深,善于辩论,经常对国家的政治时局、百姓的道德状况进行批判,得罪了许多人。公元前399年春天,70岁的苏格拉底被指控犯亵渎神灵和腐化误导青年人两项罪名。经过审判后,雅典人判决他死罪。在临刑前,苏格拉底的老朋友克力同决定帮助他越狱。但苏格拉底认为:如果人人都以法律判决不公正为理由而拒绝服从,那么法律的权威就无法维护,社会秩序也无法保障。同时,一个人自愿生活在一个国家,享受这个国家法律给予的权利,就应该履行国家的义务。不服从义务就是十分不道德的。况且,逃避不公正的判决并不必然就得到公正的结果。最终,苏格拉底选择了死刑。

第一节　法律价值概述

一、价值的释义

　　价值是日常生活的常用词,也是具有重大理论意义的哲学概念。一般意义上,价值一词在英语中对应的是"value",德语中是"Wert",该词与古代梵文和拉丁文中的"掩盖、保护、加固"词义有渊源关系,由它派生出"尊敬、敬仰、喜爱"的意思才形成了"起掩护和保护作用的,可珍贵的、可尊重的、可重视的"之基本含义。价值的内涵十分复杂,价值及其同源词、复合词,以一种令人混淆而广为流行的方式应用于我们当代文化中——不仅应用于经济、哲学和法学中,也应用于其他学科中。在不同的学派、国家和地区、年代以及不同的学者认识中,对"价值"一词含义的理解也存在着明显差异。
　　在我国,一般认为价值有两种含义,一是指体现在商品中的社会必要劳动;二是指客观事物的有用性或具体的积极作用。随着我国哲学价值论研究的深入,许多学者从不同视角对价值概念进行了诠释。但总体上都是围绕主体与客体之间的关系展开阐述的。从哲学层面上看,可以从两个方面来理解价值的含义:
　　首先,价值反映了人类在实践活动中所表现出来的人与客观外界的关系。

外界物不仅仅是被感知、被反映、被作用的对象,而且更成为满足人的需要的对象。人之所以要去认识客观世界及其事物,是为了对其进行改造;而人之所以要对其进行改造,又以满足人的自身需要为最终目的。因此,人类的一切实践活动无不是以满足自身需求而去改造客观世界。人与客观世界就表现出一种需要与满足的对应关系,在价值关系中,人是价值主体,而客观世界是价值客体。

其次,价值是一个评价标准。任何客观事物对于人们的意义,其功能和属性对人的满足程度依赖于价值这一评价标准。在人类的实践活动中,凡是对人有用的、有利的、有益的、能够满足人们的某种需求的、有助于人的目标实现的,都被认为是有价值的,也会得到正面的、积极的评价。如自由、正义、平等、美德、幸福、权利、安全、秩序等,正因为它们能够满足人们的需求,因而就被人们视为价值的表现形式。

如何把握价值的含义?我们完全可以从不同的角度来加以理解。但这并不影响我们对价值核心含义的理解。一般认为,就人类和外部客体之间的关系而言,人类永远是必须关注的对象,在价值含义中必须彰显人的主体性,这也是研究价值含义永恒不变的使命。

二、法律价值的概念与特征

过去,法律价值问题由于受到极"左"思潮的影响,一度被视为资产阶级法学理论而很少有人关注。党的十一届三中全会召开后,特别是经过了真理标准的大讨论,解放思想,法律价值问题开始成为学者日益关心的重要研究课题。

法律价值,亦称法的价值,通常是指法律(作为客体)能够满足人类、社会、国家(作为主体)的需要,这种主客体的需要与满足关系就是法律价值。凡是能够满足人类的需要,符合社会发展规律的法律就是有价值的。为了说明法律价值的含义,我们可从以下三方面把握:

1. "法律价值"指法律在发挥其社会作用的过程中,能够促进哪些价值的实现,如安全、秩序、自由、平等、公正、效率等。这些价值从来就是人类孜孜以求的基本价值,法律发挥社会作用的目的就在于对这些价值予以保护并促进其实现,这种价值构成了法律所追求的理想和目的。这里,称之为法律"目的价值"。

2. "法律价值"指在各种价值产生冲突和矛盾时法所能借以进行评价的标准。美国法学家庞德指出:"在法律史的各个经典时期,无论在古代或近代世界里,对价值准则的论证、批判或合乎逻辑的适用,都曾是法学家们的主要活动。"[1]法律价值也就是法律评价的标准,这里,称之为法律"评价价值"。

3. "法律价值"是指法律自身所体现的价值。这种意义上的法律价值是指

---

[1] 〔美〕庞德:《通过法律的社会控制》,沈宗灵等译,商务印书馆1984年版,第55页。

法律"形式价值",它与法律目的价值不同,它不是指法律所追求的社会目的和社会理想,而仅仅是指法律在形式上应当具备哪些价值。在任何一个有正常理性的人看来,法律都应该逻辑严谨,而不应自相矛盾;应当简明扼要,而不应含糊不清;应当明确易懂,而不应神秘莫测等等。这两种品质相对而言,前者是有价值的和良好的,后者则是无价值的和不良。而法律本身就应该体现出上述这些有价值的或良好的特征。美国法学家富勒认为:任何法律制度都必须具备一般性、明确性、不矛盾性等八项"内在的道德"属性,否则,就根本不宜被称为法律制度。形式价值虽然可以有助于目的价值的实现,但却不能将其等同于目的价值。

三、法律价值体系

法的价值体系是指在一定社会生产方式的制约下由法的若干价值所构成的价值系统或价值整体,它作为与一定生产方式相对应的反映法的精神,贯彻于整个法的运行过程,主导和制约着人们各种法律意识和法律活动。

法的价值体系是由法作为客体而产生的价值所组成的价值系统。不同的客体有不同的价值,只有法作为客体所具备的价值才能称为法的价值,只有法的价值才能构成法的价值体系,与法无关的价值就不属于法的价值体系的内容。既然法的价值是作为一种客体表现出来的,那么法的价值就必须得到法的主体的认同。作为法的主体,可以是个人、群体和社会。对于法的价值体系,学术界有不同的认识,但作为法的价值体系的主体一定是普遍的,作为社会整体的人,而非某部分人或某特定的个人。同时,作为社会整体的人所表现出来的阶级性,应该理解其有两面性:既不可避免地体现出阶级性的一面,又必须承认存在一定超阶级性的另一面。实际的情形往往是,统治者把自己装扮成社会全体成员的代表,既有代表所有人的一面,又有从根本上维护自己统治利益的一面。在法律制度中,所融入的价值社会呈极其复杂的形式表现出来。从表面上看,作为法的价值体系其理想是力求反映社会一般的价值诉求。

法的价值体系是客观存在的,并可根据主体需要而符合规律地创建的意识状态。法的价值体系,可以蕴涵在法律制度之中。作为法律制度所包含或者所体现的价值,也有其自身的结构和内在关系。法的价值体系可以是一个相对独立的价值系统存在于人们的法律观念之中。价值之间也以人们意识到或未意识到的某种组合方式形成一个整体、一个系统,即法律观念中的价值系统。法律评价是自法律出现才存在的社会现象。评价法律的准则很多,虽然不是所有的价值都是价值准则,但一定有价值准则在其中。对于这些既有的价值系统,人们仅仅能认识和把握而无法臆造。人们只能发挥能动性去利用和完善它。当人们利用和完善法的价值体系时,必须懂得尊重价值的客观规律,至少要懂得法的价值体系中的任一价值都必须是法所可能具有的价值,而不是法所不可能具备的价值;法的价值体系必须具备公众认可的现实性可能性;价值体系内部的各价值之间保持一种和谐的态势,尽可能避免内部的矛盾和冲突。而这一切又都说明,法的价值体系的形成必须经过一个循序渐进的历史过程,必须经过一个反复试错的过程,而不可能一蹴而就。

法的价值的构成在学界并无定论。有的学者认为:"法律的价值即法律所追求的目标和所要达到的目的是非常多的,如安全、和平、秩序、自由、平等、文明、公共福利和正义等。而这些价值之间并不是截然割裂的,是互相联系、互相渗透甚至是互相包容和互相从属的。因此,我们可以把它们联结起来,构成一个价值的体系。"同时,该学者还列出了一个价值体系表。该体系表认为,法的总的价值为:正义、公共幸福、人类进步,在其下面包括法对个人的价值和法对社会的价值。[1] 有的学者认为:"从价值体系的结构上看,法的价值体系是由法的目的价值、评价标准和形式价值三种成分所组成的价值系统。由于法的价值这一概念具有三种基本的含义和使用方式,因此法的价值体系又包含着目的价值系统、评价标准系统和形式价值系统三个子系统。"[2]当然,对法的价值体系的构成还有其他看法,在此就不一一述及了。

就法的价值体系的构成而言,实际上,就是法的价值体系所包含的各种价值通过其内在的联系表现为既有层次差异、分别独立,又交互作用、相互辅助,共同整合形成完整、统一的价值体系。这些价值尽管客观存在着一定的差异,但并不存在必然的等级高低之分。过去许多学者企图寻找一种严格的法的价值等级体系,这实际上已经走入了误区。这种努力最终将不会取得成功。其原因是,一方面法的价值很难量化,这就决定了要想为各种法的价值进行排序就很难找到一个比较客观的标准。另一方面,社会总是在不断地变化,作为主体的人的需要也会随之不断变化,这就决定了法的各种价值对于人的重要性也必然会发生变化,要想建立一个一劳永逸的法的价值等级体系是根本不可能的。本书认为,法的价值体系结构从不同的角度、在不同的时代将会有不同的表现。一般说来,法的价值体系可以包括法的目的价值系统、形式价值系统和评价准则系统。前两者是后者的前提和依据,后者是前两者的具体运用和实现。

四、法律价值的冲突与协调

除了正义、秩序、自由、平等和效率这些法律的基本价值之外,还存在着诸多其他价值形式。正因为法律价值的多元化,法律的各种价值之间时常会发生矛

---

[1] 参见严存生:《法律的价值》,陕西人民出版社1991年版,第151—152页。
[2] 张文显主编:《法理学》,法律出版社1997年版,第285页。

盾和冲突。比如为了维护秩序,可能就会牺牲一定的自由。再比如为了实现平等,就可能牺牲一定的效率。因此,摆在我们面前的一个现实问题就是如何兼顾、如何平衡,甚至是如何取舍。

从主体而言,法律价值的冲突常常出现于三种场合:一是个体之间法律所认可的价值发生冲突,如行使个人自由可能导致他人合法权益受损;二是共同体之间的价值发生冲突,如国际人权与一国主权之间的矛盾;三是个体与共同体之间的价值冲突,如个人自由与社会秩序之间的矛盾。

就理想的社会而言,我们希望可以形成一种协调和平衡各种法律价值冲突的社会机制,立法作为一种确立普遍规则的活动,也多是在这个意义上协调和平衡各种法律价值之间所可能出现的矛盾。例如,我国《宪法》第51条规定:"中华人民共和国公民在行使自由和权利的时候,不得损害国家的、社会的、集体的利益和其他公民的合法自由和权利。"然而,由于立法不可能穷尽社会生活的一切形态,在个案中更可能因为特殊情形的存在而使得价值冲突难以避免,因而必须形成相关的平衡价值冲突的准则。平衡法律价值的途径有很多,本书主要介绍以下三种办法:

第一,价值位阶原则。这是指在不同位阶的法律价值发生冲突时,在先的法律价值优于在后的法律价值。正如拉伦茨所言:在利益衡量中,首先就必须考虑"于此涉及的一种法益较其他法益是否有明显的价值优越性"①。就法的基本价值而言,主要是以上所言的自由、秩序与正义,其他则属于基本价值以外的一般价值(如利益等)。

第二,个案平衡原则。这是指在处于同一位阶上的法律价值之间发生冲突时,必须综合考虑主体之间的特定情形、需求和利益,以使得个案的解决能够适当兼顾双方的利益。例如,在美国的"马修诉埃尔德雷奇"一案中,联邦最高法院申明,在决定正当程序于特定情况下所要求的具体内容时,它将审视三个因素:首先,"因为官方行动将受到影响的私人利益";其次,"通过所诉诸的程序而错误剥夺此类利益的风险";再次,"政府的利益,包括牵扯的职能和其他的或替代程序要求将需要的财政及行政方面的负担"。② 由此可以看出,在有关该案的处理上,法院并不以"公共利益"作为高于"个人利益"的价值标准来看待,而是结合具体情形来寻找两者之间的平衡点。

第三,比例原则。价值冲突中的"比例原则",是指"为保护某种较为优越的法律价值须侵及一种法益时,不得逾越此目的所必循的程度"③。例如,为了维

---

① 〔德〕拉伦茨:《法学方法论》,陈爱娥译,王南图书出版公司1996年版,第319页。
② 参见〔美〕欧内斯特·盖尔霍恩、罗纳德·M.利文:《行政法和行政程序概要》,黄列译,中国社会科学出版社1996年版,第132页。
③ 〔德〕拉伦茨:《法学方法论》,陈爱娥译,王南图书出版公司1996年版,第320页。

护公共秩序,必要时可能会实行交通管制,但应尽可能实现"最小损害"或"最少限制",以保障社会上人们通行的自由。换句话说,即使某种价值的实现必然会以其他价值的损害为代价,也应当使被损害的价值减低到最小限度。

当然,法律价值的冲突情形十分复杂,协调和平衡法律价值冲突的途径绝不仅仅只有以上三种方法,在很多情况下,需要结合法律价值冲突的实际情况来寻找恰当的解决之道。

第二节　法律与正义

一、正义的界定

正义是指公正的道理,在西方语言里,拉丁文是"justus",英文是"justice",中文常译作公正、公道、公平、公理等。正义的含义层出不穷。在古希腊,正义具有神圣的性质,是与强力和暴力相对而言的,是与弱肉强食相对立的社会价值,同时具有秩序的含义。柏拉图认为,各尽其职、安分守己即正义;亚里士多德认为,正义即平等,按一定的比例分配社会资源(权利)和惩罚结果(义务、责任)即是正义。罗马法学家从法学角度给正义下过定义,《法学总论》开宗明义规定了正义的定义:"正义是给予每个人他应得的部分的这种坚定而恒久的愿望。"[①]亚里士多德指出:正义涉及两个要素,一是人,二是分配给人的事物,何种分配方式是"合适的""公平的""合理的"。这就涉及用什么标准来观察、评价。标准不同,对同一事物的评价结果也不完全一致。根据比利时哲学家佩雷尔曼的研究,人们认为六种分配状况是正义的:(1)对每个人同样对待;(2)对每个人根据优点对待;(3)对每个人根据工作对待;(4)对每个人根据需要对待;(5)对每个人根据身份对待;(6)对每个人根据法定权利对待。[②]

由此可知,正义是合适地分配事物的状态。这里的"事物"作广义解。亚里士多德主要注意两种事物的分配:一是物质利益的分配,按等比(即对社会的贡献)分配是正义的;二是惩罚的分配,按等差(即对他人、社会的危害)分配是正义的。我们认为正义分配的"事物"应当包括"利益"的分配,这里的利益包括物质利益和精神利益;同样包括"不利益"的分配,即义务和责任的分配。对不同性质的事物分配的标准又是不同的,所以,上述六种标准除了"按身份"以外,在现代社会分配体系中都不同程度地存在着。

一个时代的正义观来源于现存政治、经济制度,这并不等于说,任何正义观都与现存分配制度一致。恰恰相反,正义观具有对现存社会结构的评价作用,正

[①] 〔罗马〕查士丁尼:《法学总论》,张企泰译,商务印书馆1989年版,第5页。
[②] 参见张文显:《二十世纪西方法哲学思潮研究》,法律出版社1996年版,第580—582页。

义观一般超越现存社会结构,是社会进化的精神力量。在奴隶制时代,有斯多葛学派反对奴隶制,在资本主义时代,有马克思的正义观批判雇佣奴隶制。

正义观具有差异性和流变性,同一时代的不同人群、不同时代的人类的正义观具有很大差异。农业社会崇尚按身份的正义观,我国古代之三纲五常、柏拉图各司其职的正义观是其代表。现代工业社会崇尚人人平等的正义观,按人的行为分配利益和义务。但是,正义的同时代对立和历史流变性都不是绝对的。同时代人的正义观差异中有同一,不同时代的正义观流变中有恒定。正义有其最低的、不变的内容:(1)正义要求分配利益和义务不是任意的,要有一定的规范和标准。这点古今中外皆然,法是对任意暴力的否定。如摩西十诫,佛教戒律,我国古代对盗、贼的否定以及要求守信用、欠债还钱等。(2)按一定的标准的平等,或者是量的均等,或者是按人的贡献的平等,或者是按身份的平等,这是指正义要求一定的普遍性。(3)起码的中立,即分配利益的人起码保持一定的中立,这主要表现在审判中的不能自断其案,防止感情、个人利益等非理性因素的干扰。这就是正义要求起码的"理性"。

规范法学派主张正义相对主义,凯尔森认为:一个人的幸福总是与他人幸福产生矛盾,"正义是一种主观的价值判断"①。阿尔夫罗斯认为,一个人说某个规范或社会制度是"正义的"或是"不正义"的,根本不具说明意义,这种陈述并未表达出任何可验证的判断,甚至是不能为理性论证的问题,"祈求正义无异于砰砰敲桌子;一种将个人要求变成绝对要求的感情表现"②。庞德指出:"爱因斯坦曾教导我们说,我们生活在一个曲线的宇宙中,这里没有任何直线、平面、直角或垂直线,可是我们并不因为这一原因而放弃进行测量。直线和平面等等是不存在的,但是作为一种实际活动的各种假设,它们为某种实际活动的实际需要,已经相当接近真实。"③

正义相对主义者在思想方法上存在三个问题:一是以评价主体的利益干扰而否定正义的存在,这是非科学的。由于主体的利益干扰,对同一分配方法作出的评价是不同的。如奴隶主与奴隶对财产分配的正义与否绝得不出相同结论。但这种价值评价的主体偏见正是科学研究应避免的,理性的正义观应尽量避免感情的介入。二是正义相对主义者们只看到正义观对立的方面,没有看见同一的方面,并将对立无限夸大。三是正义相对主义者们用自然科学的方法原则要求研究正义是不妥当的,对正义的研究属哲学问题,哲学与自然科学有不同的结构,不能要求哲学正义论具有"原子论"的精确性。

---

① 沈宗灵:《现代西方法理学》,北京大学出版社1992年版,第159页。
② 〔美〕博登海默:《法理学——法哲学及其方法》,邓正来等译,华夏出版社1987年版,第246页。
③ 〔美〕庞德:《通过法律的社会控制》,沈宗灵等译,商务印书馆1984年版,第58页。

(二) 正义的分类

亚里士多德对正义作过详细分类。他以正义涉及的领域不同,将正义分为分配的正义和纠正的正义。分配的正义即分配财产的正义,这种正义按等比关系,即按人对社会作出的贡献的大小为标准:贡献大,所得多;贡献少,所得少。纠正的正义是人际交往中的正义,公平处理纠纷,按等差即行为人的行为为标准,实行法律面前的平等。他还按正义的来源将正义分为自然的正义和协定的正义。

按正义涉及的不同领域为标准,通常可将正义分为制度正义、形式正义、程序正义。制度正义即社会制度的正义,指社会财富、资源、责任分配是合适和公平的。马克思主义认为共产主义是正义的制度,实行按需分配。罗尔斯认为制度正义有平等和差别两个基本原则,"每个人都有平等享有与其他所有人的同样自由相容的最广泛的基本自由的平等权利";"社会和经济的不平等将以下列各项原则安排:(1) 它们对每个人都是有利的;(2) 它们与职位相连,而职位对所有的人开放"。[①] 一般认为,制度正义起码要解决两个问题:一是社会权利资源的分配,由于现代社会分层是必然的,任何一个社会不可能使任何人的权利相等。这里的分配标准就是人的智力、体力、道德素养,以此为标准,公职向任何人开放,公平竞争;二是社会财富的分配,正义的社会财富的分配的着眼点并不在于均平,而在于所得是否应得,在于社会不平等被控制在公众所能容忍的范围内,并对弱者提供帮助。在这里,国家分配财富的权力应受到限制,应当主要通过市场(社会)、个人的行为本身确定财富的占有和流通,否则将难以避免"按权分配"的不正义分配方式。

形式正义是对法律和制度的公正一致的管理,它不管制度是否正义,它只管制度的实现。佩雷尔曼认为形式正义或抽象正义是一种行动原则,凡属于同一主要范畴的人或事应予一样对待。一般认为,形式正义,即相同的人相同对待,这仅仅是表面的正义,其中也包含了不同的人不同对待。如果制度是正义的,那么他实现了正义;反之,可能带来不正义。如果制度正义确定金钱的分配方式,形式正义则是解决等价交换。当然,形式正义不是不重要。有观点认为,制度正义与形式正义可以分开,也有观点认为不可分。我们认为后者较允当,一个不正义的制度在实现中难以达到形式正义;一个缺乏形式正义的社会,制度正义也难实现。

程序正义指保证实现制度正义和形式正义的方法。为了制定正义的立法,应有正义的立法程序;为了有正义的行政行为,应有正义的行政程序;为了保证司法公正,必须有公正的司法程序:公开、辩论、回避、不得自审其案等。

[①] 参见张文显:《二十世纪西方法哲学思潮研究》,法律出版社 1996 年版,第 592 页。

二、正义价值对法律的作用

法律规范意味着对任意暴力的限制,这是正义的首要内容。古希腊就强调正义是习惯和法律的绝对基础与原则。古罗马人始终认为法学是正义、善良之学,法律就是正义,用正义来改善、充实法律。西方法律现代化的过程,就其价值方面而言,就是正义观的进化与法律化的过程。直到今天,西方法不仅在内容上而且在用语上都与正义不可分,许多国家的高级司法人员称"正义"就是很好的证明。在我国古代,墨家强调法律应当法"天",天即"仁、无私、公正"。刘向说:"法与义相非,行与利相反,虽十管仲弗能治也。"[①]

一般认为,正义与法律不是同一物,"法即正义"这一西方历史上长期存在的观念未免太理想化了,但是正义与法律是有联系的、相互促进的,当然不排除特殊情况下个别立法与正义的对立。

正义对法律进化起了极大的推动作用。正义作为法律的最高目的、作为区别良法恶法的标准,始终是法律进化的精神驱动力。任何实在法律制度都或多或少以正义为其目标。不管统治者愿意不愿意,正义作为社会价值,始终是衡量法律良恶的标准。在古罗马,正义是法律的灵魂,法学家正是以正义为基准创造法律、解释法律。正义在四方面使法律进化:(1)正义的最低要求是相同情况的相同对待,正义要求规范的普遍性,提高了法律的普遍性程度。(2)正义推动了法律平等的实现。正义要求标准的同一性,必然会促使人们产生对平等的向往。"王子犯法与庶民同罪"就是最初的法律平等要求。希腊人用正义反对奴隶制,启蒙思想家用正义反对封建特权。(3)正义观推动了控权法律的产生与完善。正义与平等、自由不可分,而对平等、自由的最大威胁来自政府滥用权力,在正义的推动下,人类创制了以控权为主旨的宪法和行政法。(4)正义推动了程序法律民主化、科学化。正义实体目标的实现要求严格、明确、公正、公开的程序,形式正义和程序正义是正义的组成部分,正义是程序法进化的直接力量。英美法律正当程序原则大大推动了整个法律程序的理性化、科学化;大陆法系则实行程序法与实体法分离,由单一的刑事诉讼程序发展成刑事诉讼、行政诉讼、民事诉讼三大诉讼程序,由单纯的诉讼程序进而发展到立法程序、行政程序。

三、法律对实现正义的作用

法律是实现正义的重要手段。正义的最低要求是限制任意暴力,其实现离不开规范,尤其离不开具有强制力的法律规范。(1)立法使正义要求规范化、明确化。任何一个时代的立法,都或多或少包含了一定的社会正义的内容,即使是

---

① 《淮南子·齐俗训》。

最专制的立法,也一定程度地限制任意暴力对人身和财产的侵犯,当然对最高统治者是例外;立法是形式正义和程序正义的主要表现形式。法律面前人人平等、等价交换这些形式正义的内容至今仍是重要的法律原则,更不用说程序法律核心就是程序正义。(2)通过实现法律实现正义。正义为社会价值必然会遭到各种形式的侵犯,法律依仗其强制性,裁决纠纷,惩治非正义行为,为受害人讨还"公道"。

第三节 法律与秩序

一、秩序的含义

秩序又称有序,与混乱、无序相对应。作为秩序,它总是与一致性、连续性和确定性等特征相联系,表现为有序的状态,与无序相对立。美国法学家指出:"秩序的概念,意指在自然界与社会进程运转中存在着某种程度的一致性、连续性和确定性。另一方面,无序概念则表明,普遍存在着无连续性、无规律性的现象,亦即缺乏可理解的模式——这表现为从一个事态到另一事态的不可预测的突变情形。"[①]秩序可分为社会秩序和非社会秩序两类。社会秩序是指人们在各种社会交往过程中长期形成的相对稳定的关系模式、结构和状态。因领域不同秩序又可分为,经济秩序、政治秩序、文化秩序、生活秩序等。非社会秩序是指事物的位置所在、结构状态或变化模式。

有序与无序是事物发展的两种状态,这两种状态在事物的发展过程中起着不同的作用。在人类社会中,无序状态在总体上起着阻碍作用,只是在新旧社会制度的交替中才起着一定的促进作用。它能破坏旧的制度,为新制度的产生提供有利的环境。无序状态对生产力和科学文化的发展是非常不利的,也给人们生活带来诸多不便和危险。正因为如此,精神文明和物质文明两个文明的发展离不开秩序,秩序是人类文明的前提和构成要素。在一般情况下,尤其是长期动乱后,人们总是向往秩序,希望安定的生活。秩序是人类生存和发展的前提和基础。"历史表明,凡是人类建立了政治或社会组织单位的地方,他们都曾力图防止不可控制的混乱现象,也曾试图确立某种适于生存的秩序形式。这种要求确立社会生活有序模式的倾向,决不是人类所作的一种任意专断或违背自然的努力。"[②]同样,在人类谋求发展的过程中也试图建立一种秩序。发展是一种在生存基础上的进步,如果生存非常需要秩序,发展则更离不开秩序。古今中外,大凡是良好而又快速发展的社会无不是以稳定的社会环境为基础的。很难想象在

---

① 〔美〕博登海默:《法理学——法哲学及其方法》,邓正来等译,华夏出版社1987年版,第207页。
② 同上。

战火纷飞、兵荒马乱、民不聊生的社会状况下,社会的经济、文化能够得到较大的发展。

二、法律对秩序的作用

法律与秩序的关系自古以来就非常密切。古希腊的亚里士多德就指出:法律就意味着秩序。"今天法律者,秩序之谓也;良好法律即良好秩序也。"①欧洲中世纪的神学家阿奎那把封建等级制看作不可动摇的秩序,断言谁要破坏这种秩序便是违背上帝的旨意。我国古代法家代表人物韩非说:"臣事君、子事父、妻事夫,三者顺则天下治,三者逆则天下乱,此天下之常道也。"②这一思想为我国历代封建统治者所继承。两汉的董仲舒则把"君为臣纲、父为子纲、夫为妻纲"宣布为封建社会秩序的基本内容。资产阶级思想家强调建立一种具有自由、平等竞争和人道主义生活的社会秩序。法国大革命的领袖之一罗伯斯比尔就充满激情地表达了这种秩序观:"我们希望有这样的秩序,在这种秩序下,一切卑鄙的和残酷的私欲被抑制下去,而一切良好的和高尚的热情会受到法律的鼓励。"③现代西方法学家面对资本主义社会的阶级矛盾和各种社会冲突,强调"社会统合""社会连带""个人与社会的和谐",并把它们作为社会秩序的主要内容。

法律之所以能带来秩序,是因为秩序的真实含义是社会中人们的行为是统一的和合乎规则的。法律是由国家创制的行为规则,是统治阶级以国家名义发布的并为全社会人们所遵循的行为准则,其目的正是为了规范和统一人们的行为。法律建立秩序的途径主要有:第一,为人们树立统一的行为准则,对其行为予以指导,使之减少冲突和不陷于混乱;第二,协调人们之间的关系,解决人们之间的矛盾和纠纷,纠正越轨行为,惩治犯罪,治理和规范社会;第三,规范和约束权力,防止国家公职人员滥用权力和实现专制统治而给社会带来的消极影响。

从现代法治国家看,法律和秩序的关系更突出地表现在法律如何有效地制约权力。换言之,只有国家权力得到有效制约,整个社会的秩序才是可能的。

秩序是法律最基本的价值,也是人类活动最基本的前提。法律秩序价值能否实现将对社会的生存和发展发生至关重要的影响。法律秩序价值的实现,实际上就是通过法对社会进行控制实现法所预定的秩序目标,并使依法建立的秩序得以维持、巩固和发展。

---

① 〔古希腊〕亚里士多德:《政治论》,吴颂皋、吴旭祁译,商务印书馆1935年版,第328页。
② 《韩非子·忠孝》。
③ 〔法〕罗伯斯比尔:《革命法制和审判》,赵涵舆译,商务印书馆1965年版,第138页。

第四节 法律与自由

一、自由的含义及分类

早在古希腊、古罗马时期,"自由"一词便开始使用。如男子达到一定年龄便可摆脱父权的控制,具有独立的人格,享有公民权利、承担公民义务,拥有妻室、财产和奴隶,成为自由人。尽管古希腊哲学和古罗马法律都没有对"自由"加以系统阐释,但是它们对揭示自由所依赖的必要条件进行了很多的论述,为认识"自由"概念奠定了基础。

一般认为,"自由"通常从两种意义上来理解。第一种意义上的自由指主体不受外在压制和束缚的状态,其表述方式是"免于……的自由(be free from)",称为"消极自由",它的突出特点是以不受社会干预为实现自由的首要条件。第二种意义上的自由指主体具有依自己独立意志行事的能力,其表述方式是"有……的自由(be free to do)",有些学者将其称为"积极自由",它的突出特点是常常以社会干预(帮助)为实现自由的首要条件。

自由在哲学含义上,是主体意志与客观必然性的统一。主体的行为会受到自己意志的指引,同时客观必然性作为一种不依人的意志而存在的外部力量,也会对人的行为发生作用。如果主体的意志与客观必然性是一致的,他就会觉得自己的行为完全是自己的意志的外化,对行为的任何限制都是不存在的;反之,如果意志和必然性相冲突,那么,意志终将不得不屈从于必然性,在这种情况下,人们就会觉得身不由己,有一种不可抗拒的力量在强迫自己。因此,自由这一概念的核心就是意志对必然的偏好。也就是说,一个主体是不是自由的,完全以他所追求的东西是否具有必然性为转移。主体意志与客观必然性的统一是自由不可缺少的两个方面。

一方面,自由以对客观必然性的认识为前提。在客观必然性(即规律)被主体所了解和把握之前,主体的行为是受某种不可预测、不可避免和不可抗拒的外在力量所支配的。在此状态下,主体意志不可能有选择的自由。只有在人们认识了客观规律后,才谈得上利用和驾驭客观规律,其自由选择的范围也就越大。

另一方面,自由以对客观必然性的认同为条件。认识必然性仅仅是实现意志自由的有利条件或心理准备而非自由本身。人们在认识了必然性之后,必须还要有倾向于必然性的愿望,按必然性的要求去行动,才能实现意志的自由。否则,即使人们对某种必然到来的事物或情况有充分的心理准备,如果这种必然性并不是意志所希求的,而恰是意志所反对的,那么,人们此时所体验的只能是主体地位丧失后的苦闷而不会是意志的自由。

自由在政治含义上,是主体利益与社会秩序的统一。近代学者严复在翻译密尔的《自由论》时,为了使自由这一源于西方文化的概念能被国人所理解,径直将自由译作"群己权界",就相当准确地反映了自由的政治学和社会学的含义。

任何社会都是由众多个体所组成的共同体。在这一共同体之中,每个个体都相对地独立于整体,既有与他人一致的共同利益,也有与他人不一致甚至相互排斥的特殊利益。社会若要存在下去,就必须由一个占主导地位的统治集团按一定的标准对各种利益要求加以整合,否则就无法建立社会赖以存在和发展的基本秩序。尽管不同的社会由不同的统治集团来统治,并按不同的标准来界定"群己权界",但是所有的社会都共同主张:个体的自由必须存在于社会秩序之内,自由实质上就是主体的利益与社会秩序的统一。当主体所追求的利益与秩序相一致时,就能得到社会承认,主体就是自由的;当主体追求的利益冲破了秩序所允许的界限时,就会受到社会压力的抑制甚至惩罚,主体就是不自由的。只有确认全体社会成员平等的基本自由并以此为前提把个人利益与社会秩序统一起来,才能最大限度地促进社会进步。

自由在法律含义上,是主体的行为与法律规范的统一。在法律上,自由首先意味着主体可以自主地选择和实施一定的行为,同时,这种行为又必须与法律规范中所规定的行为模式相一致。当主体的自由被法律作为一种权利而确认之后,就意味着任何人和机构都不能强迫权利主体去做法律不强制他做的事,也都不能禁止权利主体去做法律允许他做的事;也意味着权利主体只能在法律界定的范围之内做他想做的事。

法律上的自由权利是哲学含义的自由和政治含义的自由在法律上的表现。任何法律都反映着立法者及其所代表的社会集团对客观规律和社会秩序的认识和理解,并总是依据这种认识和理解来评价各种行为,进而把其中的某些行为确认为自由权利。不过,在法律上,自由权利有时是以特权的形式存在的,有时是以普遍权利的形式存在的。按照现代社会的法律观念和道德观念,"自由意志并没有等级的特性",因此,自由权利应当以普遍权利的形式存在。

二、法律与自由的关系

在法律上,自由与权利的关系可以分为两个方面。一是广义上的自由与权利的关系,一是狭义上的自由与权利的关系。广义上的自由与权利是基本等同的概念。在绝大多数场合,权利都意味着选择的自由,例如,当法律确认了某人具有选举权时,权利人是否参加选举投票是可以自由选择的,把选票投给哪位候选人也可由权利人按自己的自由意志独立决定,法律不允许任何人加以干涉。因此,在典型的意义上,可以说权利即自由,授予权利即意味着权利人可以在法律允许的范围内独立自主地按自己的自由意志行事。

狭义上的自由仅是权利的一种特定类型。在此意义上,自由是种概念,权利是属概念,两者是部分与整体的关系。狭义上的自由就是法律上直接以自由指称的那些权利,如人身自由、言论自由、结社自由、出版自由、通信自由和宗教信仰自由等。这些权利之所以被直接以自由命名,是因其具有更明显的选择性。

自由与国家权力的关系,存在两种理论。一种理论主张自由的关键在于排除国家权力对个人行为的干涉,把消除国家权力的干涉视为实现个人自由的关键,即不受政府干涉的自由。洛克认为,个人与国家是目的与工具的关系,国家是基于所有个人间订立的社会契约而建立的,其使命在于保护每个人的自由或自然权利。由于每个人都具有理性,有独立自主处分自己权利的能力,因而应实行法治与分权以限制国家对个人行为的干涉。亚当·斯密认为,具有理性的个人最清楚自己的利益所在,因此,在经济领域国家应实行放任主义政策,允许并鼓励完全的自由竞争。他相信,个人利益的增加会促进公共利益的增长,国家干涉只能以维持治安、保护自由竞争为限。否则,个人利益和公共利益均会受到损害,认为"管得最少的政府就是最好的政府"。在现代西方社会,这种理论有一定影响。

另一种理论则主张利用国家权力来增进个人的自由。自19世纪末开始,在经济上,自由主义政策实行了两个多世纪以后,并没有带来亚当·斯密当初所预计的公共利益与私人利益的同步增长,反而导致了严重的贫富分化,普通劳动者在低工资和恶劣的劳动条件下被迫延长劳动时间、增加劳动强度,生活日趋贫困,饱受饥饿、伤病和失业的煎熬。在政治上,被经济强制剥夺了自由和尊严的工人阶级开始抗争,阶级矛盾日趋尖锐,政治危机和经济危机交织在一起,资产阶级的统治秩序受到严重威胁。为了缓和社会矛盾,国家的积极干预理论兴起。英国的格林首先系统提出了积极自由的理论。他认为,国家的目的在于实现共同的善,为此它必须提供公共福利,这就要求国家不能仅仅扮演"守夜人"的角色,还应当积极干预社会生活,为实现共同的善创造更有利的条件。自由就是个人在国家中实现自我的能力,个人自由本质上是道德自由。国家必须为每个人提供便于其发展其道德的必要条件,使那些条件差的人在竞争中能有一个更有利的地位。国家通过实行义务教育、规定最低工资、减少劳动时间、改善劳动条件来帮助个人实现自由。

理解积极自由观,应当注意两点。第一,所谓积极的自由和各种社会福利立法,并没有改变资本主义社会的阶级结构和剥削制度,只是资产阶级国家采取的缓和阶级矛盾的策略。第二,积极的自由在法律上的每一个重大进展,都是工人阶级不断向资产阶级开展斗争的结果,资产阶级只是在无法应付社会压力的最后关头才不得不作出让步。

三、法律对实现自由的作用

法律作为指导、调控人类行为的一种工具,法律上的自由就是对自由的设定和保障。马克思把人的本质看成是"真正的社会关系",是"社会关系的总和",是"人的真正共同体"。在这种场合下,自由意味着人与他人、群体之间的互相关系,即对谁自由、对谁限制、对谁剥夺的关系。

但人总是附属于某种集团的个体的存在,且每个人也有区别于他人的殊异性,即人的自主性,或每个人有不同的利益目标和价值追求。很显然,这种自由具有无限扩大的倾向,这是一种社会关系的离散因素,倘若处理不当或任其发展,人们的生活、生产、交往就难以进行,整个人类社会就无法维持和存续,最终使人人都失去自由。因此就需要法律与权威的介入,以提供个人自由的尺度,划定其界限。这些法则与权威,是由一定社会的经济基础决定的,并与人们所隶属的社会的各种制度有关。因为权利与自由永远不能超出社会的经济结构以及由经济结构所制约的社会文化的发展。由此可见,自由虽然否定外在不合理的束缚,但却要肯定外在条件的客观性;自由虽然也否定别人的任意干涉,但同时不得损害他人和社会的利益。

自由不可放纵,须限自由于法律所许可的范围之内。孟德斯鸠写道:在一个法治社会里,"自由仅仅是:一个人能够做他应该做的事情,而不被迫去做他不应该做的事情……自由是做法律许可的一切事情的权利;如果一个公民能够做法律所禁止的事情,他就不再自由了,因为其他人也同样有这个权利"[①]。这就意味着:自由不是"人人喜欢怎样就可以怎样",而是"人人应该怎样就可以怎样"。在国家生活中,自由是以法律的形式存在的。

就法律对自由的作用而言,主要体现为:

其一,通过法律体现自由。

法律作为规定人们如何行为的规则体系,提供着调整人们行为和进行社会合作的某种框架,确定了人们进行活动、交往的基本社会结构,从而为人的自由提供了模式。不同性质的法律,体现不同的理想目标和利益关系,因而并不是所有法律都可成为自由存在和实现的条件。恰恰相反,自奴隶社会到资本主义社会,一部法律发展史恰是人类的自由理想与法律的冲突史。在资本主义社会,自由虽然成为宪法所确认的原则,并在广泛的实在法领域得以普遍规定,但这并不意味着自由与法律的冲突不再存在。西方标榜人权自由,却总是以掠夺、迫害异族的实际行为来否定法律规定。在同样的意义上,如果认为自由就是做法律所允许和不禁止的一切事情的权利,从而严格依法办事就能获得自由,而不问遵守

[①] 〔法〕孟德斯鸠:《论法的精神》(上册),张雁深译,商务印书馆1982年版,第15页。

的是何种法律,自由就有被践踏和毁灭的危险。

在马克思主义看来,自由的法律是与新的社会基础相联系的,那就是消灭阶级压迫和剥削,建立社会主义公有制和平等互助的人们之间的社会关系。同时,法律必须由人民的意志所创立并同人民的意志一同产生,才能体现人的真正的自由,反映广大人民的利益和意志。在社会主义的实践中,社会主义法制建设占有重要地位,以实现人的自由和全面的发展为目标的、体现工人阶级领导的广大人民意志和利益的法律的建立,为实现真实的自由提供了现实条件。

自由是法律确定的多种权利和义务的复杂集合,各种基本自由必须被看成是一个整体或一个体系,一种自由的价值在正常情况下依赖于对其他自由形式的规定。因此,在创设宪法和一般的法律中,必须使整个法律体系都贯彻自由的原则。资产阶级往往在宪法中规定各种自由,而在具体法律中限制甚至消除自由。

法律所确认的自由及其限制,亦即法律所规定的权利和法律所要求或禁止的行为,必须遵循现实性和可行性的准则,亦即这些权利和义务是人们可以真实地享有的和被期望合理地能和不能做的行为。权利不能超越一定社会的经济结构的制约以及由经济结构所制约的社会文化的发展水平,义务同样也不能逾越人们的能力所能承担的范围。

由规则调节行为,要求已经成立的法律规范必须是公布的、公开的、稳定的,这些规范的内容应是普遍的、明确的。否则,人们就无法通过法律规范来调节他们的行为,因而人们能够去自由地做的事情就会是模糊不清的,自由的界限便是不确定的。在这种场合,自由就遭到了不必要的限制甚至阻碍。

其二,通过法律限制自由。

自由部分取决于宪法和法律的性质和规定,部分取决于法律的实施,并且后者经常在更大程度上左右着自由。自由取决于法律的实施的含义是:公民的自由是以法律形式存在的,但法律并不是自由权的自动保障,公民的自由权必须在实际的权利行使而导致的具体的权利冲突中,通过对权利及其冲突的公正、合理的安排和调整来实现,这就需要司法部门来衡量,同时亦需要通过在社会生活中将法律规则转化为人们的行为,即通过普遍守法来实现。

公民的自由权是行为自由和行为责任的结合、个人自由和社会自由的统一。自由和责任、个人和社会,乃是公民自由权的内在矛盾。行为自由和行为责任是内在地联结在一起的。自由意味着人们应负起对行为的责任,负起控制其行为的责任,以及负起对其错误行为所引起的后果的责任。自由权是表示公民对法定利益的权利,这些权利不仅仅是属于个人的,也是属于社会的。如公民的政治权利、言论自由等,公民在行使这些权利时就意味着参与国家和社会事务的管理或者影响到他人或社会生活,因而必须负起对国家和社会的责任;公民的自由不仅意味着对利益的占有,也意味着有义务运用其权利服务于国家和社会。在社会生活中,公民一味地放弃权利或超越法定权利的界线而行动,就是一种不负责任的表现。

公正、合理的法律调整和普遍守法律原则见之于社会生活,便形成和维持着一定的法律秩序。而公正、合理的法律调整又须有恰当的制度和程序来保障。如针对封建专制的君权至上、司法专横,便有对依法办事、罪刑法定、司法平等、审判公开等准则或程序的诉讼要求;针对王权、神权或者行政权对司法的侵入,便有司法独立原则的伸张;为了防止司法偏袒,便有回避制度的设计。这种种制度和程序,一方面将自由从专制中解放了出来,另一方面也有效限制了官员的权力滥用,促使他们公正、合理地实施法律,依法办事。社会主义法律作为全体人民意志和利益的体现,既在本质上反映了社会对普遍、平等的自由权的要求,又在本质上要求司法活动服务于人民的利益,平等、公正、合理地调节社会关系,保障公民自由权的实现。

法律在实质上既是对自由的保护,同时又是一种限制自由的工具,这些限制对自由是必要的。自由作为一个历史的和发展的概念,在不同的历史条件下必然表现为不同的历史要求和目标。自由又是具体的、现实的概念,在不同的社会和历史阶段有着不同的现实形态。它总是受制于现实的历史条件和社会条件。于是,便有自由的范围或界限的问题,便有对自由的限制问题。法律自由,就是有着某种范围或界限的自由。在阶级对立的社会里,自由是剥削阶级的自由,法律则是对剥削阶级自由的确认和保障,对劳动群众自由的剥夺和限制。在社会主义条件下,自由是广大人民的自由,法律则是对人民自由的保障,对少数敌对分子和危害社会的人的自由的限制。

对自由的某些合理、合法限制,在实践中有两种情形:

一是禁止自我伤害。如规定自杀是犯罪的法律,强制接受普及义务教育和专业训练的法律,规定妇女和儿童不得从事某些有害身心健康的生产活动的法律,禁止决斗的法律,强令摩托车驾驶员驾车时必须戴安全帽的法规,禁止赌博和吸毒的法律,不允许把受害者的同意作为推卸法律责任的辩护理由的法律,等等。

二是禁止伤害他人和社会。禁止伤害他人和社会在实践上是所有国家的法律限制自由的内容。禁止伤害他人和社会的法律是一个国家实体规范的主要构成部分,特别是刑法规范。而对危害他人和社会的行为的处理,则构成了司法上的主要活动之一。我国《宪法》明确规定:中华人民共和国公民在行使自由和权利的时候,不得损害国家的、社会的、集体的利益和其他公民的合法的自由和权利。限制自由的意义或目的乃是实现最大多数人的自由。

第五节　法律与平等

一、平等的含义与分类

平等的基本含义是社会主体能够获得同等待遇。形式意义上的平等和实质意义上的平等的区分具有重大意义。所谓形式平等,就是指不考虑主体本身自然的和社会的、历史的和现实的具体情况而使用同一评价标准,也就是无差别地同等对待。所谓实质平等,则是考虑主体本身各种自然的和社会的、历史的和现实的具体情况而相应地使用差别性的评价标准,也就是有差别地不同等对待,以使有差别的主体之间在事实上和实质上能够得到真正的同等对待。

平等是一个历史范畴,其所表达的内涵是随着社会历史环境和条件的变化而变化的。法律所保障的平等有其显著的历史性,近代之前的法律根本没有体现平等,即使有,也仅仅是社会等级之内的平等;近代资本主义法律关注主体资格形式上的平等;社会主义法律则不仅关注主体资格形式上的平等,而且关注主体法律权利、法律义务和法律责任等实质上的平等。

平等不等于平均。平均一般被理解为在机会的获取、财富的分配、义务的承担等方面按份均摊,不论在事实上是否存在自然的和社会的具体差异,所有的人都一样。实际上,在任何社会,完全的绝对平均都是做不到的。同时,绝对平均从社会效果看基本上也是有害于社会发展的,因为它往往不是对进取者的激励而恰恰是对怠惰者的容忍和鼓励,它向社会和公众所释放的基本上都是负面的消极信号。

平等要求排除特权和消除歧视。特权的存在本身就是对平等的一种否定,因为特权是指基于特殊身份或关系而对社会中的一部分人所给予的特殊对待。比如,我国唐朝在法律上专门针对皇亲国戚、贵族和官僚阶层适用的"八议""请""减""赎""管当"等制度就是给予这些群体的特权。歧视是以认可人们天生存在身份与地位的高低贵贱差别为前提和基础,而把一部分人当作低于其他人的身份和地位来对待。特权和歧视是人类思想和制度中的糟粕,不仅与人类文明格格不入,而且也是人类社会发展的障碍。

平等和差别可以有条件共存。从人的共性和特殊性角度看,一方面,人与人之间在人格和主体资格上的普遍平等是绝对的;另一方面,由于人与人之间确实存在着自然和社会的各种差异,因此,对具有各种差异的人们给予权利、义务方面的差别对待也是合理的,这有助于实质平等的实现。

二、法律对平等的保护作用

从主体看,主体本身的社会身份与地位直接决定或影响主体对法律及其功能的现实需求。在等级制社会,所谓主体的平等就是等级内部的相对平等,在等级之间则是绝对不平等的。不平等的主体关系决定了统治阶级总是试图制定并维护具有不平等内容的法律。而在现代社会,人与人之间的普遍平等是一项基本原则,差别对待只是作为例外而存在的。这决定了法律主体资格的平等,也决定了法律中的差别对待必须有正当的理由。

从客体看,作为价值关系客体的法律,其内容是否以平等为标准以及在何种范围之内、何种程度上以何种平等为标准,是决定法律内在属性的关键所在。

平等作为法律的价值有助于推进人们之间形成彼此平等、彼此尊重的关系,促进人们在人格平等的基础上去关爱特殊群体,构建一个平等、友爱、和谐的社会。

法律通过具体的规范设计和制度安排来确认和保障平等,从法律技术角度看,法律确认和保障平等的基本方式主要有:

首先,法律把平等宣布为一项基本的法律原则。这个原则性的宣告贯穿于一个国家的整个法律体系。在作为国家根本大法的宪法层面,所有公民在法律面前的一律平等是普遍的平等;在宪法之下的各个具体法律制度领域,比如实体法的民法领域和各种程序法领域,平等也都是居于支配地位的法律原则。

其次,法律确认和保障主体法律地位的平等。在现代社会,主体法律地位的平等乃是法律的共同基础,这是法律的形式平等最重要的体现,也是法律实质平等实现的前提条件。

再次,法律确认和保障社会财富、资源、机会和社会负担的平等分配。法律通常把社会财富、资源、机会与社会负担的分配都转化为主体相应的法律权利和法律义务。

最后,法律公平地分配法律责任。法律责任是主体不适当地行使法律权利和不履行或不恰当地履行法律义务而带来的法律后果。在法律责任分配方面,主体法律行为的性质与法律责任的性质相一致、主体法律行为之违法程度与法律责任的强度相一致、行为主体责任自负、以主体过错责任为原则并以无过错责任为补充等,都体现了法律在法律责任设定和分配方面对平等原则的贯彻和遵循。

第六节 法律与利益

一、法律与利益的关系概说

利益,即好处。利益一般是指物质利益,广义也可包含精神利益。关于法律和利益的关系,在不同的时代有着不同的理解。不同的思想家对法律与利益的关系也存在不一样的理解。但有一个事实是确定的,就是法律与利益的关系始终是一个重要的理论问题,是任何一个社会无法绕开的重要问题。

早在古希腊和古罗马时期,思想家和法学家们就已经注意到法律和利益的关系了。亚里士多德认为,法律的目的应该是为公共利益服务。乌尔比安则根据个人利益和公共利益将法律划分为私法和公法。

到了17世纪以后,利益逐渐成为社会生活的中心议题。

法国哲学家爱尔维修从其利益规律理论出发,论述了他的法治主张。他认为,要对掌握权力的人进行法律约束,使之所掌握的权力能够为大多数人的幸福服务,同时对民众也需要进行法律约束,只有这样才能使私人利益和公共利益协调起来。他提出了一种"合理的利己主义",即正确理解个人利益,如果法律完善,利己心不一定导致罪恶。

英国功利主义法学家边沁提出,法的目的不过是整个社会的最大利益而已。立法者的职责就是调和公共利益和私人利益。他提倡个人利益第一,虽然个人利益应该与公共利益相统一,但是真实存在的还是个人利益。社会公共利益是许多私人利益的相加,增进了个人利益,实际上也就增进了社会整体的利益。

德国法学家耶林继承了边沁功利主义传统,将权利作为法的目的合法的根本标志,而权利就是法律所要保护的利益。耶林不同于边沁的地方时,不再一味强调个人利益,而是重视社会利益以及社会利益和个人利益的结合,力求平衡个人原则和功利原则。耶林的思想对19世纪末德国统一后的立法产生了深远的影响,推动了资本主义法律由个人本位向社会本位的发展和转变。

与耶林同时代的马克思,建立了完整的历史唯物主义法律观。马克思认为,人们奋斗所争取的一切,都同他们的利益有关。每一个社会的经济关系首先是作为利益表现出来的。马克思通过对现实利益问题的研究,才逐步确立了生产关系和生产力、经济基础和上层建筑的范畴,从而正确地解决了利益的本质和历史作用问题。马克思认为,从某一阶级的共同利益中产生的要求,只有通过以下办法解决,即由这一阶级夺取政权,并用法律的形式赋予这些要求以普遍的效力,这样,就把法律和利益紧密地结合了起来。

19世纪后半期到20世纪前半期的一位跨世纪德国法学家赫克提出,法律不仅是一个逻辑结构,而且是各种利益的平衡。他在1914年出版的《法律解释和利益法学》一书中集中阐释了他的利益法学的核心思想。他认为,利益是法的原因,法主要规范着利益斗争,法的最高任务是平衡利益。利益法学派认为,在立法问题上,法规范中包含的原理是立法者为解决种种利益冲突而制定的,法是冲突的人类利益合成和融合的产物。法只表明某一社会集团的利益胜过另一集团的利益,或双方的利益都须服从第三集团或者整个社会的利益。立法者必须保护利益,要去平衡相互竞争的各种利益。对于司法而言,法官作出的判决,绝不是机械运用法律的"自动售货机",也不是仅仅依据正义感进行审判,而是必须搞清楚立法者所想要保护的各种利益,并从中找出需要优先保护的根本利益加以保护并力求实现各种利益的平衡。

20世纪,社会法学派的集大成者美国法学家庞德对利益和法律的关系进行了非常精细的研究。庞德认为,法律的功能在于调节和调和各种错综复杂和冲突的利益,以便使各种利益中大部分或我们文化中最重要的利益得到满足,而使其他利益的牺牲最小化。他曾经对利益作了门捷列夫元素周期表式的详细分类,这被很多人视为庞德对法哲学作出的最卓越的贡献,是20世纪最富教益的思想之一。庞德将利益分为三大类:个人利益、公共利益和社会利益。个人利益实质直接包含在个人生活中并以这种生活的名义而提出的各种要求、需要或愿望,包括人格利益、家庭关系利益和物质利益。公共利益是指,国家作为法的人格利益和物质利益以及国家作为社会捍卫者的利益。社会利益既有保障家庭、宗教、政治和经济各种社会制度的利益,又包括一般道德方面的利益,使用和保存社会资源方面的利益,以及个人生活中的社会利益。

我国自春秋战国以来长期存在着义利之争,直接关系到对道德和法律的不同看法。"君子喻于义,小人喻于利",这一传统文化观念根深蒂固,重利轻义一直被中国人所不齿。在今天看来,义和利的关系可能需要重新理解。在社会主义法治社会的建设过程中,利益不仅不应受到排斥,相反,法律应该对各种正当利益加以保护,平衡好各种利益之间的关系。

二、法律视野中的利益关系种类

利益关系的种类繁多,不同的分类标准会产生不同的利益关系种类。

(一)物质利益和精神利益的关系

利益的形态可以是物质的,也可以是精神的。法律对于两种形态的利益都要关注。物质利益和精神利益分别是人类历史活动的物质动力和精神动力。正如邓小平所言:"革命是在物质利益的基础上产生的,如果只讲牺牲精神,不讲物质利益,那就是唯心论。"[1]王世杰、钱端升也曾将个人自由划分为关系个人利益的自由和关系个人精神利益的自由,前者包括人身自由、居住自由、工作自由和财产自由等,后者有信教自由、意见自由、集会自由和结社自由等。在当今中国,物质利益和精神利益并行不悖,同时为人们所追求,法律需要兼顾两者。知识产权法律制度所调整的法律关系既涉及财产关系,又涉及人身关系。法律一方面通过确认公民对文学艺术作品的作者身份权以及公民对科学发现、技术发明的发现人和发明人身份权,从而维护公民的精神利益,同时,其中又包含相应

---

[1] 《邓小平文选》第2卷,人民出版社1994年版,第146页。

的物质利益,如获取奖金、知识产权转让费等。1978年国务院发布、1984年国务院修订的《发明奖励条例》规定,对发明的奖励要坚持无产阶级政治挂帅,实行精神鼓励和物质鼓励相结合,而以精神鼓励为主的原则。发明属于国家所有。全国各单位(包括集体所有制单位)都可以利用它所必需的发明。1993年国务院第二次修订时删除上述规定,取消了原来的以精神鼓励为主的原则,从而兼顾了两种利益。《著作权法》《专利法》《商标法》等知识产权法都充分体现了对两种利益的兼顾和平衡。

精神利益和物质利益两者之间往往可以相互转化,有时精神利益受到损害,可以通过一定的物质赔偿来弥补精神损失,有时物质利益受到损失,也可以通过一定的精神方法来填补物质伤害。例如,精神损害赔偿制度,就是通过一定的物质赔偿来弥补精神损害。再比如,法律责任中的"赔礼道歉",有时就可以被用来填补一定的物质损害。

(二)整体利益和局部利益的关系

整体和局部是相对而言的。一个国家相对于地区和个人而言当然是整体,但相对人类来说又变成局部。现代国家之间,没有永远的敌人,也没有永远的朋友,只有永久的利益。国际法上要求国家作为利益主体承担各种义务,目的就是使特定国家的局部利益服从人类共同生存的整体利益。《不扩散核武器条约》开宗明义地宣布:"考虑到一场核战争将使全人类遭受浩劫,因而需要竭尽全力避免发生这种战争的危险并采取措施以保障各国人民的安全"。即使在国际社会上,某些国家共同涉及的局部领域如科学技术发展领域也同样存在服从人类整体利益的问题。1993年6月25日,由第三次世界人权大会公布的《维也纳宣言和行动纲领》规定:"人人有权享受科学进步及其实用的利益。世界人权会议注意到某些进展,特别是在生物医学和生命科学以及信息技术领域,有可能对个人的完整尊严和人权起到潜在的不良后果,呼吁进行国际合作,以确保人权和尊严在此普遍受关注领域得到充分的尊重。"

我国的经济建设已经进入到改革的深水区。国家利益和地区利益之间关系成了我国当前的一个突出问题,为了调动地方的积极性,中央赋予了地方相当程度的自主权,然而有些地方政府为了地方利益,采取地方保护主义和部门保护主义,严重破坏了国家的整体利益。所谓"为官一任,造福一方"的狭隘地方观念,势必影响到各地之间的利益关系,也一定会影响到国家和地方之间的利益关系,法律必须协调好国家和地区之间的利益关系以及地区之间的利益关系,既要做到保证国家的整体利益,维护国家和市场统一性,又要兼顾到地方的局部利益,充分调动地方的积极性。

(三)公共利益和私人利益的关系

社会可分成两个领域,一个是市民社会,另一个是政治国家。特殊的私人利益关系的总和构成市民社会,普遍的公共利益的总和构成政治国家。公共利益表现为社会利益和国家利益,私人利益表现为每一个社会成员的利益。集体利益有时属于公共利益,有时又属于私人利益。任何时代的历史活动都是由无数单个的具体个人的社会活动所构成,个人作为历史活动的主体是整个社会历史活动最基本的单元。因此,个人利益乃是利益动力结构的原始细胞。在生产资料私有制的条件下,不仅主体的生活需要,而且主体的生产需要,都是以个人利益的形式来满足的。在自由资本主义时期,法律强调"私有财产神圣不可侵犯",体现了个人本位的法律价值观。20世纪以来,以《德国民法典》为代表,开始为了社会利益可以对私人利益进行限制。诺贝尔经济学奖获得者美国经济学家阿罗提出的"不可能定理"以"经济人"为假设,论证了个人利益和社会利益之间的关系。他认为,在自主平等的市场体制下,个人利益的被满足,并不意味着整个社会利益也被满足了,社会的整体利益是不能由自主平等的市场主体的行为自身自动满足的。因此,应当由一个超越于市场主体的"裁决者"来识别和确定社会利益。

社会主义法律历来强调个人利益服从社会公共利益。当个人权利危及社会公共利益时,必须贯彻"社会公共利益优于个人利益"的原则。这一原则在我国法律当中有明文规定。例如,我国《宪法》第51条规定:"中华人民共和国公民在行使自由和权利的时候,不得损害国家的、社会的、集体的利益和其他公民的合法的自由和权利。"《民法通则》第7条规定:"民事活动应当尊重社会公德,不得损害社会公共利益,破坏国家经济计划,扰乱社会经济秩序。"

随着我国法治建设的不断深入,我们越来越意识到,法律不应只关注公共利益,当然也不应该只关注个人利益,而应当努力在两者之间寻找一个最佳结合点。严格来说,国家利益是一种和社会利益相区别的公共利益。政府是国家利益的代表。在公权关系中,国家利益对于私人利益占主导乃至绝对支配地位,但在私权关系当中,国家与私人同为平等的民事主体,法律上地位平等,没有理由要求私人利益绝对服从国家利益。何谓公共利益,非常抽象,众说纷纭。为了防止假借公共利益的名义损害私人利益,必须明确界定社会公共利益的范围。凡是涉及公共利益的界定,应由社会公众充分讨论,达成共识,然后通过法律确认。法律能否处理好公共利益和私人利益两者间的关系,不仅关系到人权的保护,而且关系到一个国家的和谐发展和长治久安。

三、法律对利益的调整作用

法律对社会的控制离不开对利益的调整。法律通过对权利和义务的设定,既能有效地使各种正当利益得到确认和保护,又能限制和打击各种不正当利益。

(一) 确认和保护正当利益

"天下熙熙,皆为利来;天下攘攘,皆为利往。"法律是适应利益调节的需要而产生的,法律的变化和发展根源于利益关系的变化和发展,归根结底根源于人们利益要求的变化和发展。法律制度实质上就是一种利益规则。正如邓小平所说:"民主和集中的关系,权利和义务的关系,归根结底,就是……各种利益的相互关系在政治上和法律上的表现。"① 一个国家处于统治地位的那部分人,总是要把现状作为法律加以神圣化。法律并不创造利益,而是对社会当中的各种利益加以选择,对一部分利益予以确认和保护,对另一部分利益加以排斥和抵制。这种选择体现在两个方面:利益主体和利益内容。在任何现实社会中,法律都很难实现"一致同意"。将法律视为"公意"的体现,这只是我们对理想状态的一种追求。社会是由一个个具体的人所构成的,每一个人都是一个利益主体。"抽象的利益并不构成法。构成法的是要求,即真正施加的社会力量。"② 利益从不同角度可作不同分类,利益主体也因利益内容的不同而各有其归属。某一特定的人可能在政治利益上归属于某一利益群体,而在经济利益上又归属于另一利益群体。法律对利益要求的表达并非绝对地只服从某一标准。每一个人都不是"单向度的人",法律不可能对某一具体利益主体的所有利益都加以确认和保护。利益支配着我们对各种行为所下的判断,我们根据这些行为对于公众有利、有害或者无所谓,把它们界定为道德的、罪恶的或可以容许的。法律表达利益的过程,同时也是选择利益的过程。立法者应当首先认清现实的利益格局,认真权衡利弊,不要刻意回避各种利益冲突,坚持利大于弊的利益选择。

(二) 平衡利益冲突

社会的利益结构并不是均衡的。利益来源于对资源的控制,利益的大小取决于对资源控制的多少。然而,社会中的现有资源总是处于匮乏状态。人是具有冲突倾向的社会动物,每个人都在追求各种利益,利益的争夺是不可避免的。"生活基本上是为地位而展开的斗争,这些地位决定了没有人可以对他周围他人的势力毫不在意。如果我们假设每个人都在利用所能得到的资源,以使他人为他得到特定环境中的最好可能的局面效力,那么,我们就获得了一个能理解大量的分层情况的指导原则。"③ 人对资源控制的不同导致了利益差别,利益差别构成了利益冲突的主要原因。社会不同集团、不同阶层具有不同的利益,它们之间的冲突实质上就是利益冲突。所谓利益冲突,就是利益主体基于利益差别和利益矛盾所产生的利益纠纷和利益争夺。

---

① 《邓小平文选》第 2 卷,人民出版社 1994 年版,第 176 页。
② 〔美〕弗里德曼:《法律制度》,李琼英、林欣译,中国政法大学出版社 1994 版,第 359 页。
③ 蔡文辉:《社会学理论》,三民书局 1986 年版,第 128 页。

利益冲突并不完全是破坏性的,它也可能具有建设性的社会功能。正因为有各种社会利益冲突,社会的发展和变迁才有其可能。我们应该正确认识各种利益冲突存在的必然性,努力平衡好各种利益冲突,保证社会能够平稳有序地发展。法律的利益平衡功能体现为,对各种利益的重要性作出评估和衡量,以及为协调利益冲突提供解决标准。法律无法明确每一个人的所有利益诉求,而只能通过嗣后对利益冲突的调解,从而不致使人类社会陷入无序的利益纷争,失去持续发展的可能。例如,20 世纪之前,西方社会由于过于强调个人利益,产生了一系列社会矛盾,甚至引发了巨大的社会危机。而 20 世纪之后,西方出现"法律社会化"的发展趋势,实际上就体现了法律对个人利益和社会利益关系的一种平衡。

法律对利益关系的协调,对利益冲突的平衡,一般是通过某些基本原则规定和制度设计体现的。

(三) 重整利益格局

卢梭曾经论证过人类不平等的起源和发展。私有制的出现将人类分成穷人和富人,这是人类社会不平等的第一阶段。第二阶段是国家和法律的出现。"社会和法律就是这样或者应该是这样起源的。它们给弱者以新的桎梏,给富者以新的力量;它们永远消灭了天赋的自由,使自由再也不能恢复;它们把保障私有财产和承认不平等的法律永远确定下来,把巧取豪夺变成不可取消的权利;从此以后,便为了少数野心家的利益,驱使整个人类遭受劳苦、奴役和贫困。"[1]暴政的出现是人类社会发展不平等的顶点,也是不平等的第三阶段。凡事都会物极必反,不平等的利益格局发展到极限必然会被打破,人们"要寻找一种结合的形式,使它能以全部共同的力量来卫护和保障每个结合者的人身和财富,并且由于这一结合而使每一个与全体相联合的个人又只不过是在服从自己本人,并且仍然像以往一样自由。""这就是社会契约所要解决的根本问题"[2]。卢梭通过社会契约这种法律的形式,将不平等的利益格局加以重整,使每个人的利益得以实现。

在人类历史上,革命和改良其实都是对利益格局的调整和重新安排。所谓"变法"无不是改变既存利益格局,法律正是在利益格局的不断被打破和重整过程中逐步向前发展的。比如,"利益的多元化迫使美国社会中的各种利益集团之间、部分利益集团与公共利益之间、所有利益集团与公共利益之间始终就各自利益的定义和定位进行着一种多层次的、多方位的和连续不停的'谈判'。'谈判'的过程也就是美国宪法循序渐进、调整改革、追求现实的完善的历史过程。

---

[1] 〔法〕卢梭:《论人类不平等的起源和基础》,李常山译,商务印书馆 1962 年版,第 128—129 页。
[2] 〔法〕卢梭:《社会契约论》,何兆武译,商务印书馆 1996 年版,第 23 页。

……其结果是,宪法的生命力不断得以更新,成为一部'活着的宪法'"①。在政治领域,法律要对国家权力结构加以固定化,当权力结构发生变动时,往往相伴着宪法的修改或更新。其实,任何一种权利都是受利益支配的,并且是为实现一定的利益服务的。权力斗争实质上就是利益斗争,权力集团实质上代表了一定的利益集团。权力斗争的结果导致利益格局的重整,此时,法律便担当着利益格局的重整功能。

问题与思考

1. 结合本章的【法律故事】和相关知识,思考苏格拉底眼中的法律价值观与现代的法律价值观有何异同。
2. 法律的价值对法律具有什么样的作用?
3. 如何理解法律和正义之间的关系?
4. 如何平衡秩序和自由之间的关系?
5. 当代中国的各种利益集团迅速崛起,法律该如何面对?

参考文献

1. 王希:《活着的宪法》,载《读书》2000年第1期。
2. 〔古希腊〕亚里士多德:《政治论》,吴颂皋、吴旭初译,商务印书馆1935年版。
3. 〔美〕博登海默:《法理学——法哲学及其方法》,邓正来等译,华夏出版社1987年版。
4. 〔美〕庞德:《通过法律的社会控制》,沈宗灵等译,商务印书馆1984年版。
5. 〔法〕孟德斯鸠:《论法的精神》(上册),张雁深译,商务印书馆1982年版。

---

① 王希:《活着的宪法》,载《读书》2000年第1期。

第四编　立法与法律的运行

第十三章　立　　法

【引读案例】

我国现行《环境保护法》自1989年开始实施。这部制定于经济体制改革初期的环保法已经不适应经济社会发展的新要求和新理念。与此同时,长期过多追求GDP增速的粗放发展模式,导致了由大气、水、土壤等共同构成威胁人民健康的立体污染。环境问题成为我国最大的民生问题,而相关的法律保障却问题丛生。多年来,环保法修法呼声不断,从1995年到2011年,全国人大代表共有2474人次提出修改环保法的议案78件。十一届全国人大常委会将修改《环境保护法》列入了五年立法规划的论证项目。环境与资源保护委员会成立了起草小组,通过调研、座谈等多种方式,听取有关方面意见,做了大量工作,提出了《环境保护法》修正案草案。2012年8月、2013年6月、2013年10月、2014年4月,全国人大常委会对《环境保护法》修正案草案和修订案草案进行了四次审议,其间还广泛征求了社会各界的意见和建议。2014年4月24日,《环境保护法(修订草案)》经十二届全国人大常委会第八次会议表决通过。国家主席习近平签署第9号主席令,予以公布。修订后的《环境保护法》自2015年1月1日起施行。这部环境保护新法从立法理念、技术手段、监管模式和手段、法律责任等各方面加强了对环境的保护,有望扭转伴随我国经济快速发展而生的生态环境恶化趋势。

第一节　现代社会的立法与立法权

一、立法释义

（一）立法的概念

"立法"一词最早见于中外古代典籍。《商君书·修权》有"立法明分"的言论。《史记·律书》有"王者制事立法"的说法。《韩束·刑法志》有"立法设刑"的记录。在西方，古希腊、古罗马时期和中世纪时期的思想家也有不少对于立法问题的阐述。这些古代的立法概念与现代的立法概念之间的差异还是很大的。立法是一个历史的范畴。在从古到今的不同历史阶段，人类对法的不同理解及不同的立法实践导致人类对立法的含义、特征、原则、技术以及立法权和立法制度的理解也不尽相同。本章仅仅讨论现代民族国家中的立法。现代民族国家的立法以人民主权为基础，以人民代议机关为主体，以民主立法程序为技艺，以规范性法律文件为对象。

在此限定下，我们可以将立法定义为，有关国家机关依照一定职权和程序，运用一定技术，制定、认可、修改、补充和废止规范性法律文件的一种专门性活动。制定是指社会生活中原本不存在法律规范，通过立法活动形成新的法律规范。认可是指赋予社会中既存的社会规范以法律上的效力，使其成为法律规范，包括对习惯、判例、法理学说、区域性规范的认可。例如，《香港特别行政区基本法》第8条规定："香港原有法律，即普通法、衡平法、条例、附属立法和习惯法，除同本法相抵触或经香港特别行政区的立法机关作出修改者外，予以保留。"修改是指在原有法律基础上的修订完善活动，如我国的历次修宪。补充是指对现行的某一法律文件不作改动而以新的单行的法律文件(如"决定")等方式对其内容作一定的充实。废止是指让现行法律规范的法律效力归于终止。

（二）立法的特征

依照以上对"立法"概念的界定，立法具有如下一些特征：

1. 立法是国家的一项专有活动，是由特定国家机关进行的活动。立法是一种国家活动，它是国家权力的运用，是国家履行职能的主要方式之一。也就是说，立法是国家机关的一项专有活动，其他任何机关、社会组织、团体和个人都不能行使这项职能和进行这项活动。但是，并不是所有行使国家权力的国家机关都有权进行立法，只有其中的特定国家机关才能立法。这些特定国家机关为立法主体，它们运用国家权力进行立法，从而形成了不同渊源的、众多的规范性法律文件。

2. 立法是特定国家机关依照法定职权进行的活动。有权立法的主体不能随便立法,而要依照自身的法定职权立法。具体来说就是:(1) 就自己享有的特定级别或层次的立法权立法;(2) 就自己享有的特定种类的立法权立法;(3) 就自己有权采取的特定法的形式立法;(4) 就自己所行使的立法权的完整性、独立性立法;(5) 就自己所能调整的事项立法。立法主体不依自己的立法职权立法,就可能超越、滥用职权,或可能不努力行使自己应当行使的职权,就会生出诸多弊端。①

3. 立法是特定国家机关依照一定的法定程序进行的活动。无论在哪个时代,无论是在何种政治共同体中,无论是由怎样的人员或机构来进行立法,立法活动都会遵循一定的程序。尽管如此,现代民族国家的立法与古代国家的立法在程序上有两点不同之处。首先,现代国家的立法程序必须法定化,即立法机关必须严格依照法定程序展开立法活动。其次,现代国家的立法程序都遵循一些必不可少的必要步骤,一般都经过法案的提出、审议、表决通过和法的公布等程序。立法这种程序性能够保证立法具有严肃性、权威性和稳定性。

4. 立法是一项包括多种法律变动的专门活动。立法既包括法的制定活动,也包括法的修改、补充、废止以及认可、解释活动。立法是一个系统化的、综合性的法律活动,因此,它不仅主要指对新的法律规范的创立活动,也包括对已有的法律规范进行补充、修改甚至废止的活动,还包括对那些属于其他类型的社会规范进行法律认可,赋予其法的效力的活动,以及法律解释活动。

二、立法权释义

(一) 立法权的概念

在现代法治的早期发展过程中,政府的职能被划分为创制法律、执行法律和适用法律三个相互区分但都以法律为核心的职能,以此建构法律之治。在此基础上,人们将创制法律的权力称为立法权,以区别于行政权和司法权。国家职能的分化逐渐使得人们对国家权力本身进行了更为深入的考察。最终,人民主权被当作国家权力的正当性基础,而国家的实体权力被划分为立法、行政和司法三大部分。这种人民主权基础上的三权分立是对国家绝对主权的民主化和宪政化。现代意义上的立法权是人民主权和国家分权的实践和学说的产物。这是我们理解现代民族国家立法权的出发点,即国体和政体意义上的立法权。

随着现代法治的进一步发展,现代国家的政体结构被进一步精细化和复杂化。几乎没有一个国家实行严格的、单纯的三权分立。尽管如此,三权分立依然是国家政体结构的一个总体原则,立法权主要是由作为立法机关的议会来执行。虽然一些行政机构和司法机构担负着某些立法功能,但是它们并不享有政体意

---

① 参见周旺生:《立法学》,法律出版社 2009 年版,第 54 页。

义上的立法权。

即使从国家性质和政体结构的角度来理解立法权,立法权也有广义和狭义之分。广义的立法权是指立法机关行使的一切权力。狭义的立法权是指立法机关行使的制定、认可、修改、补充、解释和废止法律的权力,这种权力不包括由立法机关行使的议决预算权、监督权、调查权、宣战媾和权、质询权、弹劾权、同意权等权力。我们这里讨论的是狭义上的立法权。

(二)立法权的性质和特征

从不同的角度和不同的层次看,立法权具有不同意义的性质和特征。(1)从立法权的本性看,它是一种反映和代表民意的国家权力。现代民主政治理论认为,国家的一切权力来自于人民。人民作为主权者,其管理国家的主要方式是代议民主制,即通过民选的代表组成立法机关制定法律,再由行政机关和司法机关执行和适用法律。(2)从立法权的政治属性看,它是一种为统治阶级所执掌的国家权力。站在马克思主义的历史唯物主义立场看,立法权与国家有着密不可分的内在联系。没有国家作为依托和后盾,没有国家强制力的保证,任何立法权都将成为无源之水;而没有立法权的国家,就不可能有国家运用这种权力制定的法律,国家的秩序和安全就无从谈起。国家是阶级统治的工具,立法权也是这个工具库里的一件,它本质上只能由统治阶级及其代表来行使。(3)从立法权与行政权、司法权的比较看,它是一种以追求民主为价值取向的国家权力。立法权最大的特点是它的民主性,即立法权的产生和存续都要以民主为基础,立法权的活动和运行要以民主为价值取向。立法权是一种创制性的国家权力,可以通过立法为行政权和司法权提供合法性依据,但立法权不能以自身为合法性依据,必须以民主作为基础。这就是经由普遍、平等的直接或间接选举,组成代议制的议会,由议会行使立法权。①

第二节 立法原则、立法程序与立法技术

一、立法原则

立法原则是立法主体在立法中应该遵循的基本准则。立法原则是立法指导思想在立法过程中的具体化和实践化。立法指导思想是指导立法工作的根本性、全局性、方向性的基本思想准则。它体现了立法者要遵循什么样的宗旨来制定法律,以及要制定出什么样的法律。明确立法指导思想是确保立法方向的前提,也是正确实施法律的重要条件。现阶段,我国立法的指导思想是:立法应当

---

① 参见李林:《立法理论与制度》,中国法制出版社 2005 年版,第 43—54 页。

遵循宪法的基本原则,以经济建设为中心,坚持社会主义道路、坚持人民民主专政、坚持中国共产党的领导、坚持马克思列宁主义毛泽东思想邓小平理论"三个代表",坚持改革开放。现阶段,我国的立法基本原则是宪法原则、法治原则、民主原则和科学原则。

（一）宪法原则

立法的宪法原则,是指立法应当以宪法为根据或不得同宪法相抵触。宪法是国家的根本大法,是具有最高权威和最高法律效力的法,当然也是立法活动的根本准则。离开甚至背离宪法的原则和精神,立法乃至整个法律制度和法律秩序必然会紊乱。立法的宪法原则是当今各国立法最基本的准则之一。各国宪法基本原则的主要内容并不完全相同,但也具有共同之处,如人民主权原则、权力制约原则、基本人权原则等。我国《立法法》第3条规定:"立法应当遵循宪法的基本原则,以经济建设为中心,坚持社会主义道路、坚持人民民主专政、坚持中国共产党的领导、坚持马克思列宁主义毛泽东思想邓小平理论,坚持改革开放。"由此可见,我国的宪法原则主要是一种政治原则,如果能够更多地体现各国宪法基本原则的共性则将更加完美。

（二）法治原则

立法的法治原则是指,一切立法权的存在和行使都应当有法的依据,立法活动的绝大多数环节都依法运行,社会组织或成员以立法主体身份进行活动时,其行为应当以法为规范,行使法定职权,履行法定职责。立法的法治化是法治国家的前提,是立法民主化和立法科学化的保障。我国《立法法》第4条规定:"立法应当依照法定的权限和程序,从国家整体利益出发,维护社会主义法制的统一和尊严。"这条规定一方面体现了世界各国共通的法治原则,另一方面则体现了具有中国特色的法制统一原则。法制统一原则源于中国的法制传统,是执政党实现统一领导的保障。

（三）民主原则

立法是建立和实现民主政治的关键环节。立法的民主原则包括以下三个方面:首先,立法主体是广泛的,广大人民能够通过多种途径参与国家立法活动。其次,立法内容具有人民性,以体现人民的意志,维护人民的利益,特别是要确认和保障公民的权利。再次,立法程序是民主的,立法机关的组成人员必须经民主程序产生及公民有权对自己选出的人员进行监督和罢免。同时,立法机关组成人员在立法过程的各个阶段应遵循公开、公正等正当程序,真实表达其所代表的民意。我国《立法法》第5条规定:"立法应当体现人民的意志,发扬社会主义民主,保障人民通过多种途径参与立法活动。"这条规定在一定程度上体现了立法的民主原则,但仍然不够完整和精确。

(四) 科学原则

立法虽然不是一项纯粹的科学活动,但依然需要遵循一些科学原则。立法的科学原则主要包括以下三个方面:首先,立法应当尊重客观事实。实事求是是一项最基本的科学原则。立法是一门面向现实世界的实践技艺,因此必须尊重现实世界的客观规律与具体实践中出现的问题和经验教训。立法必须基于本国的国情,从本国的历史经验和现实问题出发,不能从主观愿望、抽象知识出发,更不能直接照搬他国的法律。其次,在立法过程中应当进行合理的规范设计。立法不仅要尊重客观事实,还需要将主观与客观相结合,采用多种立法技术制定出合理的法律规范。我们必须提高立法技术,权衡各方利益,用法律语言科学地规定法律关系主体的权利和义务或权力和责任,科学地规定合理的制裁方式和制裁程度,将客观事实和主观理念转化到法律规范中。立法遵循科学原则有助于提升立法质量和立法效益,克服主观盲目性,避免立法失误。我国《立法法》第6条规定:"立法应当从实际出发,科学合理地规定公民、法人和其他组织的权利与义务、国家机关的权力与责任。"这条规定体现了立法的科学原则。

二、立法程序

(一) 立法程序释义

立法程序是指有权的国家机关在制定、认可、修改、补充和废止规范性法律文件的活动中所必须遵循的法定步骤和方法。立法程序的特征在于授信,立法程序是立法活动中的步骤和方法。其他活动所采取的步骤和方法,如立法机关行使立法职权以外的其他职权时的活动步骤和方法,不是立法程序。另外,立法程序是立法活动中法定的、必须遵循的而不是可有可无的步骤和方法。在立法过程中,立法主体要遵循许多步骤和方法,但并不是所有步骤和方法都是立法程序中的必要环节,只有立法主体所必须遵循的、由法所确定的步骤和方法,才是立法程序中的必要环节。立法程序是有权的国家机关在立法活动中须遵循的步骤和方法。有权的立法机关首先和主要是指专门的、法定的立法机关,同时也包括宪法、法律授权可以行使部分立法权的其他机关。①

我们还需要了解立法程序与立法活动过程的关系。立法过程是对某一个法律从产生立法动机到最后完善的发展过程的理论概括。它可以分为三个阶段:第一阶段称为立法准备阶段,一般指法案在进入立法程序前进行的一系列工作,包括立法预测、立法规划、立法决策和法案起草等。立法准备阶段虽然不能直接完成创制法律的任务,但为正式的立法创造了条件、奠定了基础。第二阶段称为立法确定阶段,它包括提出立法决议、审议法律草案、表决和通过法律草案、公布

---

① 参见周旺生:《立法学》,法律出版社2009年版,第220页。

法律四个法定步骤。第三阶段称为立法完善阶段,一般指立法以后对成文法的完善工作,包括立法解释、法律清理、法律汇编等。立法程序贯穿于整个立法活动过程的各个阶段中,但立法程序并不是立法活动过程本身,也不是说立法活动过程中每个环节都存在法定步骤和方法(即立法程序)。在上述三个阶段中,立法确定阶段是立法的关键阶段,参与这一阶段活动的是享有立法权的机关和人员。这一阶段的工作直接决定法的确立或形成,是严格意义上的、典型的立法活动。因此,在整个立法活动过程中,立法确定阶段是整个立法程序体系的重点所在。

(二)我国立法的基本程序

由于世界各国的立法体制不同,立法程序也呈现出较大的差异。以下主要以我国最高权力机关及其常设机关的立法程序为例,根据《立法法》第二章第二节"全国人民代表大会立法程序"和第三节"全国人民代表大会常务委员会立法程序"的有关规定及我国的立法实践,分析一下我国立法的基本程序。它包括提出法律案、审议法律案、表决和通过法律案、公布法律四个阶段。

1. 提出法律案

提出法律案是指依法享有专门权限的国家机构或个人向立法机关提出关于制定、修改、补充、废止某项法律的建议。

我们需要注意法律案、法律议案、法律草案和法的草案这几个术语的关系。法律草案是法的草案的组成部分。法的草案还包括法规草案以及其他规范性法律文件草案。法律案就是法律议案,它不同于法律草案。法律草案是法律议案的组成部分,它是法律议案的附案部分。法律案的主案部分是立法议案。制定法律必须提出供审议的立法议案,但在提议立法的同时未必也要提出法律草案。在有权提出法律案的主体中,有的有条件在提议立法的同时也提出相应的法律草案,有的则没有条件在提议立法的同时提出相应的法律草案,他们提出的法律案如果被列入议程,则由有关方面就所提事项起草提交审议、表决的法律草案。

提出法律案这道程序中的核心问题是,哪些机关和人员享有相关的立法提案权?根据《立法法》第12、13条,有权向全国人民代表大会提出属于全国人民代表大会职权范围内的法律案的主体包括:全国人民代表大会主席团;全国人民代表大会常务委员会、国务院、中央军事委员会、最高人民法院、最高人民检察院、全国人民代表大会各专门委员会、一个代表团或者三十名以上的代表联名。根据《立法法》第24、25条,可以向全国人民代表大会常务委员会提出属于全国人民代表大会常务委员会职权范围内的法律案的主体包括:委员长会议、国务院、中央军事委员会、最高人民法院、最高人民检察院、全国人民代表大会各专门委员会、常务委员会组成人员十人以上联名。

2. 审议法律案

审议法律案是指立法机关对列入议程的立法议案所涉及的法律草案进行正式的审查和讨论。审议法律案涉及程序的两个方面：一是步骤，即审议法律案一般经过哪些步骤；二是方法，即审议法律案时应遵循哪些基本规则。

根据《立法法》第16—21条的规定，全国人民大表大会对法律案的审议一般经过以下五个步骤：(1) 提案人说明，即立法提案人向大会作关于该法律案的说明；(2) 分别审议，即各代表团和有关的专门委员会分别对该法律案进行审议；(3) 统一审议，即由法律委员会汇总各代表团和专门委员会的审议意见，并对法律案进行统一审议，向大会主席团提出审议结果报告和法律草案修改稿；(4) 主席团决定，即大会主席团审议法律委员会提出的审议结果的报告以及该法律草案修改稿，并决定提交大会审议；(5) 大会审议，即大会全体会议以一定方式、规则对法律案进行审议。任何法案一旦列入大会议程，在提请大会表决前必须经过大会全体会议的审议，这是立法民主性的基本要求。

在我国，全国人民代表大会常务委员会审议法律草案一般实行"三审制"。《立法法》第27条规定：列入常务委员会会议议程的法律案，一般应当经三次常务委员会会议审议后再交付表决。(1) 常务委员会会议第一次审议法律案，在全体会议上听取提案人的说明，由分组会议进行初步审议。(2) 常务委员会会议第二次审议法律案，在全体会议上听取法律委员会关于法律草案修改情况和主要问题的汇报，由分组会议进一步审议。(3) 常务委员会会议第三次审议法律案，在全体会议上听取法律委员会关于法律草案审议结果的报告，由分组会议对法律草案修改稿进行审议。对于"三审制"有两种例外情况：一是《立法法》第28条规定：列入常务委员会会议议程的法律案，各方面意见比较一致的，可以经两次常务委员会会议审议后交付表决；部分修改的法律案，各方面的意见比较一致的，也可以经一次常务委员会会议审议即交付表决。二是《立法法》第38条规定：法律案经常务委员会三次会议审议后，仍有重大问题需要进一步研究的，由委员长会议提出，经联组会议或者全体会议同意，可以暂不付表决，交法律委员会和有关的专门委员会进一步审议。

全国人民代表大会审议法律案时，主要有四种方法和制度：(1) 调查制度。全国人民代表大会认为有必要时，可以针对特别问题组织调查委员会进行调查。调查方法可以是走访调查，也可以是座谈会调查。(2) 列席制度。全国人民代表大会开会期间，全国人民政治协商会议同时开会，并列席全国人民代表大会会议，有关国家领导人、专家学者和社会知名人士也可应邀列席会议。(3) 主席团决议制度，如遇到重大意见分歧，由主席团讨论、辩论并通过表决形成主席团意见，提交大会审议。(4) 大会发言制度。包括发言资格须经大会领导机构的许可，发言内容须与正在审议的法律案有关，发言时间和次数须符合法律规定等。

《立法法》第 34、35 条对全国人民代表大会常务委员会审议法律案的方式作了创设性的规定：首先，列入常务委员会会议议程的法律案，法律委员会、有关的专门委员会和常务委员会工作机构应当听取各方面的意见。听取意见可以采取座谈会、论证会、听证会等多种形式。其次，常务委员会工作机构应当将法律草案发送有关机关、组织和专家征求意见，将意见整理后送法律委员会和有关的专门委员会，并根据需要，印发常务委员会会议。

3. 表决和通过法律案

表决法律案是立法机关对经过审议的法律草案以一定的方式表示最终的态度，即由立法机关的组成人员最后对法律草案表示赞成还是不赞成或放弃的态度。法律案的通过是立法机关对法律草案作出同意的决定，使之成为法律。这是整个立法过程中最重要且最有决定意义的阶段。

根据我国《立法法》第 22 条的规定，提交全国人民代表大会的法律，"法律草案修改稿经各代表团审议，由法律委员会根据各代表团的审议意见进行修改，提出法律草案表决稿，由主席团提请大会全体会议表决，由全体代表的过半数通过"。根据我国《立法法》第 40 条的规定，提交全国人民代表大会常务委员会的法律草案，"法律草案修改稿经常务委员会会议审议，由法律委员会根据常务委员会组成人员的审议意见进行修改，提出法律草案表决稿，由委员长会议提请常务委员会全体会议表决，由常务委员会全体组成人员的过半数通过"。《宪法》的修改则由全国人民代表大会全体代表的 2/3 以上的多数通过。

4. 公布法律

公布法律是指立法机关或国家元首将已获得通过的法律以一定方式予以正式公布。公布法律是立法程序的终结，也是法律生效和实施的前提。法律的公布程序绝不是可有可无的。将法律公开而非秘而不宣是法治社会区别于专制社会的一个重要特征。

在我国，有关公布法律的规则和制度主要包括：(1) 公布法律的主体是国家主席。国家主席公布法律的权力是程序性权力，而非实体性权力。(2) 国家主席公布法律的方式是签署主席令。(3) 公布法律的时间虽然没有明文规定，但实践中一般是通过当日公布，或者通过几天内公布。(4) 公布法律的法定刊物。全国人民代表大会及其常务委员会通过的法律以《全国人民代表大会常务委员会公报》为公布的正式刊物；国务院通过的行政法规一般以《国务院公报》为公布的正式刊物。

三、立法技术

(一) 立法技术释义

从广义上讲，立法技术泛指立法过程中所形成的一切知识、经验、规则、方法和技巧等的总和。它包括：规定立法机关组织形式的规则，规定立法程序的规则，关于法的结构和形式、法的修改和废止的方法、法的问题、法的系统化方法等方面的规则。从狭义上讲，立法技术专指营造法的结构的技术。以上两种理解，前者将立法技术理解得太过宽泛，后者则将立法理解得太过狭隘。我们这里主要将立法技术理解为立法活动运筹技术和法的结构营造技术。

立法技术对于立法具有重要意义。首先，立法技术可以使立法者准确、有效地表达立法意志的内容，使立法的意志与法律规范之间尽量保持统一协调。其次，立法技术的进步、发展与完善并在立法中广泛运用，使立法对现代社会复杂的社会关系的规范化调整更加科学、合理，并实现立法调整的高效率。最后，科学的立法技术既有助于法律法规的内部协调，又有助于各法律部门之间的协调，从而实现法律体系的和谐与统一，在提高立法的质量与效率的同时，也有助于提高法律的实施效率。

立法技术按照不同的标准可以作出不同的分类。基本的分类有三种：其一，根据立法运用的具体程度分为宏观立法技术、中观立法技术、微观立法技术。宏观立法技术指立法的一般方法或原则；微观立法技术指立法活动过程中具体的操作技巧和方法；中观立法技术指具体程度介于宏观和微观之间的立法技术。其二，纵向立法技术和横向立法技术。纵向立法技术是指在立法这一活动过程中的各个阶段及每一阶段的具体步骤与环节上通常所采用的方法和技巧；横向立法技术即从平面角度来观察立法活动，其所运用的方法和技巧。其三，立法活动运筹技术和法的结构营造技术。立法活动运筹技术，主要指立法活动过程中如何安排、调度、筹划和控制有关事项的方法和操作技巧。其目的主要是帮助立法者科学地确定立法活动的方针和行动，正确地作出立法决策，如立法预测、立法规划等。法的结构营造技术，主要是法案起草技术，其内容通常包括：法的总体框架设计技术、法的基本品格设定技术、法的名称构造技术、法的规范构造技术、非规范性内容安排技术、具体结构技术、法的语言表述技术以及有关常用字、词的使用技术。① 下面我们将介绍一下立法预测、立法规划、法案起草和法的构造这四种立法技术。

1. 立法预测

立法预测是在过去立法的历史经验与教训的基础上，立足于现实的法律调整状况，从分析和考察一个国家的当前法律需求及其未来发展趋势入手，结合世界各国作为一个整体的全球化发展对法律的内在要求，而对本国立法的发展趋势和未来状况所进行的考量和测算。立法预测中所运用的各种方法和手段，即为立法预测技术。立法预测包括定性预测和定量预测。定性预测是指预测立法

---

① 参见周旺生：《立法学》，法律出版社 2009 年版，第 382—388 页。

主体应在哪些领域或方面制定、修改或废止法律。定量预测是指预测立法主体应当制定、修改或废止哪些法律、多少法律。立法预测作用包括：促进立法与社会发展相适应；增强立法的计划性和系统性；增进立法的科学性和合理性；保障法律的相对稳定性。[①]

2. 立法规划

立法规划是指享有立法权的机关根据既有法律、国家的方针和政策、国民经济和社会发展计划，在自己的职权范围内，为达到一定立法目的，按照一定原则和程序，在科学的立法预测的基础上，作出的具有规范性的实施立法项目及其措施、步骤等立法工作的计划、安排和部署。立法规划并不是完全意义上的法，它属于一种准法性质的规范性文件。制定立法规划的目的，就是要使立法工作有组织、有计划、有步骤地进行，增强立法工作的主动性、计划性和科学性。

3. 法案起草

法案起草是指有立法提案权的机关、组织和人员或受其委托的主体，按照法定的形式和程序，将应当以书面形式提议的法案形诸文字的活动。法案起草是立法过程中一个必经的、极为重要的阶段。法案起草直接表现立法者的立法目的，为社会成员提供行为规范。高质量的法案起草能够保障立法质量，并对后续的执法、司法和守法产生正面的影响。鉴于法案起草的重要性和技术性，许多法制较为健全的国家都设置了专门的法案起草机构。

4. 法的构造

法的构造是研究法律作为整体，在形式和内容上由哪些部分配合、协调而构成时所使用的概念。一般包括三部分内容：一是法的名称。一般来讲，法的名称的格式应当统一，不同效力层次的法的名称应当有所区别，法的名称应当简洁。二是法的内容。其中包括规范性内容和非规范性内容。规范性内容即通常所说的法律规范。非规范性内容即法中关于立法目的、依据和原则的说明，关于专门概念和术语的解释等内容。三是表现法的内容的符号。其中主要包括名称下方的括号、目录、总则、分则、附则，各部分的标题，序言，卷、编、章、节、条、款、项、目，有关人员的签署，附录和语言文字。这三个要件在法的构造技术中都必不可少，共同构成一个整体。

四、法典编纂

（一）法典编纂释义

法典编纂是一种立法活动运筹技术。从其功能看，法典编纂属于法的系统化技术。一国的法律往往包括了不同立法主体在不同时期所制定的具有不同效

[①] 参见黄文艺主编：《立法学》，高等教育出版社2008年版，第145页。

力等级和不同形式的规范性法律文件。在经过一段时间后,就会积累数量庞大的法律问题件,其中难免有些可能已经过时,有些则会相互矛盾和冲突,因此有必要对其加以系统化。规范性法律文件的系统化,是指由相关主体通过一定的方式对已经制定完成的规范性法律文件按照一定的原则和标准进行系统的整理、分类和加工,使之统一明确,有系统地排列的技术性活动。法的系统化技术包括法律清理技术、法规汇编技术和法典编纂技术。法律清理是指享有立法权的国家机关从体系和内容上对现行的规范性法律文件进行清理分析,以决定是否继续适用,是否需要修改、补充和废止的活动。法规汇编是指把现行的各种法律或法规,依照一定的次序或需要编排在一起,而不改变这些法律法规的内容,不制定新的法律规范的技术性活动。它不是国家的立法活动,而是立法、执法或司法的辅助性工作。

法典编纂是指对某一类的或某一法律部门的全部规范性法律问题件进行整理、审查、补充、修改,并在此基础上编制一部新的系统化法典。法典编纂的结果是一个新的立法文件,因此必须经过法定程序才能生效。经过法典编纂后所产生的新的法典,使得在不同时期和不同机关所颁布的法律、法规中各种具有不同法律效力的法律规范统一起来,从而具有新的统一的法律效力。所有同类的法律,如果其内容已被新的法典所吸收,或与新的法典相抵触,都自动失去法律效力。

(二) 法典编纂的意义

法典编纂的意义主要有如下几个方面:第一,法典编纂有助于实现法的科学化、系统化。法典编纂可以使人们发现现存法中的不科学、不合理之处,从而去改善它、消除它;可以促使解决现存法的零乱、混乱、不完整、留有空白等问题;可以将重复、庞杂的同类规范性法律文件综合为单一的、系统化的规范性法律文件。第二,法典编纂有助于促进法的体系的完善。一个法律部门经过编纂,有可能形成一个或若干个重要的法律,由它们作基础,该部门法会逐渐完善。各个部门法都有积极的法典编纂活动,整个法的体系就会日臻完善。第三,法典编纂有助于推动法制的统一。法典编纂通过对现存的同类法律的整理和系统化,通过改造现存同类法律、编纂新的统一的法律,可以消除原来法律与法律、部门法与部门法之间的矛盾、重复,从而促进国家法制的统一。第四,法典编纂有助于法的贯彻实行。法典编纂可以在改造现存法,消除现存法的矛盾、重复、庞杂和不完善之处的基础上,提供统一的、较完善的、调整某一方面社会关系的规范性文件,从而减少执行、司法、守法中的麻烦。

(三) 法典编纂的条件

法典编纂需要具备一定的条件才能进行。这些条件主要有:其一,在编纂法典之前,要有一定数量的、同类的规范性法律文件存在,并且这些规范性法律文件中的一些或一部分已不能适应发展了的社会情势和需要;其二,社会关系的发展需要用统一的法典对每个权利主体的行为进行规范和调节;其三,从事法典编纂工作的人员具有编纂法典所需要的基本立法技术;其四,要有编纂法典的法定职权或授权,且应有较为完善的不同于立法程序的法典编纂程序。①

第三节 立法体制

一、立法体制释义

立法体制主要是指关于立法权限划分的体系和制度。② 立法权限的划分就是有关的国家机关可否享有立法权以及如何分享立法权。它既包括中央和地方关于立法权限的划分,也包括中央各国家机关之间及地方各国家机关之间关于立法权限的划分。

一国的立法体制是直接由该国的国家形式决定的。国家形式包括国家管理形式和国家结构形式。所谓国家管理形式,即政体,指的是国家政权的组织形式。政体在形式上直接决定将立法权限划分给国家机构体系中的哪些机关。也就是说,政体决定横向立法权限的划分,即决定立法权限在立法、行政、司法三机关之间如何划分。所谓国家结构形式,指的是国家的整体和其组成部分之间的相互关系以及划分行政区划的问题。国家结构形式直接决定哪些立法权限属于中央,哪些立法权限属于地方。也就是说,国家结构形式决定纵向立法权限的划分,即决定在中央政权和地方政权之间立法权限如何划分。当然,立法体制还受到一国的历史传统因素、地理环境因素、民族因素和宗教因素的影响。

二、国外主要的立法体制

纵观当今世界的立法体制,主要有单一的立法体制、复合的立法体制、制衡的立法体制。

(一) 单一的立法体制

单一的立法体制是指立法权由一个政权机关甚至一个人行使的立法体制。它包括单一的一级立法体制和单一的两极立法体制。单一的一级立法体制是指立法权由中央一级的一个而非几个政权机关行使。实行这种立法体制的国家比较多,如英国、新西兰、保加利亚等。单一的两极立法体制是指中央和地方两极立法权各自由一个而不是由两个或几个机关行使。实行这种立法体制的国家,主要是实行共和政体的一些联邦制国家(也有少数单一制国家)。属于两极立

---

① 参见张文显主编:《法理学》,法律出版社 2007 年版,第 226 页。
② 除此之外,立法体制还包括立法权的运行体系和制度、立法权的载体体系和制度这两部分。

法体制的国家有意大利、西班牙、意大利等。

(二) 复合的立法体制

复合的立法体制是指立法权由两个或两个以上的政权机关共同行使的立法体制。实行这种立法体制的国家一般是单一制国家。由于这些国家的立法权由两个或两个以上的中央政权机关行使，它们的立法体制实际上是复合的一级立法体制。在这些国家中，根据立法权归属的具体机关不同，又分为两种：有的国家，立法权由议会和总统共同行使，如冰岛、芬兰；有的国家，立法权由君主和议会共同行使，如比利时、丹麦等。

(三) 制衡的立法体制

制衡的立法体制是建立在立法、行政、司法三权既相互独立又相互制约的原则基础上的立法体制。实行制衡体制的国家，立法职能原则上属于议会，但行政首脑（如作为国家元首的总统）有权对议会的立法活动施以重大影响，甚至直接参加立法活动。例如，总统有权批准或颁布法律，有权要求将法律草案提交公民投票，有权要求议会对某项法律重新审议，甚至有权否决议会立法或解散议会。制衡体制中总统对立法的作用，远远大于其他立法体制中总统对立法的作用。他们在立法中的权力来源于宪法或宪政制度，不属于议会立法权的范畴。在许多实行制衡的立法体制的国家，司法机关也对立法起制衡作用，这些国家的宪法法院或高级法院有权通过审判，宣布议会某一立法或某一法律条文违反宪法因而无效。采用这种立法体制的国家有美国、法国、奥地利等。

三、当代中国的立法体制

(一) 中国现行立法体制的特点

同当今世界普遍存在的单一的、复合的、制衡的立法体制相比，中国现行立法体制独具特色：首先，在中国，立法权不是由一个政权机关甚至一个人行使的，因而不属于单一的立法体制。其次，在中国，立法权由两个以上的政权机关行使。这是指，中国存在多种立法权，如国家立法权、行政法规立法权、地方性法规立法权，它们分别由不同的政权机关行使，而不是指同一种立法权由几个政权机关行使，因此中国也不属于复合的立法体制。再次，中国现行立法体制也不是制衡的立法体制，不是建立在立法、行政、司法诸权力既相互分立又相互制约的原则基础上。中国现行立法体制是"一元、两级、多层次"的立法体制。

1. 所谓"一元"，是指中国的立法体制是一体化的、统一的。全国人民代表大会及其常务委员会作为国家的立法机关行使国家立法权。任何其他国家机关不仅无权行使国家立法权，而且要受制于国家立法权。

2. 所谓"两级"，是指中国的立法体制分为中央立法和地方立法两个立法权等级。中央立法在整个立法体制中处于主导地位，而地方立法则处于辅助地位，起着执行和补充中央立法的作用。地方立法权不能独立于中央立法权。虽然特别行政区保留原有的社会制度和法律制度,因而其立法权具有相对的独立性和完整性,但它们仍属于地方立法权,并在特定范围内受到国家立法权的制约。

3. 所谓"多层次",是指中央立法和地方立法可分为若干层次。中央立法包括全国人民代表大会、全国人民代表大会常务委员会、国务院、中央军事委员会等各个层次;地方立法包括省级人民代表大会及其常务委员会、省级人民政府、较大的市(包括省、自治区人民政府所在地的市,经济特区所在地的市以及经国务院批准的较大的市)的人民代表大会及其常务委员会和人民政府等各个层次。这些不同级别的立法并存于中国现行立法权限划分体制中。

(二) 中国现行立法权的配置结构

1. 全国人民代表大会和全国人民代表大会常务委员会行使国家立法权。全国人民代表大会制定和修改刑事、民事和其他的基本法律。全国人民代表大会常务委员会制定和修改除应当由全国人民代表大会制定的法律以外的其他法律;在全国人民代表大会闭会期间,对全国人民代表大会制定的法律进行部分补充和修改,但是不得同该法律的基本原则相抵触。

2. 国务院根据宪法和法律制定行政法规。国务院各部、委员会、中国人民银行、审计署和具有行政管理职能的直属机构,可以根据法律和国务院的行政法规、决定、命令,在本部门的权限范围内制定部门规章。

3. 中央军事委员会根据宪法和法律制定军事法规。中央军事委员会各总部、军兵种、军区可以根据法律和中央军事委员会的军事法规、决定、命令,在其权限范围内,制定军事规章。

4. 省、自治区、直辖市的人民代表大会及其常务委员会根据本行政区域的具体情况和实际需要,在不同宪法、法律、行政法规相抵触的前提下,可以制定地方性法规。较大的市(包括省、自治区人民政府所在地的市,经济特区所在地的市以及经国务院批准的较大的市)的人民代表大会及其常务委员会根据本市的具体情况和实际需要,在不同宪法、法律、行政法规和本省、自治区的地方性法规相抵触的前提下,可以制定地方性法规,报省、自治区的人民代表大会常务委员会批准后施行。

5. 经济特区所在地的省、市的人民代表大会及其常务委员会根据全国人民代表大会的授权决定制定经济特区法规,在经济特区范围内实施。由于经济特区是根据授权法的规定制定的,所以它的法律地位和效力不同于一般地方性法规或一般的地方政府规章。

6. 民族自治地方的人民代表大会有权依照当地民族的政治、经济和文化的特点制定自治条例和单行条例。自治区的自治条例和单行条例,报全国人民代表大会常务委员会批准后生效。自治州、自治县的自治条例和单行条例,报省、自治区、直辖市的人民代表大会常务委员会批准后生效。自治条例和单行条例可以根据当地民族的特点,对法律和行政法规的规定作出变通规定,但不得违背法律或者行政法规的基本原则,不得对宪法和民族区域自治法的规定以及其他有关法律、行政法规专门就民族自治地方所作的规定作出变通规定。

7. 省、自治区、直辖市的人民政府和较大的市的人民政府,可以根据法律、行政法规和本省、自治区、直辖市的地方性法规制定规章。

8. 特别行政区的立法机关在不同中华人民共和国特别行政区基本法相抵触的前提下,行使特别行政区的立法权。这种立法权相对于其他地方立法权具有特殊性。特别行政区的立法须报全国人民代表大会常务委员会备案,备案不影响该法的生效。特别行政区立法在目前仅指香港特别行政区立法和澳门特别行政区立法。由于特别行政区基本法是根据宪法由全国人民代表大会制定的,因此特别行政区的立法也应属我国现行立法体制的范畴。

问题与思考

1. 分析"引读案例"所体现的立法原则、立法程序和立法技术。
2. 试述立法工作中应遵循的基本原则。
3. 什么是立法技术？立法中经常采用的立法技术有哪些？
4. 分析法典编纂的含义、意义和条件。
5. 试述当代中国立法体制的特点与配置结构。

参考文献

1. 周旺生:《立法学》,法律出版社2009年版。
2. 江国华:《立法:理想与变革》,山东人民出版社2007年版。
3. 李林:《立法理论与制度》,中国法制出版社2005年版。
4. 周旺生主编:《立法研究》第1至6卷,法律出版社2000、2001、2002、2004、2005、2007年版。
5. 李步云、汪永清主编:《中国立法的基本理论和制度》,中国法制出版社1998年。

第十四章 法律实施

【引读案例】

2001年毕业于武汉科技学院艺术设计专业的孙志刚,于2003年来到广州,应聘于一家服装公司。2003年3月17日晚10点,孙志刚在前往网吧的路上,因未携带任何证件被天河区黄村街派出所民警李耀辉带回派出所。孙被带回后,辩解自己有正当职业、固定住所和身份证,并打电话叫朋友把他的身份证带到派出所来,但李耀辉不理睬孙的说法,不同意孙的朋友"保领"孙志刚,也没有将情况向派出所值班领导报告,导致孙被错误地作为拟收容人员送至广州市收容遣送中转站。3月18日晚10时许,孙志刚自报有心脏病,被送至广州市收容人员救治站。19日晚,被安置在该站一区201室的孙志刚向被收容救治人员的亲属喊叫求助,引起救治站护工乔燕琴的不满。乔燕琴将孙志刚调至206室,并到206室窗边指使被收治在该室的李海婴等人殴打孙。20日上午10时许,孙志刚被发现昏迷不醒,后被送至该救治站医疗室抢救,经抢救无效死亡。

2003年6月9日,广州市中级人民法院作出一审判决,以故意伤害罪判处乔燕琴死刑;判处李海婴死刑,缓期两年执行;另有10名责任人分别被判刑。同日,孙志刚案涉及的李耀辉等6人,以玩忽职守罪,被广州市天河区人民法院和白云区人民法院分别判处有期徒刑2至3年。6月27日,广东省高院对孙志刚案作出终审裁定,依法驳回乔海燕、李海婴等12名被告人上诉,维持原判。同日,广州市中级人民法院对孙志刚案涉及的李耀辉等5名提起上诉的渎职犯罪被告人作出终审裁定,依法驳回上诉,维持原判。

孙志刚案经媒体报道后,引起人们对收容遣送制度的反思。2003年5月14日,三位法学博士以公民个人的身份向全国人大常委会递交审查《城市流浪乞讨人员收容遣送办法》的建议书,认为该办法中限制公民人身自由的规定,与宪法和有关法律相抵触,应予以撤销。6月20日,国务院公布《城市生活无着的流浪乞讨人员救助管理办法》,该办法自2003年8月1日实施,1982年5月12日国务院发布的《城市流浪乞讨人员收容遣送办法》随之废止。

第一节 法律实施概述

一、法律实施的概念

法律实施是指法律在社会生活中得到贯彻施行的过程和活动。法律实施是法律运行中的重要环节,主要有四种方式,即法律执行(执法)、法律适用(司法)、法律遵守(守法)和法律监督。法律实施的过程,就是法律内容的实现过程,也就是将文字中的"法律"转变成行动中的"法律",将抽象的法条运用于具体的事实,将规范上的"应然"转化成现实中的"实然"的过程。

法律运行包括法律制定和法律实施两个层次。通过立法过程产生的法律,具有普遍性和抽象性,且难免会有法律漏洞,因此,将法律运用于具体事实的过程,往往不是一种简单的机械活动,而是一种与自由裁量相伴随的活动,需要实施主体发挥能动作用。当然,自由裁量不同于主观擅断,它仍然是一种受到许多因素制约的活动,这些因素包括法律标准、法律原则、法律程序、法律制度、法律职业共同体等。

二、法律实施与法律实效

2011年3月,全国人大常委会的工作报告宣布:"中国特色社会主义法律体系已经形成"。截至2012年3月,除宪法外,我国共制定现行有效法律240多件、行政法规700多件、地方性法规8800多件。[①] 这表明我国立法工作取得了巨大的成就,我国基本解决了有法可依的问题。然而,现实中"有法不依、执法不严、违法不究"的现象并不少见。这就涉及法律实效的问题。所谓法律实效,是指法律在社会生活中被执行、适用和遵守的实际状况。它描述的是法律在实际生活中的实然状态,即法律在多大程度上为行政人员所执行,为司法人员所适用,为普通公民所遵守。法律实效不同于法律效力。法律效力表示法律自身的存在及其约束力,属于"应然"的范畴;法律实效表示法律在实际生活中的状况,属于"实然"的范畴。

法律实施与法律实效是两个既有联系又有区别的概念。法律实施描述的是法律在社会生活中怎样被贯彻和施行,强调的是法律内容实现的过程和活动。法律实效描述的是法律在社会生活中多大程度上被贯彻和施行,强调的是法律内容实现的状态和程度。二者的联系表现为:一方面,法律实效以法律实施为前提条件,只有先存在法律实施的行为,存在将法律贯彻于现实生活中的活动,才

---

① 参见刘作翔主编:《法律实施的理论与实践研究》,社会科学文献出版社2012年版,第3页。

可能产生法律内容实现的某种状态;另一方面,法律实施以产生法律实效为目标,只有当法律作用于社会,发挥实际效果,才能表明法律得到了实施。如果法律仅仅停留在文本中,实际生活中没有得到贯彻和施行,那么,法律就没有实效,法律的权威就没有真正确立起来。因此,法律实施是法律产生实效的手段,法律实效是法律得到实施的结果。

三、法律实施与法律实现

法律实施的最终目的是法律的实现,即通过法律作用的发挥,将法律规范所包含的权利义务内容及其所反映的目的、价值和理想付诸现实。法律作用得到发挥,意味着法律具有实效。这归根结底依赖于法律实施。立法是人类有目的性的活动。在一定价值目标和理想的指引下,立法者试图通过法律规范人们的行为,进而调整社会关系。法律一旦被制定出来,就被期望得到实施。在法律的运作过程中,法律制定是前提,法律实施是手段,法律实现是目标。就法律实现与法律实效的关系而言,法律实效是前提,而法律实现是结果。

在我国法律体系已经基本建成,但法律实效仍然不彰的现实下,法治建设的重心势必将转移到法律实施上。如何使已经制定的法律得到有效实施,使人们做到"有法必依、执法必严、违法必究",使法律的作用得以发挥,使法律的权利义务内容以及背后的价值和理想得到实现,成为当前法理学研究的一项重要课题。

第二节 执 法

一、执法的概念和特征

(一)执法的概念

执法是法律执行的简称。执法有广义和狭义两种含义。广义的执法是指一切国家机关贯彻和实施法律的活动,主要指行政机关、司法机关及其公职人员,按照法定职权和程序,贯彻和实施法律的活动。这种意义上的执法,既包括行政机关的执法活动,也包括司法机关的司法活动。各级人大常委会进行的"执法检查"活动,也是在广义上理解和运用执法的概念。狭义的执法仅指行政机关及其公职人员,按照法定职权和程序,贯彻和实施法律的活动。本章在狭义上使用执法这一概念,即指行政执法。在宽泛的意义上,行政执法,也包括行政机关制定具有普遍约束力的规范性文件的行政立法活动。本章在严格意义上使用行政执法这一概念,而将行政立法活动排除在外。因此,本章所谓的执法,主要指行政机关及其公职人员,按照法定职权和程序,运用法律处理具体问题的法律实施活动。

执法作为国家行政机关的独立职能,是近代民主政治的产物。在古代社会,国家并没有立法权、行政权和司法权三种权力的划分。君主往往独揽大权,立法权、行政权和司法权集于一身。君主言出法随,一言可以立法,一言也可以废法。执法职能并没有从国家权力体系中分离出来。国家三种权力分立的思想主要源自英国的洛克和法国的孟德斯鸠。近代宪政体制确立后,行政执法权才从制度上成为国家权力体系中的一个独立部分。

在现代国家,行政权与司法权相比,其行使权力的机构更为庞大,涉及领域更为复杂,影响更为广泛。从运用法律处理具体问题的数量上看,行政机关显然远远超过了司法机关,这是由执法区别于司法的特征所决定的。因此,就我国法律实施而言,不能简单地说要从"立法中心主义"转向"司法中心主义"。与司法相比,执法在法律实施中并非处于次要地位。

(二) 执法的特征

执法作为法律实施的特殊形式,是行政机关最主要的行为,它有别于法律实施的其他形式,具有下列特征:

1. 执法主体的特定性

执法主体必须是行政机关及其公职人员或依法被授权或受委托的社会组织及其工作人员。在我国,执法主体可以分为三类:第一类是中央和地方各级政府,包括国务院和地方各级人民政府;第二类是各级政府中的职能部门,如公安行政部门、工商行政部门、教育行政部门;第三类是经法律授权或受行政机关委托的社会组织,如企事业单位、社会团体。可见,执法主体既具有广泛性,又具有严格的法定性。广泛性是相较于司法主体而言的,执法主体可基于委托产生,司法主体不可以。法定性是指除法律规定、依法授权或合法委托外,其他任何途径都不能产生合法的执法主体。

2. 执法内容的广泛性

执法是行政机关代表国家对社会实行全方位的组织和管理的活动。它涉及的社会生活领域十分广泛,内容纷繁复杂。在我国,执法活动领域已不限于公安、工商、税收和海关管理等方面,而是扩展到政治、经济、外交、国防、财政、科学、文化、教育、体育、卫生、社会福利、公用事业等社会生活的各个方面。在这些广泛的社会领域内发生的社会关系均需要通过行政执法活动加以调整。随着现代社会生活变得越来越复杂,执法范围日益扩大,行政机构编制越来越庞大,行政部门也越来越多,执法内容的广泛性特征越来越突出。

3. 执法活动的主动性和单方性

行政机关在执法活动中一般处于积极主动而不是消极被动的状态,这是执法权不同于司法权的典型特征。对社会依法进行全面组织和管理,既是行政机关的权力,也是行政机关的职责。履行该职责,靠消极被动的执法是不行的。大量的执法行为不需要相对人的请求和同意,仅以行政机关单方面的决定就可以成立,否则就是执法主体的失职。如行政机关依法要求企业加强安全生产,依法要求某些单位或个人纳税,命令司机或行人遵守交通规则。因此,行政机关在进行社会管理时,应当积极主动地执行法律、履行职责,应当提高效率,主动及时解决纠纷,维护社会秩序。

所谓执法活动的单方性,是指在行政法律关系中,行政机关虽是关系的一方,但又是执法者,在这种关系中处于积极主动甚至支配的地位,其单方面的意志和行为对这种法律关系具有决定性的意义。因此,执法活动与以第三方身份居间裁判的司法机关的活动截然不同。

4. 执法活动的灵活性

执法活动涉及的社会关系纷繁复杂,且处在不断变化之中,为了适应这种状况,执法活动必须具有较大的灵活性,以满足社会对执法活动的要求。行政机关在执法过程中的自由裁量权就是执法活动灵活性的体现。行政机关在法律规定的范围内,基于合理性原则,享有较大的选择和判断的权力。比如,交通警察为了及时救治即将临产的孕妇,利用紧急避险原则,不严格执行一般的交通规则,给救助的司机开辟特殊的行车通道,从而有效保护了妇女的生命权和胎儿的利益。自由裁量权给行政机关快捷、有效地执法创造了条件,但也要防止自由裁量权的滥用。我们既要赋予行政机关充分的执法权,加强执法力度;又要求行政机关依法合理地行使执法权,防止执法权的滥用。

5. 执法活动的国家强制性

为了使行政机关有效地管理社会、调整社会关系,执法活动直接以国家强制力为后盾。这种国家强制力是指行政机关代表国家为了维护社会公众的利益而强制他人服从的力量。这种强制力也是执行权的一部分,体现在由于行使执法权而产生的行政命令、行政决定等,行政相对方有必须服从的义务,如果行政相对方不服从,行政机关可以采取行政强制措施来迫使行政相对方履行义务。行政机关的执法行为具有的国家强制性是直接的,而普通公民的守法行为并不具有这种直接的强制力。

二、执法的体系和种类

(一) 执法体系

执法体系是指具有不同职权的行政机关或行政机关授权的执法组织,为执行法律而构成的相互配合、相互分工的有机联系的系统。研究执法体系的意义在于区分不同行政机关执法职权的范围,了解不同执法主体的执法活动的地位与效力。在执法体系中,有的执法主体存在着上下级的纵向层次的划分,有的执法主体存在着并列地位的横向层次的划分，不同层次的执法主体和行使不同职能的执法部门各得其位，各司其职，共同行使对社会的行政管理职能。根据执法主体的类别划分，我国执法体系可分为以下几部分：

1. 人民政府的执法

国务院即中央人民政府，是最高国家行政机关，享有管理全国行政事务职权，在我国执法体系中处于最高地位。根据宪法规定，国务院除享有制定行政法规的行政立法权之外，还享有如下较为具体的执法权：(1) 统一领导各部和各委员会的工作，并且领导不属于各部和各委员会的全国性的行政工作；(2) 统一领导全国地方各级国家行政机关的工作，规定中央和省、自治区、直辖市的国家行政机关的职权的具体划分；(3) 编制和执行国民经济和社会发展计划和国家预算；(4) 领导和管理经济工作和城乡建设；(5) 领导和管理教育、科学、文化、卫生、体育和计划生育工作；(6) 领导和管理民政、公安、司法行政和监察等工作；(7) 管理对外事务，同外国缔结条约和协定；(8) 领导和管理国防建设事业；(9) 领导和管理民族事务；(10) 批准省、自治区、直辖市的区域划分，批准自治州、县、自治县、市的建置和区域划分；(11) 依照法律规定决定省、自治区、直辖市的范围内部分地区进入紧急状态；(12) 依照法律规定任免、培训、考核和奖惩行政人员等。

地方各级人民政府是国务院统一领导下的国家行政机关，也是地方各级国家权力机关的执行机关。在我国，地方人民政府一般分为四级：省、自治区、直辖市人民政府；自治州、设区的市人民政府；县、自治县、县级市人民政府；乡、民族乡、镇人民政府。《宪法》第107条规定，"县级以上地方各级人民政府依照法律规定的权限，管理本行政区域内的经济、教育、科学、文化、卫生、体育事业、城乡建设事业和财政、民政、公安、民族事务、司法行政、监察、计划生育等行政工作，发布决定和命令，任免、培训、考核和奖惩行政工作人员。乡、民族乡、镇的人民政府执行本级人民代表大会的决议和上级国家行政机关的决定和命令，管理本行政区域内的行政工作。省、直辖市的人民政府决定乡、民族乡、镇的建置和区域划分。"

2. 政府职能部门的执法

政府职能部门是指各级人民政府中享有执法权的下属机构——行政部门，既包括中央人民政府下属的行政部门，也包括地方各级人民政府下属的行政部门。根据法律规定，可以成为执法主体的行政部门主要有：工商、税务、物价、金融、公安、铁路、民航、海关、交通、林业、农业、外汇管理、城建、土地管理、房屋管理、技术监督、医疗卫生、烟草专管、劳动安全、环境保护、商标、专利、人事、教育、文化、新闻、广电、统计，等等。这些部门按照法律规定，在自己的职权范围内行使执法权。政府职能部门的执法活动对社会生活的影响最直接也最具体，比如，公安局对公民所作的治安管理处罚、专利局对专利权的授予,都直接涉及公民、法人和其他组织的具体权利义务。因此,规范政府职能部门的执法活动,应该是执法研究最核心的内容。

3. 法律授权的社会组织的执法

行政机关以外的社会组织,经法律授权而具有管理社会公共事务职能的,也可以成为执法主体,在法定授权的范围内享有执法权。授予某些社会组织特定的执法权,主要是为了满足社会公共事务管理的需要,同时也是为了发挥社会组织的专业优势,减轻行政机关的工作负担。与行政机关的执法相比,法律授权的社会组织的执法具有以下两个特点:第一,被授权组织的执法权是特定的行政职权,而非一般行政职权;第二,只有经过具体的法律和法规的特别授权,被授权组织才可以在被授权范围内以自己的名义行使执法权,在从事其他活动时,不具有行政主体地位,只是普通的组织。

我国目前法律和法规授权的社会组织的执法主要有以下几类:

(1) 社会团体的执法。社会团体本身不是执法主体,但法律可以赋予其某些特定的执法权。例如,中国足协是一个行业协会性质的社会团体,它可以对行业内部事务依法进行管理,并对违反行业规则的行为加以处罚。

(2) 企事业组织的执法。有的企事业组织由于经营或管理的是社会公共事务,法律也授予其一定的行政执法权。例如,商业银行作为金融企业法人,可以对违反银行结算制度和货币管理规则的行为人进行处罚;城市公共交通企业可以对违反公共交通客运规则的行为人进行处罚。

(3) 技术检验、鉴定机构的执法。法律规定技术检验、鉴定机构在技术检验、鉴定事务方面行使一定的执法权。例如,《计量法》规定,县级以上人民政府计量行政部门可根据需要设置计量检定机构,或授权其他单位的计量检定机构,执行法律规定的强制鉴定和其他检定、测试任务。

(二) 执法种类

根据执法行为的性质和内容的不同,可以把执法分为如下几种类型:

1. 行政监督

行政监督是指国家行政机关依照法定的权限、程序和方式,对行政机关本身以及对社会组织、企事业单位和公民个人,就其是否严格遵守和执行国家法律法规以及行政机关的决议和命令所进行的监督。行政监督有两种:一是行政机关内部上下级之间以及专设的行政监察、审计机关对行政机关及其公务人员的监督;二是行政机关对有义务遵守和执行有关行政法律法规、行政决定和命令的组织和个人实施察看、了解和掌握其义务履行情况,督促其履行义务的执法行为。

2. 行政处理

行政处理是行政主体为实现法律和法规所确定的行政管理目标和任务,依法处理涉及行政相对人某种权益的事项的执法行为。行政处理包括行政许可、行政征收、行政给付、行政确认、行政处罚等,是一种内容最广泛、形式最多样的执法。

(1) 行政许可。行政许可是指行政机关应行政相对人申请,经依法审查,准予其从事特定活动、认可其资格资质或者确立其特定主体资格的执法行为。行政许可是一种采用颁发许可证、执照等形式的要式行政行为。

(2) 行政征收。行政征收是指行政主体根据国家和社会公共利益的需要,依法向行政相对人征收税款、征集兵役、征用财产等执法行为。行政征收的目的必须是实现公共利益。

(3) 行政给付。行政给付是指行政主体在特定情况下,依法向符合条件的申请人提供物质利益或赋予其与物质利益有关的权益的执法行为。行政给付的类型主要有:抚恤金、社会救济、福利金、最低生活保障、自然灾害救济金等。

(4) 行政确认。行政确认是指行政机关和法律授权的组织,依照法定权限和程序对有关法律事实进行甄别,通过确定、证明等方式确定相对人某种法律地位的执法行为,如道路交通事故责任认定、医疗事故责任认定、伤残等级的确定和产品质量的确认。

(5) 行政处罚。行政处罚是指行政机关依法对违反行政法实施了某种违法行为、尚未构成犯罪的行政相对人处以制裁措施的执法行为。行政处罚的类型主要有:警告、罚款、没收违法所得和非法财物、责令停产停业、暂扣或者吊销许可证和执照、行政拘留等。

3. 行政强制

行政强制是指行政机关对行政相对人课以义务后,行政相对人逾期不起诉又不履行义务或行政相对人不主动履行法定义务而依法采取强制措施,迫使其履行相应义务的执法行为。按照我国《行政强制法》的规定,行政强制包括两类,一类是行政强制措施,一类是行政强制执行。行政强制措施,是指行政机关在行政管理过程中,为制止违法行为、防止证据损毁、避免危害发生、控制危险扩大等情形,依法对公民的人身自由实施暂时性限制,或者对公民、法人或者其他组织的财物实施暂时性控制的行为。行政强制执行,是指行政机关或者行政机关申请人民法院,对不履行行政决定的公民、法人或者其他组织,依法强制履行义务的行为。

4. 行政复议

行政复议是指当事人对行政机关的行政处理决定有不同意见,而向行政机关提出要求重新处理,行政机关对先前的处理决定进行复审的一种制度。这是公民、法人或其他组织通过行政救济途径解决行政争议的一种方法。

5. 行政裁决

行政裁决是指行政机关根据法律授权,主持解决当事人之间发生的与行政管理事项密切相关的特定的民事纠纷的活动。行政裁决是一种行政行为,不同于司法机关或社会团体解决纠纷所作的司法裁决和民间仲裁。

6. 行政调解

行政调解是指国家行政机关依照法律规定,在其行使行政管理的职权范围内,对特定的民事纠纷及轻微刑事案件进行的调解。与法院调解相比,行政调解同人民调解一样,属于诉讼外调解,所达成的协议不具有法律上强制执行的效力,但对当事人应具有约束力。

三、执法的基本原则

执法的基本原则是指行政机关及其工作人员在执法活动中应遵循的、贯穿于整个执法过程中的、对执法起着指导作用的基本方针与核心准则。

(一)合法性原则

执法的合法性原则,又称为依法行政原则,是指行政机关的一切执法活动必须以法律为依据,严格按照法定权限和法定程序行使执法权。违法的行政机关和责任人员必须承担相应的法律责任。这是法治原则在执法活动中的具体体现。行政权具有强制他人服从、支配他人的性质。它对权力主体具有一定的腐蚀作用。贯彻依法行政原则可以防止行政机关滥用权力,克服执法活动容易产生的任意性和偶然性,保护公民、法人和其他社会组织的合法权益,保证国家稳定和社会发展。依法行政原则具体包括以下几方面:

1. 执法权必须要有法律依据

未经法律授权,行政机关不得行使执法权。对于可能影响公民、法人和其他组织合法权益的权力,更要有法律明确规定,没有法律授权,行政机关不得剥夺或限制公民的权利,也不能为公民增设义务。行政机关的执法活动与公民、法人的活动的最大区别在于:对于公民、法人而言,在未违反法律的情况下,可以从事一切活动,而不需要法律的特别授权,即"法不禁止即可为"。对于行政执法而言,只有在法律授权的情况下,行政机关才能从事执法活动,它要求各项执法活动都必须有法律依据,依据法律为之。法律没有授权的,行政机关就不可为,即"法无授权即禁止"。对执法机关和公民、法人有不同的要求,是基于限制行政权力、保障公民自由的价值立场。

2. 执法权的行使必须在法定权限范围内

执法权的界限范围是由法律设定的。行政机关在行使执法权时不得超越法定界限,否则就构成越权。越权行政属于违法行政行为。实践中对执法权的权限划分是多种多样的,可以是地区性的,也可以是时间上的,还可以是主体对象方面的。例如,公安行政执法权的范围是维护社会秩序,打击各类违法犯罪活动,保持社会稳定;工商行政执法权的范围是维护市场经济的秩序,建立公平的市场竞争的机制,制止不正当的市场竞争行为,保护市场主体的合法经营活动。此类执法权限的划分既是行政机关的职能分工,也是对行政机关执法权的限制。

3. 执法权的行使必须符合法定程序

执法活动往往要经过一定的步骤和过程。为保证执法的正确和有效,就要用法律设定与执法活动相适应的程序规则。执法活动符合法定程序,是依法行政的必然要求。执法权的行使虽未超越权限范围,但若未遵循法定程序,那也是一种违法行为。现代行政法越来越强调程序的作用,这主要是为了控制执法过程中的自由裁量。[①] 执法活动所应遵循的程序规则主要包括:(1)执法者不能成为处理涉及自身利益纠纷的裁决者;(2)裁决纠纷不能显失公平,应给予双方当事人同等的辩论权利;(3)执法者在作不利于当事人的行政决定前,应事先通知当事人并给予听证的机会。

(二) 合理性原则

执法的合理性原则,是指行政机关在执法活动中,特别是在行使自由裁量权时,必须客观、适度,在法律规定的范围内体现公平正义的要求。执法行为除了必须满足合法性的要求外,还必须满足合理性的要求,即执法行为不但要符合法律文字上的规定,而且要符合法律的精神和目的,符合社会生活常理的要求,在执法过程中实现法律与理性的统一。

法律实施必定与自由裁量相伴而随。相对于其他国家权力,执法权的运用可能带有更多的自由裁量。因为法律规定不一定尽善尽美,执法者面对的社会事务是全方位的,且纷繁复杂、变动不居,执法者需要站在社会生活的最前沿,尽快解决日新月异的社会生活所提出的各种问题。合理性原则很大程度上就是针对执法者的自由裁量权提出的。执法中的自由裁量权,是指执法者在法律条文无明确、具体规定的情况下,有权自行确定适当范围,或选择适当的方式和手段来执行法律。执法中的自由裁量权是以法律规定为前提的,执法者不能任意扩大自由裁量权的范围。自由裁量的执法行为不但要受法律的约束,同时也要符合合理性的要求,不能与社会中大多数人的公平正义观念相违背。执法的合理性原则包括以下几方面内容:

1. 执法行为必须符合法律的精神和目的

执法权的设置是为了实现社会管理和维护公共秩序。执法权的行使也要考虑法律的精神和目的。从事任何执法行为首先要考虑法律对该行为的要求是什么。法律赋予行政机关一定的自由裁量权,其目的是使执法者能更好地实现立

[①] 参见孙笑侠:《法律对行政的控制》,山东人民出版社1999年版,第186页。

法者的根本意图。凡是不符合法律目的和宗旨的行为,或违反立法者根本意图的行为,都是与合理性原则相悖的。

2. 执法行为必须有合理的动机

执法的动机必须正当,不得违背公共利益、社会公平的观念和法律精神。所谓正当的动机是指在作出某一执法行为时,其最初的出发点和动机起因不得违背法律的基本精神和社会公平观念。动机正当要求执法活动必须出于保护公共利益的动机,不得存有偏见、歧视,应平等对待所有的行政相对方。执法者也不得以执法名义,把自己部门和小团体的私利和偏见强加于公民、法人和其他社会组织。动机不良的执法行为是违背合理性原则的。

3. 执法行为必须建立在正当的考虑基础上

每一项行政执法行为都会涉及许多相关因素。执法的合理性原则要求执法机关在执法过程中,应全面考虑到行为所涉及或影响到的各种相关因素,反复斟酌、选择;尤其要考虑与执法行为有关的正当因素,而不应考虑与执法行为无关的因素,使执法行为有充分、合理的依据。

4. 执法的过程和结果必须公正

实现执法合理的前提是做到执法公正,一般而言,凡是公正的执法行为也是合理的,反之,不公正的执法行为也缺乏合理的基础。执法公正的标准主要有:(1)平等原则。在行政相对方的基本条件、基本情况相同的前提下,执法者应给予相同的对待,而不应该区别对待,存在偏见与歧视。(2)比例原则。执法的处理结果要与相对方的行为性质相适应,如行政处罚方式的选择必须与行政相对方的行为结果及危害性成比例。(3)一致原则。在同样的情况下,先前的执法行为和以后的执法行为存在连续一致性。

(三)效率性原则

执法的效率性原则是指执法主体在遵循合法性与合理性原则的前提下,应以"低成本,高产出""低投入,高收益"为原则执行法律。也就是说,执法既要合法、合理,又要迅速、高效。与司法相比,执法尤其强调效率。因为司法作为一种判断活动,贵在准确和公正,而执法作为一种管理活动,贵在快速和有效。我国的执法工作可以说应以经济建设为中心,为经济发展保驾护航,但是,对我国的司法工作,不能简单地这样要求,因为执法和司法各自的功能和目标有所不同。当然,执法的效率性原则,必须以执法的合法性与合理性原则为前提,一味追求效率而无视依法行政、执法合理,这样的效率不是现代法治所要求的效率。

为了提高执法效率,实现执法的程序化是必要的要求。首先,法律对每一项执法活动的各个环节都应规定严格的时间要求,这样可以防止出现敷衍拖拉、相互推诿的无效率行为。其次,要使执法程序尽量简便易行,把执法步骤简化到最低限度。这样可以节约执法的人力、财力、物力和时间。再次,设定执法程序时要全面分析该程序耗用的资源与成本,要符合经济效益原则,避免发生执法效率低下但执法成本昂贵的情况。最后,执法程序各环节应规范有序,使执法顺序的各个步骤依一定次序前后衔接,正常有序。

第三节 司　　法

一、司法的概念和特征

（一）司法的概念

今日,汉语"司法"一词,使用得越来越多,不过,常有不同所指。最狭义的司法概念,仅指法院的审判活动。较广义些的司法概念,则指审判活动和检察活动。最广义的司法概念,还包括侦查、司法行政、法律服务、公证、仲裁、司法鉴定、调解等活动。

古时,"司法"一词是官名,如唐代的州、县分设"司法参军""司法",意指掌管刑法的官吏。清末以来,西学东渐,在三权分立思想的影响下,司法渐成为与立法、行政相并立的一个概念,法院的审判活动成为司法的核心含义。南京国民政府时期,按照孙中山的政制设计,实行"五权分立",即立法、行政、司法、考试、监察五权分立,不过,司法概念仍以审判为核心。新中国成立后,我国的政权组织形式没有采行分权体制,而是实行人民代表大会制度,由此,作为一种分立的国家权力的司法概念趋于衰落。

1949年以后,我国颁布过四部《宪法》,前三部《宪法》都没有使用"司法""司法权""司法制度"等概念,1982年颁行的现行《宪法》,在两处使用了"司法行政"概念,用以指称一种行政职权,而未在审判等含义上使用司法概念。1954年《宪法》的制定过程中,对于是否采用"司法"或"司法权"概念还曾有过争论。1954年《宪法（草案）》第66条规定:"中华人民共和国的司法权由最高人民法院、地方各级人民法院和依法设立的专门法院行使。最高人民法院和地方各级人民法院的组织由法律规定"。当时的争论焦点为:是否需要把"司法"改为"审判",是否需要加"权"字? 当时有些人担心加"权"字容易混淆法院与权力机关之间的界限。[①] 最后通过的1954年《宪法》第73条规定:"中华人民共和国最高人民法院、地方各级人民法院和专门人民法院行使审判权。"在法律界、学术界和日常生活中,人们仍使用"司法（机关）""人民司法""司法工作"等概念,但更经常使用的是"政法"（政法机关、政法部门、政法工作等）、"公检法"等概念。这种状况一直到20世纪90年代末我国大张旗鼓开展司法改革时才有较大的

---

① 参见韩大元编著:《1954年宪法与中国宪政》,武汉大学出版社2008年版,第151—153页。

改观。

1997年党的十五大报告提出:"推进司法改革,从制度上保证司法机关依法独立行使审判权和检察权。"根据这个文件,"司法机关"包括审判机关和检察机关。1999年,在九届全国人大二次会议上,全国人大批准最高人民法院和最高人民检察院的工作报告,并要求它们"继续努力推进司法改革",完善审判和检察工作的各项制度,发挥人民法院和人民检察院在依法治国、建设社会主义法治国家中的重要作用。2000年颁行的《立法法》,使用了"司法制度"一词,强调有关"司法制度"的事项,属于全国人大及其常委会的专属立法权,不得授权国务院立法。但《立法法》并未界定"司法制度"的概念和范围。2001年修改《法官法》和《检察官法》,在立法目的条款中增加规定"保障司法公正"。

从我国现行《宪法》看,在第三章"国家机构"中专门设有一节"人民法院和人民检察院",与"全国人民代表大会""国务院"等其他小节并列。着眼于我国的宪法语境和制度安排,本章对司法取较为严格的定义,即指审判活动和检察活动,把司法机关界定为审判机关和检察机关。具体地说,司法就是司法机关根据法定职权和程序,具体应用法律处理案件的专门活动。本章也在狭义上理解法律适用,其仅指司法机关运用法律解决具体问题的活动,也就是把法律适用等同于司法活动,而将执法活动排除在外。

(二) 司法的特征

尽管在我国语境中,目前通常认为,司法活动包括人民法院的审判活动和人民检察院的检察活动,司法权包括审判权和检察权,但是,我们不能忽视二者的区别。首先,我国宪法对二者的定性明显不同。人民法院是国家的审判机关,但检察院是国家的法律监督机关。其次,我国宪法对二者的运作原则有不同规定。上下级人民法院之间是监督与被监督的关系,但上下级人民检察院之间是领导和被领导的关系。最后,在《人民法院组织法》《人民检察院组织法》、三大诉讼法等有关法律规定中,人民法院和人民检察院的具体职能和运作方式表现出更多具体的不同。总体上看,人民检察院的检察权,与行政机关的执法权较为接近,甚至有若干重叠之处,比如人民检察院享有针对部分刑事案件的侦查权。因此,为了突出司法与其他公权力活动的区别,下文在阐述司法的特征时,将以法院的审判权和审判活动为中心。

1. 中立性

司法的中立性是指法院和法官为了实现司法公正,在当事人之间保持不偏不倚的中立态度,不受其他因素,包括政党、政府、媒体、个人等方面的干涉,至少在个案的判断过程中不应当受这些非法律因素的影响。司法的中立性蕴涵着司法的独立性,因为只有是独立的司法,不受其他非法律力量支配的司法,才是真正中立的司法。因此,我国《宪法》第126条规定:"人民法院依照法律规定独立行使审判权,不受行政机关、社会团体和个人的干涉。"具体而言,司法的中立性至少包含四层含义:(1)法官与案件当事人没有任何利益牵连。我国三大诉讼法的回避制度体现了这一点。(2)法官对案件当事人不能有偏见或偏袒。(3)法官不可对案件有先入为主的判断。(4)法院和法官能做到外观上的中立,从而使当事人和民众对司法产生"直观公正"的印象。

2. 被动性

司法的被动性是指司法以"不告不理"为原则,非因当事人的请求不主动介入。与此不同,行政执法具有主动性,总是积极干预社会生活的方方面面。司法与行政的这种区别,是由司法权和行政权的不同性质所决定的。司法权主要是一种判断权;行政权主要是一种管理权。① 司法被设定为解决纠纷和提供救济的最后手段。司法的被动性主要表现为:(1)司法程序的启动,必须以当事人的申请为前提。司法机关不能主动去承揽案件。(2)司法裁判的范围,原则上局限于已提起控告或起诉的诉讼请求。(3)在庭审方式上,法官往往扮演着倾听者的角色,这在当事人主义诉讼模式中更是明显。

3. 专属性

司法权是一种专属性的权力。行使司法权的机构必须由宪法和法律设定,司法机构中的人员必须满足法律规定的资格要求。司法权只能由这些机构和人员来行使,不得移交给其他机构和人员。这就体现了司法的专属性。与此不同,行政机关在管理活动中为了实现效率,可以将相关事项授权或委托其他主体或个人。司法是一项专门性、技术性的法律判断活动,只有经过长期法律学习和训练的专业人士,才能使这种判断具有可信性。普通人则难以具备司法所要求的特殊的技术理性。

4. 程序性

司法的基本功能是通过诉讼程序,审理案件,解决纠纷,伸张正义。因此,程序性是司法的基本特征。目前,我国根据案件的不同性质,把司法所要解决的案件主要分为三类,即刑事案件、民事案件和行政案件。这三类案件分别通过与之相适应的专门程序法来进行。司法机关在处理具体案件时,必须根据案件的不同性质适用相应的程序,这是保证司法公正的必要手段。行政是管理,有一定的绩效目标,因此强调效率、效果和效益,注重权力运行的实质结果。与此不同,司法不直接以经济增长、政治稳定、风俗良善等实质结果为目标,而是通过诉讼程序,在与社会生活相对隔离的空间中,依法作出公正裁判。司法裁判的结果公正与否,很大程度上是根据其过程是否公正来衡量的。

---

① 参见孙笑侠:《司法权的本质是判断权》,载《法学》1998年第8期。

5. 终局性

司法作为正义的最后一道防线,其裁判被设定为是最终的,也是最权威的。行政执法虽具有强大的管理能力,但它是否合法、合理,不能由自己进行判断,而需要由行使判断权的司法机关进行判断。司法审查权由此应运而生。现代法治社会,司法审查的范围不仅针对执法行为,而且还针对立法行为,司法机关享有审查立法行为合宪与否的判断权。司法的终局性意味着司法享有最终的判断权。换言之,司法机关一旦作出终审结论,它就将是不可变更的。司法裁判被赋予终局性,这既是社会对确定性的需求,更是人们对中立、被动、专业且有程序保障的司法的期许和信任。

二、司法制度

司法制度既是政治制度的重要组成部分,也是司法机关实施法律的制度形式。在我国,司法制度就是关于审判机关和检察机关的性质、地位、职权、任务、组织、人员以及活动原则和工作制度的总称。我国实行"一国两制",香港和澳门特别行政区的司法制度与内地的司法制度有较大的不同,比如香港和澳门特别行政区都奉行分权制衡、司法独立的原则。这里讨论的是内地的司法制度。

(一)当代中国司法制度的特点

当代中国的司法制度,与西方国家的司法制度相比,至少有以下三方面特点:

首先,在政治上坚持党对司法工作的领导。传统上,中国共产党从中央到地方,设有政法工作委员会,组织领导法院、检察院、公安、国家安全、司法行政各部门的工作。因此,我国的"司法"与"政法"之间有着难以割断的关系。我国的各级司法组织机构中均设有主要领导干部组成的党组,负责具体贯彻落实党的各项方针、政策与指示。在实践中,各级人民法院院长、人民检察院检察长候选人选,往往由中国共产党的各级党委推荐,并经人大选举产生。这些组织上的安排,保证了中国共产党对司法工作的领导。西方国家通常实行多党轮流执政和权力分立制度,司法独立是西方国家司法制度最大的特点。尽管西方国家的政党与司法之间也有着千丝万缕的关系,但因为司法权享有制约立法权和行政权的宪法地位,以及通过司法人员职务和待遇上的保障机制,西方国家的政党与司法并不存在领导与被领导的关系。

其次,司法机关的宪法地位特殊。我国《宪法》第2条第1、2款规定:"中华人民共和国的一切权力属于人民。人民行使国家权力的机关是全国人民代表大会和地方各级人民代表大会。"第3条第3款规定:"国家行政机关、审判机关、检察机关都由人民代表大会产生,对它负责,受它监督。"可见,我国的司法权是统一的国家权力的一部分,是由人民代表大会产生的,从属于人民代表大会,是受人民代表大会监督的一项权力。在西方国家,司法权通常与立法权、行政权并列,是一项独立的权力,司法权主要指审判权。在我国,不存在单独行使的与立法权、行政权互为独立的司法权。我国的法院和检察院,应遵循的是独立行使审判权和检察权的原则,而不是西方意义上的司法独立原则。按照西方的司法独立原则,司法机关是独立的,只服从法律不受外界干涉,同时,法官是独立的,不受其他法官和院长的干涉,法官只依法律、良心和内心确信而审判。此外,我国的司法机关也没有西方国家针对立法行为的司法审查权。

再次,司法机关的运行比较特殊,这分别表现在外部运行和内部运行上。我国《宪法》第135条规定:"人民法院、人民检察院和公安机关办理刑事案件,应当分工负责,互相配合,互相制约,以保证准确有效地执行法律。"我国《刑事诉讼法》第7条也作了类似规定。这在某个层面说明,我国的公安机关、检察机关和审判机关(即"公、检、法"机关)是平行的,没有地位高低之分,只有分工之不同,强调各部门之间的互相配合与制约,其意图在于确保办案的质量和效率,有效打击犯罪,保护人民权益。同时,检察机关作为法律监督机关,还被赋予对刑事、民事及行政诉讼活动的监督权,有权对审判机关的判决或裁定提起抗诉。这与西方国家以审判为中心的诉讼格局存在着结构性的差异。

司法机关在内部运行上体现了民主集中制原则。按照我国宪法规定,中华人民共和国的国家机构实行民主集中制原则。据此,《人民法院组织法》和《人民检察院组织法》规定,各级人民法院设立审判委员会,各级人民检察院设立检察委员会,实行民主集中制;审判委员会的任务是总结审判经验,讨论重大的或者疑难的案件和其他有关审判工作的问题;检察委员会则在检察长的主持下,讨论决定重大案件和其他重大问题。这种带有集体决策性质的司法运行机制,在新民主主义革命时期即已诞生,而后在新中国成立初期借鉴苏联司法体制过程中依然灵活变通地保留了下来,并延续至今,几乎为我国所独有。

(二)审判制度

审判制度是关于国家审判机关的性质、组织、职权和审判活动等方面的法律制度。这里重点介绍人民法院的地位、组织和职权。

人民法院是国家的审判机关,其任务是依法审判民事、经济、行政、刑事等案件,通过审判活动解决纠纷、惩罚罪犯、保护权利、维护秩序、保卫政权、教育公民。在国家政权组织结构中,人民法院是在国家权力机关监督下依法独立行使审判权的机关。

我国人民法院的组织体系包括:全国设立最高人民法院、地方各级人民法院和专门人民法院;地方各级人民法院分为高级人民法院、中级人民法院、基层人民法院;专门人民法院主要有军事法院和海事法院。最高人民法院是国家最高审判机关,设于首都北京。地方各级人民法院根据行政区划设置。基层人民法院包括县人民法院和不设区的市人民法院、自治县人民法院、市辖区人民法院。中级人民法院包括在省、自治区内按地区设立的中级人民法院,在直辖市内设立的中级人民法院,设区的市的中级人民法院,自治州中级人民法院。高级人民法院包括省高级人民法院、自治区高级人民法院、直辖市高级人民法院。专门人民法院是人民法院组织体系中的一个特殊组成部分,是设在特定部门或者针对特定案件而设立,受理与设立部门相关的专业性案件的法院,主要有军事法院和海事法院。

最高人民法院的职权主要包括:一审管辖权、上诉管辖权、审判监督权、司法解释权和死刑复核权。高级人民法院的职权主要包括:一审管辖权、上诉管辖权和审判监督权。中级人民法院的职权主要包括:一审管辖权、上诉管辖权和审判监督权。基层人民法院的职权主要包括:一审管辖权、庭外处理权和调解指导权。基层人民法院根据地区、人口和案件情况可设立若干人民法庭。人民法庭是基层人民法院的组成部分和派出法庭,其职权主要是审理一般民事案件和轻微刑事案件,以及指导人民调解委员会的工作。人民法庭的判决和裁定就是基层人民法院的判决和裁定。军事法院负责审判军事人员犯罪的刑事案件。海事法院管辖民事主体之间的第一审海事案件和海商案件。对海事法院判决和裁定的上诉案件,由海事法院所在地的高级人民法院管辖。

(三)检察制度

检察制度就是关于国家检察机关的性质、任务、组织、职权和检察活动等方面的法律制度。这里重点介绍人民检察院的地位、组织和职权。

我国《宪法》第 129 条规定:"中华人民共和国人民检察院是国家的法律监督机关。"法律监督是指对法律的执行、遵守情况实行监督。法律监督权即检察权,它是国家为维护法制统一和法律的正确实施而赋予检察机关的一项特定权力。

我国人民检察院的组织体系包括:全国设立最高人民检察院、地方各级人民检察院和专门人民检察院。地方各级人民检察院分为:(1)省、自治区、直辖市人民检察院;(2)省、自治区、直辖市人民检察院分院,自治州和设区的市人民检察院;(3)县、不设区的市、自治县和市辖区人民检察院。专门人民检察院包括军事检察院等。省一级人民检察院和县一级人民检察院,根据工作需要,提请本级人大常委会批准,可以在工矿区、农垦区、林区等区域设置人民检察院,作为派出机构。

人民检察院实行双重领导制,既要对同级国家权力机关负责,又要对上级人民检察院负责。国家权力机关对人民检察院的领导,主要表现在人大及其常委会选举、罢免或者任免人民检察院主要成员,审议工作报告以及各种形式的监督上。人民检察院上下级之间的垂直领导体制主要表现在两方面:(1)人事任免。

省、自治区、直辖市人民检察院检察长的任免,须报最高人民检察院检察长提请全国人大常委会批准。自治州、设区的市、县、不设区的市、市辖区人民检察院检察长的任免,须报上一级人民检察院检察长提请该级人大常委会批准。(2) 业务领导。对于下级人民检察院的决定,上级人民检察院有权复核改变;上级人民检察院的决定,下级人民检察院必须执行。当下级人民检察院在办理案件中遇到自己不能解决的困难时,上级人民检察院应及时给予支持和指示,必要时可派人协助工作,也可以将案件调上来由自己处理。

人民检察院主要行使下列职权:立案侦查权、批准逮捕权、提起公诉权、侦查监督权、审判监督权和执行监督权。

(四) 当代中国的司法改革

当代中国的司法改革是政治体制改革的重要组成部分。早在20世纪80年代末,我国就开始了以强化庭审功能、加强律师辩护等为重点内容的审判方式改革。1997年,党的十五大确立了"依法治国"的治国方略,并首次在党的报告中提出"推进司法改革",从此"司法改革"成为国家战略发展的重要内容。2001年,全国人大常委会修订《法官法》《检察官法》,提高了法官、检察官的任职条件,并建立起统一的国家司法考试制度。2003年5月,为落实十六大关于"推进司法体制改革"的部署,中共中央决定成立由中央政法委员会、全国人大内务司法委员会、政法各部门、国务院法制办及中央编制办的负责人组成的中央司法体制改革领导小组,全面领导司法体制改革工作。中央司法体制改革领导小组于2004年底形成了《关于司法体制和工作机制改革的初步意见》,提出了改革和完善诉讼制度、改革和完善诉讼收费制度等一系列改革任务。根据十七大关于"深化司法体制改革"的决策,2008年底,中共中央又转发了《关于深化司法体制和工作机制改革若干问题的意见》,该文件围绕优化司法职权配置、落实宽严相济刑事政策、加强政法队伍建设、加强政法经费保障四个方面,提出了多项改革任务。

自1999年以来,最高人民法院先后出台了三个"人民法院五年改革纲要",最高人民检察院也先后出台了两个"检察改革三年实施意见"。2012年10月,国务院新闻办公室发布《中国司法改革白皮书》,历数近年来司法改革所取得的成果。不过,其中的成果主要是属于司法机制方面的。我国司法的地方化、行政化等体制性弊端,并未从根本上得到消除。司法机关和司法官缺少独立性,难以独立办案,司法的权威和公信力不强等问题,仍然备受关注。为此,党的十八大报告强调"进一步深化司法体制改革"。2013年底,中共十八届三中全会审议通过的《中共中央关于全面深化改革若干重大问题的决定》把司法改革作为法治建设的重要内容,其中指出:"改革司法管理体制,推动省以下地方法院、检察院人财物统一管理,探索建立与行政区划适当分离的司法管辖制度,保证国家法律统一正确实施。……改革审判委员会制度,完善主审法官、合议庭办案责任制,让审理者裁判、由裁判者负责。明确各级法院职能定位,规范上下级法院审级监督关系。"这标志着我国的司法改革进入了一个新的阶段。

三、司法的基本原则

司法的基本原则,是指司法机关在行使司法权的过程中必须遵循的基本准则。在我国,司法必须坚持以下基本原则:

1. 司法公正原则

司法公正原则是指司法机关必须公正地处理每一个案件,以维护社会正义。司法公正既是对司法的最高要求,也是对司法的总体要求。司法所应遵循的另外三项原则,即"司法机关依法独立行使职权原则""公民在法律适用上一律平等原则""以事实为根据,以法律为准绳原则"可以说是对司法更具体的要求。司法公正包括实体公正和程序公正,其中程序公正具有更重要的地位。

司法的中立与不偏不倚是司法公正的前提。联合国《公民权利和政治权利国际公约》第14条规定:"在判定对任何人提出的任何刑事指控或确定他在一件诉讼案件中的权利和义务时,人人有资格由一个依法设立的合格的、独立的和无偏倚的法庭进行公正的和公开的审理。"据此,司法公正至少包含下列内容:(1) 与案件有关的人不能成为裁判者;裁判的结果应该与裁判者利益无关;(2) 裁判者不应存在偏见,要公平地关注诉讼双方当事人的诉讼请求,听取双方当事人的论据和证据;(3) 裁判者应在一方当事人在场的情况下听取另一方当事人的意见,双方当事人应有公平的机会反驳另一方提出的论据和证据;(4) 裁判者应当以公开的方式进行审判,充分展示司法过程的公正。

在现代社会,司法机关的核心功能就是适用法律和裁断纠纷。司法机关不同于立法机关和行政机关,它没有被赋予权力去创设公民的权利和义务,也没有被赋予权力去动用分配国家的财富,更没有被赋予权力去调动国家的武装力量。司法机关只有靠公正的程序,不偏不倚地适用法律和依法裁判,才能取得社会公众的信任和认同,才能树立法律的权威性。

2. 司法机关依法独立行使职权原则

司法机关依法独立行使职权,是我国宪法规定的一项重要原则,也是《人民法院组织法》《人民检察院组织法》《刑事诉讼法》《民事诉讼法》和《行政诉讼法》规定的一项基本原则。这项原则的基本含义包括:(1) 司法权只能由司法机关统一行使,其他任何组织或个人都无权行使;(2) 司法机关依法独立行使职权,不受行政机关、社会团体或个人的干涉;(3) 司法机关审理案件时,必须严格依照法律规定办事。

司法机关依法独立行使职权,有利于保护公民的基本权利,同时也是正确适用法律、维护司法公正的重要前提。此项原则与坚持党对司法工作的领导在目标取向上并不矛盾。党的领导主要是政治上的领导,而不是党委审批具体案件,包揽司法机关的具体业务工作。此项原则也不意味着司法机关不受监督和约束。司法机关由国家权力机关产生,对其负责,受其监督。但是,按照法治原则,国家权力机关也不应直接干涉个案的处理和裁判。

3. 公民在适用法律上一律平等原则

公民在适用法律上一律平等,是"公民在法律面前一律平等"的宪法原则在司法中的具体体现。其基本含义包括:(1)对于任何公民,不论其民族、种族、性别、职业、社会出身、宗教信仰、教育程度、财产状况、居住期限有何不同,我国法律都是平等适用的;(2)任何公民的合法权益都平等地受到法律保护,不能以任何理由歧视任何公民,公民平等地享有权利和承担义务;(3)任何公民的违法犯罪行为,都要依法平等地受到追究和制裁,不允许有超越于法律之上的特权存在;(4)任何公民都享有平等的诉讼权利。

在司法实践中要充分贯彻这项原则,就要反对形形色色的特权思想,同时更要从政治体制改革入手,大力加强制度建设,将权力关进制度的笼子里,彻底铲除特权思想存在的土壤。

4. 以事实为根据,以法律为准绳原则

"以事实为根据,以法律为准绳原则"是我国长期司法实践的经验总结,有关诉讼法作了明确规定。以事实为根据,是指司法机关对案件所作的裁判必须以法律事实为基础。法律事实特指经法律程序确认的事实,而非人们一般意义上所说的事实。法律事实的确定,主要通过两种途径:一是通过合法证据证明的法律事实,这是确定法律事实的一般途径;二是依法推定的法律事实,这是确定法律事实的特殊途径。以法律为准绳,是指司法机关裁判案件,必须严格按照法律规定,将法律作为处理案件的唯一标准和判断尺度。"以事实为根据,以法律为准绳"是司法过程中司法人员避免主观臆断,确保司法客观、公正的重要指导准则。

第四节 守 法

一、守法的概念和构成

守法是遵守法律的简称。守法有广义和狭义两种含义。广义的守法是指公民、社会组织和国家机关以法律为自己的行为准则,依照法律行使权利、履行义务的活动。我国《宪法》第5条第4款规定:"一切国家机关和武装力量、各政党和各社会团体、各企业事业组织都必须遵守宪法和法律。一切违反宪法和法律的行为,必须予以追究。"第53条还规定:"中华人民共和国公民必须遵守宪法和法律,保守国家秘密,爱护公共财产,遵守劳动纪律,遵守公共秩序,尊重社会公德。"这表明,在我国所有的公民和组织都是守法主体,各政党包括共产党都要遵守宪法和法律,在宪法和法律的范围内活动。另外,在我国领域内的外国组织、外国人和无国籍人,也应在我国法律允许的范围内活动,因此也是广义守法的一部分。

广义的守法可以包括所有的法律实施活动,但作为狭义的守法,则将依职权行为的执法、司法等活动排除在外,仅指公民个人和社会组织依照法律规定行使权利和履行义务的活动。当然,也包括国家机关非以公权力主体身份出现时的法律实施活动,如某一法院根据合同法规定从事商品买卖的活动。本节所说的守法,是狭义上的,是与执法、司法并称的守法。由于社会组织的守法行为,归根结底取决于作为社会组织成员的公民个人的守法行为,因此,本节主要探讨公民守法,即公民在法律范围内行使权利、履行义务的法律实施活动。

守法的构成是指守法作为一种法律实施活动所应具备的基本要素,它主要由守法主体、守法对象和守法内容组成。守法概念的广义和狭义,分别对应着不同范围的守法主体。无论如何,公民是所有守法主体中最广泛、最普遍的主体。公民守法是法律实施的基本要求,也是法律实施的最基本、最普遍的形式。在法治国家,对于公民而言,守法也是提高自身德性、保护自身利益的最佳办法。

守法的对象是指守法主体应遵循的"法律"的具体构成。守法对象取决于一个国家的法律渊源。在我国,守法的对象主要是各种制定法,包括宪法、法律、行政法规、行政规章、军事法规、地方性法规、自治条例和单行条例、特别行政区基本法,以及我国参加的或同外国缔结的国际条约和我国承认的国际惯例等属于广义法律范畴的规范性法律文件。此外,执法机关、司法机关制作的非规范性法律文件,如法院的判决书、裁定书、调解书,行政机关的罚没通知书、罚款单等,是国家机关在执行和适用法律过程中,依照法律规定对个别人或个别事项制作的,虽不具有普遍约束力,但对当事人而言是具有法律效力的,因此也属于守法的对象。

守法内容是指守法主体依法行为的具体内容,具体包含两层含义:一是依照法律承担义务并履行义务;二是依照法律享有权利并行使权利。我们不能只将守法内容理解为承担义务和履行义务,守法内容是享有权利和履行义务的有机统一。我国《宪法》第33条第4款规定:"任何公民享有宪法和法律规定的权利,同时必须履行宪法和法律规定的义务。"我们不能只将守法看作是公民被迫做出的消极行为,更要看到公民自觉守法的积极行为。因为正是自觉的守法行为,才能使法律得到有效的实施。自觉守法的人就是对规则持内在观点的人,他们接受规则并愿意维持规则;被迫守法的人,是从外在观点来看待规则,将规则看作是惩罚可能发生的征兆。① 现代法以权利为本位,那些遵循权利规则,为权利而斗争的公民,显然属于持内在观点的人,他们的这些行为也是守法行为,属于重要的法律实施活动,含有公民守护法律的意蕴。

二、守法的理由

古希腊的苏格拉底被判死刑后,尽管有机会逃避惩罚,但最后还是自愿接受了雅典人民的判决,坦然地饮鸩而死。这就向我们提出了一个至关重要的问题:公民为什么守法?对于守法的理由或根据问题,不同学说有不同的回答。概括起来,公民守法主要有以下三类理由或根据:

(一) 公民守法是出于道德要求

有一类理论认为,人们之所以守法,是出于道德上的理由。这类理论都是从内在观点看待人们的守法行为。不过,守法作为公民的道德义务,其具体的理论根据,有不同的解说。社会契约论认为,每个公民之所以有守法的道德义务,是因为公民是社会契约的当事人。既然公民是自愿通过社会契约建立起社会和政府的,这就意味着他已经同意了政府的权力和治理,因此,就有义务遵守政府制定的各种法律。苏格拉底之死,就隐含着社会契约论的观念。因为苏格拉底认为,如果一个人自愿生活在一个城邦,并享受城邦为其带来的好处,那就意味着他与城邦之间有一个契约。作为城邦的公民,有义务服从法律,不服从法律就是毁约,是不道德的行为。功利主义学说认为,公民守法要比不守法更容易建立秩序,因而也更容易给社会带来最大多数人的最大幸福这一结果。因此,公民就有守法的普遍道德义务。公民对不良的法律,尽管有批判的自由,但也必须严格地服从。

(二) 公民守法是出于惧怕法律惩罚

分析法学的奠基人奥斯丁认为,法律是主权者的命令,命令就是以制裁为后盾的义务。② 这种理论从外在观点看待公民的守法行为,认为法律制裁和惩罚的这种威慑作用,迫使人们在选择自己的行为方式时,不得不选择符合法律规定的行为模式。与此类似,我国古代法家强调"以刑去刑",也就是主张用刑罚抑制刑罚,通过用重刑,使百姓不敢犯法,以取得不用刑的效果。这种观点的背后有一个假设:人们之所以遵守法律,是出于惧怕法律惩罚。这种理论解释了公民守法的部分现象,但是没有能够解释公民自觉守法这种重要的法律现象。同时,这种理论可能过于迷信国家强制力对法律实施的作用,蕴涵着国家暴政的危险。

---

① 关于"内在观点"和"外在观点"的区分,参见〔英〕哈特:《法律的概念》,张文显等译,中国大百科全书出版社 1996 年版,第 90—92 页。

② 参见〔英〕奥斯丁:《法理学的范围》,刘星译,中国法制出版社 2002 年版,第 17—20 页。

我们要认识到"民不畏死,奈何以死惧之"所蕴涵的道理。倘若公民守法主要是靠强力来实现的,那么,公民在这种状态下的守法必定是暂时的、消极的、靠不住的。

(三)公民守法是出于社会压力和心理习惯

法社会学家把法律看作是一种社会规范,认为公民守法主要不是靠国家的强制作用,而是靠社会的压力以及在此基础上所形成的心理习惯。法社会学代表人物埃利希认为:将强制执行看作是法律秩序的基础,是对国家强制力的夸大;法律规范与其他社会规范,如伦理规范、习俗规范、礼仪规范、礼节规范和时尚规范,有着亲缘关系;驱逐出团体、撤销信用、丧失地位和客户,至今仍是抑制违规者最有效的手段。对很多人而言,遵守规范不是自己有意识的思想活动的结果,而是对周围人的感情和思想的一种无意识的适应;规范是通过教化的方式为人所遵循,服从规范使人省却了自己思考的繁重工作,省却了自己作决定的重负。长此以往,人们就基于信念和习惯服从规范。① 这种理论解释了公民守法背后的社会和心理机制,对于我们正确看待国家强制力的作用,探寻促使公民守法的手段有着积极意义。不过,这种理论主要是描述性的,对于法律的品性与守法的关系以及如何面对不良的法律等问题,并未给予充分的关注。

三、守法与公民不服从

在一个法治社会中,如果一部分社会群体认为某部或某些法律是不正义的或邪恶的,那么就会产生一种困境:一方面,他们被要求遵守该法律;另一方面,他们无法认同该法律,不愿自觉遵守该法律,甚至觉得没有道德义务去服从该法律。当他们通过一般的途径难以使得该法律被废止或修正时,就可能诉诸极端的手段,比如通过集会、游行、示威、静坐,甚至不服从该法律的方式,来表达自己对该法律的不满。这种形式的公民活动被称为"公民不服从"或"恶法抵抗"。

公民不服从运动,与一般的违法行为有所不同。因为在民主社会中,公民有权利批判不正义的法律,并把自己认为合理的诉求理性地表达出来。从行使权利的意义上讲,这种公民活动也是守法行为。民主社会通常都在一定范围内以某种方式承认了公民不服从的权利。现代各国宪法所保障的言论、出版、集会、结社、游行和示威的自由,可被看作是公民不服从的权利的内在组成部分。《德国基本法》甚至明确规定:对于企图废除民主和宪法秩序的任何人,在没有其他对抗措施时,所有的德国人均有抵抗权。当然,对于不正义的法律或恶法的认定,无疑具有主观性和不确定性,公民不服从的运动往往伴随着道德和社会秩序风险。因此,行使公民不服从的权利至少有以下四个限制条件:第一,它以不打

---

① 参见〔奥〕埃利希:《法社会学原理》,舒国滢译,中国大百科全书出版社 2009 年版,第 72—81 页。

破既有法律秩序、不推翻整个法律体系为目的,而仅仅针对某部或某些法律;第二,它诉诸的是更高的法律或整个法律体系所包含的法治精神和正义观念;第三,它以公开、理性、和平、非暴力的方式进行;第四,即使违反了特定的法律,也愿意承担违法的后果。上述四个限制条件,表明了公民不服从运动与革命运动的区别。公民不服从运动,尽管游走在法律的边缘,但总体上还是在法律的范围内活动,可以看作是忠诚于法律的一种特殊守法形式。它是维护宪法秩序、消除不公、保护人权、匡扶正义的最终手段。

第五节 法律监督

一、法律监督的概念和构成

法律监督是一个颇具中国特色的概念,同时也是一个其内涵和外延尚有争议的概念。一般认为,法律监督有广义和狭义两种含义。广义的法律监督,指一切国家机关、社会组织和公民对各种法律活动的合宪性、合法性所作的监察和督促。狭义的法律监督,指有关国家机关依照法定职权和程序对立法、执法和司法活动的合宪性、合法性所作的监察和督促。广义的法律监督,与执法、司法和守法有较多的重叠之处。为使法律监督的概念有特定所指,以防止概念的泛化,本节所述的法律监督是狭义的法律监督。

法律监督是法律实施的一种重要机制。按照狭义的理解,法律监督是维护法律实施的国家行为,法律监督权是特殊的国家权力,它只能由专门的机关行使。在我国,全国人民代表大会及其常委会行使宪法监督权;人民检察院是国家的专门法律监督机关;行政机关、人民法院根据法律授权在特定范围内行使监督权。政党、社团、公民等社会主体所作的法律监督,属于广义的监督,不属于狭义的法律监督。

法律监督的构成是指构成法律监督的基本要素。任何法律监督都涉及由谁监督、监督谁和监督什么的问题,因此,法律监督的构成要素主要有三个:法律监督的主体、法律监督的客体和法律监督的内容。

法律监督的主体是指法律监督权的享有者,具体指立法机关、行政机关和司法机关等国家机关。在实践中,国家机关的监督行为具体表现为国家公职人员以国家名义所实施的职务行为。法律监督的客体是指法律监督的对象,具体指公权力行为,即国家机关及其公职人员的职务行为,主要包括立法行为、执法行为、司法行为。国家机关及其公职人员是否在宪法和法律规定的范围内活动,直接关系到法律的权威性以及法治的实现。因此,法律监督要求对国家机关的权力加以控制、约束、督促。法律监督的内容是指对国家机关及其公职人员的职务行为的合宪性、合法性的监督,包括在实体和程序上对立法机关的职务行为的合宪性、合法性的监督,对行政机关和司法机关的职务行为的合宪性、合法性的监督。合宪性监督,是指审查国家机关及其工作人员的职务行为是否与宪法相抵触。合法性监督,是指审查国家机关的各种立法行为、执法行为、司法行为是否有法律依据、是否超越法律授权、是否符合法律规定的程序。

二、法律监督的功能

法律监督主要是一种国家权力的自我控制和制衡机制,其主要功能在于:防止国家权力的滥用,确保宪法和法律的有效实施,保障公民的基本权利。具体而言,法律监督的功能包括以下三个方面:

第一,维护法制的统一和尊严。我国《宪法》第5条第2款规定:"国家维护社会主义法制的统一和尊严。"第3款又具体规定:"一切法律、行政法规和地方性法规都不得同宪法相抵触。"法律监督通过对国家立法机关的主体资格、立法程序和法律内容的审查,确保各种规范性法律文件的合宪性与合法性,促使全部规范性法律文件成为协调、统一的整体,从而为法律实施创造良好的前提条件。

第二,确保宪法和法律的有效实施。法治国家的要义就是宪法和法律获得普遍的服从。其中,确保国家行为符合宪法和法律的规定,是建设法治国家的关键。因为国家机关的各种职务行为本身就是实施宪法和法律的行为,对于普通民众的守法观念和习惯的形成具有十分重要的作用。法律监督通过对立法机关、执法机关和司法机关及其公职人员的职务行为的事前监督和事后监督,防范违宪和违法现象的发生,对于已经发生的违宪和违法现象,则及时予以纠正,促使国家机关在宪法和法律的范围内活动。

第三,制约公权力的滥用。法律监督通过对立法、执法和司法活动的监督,强化宪法和法律对这些国家权力的控制,减小公权力行使过程中可能产生的恣意,对公权力的滥用起到制约作用。在我国,腐败现象层出不穷。腐败的核心问题和主要表现就是权力的腐败。权力的腐败很大程度上是权力的监督制约机制不完善造成的。因此,必须逐步完善法律监督机制,将各级国家机关及其工作人员的活动纳入法制轨道,加强对国家权力的制约,维护公民的合法权益。

三、我国的法律监督体系

法律监督体系就是各种法律监督构成的多层次的系统。我国的法律监督体系是结合我国的具体实践建立起来的,具有一定的中国特色,主要包括权力机关、行政机关、司法机关各系统内部的监督和各机关相互之间的监督。具体而言,我国法律监督体系包括:权力机关的法律监督、行政机关的法律监督和司法机关的法律监督。

（一）权力机关的法律监督

权力机关的法律监督是指各级人大及其常委会根据各自的职权对法律制定和法律实施活动的合宪性与合法性的监督。其中，国家最高权力机关的监督在整个法律监督系统中居于主导地位。根据我国《宪法》第 62 条和第 67 条的规定，全国人大及其常委会有权"监督宪法的实施"。权力机关的法律监督包括对立法活动的监督和对司法、执法活动的监督两个方面。

1. 对立法活动的监督

权力机关对立法活动的监督包括两方面内容：一是对立法主体是否按法定权限和法定程序制定法律进行监督；二是对规范性法律文件内容的监督。对立法活动监督的目的是促使立法活动及其规范性法律文件符合宪法规定，保证国家法制的统一。

由于我国实行的是一元两级多层次的立法体系，所以对立法活动监督也是多层次的。根据宪法和法律的规定，我国权力机关对立法活动的监督主要是：(1) 全国人大有权改变或撤销全国人大常委会不适当的决定；(2) 全国人大常委会有权撤销国务院制定的同宪法、法律相抵触的行政法规、决定和命令，有权撤销省、自治区、直辖市国家权力机关制定的同宪法、法律和行政法规相抵触的地方性法规和决议；(3) 县级以上的各级人大有权改变或撤销本级人大常委会不适当的决定，县级以上地方各级人大常委会有权撤销本级人民政府不适当的决定和命令，有权撤销下一级人大不适当的决定。

2. 对法律实施活动的监督

权力机关对法律实施活动的监督，包括对行政机关的执法活动和司法机关的司法活动的监督，其对象是具体的执法活动和司法活动。权力机关对法律实施监督的目的，是督促行政机关和司法机关正确、有效地贯彻执行宪法和法律，保证国家法制的统一和高效运转，从而充分发挥法律在国家生活中的作用。权力机关对行政机关和司法机关的执法、司法活动的监督方式有：听取工作报告和汇报；提出询问和质询；视察和调查；罢免有关人员的职务等。

（二）行政机关的法律监督

行政机关的法律监督，是指上级行政机关、专门行政监督机关对行政机关及其工作人员是否依法行使职权的监督。它包括对行政机关制定的行政法规和规章是否符合宪法、法律的监督，对行政机关在行使行政管理权的过程中是否遵守了宪法和法律的监督。根据监督主体的不同，行政机关的法律监督又可以分为领导监督和专门监督。

1. 领导监督

领导监督又称层级监督，是基于上级政府对下级政府，各级政府对其工作部门和工作人员的领导关系而产生的监督关系。其监督的主要方式有：(1) 上级政府有权改变和撤销所属各部门和下级政府发布的不适当的决定、命令、指示和规章;(2)上级政府听取和审查下级政府和政府各工作部门的工作报告,下级政府和政府各工作部门按照有关规定定期或不定期地向上级政府和本级政府报告工作,接受其监督;(3)上级政府主动检查监督对象的工作,通过定期或不定期的、全面的或专题的工作检查,促使行政机关依法行政;(4)上级部门通过对重大事故和违法乱纪案件组织专门调查,对下级部门的工作实施监督。

2. 专门监督

专门监督是指行政机关系统内部设立的专门行政监督机构实施的行政监督。我国的专门行政监督有监察监督和审计监督两种。

监察监督是国家监察部门对国家行政机关及其工作人员和由行政机关任命的其他人员(国有企事业组织的领导干部)贯彻执行国家法律、法规的情况以及违法乱纪行为进行检查和处理。我国最高的行政监察机关是监察部,县级以上各级人民政府设立监察局,省、自治区的监察机关为监察厅。监察机关的职责是通过行使法律所赋予的行政监察权,对行政机关及其工作人员行使行政权力的行为进行监督,对其滥用权力行为实施惩戒。监察机关的任务决定了它具有检查权、调查权、建议权和行政处分权。

审计监督是国家各级审计机关根据有关法律和法规,对行政部门、国家财政金融机构和企业事业组织的财政收支进行检查监督。我国的审计机关是国务院和县以上各级人民政府设置的审计部门。审计署只向国务院负责并报告工作,地方各级审计机关对上一级审计机关和本级人民政府负责并报告工作。审计机关的主要职权包括监督检查权、处理权和提请处分权。

(三)司法机关的法律监督

司法机关的法律监督,是指司法机关对国家机关及其工作人员实施法律的活动所进行的监督,包括检察机关的监督和审判机关的监督。

1. 检察机关的监督

在我国,人民检察院是国家专门的法律监督机关。其监督范围相当广泛,主要包括:(1)检察院系统内部的监督;(2)对行政机关执法行为的监督;(3)对人民法院的审判活动的监督;(4)对国家工作人员利用职务便利所实施的犯罪活动的监督。

2. 审判机关的监督

在我国,人民法院是国家的审判机关。人民法院的法律监督除了对法院审理案件及其是否正确、合法进行监督外,还对其他国家机关实施法律活动实行监督。它的监督范围主要包括:(1)法院系统内部的监督;(2)法院对检察机关的监督;(3)法院对行政机关的监督。

问题与思考

1. 在本章【引读案例】中,孙志刚因民警李耀辉在执法过程中的违法行为被错误收容,被转到收容人员救治站后,又在护工乔燕琴的指示下,被其他收容人员殴打致死。通过司法程序,有关责任人最后得到了应有的惩罚。在有识之士的呼吁下,有违法和违宪嫌疑的《城市流浪乞讨人员收容遣送办法》最后也被废除。请结合本章内容思考:

   (1) 案例描述中有哪些行为分别属于执法行为和司法行为?
   (2) 三位法学博士递交审查建议书的行为是否属于守法行为?
   (3) 你如何看待国务院废止《城市流浪乞讨人员收容遣送办法》的行为?

2. 执法与司法的区别是什么?
3. 如何理解执法者和司法者的自由裁量权?
4. 公民不服从与违法、守法有什么关系?
5. 如何完善我国的法律监督制度?

参考文献

1. 孙笑侠:《法律对行政的控制》,山东人民出版社 1999 年版。
2. 刘作翔主编:《法律实施的理论与实践研究》,社会科学文献出版社 2012 年版。
3. 〔英〕哈特:《法律的概念》,张文显等译,中国大百科全书出版社 1996 年版。
4. 〔英〕奥斯丁:《法理学的范围》,刘星译,中国法制出版社 2002 年版。
5. 〔奥〕埃利希:《法社会学原理》,舒国滢译,中国大百科全书出版社 2009 年版。

第十五章 法律程序

【引读案例】

在西方电影里,警察审讯犯罪嫌疑人之前总是会说一段相同的话:"你有权保持沉默,但你所说的一切都将成为呈堂证供。你有权聘请律师,如果你付不起律师费,我们可以为你免费提供一位。"这段话被法学家们称为"米兰达警告",它不是电影导演们的雷同发明,而是美国"米兰达诉亚利桑那州"案所确立的法律程序。

1963年3月2日深夜,美国亚利桑那州菲尼克斯大剧院18岁的女营业员芭芭拉·约翰逊遭遇了不幸。在下班回家的途中,一个男人将芭芭拉猛地推进一辆汽车,捆绑劫持到城郊,并实施了强奸。根据芭芭拉的事后描述,菲尼克斯警方于十天后逮住了劣迹斑斑的犯罪嫌疑人欧内斯脱·米兰达。从警方提供的一批犯罪嫌疑人中,芭芭拉亲自指认了米兰达,后者随即在警方审讯时亲笔写下供词,承认了罪行。供词中,米兰达还特别提到自己是主动交代,并且充分了解自己所享有的权利。

初审法院的审判开始了。法院为米兰达指定了一名辩护律师,这名辩护律师迫使警方承认,讯问时没有告知米兰达有权聘请律师,当时也无律师在场。但法官仍然同意米兰达的供词可以作为认定犯罪的证据,陪审团也认定米兰达强奸和绑架罪名成立,初审法官对两项罪行分别判处了20年和30年有期徒刑。米兰达不服判决,委托律师上诉至亚利桑那州最高法院,失败后又诉至美国联邦最高法院。

1966年6月,美国联邦最高法院以5:4的表决结果,推翻了米兰达的有罪判决。在这场举世闻名的"米兰达诉亚利桑那州"案审判中,联邦最高法院的多数意见认为,由于被警方强制性关押,且审讯环境肯定会对被告产生胁迫性的效果,因此除非犯罪嫌疑人清楚地知道自己的权利并且主动放弃这些权利,否则根据美国《宪法》第五条修正案中的"不得自证其罪"条款和第六条修正案中的"律师帮助权"条款,其所作的任何供词都将无效。

联邦最高法院特别指出,在审讯之前,警察必须明确告诉被讯问者:(1)你有权保持沉默;(2)你所说的一切,都能够而且将会在法庭上作为指控你的不利证据;(3)审问之前,你有权与律师谈话,得到律师的帮助和建议;你有权请律师在你受审问时在场;(4)如果你希望聘请律师但雇不起,法庭将为你指定一位律师。这就是著名的"米兰达警告",如果警察在审讯时没有预先作出该警告,则被讯问人的供词不得作为证据进入司法程序。

联邦最高法院由此推翻了对米兰达的定罪,将该案发回重审。法院重新开庭,重新选择陪审员,检察官重新提交了证据,米兰达之前的供词不再作为证据使用。不过,由于米兰达的女友作为证人提供了对他不利的证词以及其他证据,米兰达再次被判有罪,入狱11年。

1975年,米兰达刑满释放。仅仅一个月后,他就在一家酒吧里的争斗中被刺身亡。两名犯罪嫌疑人为此被抓捕,他们在审讯前听到了"米兰达警告",选择了保持沉默。最终,由于警察无法得到其他更有力的证据,他们以"等待进一步调查"的名义被释放,没有人因为这起故意杀人案受到法律的惩罚。

第一节 法律程序概述

一、法律程序的概念和特征

法律程序,又称程序法,通常与实体法相对称。实体法是规定具体的权利与义务,或者职权与责任的法律;程序法是规定特定法律主体在参与法律决定(包括立法决定、司法决定、行政决定、调解决定、契约订立等)过程中应当遵守的顺序、方式、手续,以及调整这些法律主体相互之间关系的法律。不论是违反实体法,还是违反程序法,都将承担法律上的不利后果。在米兰达案中,初审法院作出有罪判决,是认为米兰达违反了关于禁止强奸、绑架行为的实体法规定。联邦最高法院作出撤销初审法院有罪判决的决定,则是认为警察违反了关于审讯前必须告知犯罪嫌疑人沉默权、律师帮助权等权利的程序法规定。这些程序法规定尽管并不直接、具体地决定米兰达是否犯罪、犯有何罪,但决定了警方通过违反程序取得的犯罪供述不得作为证据进入审判环节,因此间接地影响了该案的司法判决。

较之实体法,法律程序具有四项基本特征:

(1)实体法调整所有法律主体的行为,法律程序针对特定法律主体的特定行为。在日常生活中,几乎每个人所做的每件事情都可能具有法律意义,都可能受到实体法的调整。《消费者权益保护法》保护在餐馆就餐的消费者,网站的电子合同规定网站登录者的权利义务,交通安全法规指示驾驶员和行人的行动规则。但程序法只调整比较重要的法律主体的特定行为,比如全国人大代表作为立法者的立法行为、政府官员作为执法者的行政行为、法官的司法裁判行为、警察的刑事侦查行为。这些特定法律主体的特定行为如果恣意作出,可能严重侵害人们的实体法权利,或者致使实体法试图达到的目的落空,或者造成法律决定不被接受,因此必须以严格的程序加以限制。

(2)法律决定的结果直接取决于实体法,法律决定的过程取决于程序法。法律程序规定法律主体参与法律决定的时间要求、空间要求以及相互关系。法律程序可能对法律决定过程提出时间上的要求,比如我国《刑事诉讼法》规定,不服判决的上诉和抗诉的期限为十日,不服裁定的上诉和抗诉的期限为五日,超过期限则判决和裁定生效。法律程序可能对法律决定过程提出空间上的要求,包括主体要求、行为要求和行为方式要求,比如我国《立法法》规定,法律只能由全国人大及其常委会制定。法律程序也可能对法律决定过程提出主体关系方面的要求,比如我国《行政强制法》规定,行政机关实施行政强制措施应当在实施前向行政机关负责人报告并经批准;应当由两名以上行政执法人员实施;实施时应当通知当事人到场,当事人不到场的,应当邀请见证人到场。

(3)实体法规定法律的内容,法律程序规定法律的形式。形式不等于手段,不是目的的附属品;法律程序具有独立的价值,并非仅仅服务于实体法目标的手段。正如米兰达案所表明的,由于程序法排除了非法获得的供词的证据效力,刑事实体法打击犯罪的目标可能无法实现;但警察在讯问之前必须作出"米兰达警告"的程序法规定,有力地保障了犯罪嫌疑人的基本权利,特别是有效防止了文化程度低、雇不起律师的犯罪嫌疑人遭遇警察"诱供"甚至"逼供",维护了法律的正义。

(4)实体法从内在层面体现法律的公平正义,法律程序从外在层面体现法律的公平正义。实体法获得普遍认可的基础,在于权利义务分配的合理性,尤其是充分的理由和自洽的逻辑;程序法则通过保障特定主体参与法律决定过程,或者限制特定主体的行为方式,在抽象的象征意义上使法律决定易于获得接受。比如一条立法规则尽管并没有科学地分配权利义务,但由于立法过程严格遵守相关立法程序,仍然被人们视为体现了法律的公平正义;又如由于借条的丢失,法院作出了不利于出借方的民事判决,只要裁判过程符合民事诉讼法的规定,当事人通常也愿意接受。

二、实体法与程序法的融合与分离

在法学研究领域,直到19世纪,程序法与实体法的区分才由英国法学家边沁提出。从法律实践的发展历史看,实体法与程序法的分离是社会演化和法律演化的晚近结果,是现代社会特有的法律现象。

在初民社会中,实体法与程序法紧密融合,实体法的内容完全取决于仪式化的程序。由于凌驾各家族之上的共同权威尚不存在,统一的实体法律也尚未出现,纠纷调停人无处找寻可以说服双方的规范性理由,明确分配权利义务、解决纠纷。因此，初民社会纠纷解决决定的作出，并不是依赖实体法，而是依赖具有法律意义的程序。比如在"神明裁判"中，裁判者可能要求按照一套复杂的程序将犯罪嫌疑人投入水火之中，以能否经受水淹火烧的程序考验决定其是否有罪。这种纠纷解决方式的可接受性和原始巫术的可接受性一样，来源于仪式化的程序。原始法律的特征就在于，各种具有程序意义的"正确的语言、姿势、巫术、誓言和诅咒直接证明和影响了法律"①。

在传统社会中，实体法与程序法相对分离，法学家视野中的实体法体系开始形成。在西方法律史上，实体法的起源要归功于罗马法学家群体，实体法律体系最初就存在于他们的脑际和著述之中。然而，古罗马的实际法律运作表明，只有在执政官允许一项纠纷进入事实审理程序之后，法学家的实体法学说才能发挥作用。在罗马帝国出现之前，案件事实要得到听讼，首先必须经由执政官的法律审理，决定是否向原告"赋予诉讼"（actionem dat）。英国普通法的做法更是耳熟能详，国王通过颁发与特定诉讼程序和诉讼形式密切相关的"令状"，同样将实体法与程序法牢牢捆绑在一起，实体法的实施主要还是通过程序的启动。"无令状则无救济"的格言，意味着没有程序的权利就没有实体的权利。

直到现代社会，实体法与程序法才相互独立。这是由于，与原始法和古代法相比，现代社会的法律不再主要用于解决具体纠纷，它的存在主要不是为了具体地"摆平"什么事情，而是告诉人们在这件事情上应当抱有怎样的预期。在大陆法系，实体法与程序法的彻底分离以《德国民法典》和《德国民事诉讼法典》的分别制定为标志，前者使实体法形成了完全抽象的法律规范，后者使程序法成为确定实体法上的权利存在与否的形式。② 在英美法国家，经过19世纪的改革，"令状"制度被废除，不同实体内容的纠纷不再交由不同"令状"规定的不同司法程序，统一的司法程序被用于解决各种纠纷。

我国长期存在"重实体，轻程序"的倾向，这与儒家伦理的"礼法"和"息讼"传统有关，也与社会主义国家强调实质正义的理念有关。然而，法律演化和社会演化的历史表明，程序法不仅不是实体法的附庸，而且直到现代以前，实体法反倒是程序法的附庸。实体法从程序法中分离出来，主要是因为在现代的"陌生人"社会中，发源于"熟人"社会的道德、伦理和宗教规范不再能够起到原有的作用，法律的功能从解决少数重要纠纷，向稳定所有人的行为预期转移。随着实体法数量越来越多，程序法对实体法的束缚被冲破，二者才逐渐形成了相互分离的体系，开启了并行不悖、独立发展的进程。

---

① N. Luhmann, Law as a Social System, Oxford University Press, 1985, p. 123.
② 参见江伟、邵明、陈刚：《民事诉权研究》，法律出版社2002年版，第124页。

三、法律程序的作用与功能

与通常的理解不同,法律程序的作用与功能应当加以区分。所谓法律程序的作用,是指通过程序法的实施可能带来的一系列重要但并非必然的正面效果,包括促进实质正义、限制恣意、缓和冲突、加强决定的可接受性等;所谓法律程序的功能,则是指通过程序法的实施必然达致的效果,即法律决定在法律系统内部的正当化。在现代社会中,法律程序的作用可以有多种,且与法律原则、基本权利、法律职业以及某些实体法的作用存在一定程度的重合,但法律程序的功能是唯一的、不可替代的。

1. 法律程序的作用

首先,程序法具有促进实质正义的作用。通过程序角色的分配,不同参与者的观点和理由得到充分的交换,更符合事实的陈述和更合理的意见可能脱颖而出,实体问题可能获得更好的解决。比如在对抗制的英美刑事诉讼程序中,辩护律师代表当事人展示证据、询问证人、相互辩论,陪审团听取法庭辩论、作出有罪或无罪的事实判断,法官作为中立者主持裁判并根据陪审团确定的事实适用法律。在这个过程中,不同的法庭角色各司其职,不同的证据和观点进行交锋,最后得出的事实可能较为符合"真相"。然而,"真相"毕竟存在于"过去",难以在"当下"还原:证据可能灭失或者难以取得,证人可能记忆不清或者故意说谎,巧舌如簧的律师只为委托人利益服务,由外行人组成的陪审团也容易受到误导。因此,程序法并不必然促进实质正义。

其次,程序法具有限制恣意的作用。法律程序对法律主体的决定过程施加了外部约束,公开的程序本身以及共同参与的程序,都有助于防止法律决定者的恣意。比如,较之独裁者个人制定的法律,民主的立法程序将立法权授予民选的代议机构,并设置提案、审议、表决等环节,由此通过的法律更可能符合公众的期望。但议会代表可能被有权势的利益集团垄断或收买,也可能因为缺乏专业性而高度依赖行政机关的提案,还可能由于屈从民意而作出不符合国家长期利益的立法决定。因此,程序法并不必然限制恣意。

再次,程序法具有缓和冲突的作用。在当事各方陷入激烈冲突之时,直接依据实体法规范分配权利义务,难以平息情绪,化解矛盾。通过将冲突纳入中立的法律程序,排除各方情绪化表达的法律意义,使之按照法律规定的方式进行讨论或辩论,并由于程序造成的"时间拖延"而逐渐冷静下来,冲突就可能得到缓和。但有些冲突本身就是法律程序实施的结果,比如在我国这样的存在"厌讼"文化的国家,一方当事人诉诸司法程序解决纠纷,常常引发另一方当事人的反感,以至于形成进一步的对抗;又如行政相对人诉诸行政诉讼,往往被视为冒犯行政机关的权威,为未来的冲突埋下伏笔。因此,程序法并不必然缓和冲突。

最后,程序法具有加强法律决定可接受性的作用。绝大多数法律决定都不可能皆大欢喜,总有一部分相关者从中得到较少的利益,或者失去较多的利益,因此感到不满。如果法律决定是严格遵守法律程序的结果,就可能对利益相关者产生"愿赌服输"的心理影响,使之比较容易获得接受;其次,实体的法律决定与法律解释、法律推理、法律论证等专业法律技术相联系,法律程序却是外行人也可以感知的"看得见的正义";最后,只要法律程序是公平的,那么下一次的法律决定就可能是另一个结果,失望者总是可以抱有希望。然而,某些法律程序特别是司法程序是一锤定音的,比如生效的司法判决具有"既判力",任何人不得再予更改,这就反倒可能弱化了法律决定的可接受性。比如对于米兰达案受害者芭芭拉来说,由于警方违反了法律程序的规定,米兰达逃脱了刑法的严惩,并且由于司法程序已经穷尽,芭芭拉再没有任何进一步惩罚米兰达的希望,这个结果无论如何不可接受。因此,程序法并不必然加强法律决定的可接受性。

2. 法律程序的功能

任何法律决定都既不能仅仅建立在暴力基础上,也不能仅仅建立在具体理由的基础上,而是需要以暴力之外的因素作为一般性的论证资源,从根本上证明其正当性。法律决定正当性的一般证成,即法律决定的正当化。但在原始法和古代法中,法律决定的正当化是依靠法律之外的因素实现的。"神明裁判"与仪式化的程序相联系,这种程序的正当化能力并非源于自身,而是源于为初民所信仰的神意;在古代的君主国家中,法律决定的正当性要么诉诸宗教因素如"上帝意志"或者"天命",要么诉诸传统如血脉传承的君主大权,要么诉诸道德因素如"自然法"或者"儒家伦理"。

在现代社会中,法律决定的正当化无法再依赖法律之外的因素。现代化的过程是国家的世俗化过程,是法律的实证化过程,也是不断"改革"和"革命"的过程。在现代化的过程中,宗教与政治的结盟被打破,真正成了个人的信仰;道德呈多元化发展,伦理价值冲突频仍;传统往往意味着保守和陈腐,历史被视为应当扬弃的过去,甚至是"文明"和"进步"的阻碍,三者都不可能充当法律决定的正当性源泉。此外,政治意志,不论是统治阶级的意志、执政党的意志还是"人民"的意志,也既不能突破宪法的基本原则,侵犯公民的基本权利,也不能干预司法的独立,改变生效的法院判决。按照现代"法治"的基本理念,所有法律决定都只能从法律系统内部加以正当化。

法律程序而非实体法承担了这项功能:立法决定之所以具有正当性,不是由于符合上位法或者宪法的规定,否则科学的逻辑演绎早已替代了议会的审议和投票;司法决定之所以具有正当性,不是由于正确适用了法律规范,否则法学家的研究早已替代了法官主持的裁判;行政决定之所以具有正当性,不是由于贯彻了行政实体法的要求,否则行政机关早已沦为执法机器,丧失了建设国家和社会的创造能力。不论是立法决定、司法决定还是行政决定,其正当性都是来源于法律程序;反过来说,符合法律程序的法律决定,不论是否促进实质正义、缓和社会冲突、限制决定者的恣意、得到利益相关者的接受,都被法律系统自身视为具有正当性。由此产生三项重要后果:第一,决定的作出得到保障,即便是再复杂疑难的问题,也能够在程序结束时获得解决;第二,决定获得法律上的效力,即便不同意见很多或者舆论争议很大,也"应当"加以执行;第三,决定风险被转移,即便事后证明一项法律决定并不合理,决定者也不必为此承担法律意义上的个人责任。

较之法律程序的作用,法律程序的功能具有必然性。但所谓"必然性"并不是说,无论何时何地,现代法律程序都能够使法律决定正当化。一方面,法律程序本身也存在"正当"与"不正当"之分,不正当的法律程序无法承担这项功能。比如在米兰达案中,假如允许警察在审讯前不告知米兰达拥有保持沉默和聘请律师的权利,米兰达很可能由于审讯环境造成的惊恐情绪和警察的威胁诱导,违心地供述自己并未犯下的罪行。法院依据这样的供词作出的判决,不可能正当化。另一方面,法律程序的功能发挥受到两种社会因素的影响:一是社会共识,即存在一种理性化的文化背景,更重视程序公正而非结果公正,并在界定程序公正的标准问题上观点较为统一;二是社会团结,即不同群体相互理解和相互合作,每个人同时被视为群体和社会的平等一员,不因狭隘的群体意识而区别对待。

第二节 正当程序原则

衡量一项法律程序是否正当的标准,哲学上最初来源于古罗马和古希腊的"自然正义"学说,随后在普通法国家逐渐成为具有宪法意义的"正当程序原则",并在现代社会得到进一步发展。综合学者的总结,现代的正当程序原则包括六项内涵:一是程序的参与性,即在影响公民权利义务的法律决定作出之前,应当给予公民行使知情权和陈述权的公正机会;二是程序的中立性,即法律程序的设计应当保障利益相关者的平等参与,不应对任何一方存有偏见和歧视;三是程序的合理性,即法律程序应当符合理性的要求,使法律决定以充分、可靠的事实为基础,而不是通过任意或者随机的方式作出;四是程序的自治性,即法律决定应当从法律程序的展开过程中产生,有意识地阻隔外部因素的影响,在法律程序结束之前维持结果未知的状态;五是程序的效率性,即法律程序应当保证法律决定的及时作出,因为"迟来的正义等于非正义";六是主持程序的权威的可信性,即限制主持程序的第三方权威的自由裁量权,特别是要求有关权威提供作出决定的论证理由。[①]

一、正当程序原则的起源

法学家通常认为,正当程序原则起源于 1215 年的英国《大宪章》。《大宪章》用拉丁文写成,其第 39 条规定:"任何自由人,如未经同级贵族依法裁判或经国家的法律审判,皆不得被逮捕、监禁、没收财产、剥夺法律保护权、流放,或加以任何其他损害。"作为国王与贵族妥协的产物,《大宪章》的这一条款反映了当时的英国贵族对约翰国王随意干预司法、妨碍司法公正的不满[②],强调对贵族权利的剥夺必须遵循正当的司法程序。但从思想层面看,《大宪章》的正当程序原则受到了古希腊以来"自然正义"理念的巨大影响。[③] 古希腊哲学家亚里士多德曾经区分自然正义与约定正义,认为前者是永恒的、适合于全人类的正义,后者是由权威加以推行的正义。古罗马人则将自然正义作为司法裁判的程序标准,并且提出两条著名的原则:(1) 任何人不得担任自己案件的法官;(2) 法官应听取双方的陈述。

尽管如此,英国仍然是第一个将正当法律程序写进宪法的国家,也是最早在司法实践中持续实施正当法律程序的国家。1225 年,第二次颁布的《大宪章》承认了"人民和大众"与贵族享有同等的自由权,正当法律程序的适用范围进一步扩大。1297 年,《宪章确认书》要求在诉讼中将《大宪章》当作"普通法"对待,并且指出与《大宪章》相矛盾的审判无效。1354 年,在首次以英语形式颁布的《大宪章》中,第 29 条明确使用了"法律的正当程序"的术语,以替代 1215 年《大宪章》所谓"国家的法律",意味着正当法律程序不再仅仅是普通法上的原则。同年,爱德华三世第二十八号法令第三章规定:"未经法律的正当程序进行答辩,对任何财产和身份的拥有者一律不得剥夺其土地或住所,不得逮捕或监禁,不得剥夺其继承权和生命。"1368 年,爱德华三世又以成文法的形式规定:任何成文法规的通过,如与《大宪章》相悖,则"必然是无效的"。[④] 在 13、14 世纪,经过反复确认和多次重新颁布,《大宪章》与正当程序原则的联系越来越紧密,成为反对王权干预司法的重要武器。

17 世纪,斯图亚特王朝的封建专制严重阻碍了资本主义经济的崛起,新兴

[①] 参见季卫东:《程序比较论》,载《中国社会科学》1993 年第 1 期,第 12 页;陈瑞华:《程序正义论——从刑事审判角度的分析》,载《中外法学》1997 年第 2 期,第 73—74 页;〔美〕汤姆·R.泰勒:《程序正义》,载〔美〕奥斯汀·萨拉特编:《布莱克维尔法律与社会指南》,高鸿钧等译,北京大学出版社 2011 年版,第 482—485 页。

[②] 参见〔英〕约翰·哈德森:《英国普通法的形成——从诺曼征服到大宪章时期英格兰的法律与社会》,刘四新译,商务印书馆 2006 年版,第 237—238 页。

[③] 参见杨寅:《普通法传统中的自然正义原则》,载《华东政法学院学报》2000 年第 3 期。

[④] 参见黄树卿:《英美正当法律程序的比较考察》,载《理论界》2010 年第 2 期。

的资产阶级再度利用《大宪章》和正当程序原则奋起反抗。1628年的《权利请愿书》、1640年的《人身保护法》、1641年的《大抗议书》、1679年的《人身保护法修正案》、1688年的《权利宣言》、1689年的《权利法案》，都贯穿了正当程序的理念。然而，随着资产阶级革命的胜利和"议会至上"原则的确立，英国法院的地位逐渐下降。20世纪，英国法院利用正当法律程序抵御行政权扩张的努力也屡屡失败。自始至终，英国的正当程序都只是一项程序性原则，仅指任何权益受到结果影响的当事人都有权获得庭审的机会，并且应被告知控诉的性质和理由。换言之，英国的正当程序原则只适用于法院的诉讼程序，不涉及立法程序及其实体内容。

二、实质性正当程序的发展

鉴于1787美国《宪法》缺乏对公民基本权利的保障，作为《权利法案》的一部分，1789年第五修正案明确规定："未经法律的正当程序，不得剥夺任何人的生命、自由或财产"。1868年，为了解决"南北战争"后遗留的奴隶地位问题和国家统一问题，《宪法》第十四修正案第1款规定："任何一州，都不得制定或实施限制合众国公民的特权或豁免权的法律；不经正当法律程序，不得剥夺任何人的生命、自由或财产"。这两条修正案确立了正当程序作为美国宪法原则的地位，前者致力于限制联邦的权力，后者致力于限制各州的权力。

第五修正案颁布之后，美国的正当程序原则与英国并无本质差异，仍然是一种程序性原则，仍然只涉及司法程序。这样一来，对于政府权力和立法机关权力的实质性限制，就只能依赖于法院对自然法的适用。1856年的"怀尼哈默诉人民案"改变了这种局面，促进了正当程序原则的发展。在这起案件中，纽约州法院判决纽约州的禁酒法案是"不依正当程序而剥夺公民财产"的立法，明确赋予了正当程序的实体法地位。① 换言之，虽然禁酒法案的通过满足形式上正当的立法程序，但由于侵犯了宪法保护的个人权利，因此不符合实质性的正当程序原则。第十四修正案颁布以后，纽约州法院审理怀尼哈默案的推理最终为包括联邦最高法院在内的美国法院所普遍采纳，正当程序在美国成了一项程序与实体并重的宪法原则，包括程序性正当程序和实体性正当程序两个方面。

然而，在美国从自由资本主义向垄断资本主义过渡的时期，实体性正当程序成了联邦最高法院维持自由放任主义保守政策的工具。19世纪末20世纪初，大法官们以第十四修正案正当程序条款的名义，短短几十年间否决了数百件旨

---

① 参见〔美〕伯纳德·施瓦茨：《美国法律史》，王军等译，中国政法大学出版社1990年版，第56—57页。

在干预经济的州立法①。其中最为荒谬的是1905年的"洛克纳诉纽约州案",联邦最高法院最终判决纽约州限制面包店雇员劳动时间的立法违反第十四修正案的正当程序条款,因为这一立法侵犯了个人的(契约)自由,并且妨碍了面包店老板和雇员赚钱(财产)。联邦最高法院借助实质性正当程序条款,无条件地保障契约自由和绝对财产权,实际上纵容了经济的高度垄断和贫富分化的加剧。

三、"正当程序革命"

第二次世界大战以后,在首席大法官厄尔·沃伦的领导下,美国联邦最高法院将实质性正当程序的适用范围加以拓展,再度发挥了正当程序原则在推动民权运动和法治发展中的积极作用,史称"正当程序革命"。

这场"革命"产生了一系列影响巨大的宪法判例:1954年的"布朗诉教育委员会案"判决剥夺黑人学生进入白人学校的权利违反了《宪法》第五修正案所保障的正当法律程序,颠覆了1896年"普莱西诉弗格森案"确立的"隔离但平等"原则,推动了终结种族隔离制度的《民权法案》(1964)出台。1960年的"迈普诉俄亥俄州案"发展了《宪法》第四修正案关于公民不受非法搜查的权利,将"非法证据排除规则"的适用范围扩展到联邦法院之外,要求各州法院也不得采纳警方以非法手段获取的证据。1963年的"吉迪恩诉温赖特案"涉及《宪法》第六修正案规定的获得律师帮助权,指出任何公民都不应该被迫在没有律师协助的情况下受到审判,从而改变了刑事被告只在死刑案件和特殊情况下才必须获得律师帮助的判例法。1973年"罗伊诉韦德案"将妇女堕胎权视为受宪法保护的隐私权,指出隐私权是《宪法》第十四修正案所谓未经正当程序不可剥夺的自由,从而判决德克萨斯州限制堕胎的法律违宪。"米兰达诉亚利桑那州案"也是沃伦法院的代表性案例,"米兰达规则"推进了《宪法》第五修正案"不得强迫自证其罪"的规定,将"沉默权"从审判阶段提前到了讯问阶段。

然而,激进的"正当程序革命"也带来了一些负面后果。比如,由于僵化适用"米兰达规则"可能危及比防止警察权滥用更为重要的社会利益,造成严重犯罪逃脱制裁或者无法得到提前制止,新的美国联邦最高法院不得不作出包括"公共安全例外"在内的诸多限制。具体而言,如果警察基于对公共安全的考虑而对犯罪嫌疑人合理进行讯问,那么即使在讯问前没有发出"米兰达警告",由此获得的犯罪嫌疑人的认罪陈述也可以被采纳为证据。又如,苛刻的"证据排除规则"极大增加了调查取证的难度,不利于保护刑事犯罪受害者的合法权利。如果警察的行为具有"客观的善意",或者所造成的侵犯是微小的,不加区分地一味强调被指控者的权利就与刑事司法体系的基本理念相违背。基于这种考

---

① See J. Singer, Legal Realism Now, 76 Cal. L. Rev. (1988), p. 499.

虑,20世纪80年代,证据排除规则的"善意例外"原则发展起来了。

在沃伦卸任首席大法官之后,联邦最高法院的"正当程序革命"逐渐走向终结。但正当程序的理念已经深入人心,以至于今天人们所讨论的法律程序,都是指正当的法律程序。

第三节 法律程序的类型

根据法律决定内容和性质的不同,法律程序可以分为立法程序、司法程序、行政程序、选举程序、调解程序、仲裁程序、侦查讯问程序等。不同的法律程序之间既有共性又有差异,以下着重介绍立法程序、司法程序和行政程序三种类型。

一、立法程序

古代罗马法和中世纪英国的普通法都是"法律家法",主要借助"拟制"与"衡平"等手段,通过扩大既有规则的适用或发掘更高原则,实现法律的渐进改良与社会的同步发展。① 古代社会也有统治者的规则创制活动,但由此创制的规则不一定获得法律属性:一方面,如果这些规则不能经受时间和社会压力考验,或者创制者个人的政治权力受到剥夺,它们就是单纯的命令;另一方面,在古代欧洲,许多法律源于道德性的"自然法"理念,或者具有宗教性的"神圣"渊源,世俗的统治者不可能通过规则创制加以改变。从严格意义上讲,只有现代议会从事真正的"立法"活动,只要立法过程符合立法程序,其所创制的规则就是具有效力的法律。归根结底,立法程序作为现代法律的效力基础,排除了社会、政治、道德、宗教因素对于立法规则之法律属性的外部检验。

立法程序应当符合正当程序原则的要求,具体而言:(1) 立法程序应当具有民主性,即平等表达、容忍差异;充分博弈、有效集中;保留少数意见、执行多数决定。(2) 立法程序应当具有交涉性,即立法参与者运用法定程序权力充分辩论、协商和妥协,以最终达成各方认可的多数结果。(3) 立法程序应当理性化,即通过议案审查、草案审议和表决、否决、复决等机制持续过滤和有效淘汰情绪化的立法内容,促进理性决策。(4) 立法程序应当具有效率性,即借助程式化、标准化的规则指导立法者掌握立法规律,借助有限发言制、终止辩论制、部分表决制提升立法者的决断能力,借助相对人评价机制、听证机制降低立法者的信息收集成本,从而促进立法决策的及时作出。(5) 立法程序应当具有平衡性,即注重保障多数意见与少数意见的平衡、充分民主与及时议决的平衡、制度创新与制度保

---

① 参见[英]亨利·梅因:《古代法》,沈景一译,商务印书馆1959年版,第13—41页。

持的平衡。①

十一届三中全会以后,为了健全社会主义法制,迅速改变法制落后的局面,我国进入了立法高峰期,全国人大及其常委会制定的法律、国务院及其各部委制定的行政法规和部门规章以及各种地方性法规数量急剧增长。然而,由于立法程序缺乏规范,许多法律、法规的立法质量存在严重瑕疵,造成了司法、执法中的极大困难。为此,2000年九届全国人大审议通过了《立法法》。作为调整我国立法活动的基本法律、宪法性法律,该法在完善立法程序方面作出了一系列规定,对法律草案的提出、审议、通过、公布四个主要立法环节作了规范。《立法法》颁布以后,国务院各部委和多省市的规章制定条例也陆续颁布,我国正式立法程序的体系逐渐形成。然而,较之法治发达的国家,我国的立法程序还存在诸多缺陷:规则仍显简陋,立法规划、立法计划等重要环节尚无规制;重视法案的同意和通过,轻视利益表达和意见交涉;过滤和淘汰瑕疵法案的作用发挥得不明显,"次中选优""好中选优"的机制没有建立起来;立法信息提供机制和质证机制缺乏,提案人的片面信息往往左右立法决策。②

二、司法程序

司法程序又称诉讼程序,指行使司法权、开展诉讼活动的法定方式和顺序,可分为刑事诉讼程序、民事诉讼程序、行政诉讼程序等基本类型,各自包括起诉程序、受理程序、庭审程序、判决程序、执行程序等基本环节。

传统上,西方两大法系的司法程序存在明显差异。以刑事诉讼为例,普通法法系采用"对抗制"诉讼程序,法官秉持中立、消极的姿态,被告与检察官地位平等,依靠律师争锋相对地提出证据、询问证人和展开辩论;大陆法系采用"纠问式"诉讼程序,法官集侦查、控诉、审判职能于一身,根据职权主动追究犯罪。对抗制诉讼程序起源于中世纪英国:为了替代被废止的"神明裁判"模式,陪审团制度建立起来,外行陪审员代替专业法官承担了决定被告是否有罪的职责。③同时期的大陆法系国家没有陪审团制度,只能依靠法官独断地审理案件,由此造成秘密审判时有发生、被告权利缺乏保护、律师职业的发展受到阻碍。但在资产阶级革命之后,由于民主、自由、人权思想的发展,大陆法系国家也日益重视司法的民主化,逐渐产生了纠问与对抗相结合的混合诉讼程序。

更重要的是,在现代化的进程中,司法程序在大陆法系的地位也不断上升。中世纪普通法实行"令状"制度,只有符合"令状"规定的诉讼形式,才能够得到

---

① 参见孙潮、徐向华:《论我国立法程序的完善》,载《中国法学》2003年第5期。
② 同上书,第60—65页。
③ 参见易延友:《对抗式诉讼的形成与特色——兼论我国刑事司法中的对抗制改革》,载《清华法学》2010年第2期。

司法的权利救济,因此形成了程序中心主义的观念。大陆法系却将权利视为先验的存在,司法程序是权利的附属品,其作用仅仅在于保护权利不受侵害,因此形成了"重实体,轻程序"的传统。然而,随着社会的复杂化,诸多权利冲突导致的疑难案件开始出现。较之普通法法系国家,大陆法系国家的司法权威遭遇了更为严重的挑战,凸显出司法程序的重要性:第一,司法程序能够"拖延时间",使法院不必立即作出合法或非法的裁判,暴露恣意色彩;第二,司法程序从日常冲突的自然存续时间中截取法律上的"起点"与"终点",将之化约为易于处理的法律冲突;第三,司法程序进行期间,判决结果呈现不确定性,吸引诉讼各方的参与和竞争,使最终作出的判决被视为参与和竞争的结果。

我国的司法程序制度受大陆法系影响很大,但经过多年的司法改革,普通法法系的合理因素也得到了一定程度的吸收。比如,2012年修正的《刑事诉讼法》纳入了"非法证据排除"规则,要求公诉人在特定情况下证明证据收集的合法性,极大增加了被告及其辩护律师与公诉人在庭审过程中的对抗因素。随着《刑事诉讼法》《行政诉讼法》《民事诉讼法》三大诉讼法的相继出台,我国的司法程序制度体系已经基本建立,不仅有效保护了当事人的诉讼权利和合法权益,也有助于督促人民法院查明事实、正确适用法律、及时审理案件。

三、行政程序

行政程序是行政权运行的方式和步骤,行政程序的法律化和法治化是当代社会发展的必然趋势。一方面,20世纪以来,尤其是第二次世界大战以来,由于社会经济的发展、社会关系的复杂化、利益与价值观念的多元化以及社会矛盾冲突的加剧,世界各国政府都强化了对社会生活的全方位干预,行政权呈现不断膨胀、扩张的趋势。在此背景下,传统的分权制衡模式已经不足以限制行政权的滥用,特别是行政自由裁量权的滥用,依靠行政程序进一步控制行政权的运行成为各国共同的选择。另一方面,现代社会是一个风险社会,任何行为的后果都面临高度的不确定性,行政行为同样如此。行政权越是扩大,行政行为就越是可能造成不可预知的负面后果,引发公众的质疑。将公众对行政行为负面后果的关注,从一定程度上转移到行政过程和程序上,也有助于缓解政府的社会压力。

正当的行政程序应当遵循五项原则:一是程序法定原则,即行政程序应当通过立法形式加以明确规定,不能由行政机关自主决定;二是比例原则,即行政权的行使应当局限在必要范围内,其手段应当力求简单、合乎目的,最少侵害行政相对人的利益;三是信赖保护原则,即行政机关应当保护正当的既得权益和合理预期,不得随意改变行政行为和承诺;四是程序公开原则,即行政机关在行使行政职权时,除涉及国家机密、个人隐私和商业秘密的以外,必须向行政相对人和社会公开相关事项;五是程序参与原则,即行政机关在作出干涉相对人的行政行为之前，必须给予当事人表示意见的机会。

行政程序与司法程序既有关联又有差异。二者的关联表现为：为了体现公平性，行政程序吸收了司法程序的部分内容，比如当代西方的行政复议程序就吸收了司法程序的回避制度、公开审理制度、言词辩论制度和说明决定理由制度，有的国家还建立专门的行政法院主持行政复议；为了保障合法性，行政程序受到行政诉讼程序的审查，法院应行政相对人的请求审查行政决定的程序合法性，对行政机关的程序违法行为以及由此产生的行政实体决定予以撤销；为了保障正当性，法院甚至在司法程序中审查行政程序是否符合"最低限度的程序公正"，以防止行政权的滥用和显失公正。① 二者的差异表现为：一般而言，司法程序遵循"不告不理"的原则，行政程序由行政机关主动启动；司法程序的双方当事人是平等主体，行政程序的双方当事人是管理/被管理的关系；司法程序的运行结果（判决和裁定）仅仅约束特定当事人，行政程序的运行结果（行政规章、决定、命令）往往约束行政区域内的不特定多数人；司法程序更加重视公平，行政程序更加追求效率。

经过多年的发展，我国的行政程序立法取得了巨大进步。在国家法律层面，《行政处罚法》《行政复议法》《行政许可法》相继颁行；在部门和地方层面，行政程序法制也达到了一定水平。然而，由于行政程序立法的分散化，一些程序规定服务于行政机关的管理需要，没有真正贯彻正当程序原则；另一些程序规定缺乏配套的外部监督机制，在实践中难以获得严格执行。早在2003年，全国人大常委会就将《行政程序法》纳入了立法规划，通过统一的行政程序法典的制定，必将进一步规范行政行为，推动行政法治。②

问题与思考

1. 在本章【法律故事】中，由于警方在讯问时违反了法律程序的规定，联邦最高法院否定了米兰达供词的证据效力，推翻了初审法院的有罪判决。请结合本章内容思考：

（1）实体法与程序法有何区别？

（2）有学者认为，法律程序是辅助实体法实施的手段，对此你如何认识？

（3）如果法律程序不能保障实体正义，其功能何在？

---

① 参见江必新：《行政程序正当性的司法审查》，载《中国社会科学》2012年第7期。
② 参见应松年、王敬波：《论我国制定统一行政程序法典的法制基础——基于现行法律规范体系之分析》，载《法商研究》2010年第4期；王万华：《论我国尽早制定行政程序法典的必要性与可行性》，载《中国法学》2005年第3期。

（4）由于"米兰达规则"保障了犯罪嫌疑人的"沉默权",杀害米兰达的嫌疑人最终逃脱了法律的处罚,你如何看待这条程序规则?

2．法律程序的作用与功能是什么?二者有何区别?

3．试论正当程序原则的基本内涵。

4．试论司法程序与行政程序的区别与联系。

参考文献

1．〔意〕莫诺·卡佩莱蒂:《比较法视野中的司法程序》,徐昕、王奕译,清华大学出版社2005年版。

2．〔英〕丹宁勋爵:《法律的正当程序》,李克强、杨百揆、刘庸安译,法律出版社2011年版。

3．季卫东:《程序比较论》,载《中国社会科学》1993年第1期。

4．陈瑞华:《程序正义论——从刑事审判角度的分析》,载《中外法学》1997年第2期。

5．易延友:《对抗式刑事诉讼的形成与特色——兼论我国刑事司法中的对抗制改革》,载《清华法学》2010年第2期。

第十六章 法律方法

【引读案例】

2008年某月某日凌晨3时许,被告人某甲同某乙、某丙预谋盗窃后来到某市一个超市准备实施盗窃。某甲一人先从超市后窗户进入超市,被居住在超市内的业主刘某发现,某甲用随身携带的尖刀威胁刘某,双方发生厮打。在厮打中,某甲看见某乙、某丙站在窗外向超市内看时便喊:"进来,快点。"某乙、某丙就用石头将超市前门玻璃砸碎进入超市,某甲、某乙用拳头击打刘某,将刘某制服后,某乙和某丙将收款台内的人民币49.50元以及香烟十条(价值人民币1036元)抢走。《刑法》第263条第1项规定的"入户抢劫",是指为实施抢劫行为而进入他人生活的与外界相对隔离的住所,包括封闭的院落、牧民的帐篷、渔民作为家庭生活场所的渔船、为生活租用的房屋等进行抢劫的行为。对本案,一种意见认为,按照目的解释方法被告人某甲、某乙、某丙的行为构成入户抢劫;第二种意见认为,按照文义解释方法被告人的行为不构成入户抢劫。

第一节 法律方法的概念

方法是为了实现特定的目标而采用的途径、办法和手段等。法律问题的解决被认为存在有自己特殊的、专门的方法,即通常所称"法律方法"。法律是为解决现实生活中的各种问题而人为设定的,因此法律的生命在于解决问题和案件,在于具体应用,而法律问题的解决过程实际上是一个法律方法运用问题。法律与方法紧密联系,意味着法律人必须依据法律的规定、按照法律的框架,采取法律上认为正确的方法、途径、步骤来解决和处理法律领域中的各种问题。

一、法律方法的含义

法律方法在英美法系主要是指称法官在裁判过程中的法律解释和法律推理的方法和技术。《牛津法律大辞典》对"法律方法"一词给出的定义是:在某个特定法律制度之内可用来发现与解决具体问题或具体争议有关的原则和规则的方法之总和。① 而在大陆法系尤其是德国,这一概念则一般采用"法学方法"一词加以表达,其涵盖范围更为广泛,除了法律适用技术之外,还包括技术和方法背后蕴涵的法哲学问题。国内学界对法律方法的理解也不尽相同,相关概念有法律技术、法律思维方法、法律学方法等。

综合而言,"法律方法"这个用语,可以在以下三个层面来使用:

第一,原始意义。法律方法可以泛指法律应用的所有方法,只要运用法律解决实际问题,都可称为法律方法。

第二,整体意义。整体意义上的法律方法应包括法律运行各环节使用的各种方法,包括立法方法、执法方法、司法方法和法律监督方法等。

第三,通常意义。目前我国法学界通常在较为狭义的意义上使用"法律方法"的概念,一般特指司法过程中的法律方法。本书主要是讨论这一层意义。

法律方法有以下几个特点:

1. 法律方法是法官的职业化方法

法律方法要解决实际问题,司法活动是应用法律方法最主要的场合,法官是狭义上法律方法的主体。在司法实践中逐渐形成和发展起来一套专业化的思维方式和法律技术,不同于"大众式"方法,法律方法需要经过专门训练才能掌握。因此,法律方法是法官在个案裁判中所使用的职业性思维和技术。

2. 法律方法是处理事实和规范的关系的方法

法律方法是探寻法律与事实(规则与案件)之间的关系。在法律规范和案件事实之间建立有效的联系,作出恰当的裁判是法律方法要实现的目标。这一过程不仅仅限于实现抽象的规则、原则的具体化,还要运用各种法律方法实现个案的正义。如何协调一般正义与个别正义之间的关系,是法律方法要研究的基本问题。

3. 法律方法以法律解释为核心的多种方法的综合

法律方法是为司法活动提供指南而发展起来的多种方法和技巧,如所有案件都经过法律发现,法律明晰时运用法律推理,法律不明时需要法律解释,裁判结论要进行法律论证,价值冲突时要展开利益衡量等。但我们发现,法律方法仅仅是为法律人提供了理解的前见。"法律方法论是制定法所有解释和适用的基础"②。理解就是适用,本身就是一种创造性行为,只有综合运用各种方法才能在多种理解中探寻和达致一致。

---

① 参见〔英〕戴维·M.沃克:《牛津法律大辞典》,李双元等译,法律出版社 2003 年版,第 761 页。
② 〔德〕托马斯·维腾贝格尔:《法律方法论之晚近发展》,张青波译,载《法哲学与法社会学论丛(8)》,北京大学出版社 2005 年版,第 16 页。

二、法律思维

法律思维是人们面对法律问题时展开的思维过程,通常被认为是经过法律方法专业训练的法律职业人员,在从事法律工作尤其是在法律适用过程中依据相关法律,采用法律逻辑对法律问题或案件进行推导所特有的思维方式和过程。但也有人认为法律思维活动和一般的思维活动并没有什么两样,它们所运用的思维方式、思维逻辑应当是相仿的。因为法律是由语言形成,是通过语言来应用的,因此法律方法也是通过法律思维活动来运用和展现的。

(一) 法律思维的特征

在法律运用过程中的法律思维除了符合思维的一般规律性特征外,还具有一些法律属性的特征:

1. 逻辑推导性

法律思维的活动过程通常应当遵守逻辑学的最基本规则,即所有的判断和结论都是在遵循逻辑规则要求之下的缜密推导得出的,因而推导具有严谨和规范的属性,因为思维推导过程合乎逻辑的严密性,故其最终结论是必然性的,具有强烈的说服力。虽然有时候法律工作者的思维可能是直觉性的,但这种直觉仍然受到逻辑规律的影响。

2. 循环往复性

法律思维是为了解决具体的法律问题或案件,因而在其思维方式中总是在假定的前提和结论之间不断地循环验证,最终获得其证立确定的结果。

3. 价值判断性

法律思维活动主要是对相关问题作出一定的判断,既然称为"法律"思维,就意味着这种判断必须限定在法律规定框架内进行,而不是一般意义上的判断。法律思维应当基于法律规定以及法律规定背后所承载的人类的价值观念、道德要求等展开,从而确保思维的结果符合法律的精神。

4. 开放限定性

法律方法是以法律思维来展开、完成和实现的,而思维活动本身是开放的,并不完全受外在因素制约。作为人的思维活动,开放性意味着会设想多种情形、多种可能。但法律思维又是具有限定性的,其思维的内容又终究受到法律的制约,需要依据法律来进行判断。

(二) 法律思维的方式

法律思维的主要形式是判断,判断是法律思维活动中最为核心的内容。人们面对一个事实总是会依据自身的知识和思维能力作出一定的识别和判断。法律思维是在各种判断的逻辑联系中运行的,思维活动首先是依据相应的素材建立判断,再通过进一步的判断印证证实前一判断,各判断之间的合乎逻辑规律的联系最终可以导出合理的结论性判断。在法律思维的判断形式中可能还存在以下一些值得注意的判断形式：

1. 前见。也称为前理解或先见，因为人们认识任何一个问题都是带着理解去理解的，即只有先具有一定的理解才能理解，当一个人对事物没有任何理解的时候他是无法理解一个问题的。假如一个人根本不知道什么叫盗窃，那么他就无法将"秘密窃取占为己有"这样一种行为理解为"盗窃"，也无法对"盗窃"和"诈骗"作出理解上的区别。前见影响着一个人法律思维的判断进路。前见往往和思维者知识经验的积累程度有关联。

2. 直觉。也有人称之为"法感"。由于存在前见，法律人会对相关法律问题产生较为敏感的直觉反应，即并非完全一步步按照逻辑推导出结论，而是可能一下直接把握问题的关键所在，这也被称为法律人特有的法感。法感和前见是法律人面对案件的第一反应。法感和前见取决于经验，经验愈充分，法感和前见愈接近于准确。心理学研究表明，思维运动的过程和结果不一定被思维主体所意识，也不一定能受思维主体支配和控制，有时非但不受法律规定的原则和规则的限制，甚至是不由自主的。例如，当彭宇一案被提交到法官面前，法官可能产生的第一反应是"就是他撞的"。这种不受支配和控制的思维就是直觉思维，它与道德价值观无关，也就是法官们自称的一种闪念，有时这种闪念会很顽固地停留在法官的思维中，希望寻找和搜集各种信息通过证据来印证自己的这种直觉。

3. 假定。假定是以已有事实材料和科学理论为依据而对未知事实或规律所提出的一种推测性说明。假定需要从事实材料出发根据已被证实的科学理论进行逻辑的论证。法律方法的运用都首先由思维来推动，而法律思维都是由前见（甚至偏见）启动的。假，意味着不一定正确，逻辑上不以为真；定，即先定，就是先确定其为真，只有先定为真，才能启动其思维，才能往下推论。在法律确定的条件下，法官如何展开其假定？在法律适用的理想状态中总是认为法官是从法律规则或法律原则出发，适用于事实得出结论，其中使用了合乎逻辑的推导方法。但正如有学者所说，法官并不会因为披上法袍就有一种与常人不同的推理方法。在大多数情况下法律思维判断如其他判断一样，也是从暂时形成的结论回过头来作出的。这种暂时性结论就是一种假定，也被有些学者称为"判断直觉"或者"预感"。

如果是简单案件，事实清楚，法律覆盖性明确，立法设定情形完全包含案件事实情况，通常无须对大前提进行论证，那么假定不是必要的。但若缺乏一个假定的事实，全案就推导不下去，或者缺少假定的事实，其他事实就连接不起来，法官的假定思维就必须开动起来。如交通事故发生后，老太太倒地受伤起诉肇事司机，司机否认撞人，这时法官自然需要假定，否则事实就连接不起来。受伤这一结果无非三种可能性，即自己跌倒、被司机所撞、被其他车辆所撞，每一种假定其推导结果都可能不相同,就需要通过假定结合案件其他事实来推导出合理的结论。

4. 证立。通过事实与事实之间、事实与法律之间的必要的逻辑关联推导和验证,当推导结论为真时,其结论得以成立;当推导结论为假即被证伪,应当予以否定和排除。证立是法律思维中富于逻辑性的部分,通常要依据逻辑规则借助于推理方法层层递进,以证成结论。

5. 评估。当通过逻辑验证得出相应结论之后,法律人的思维活动中往往会对这一结论最终产生的效果进行必要的评估,衡量其可能形成的影响,平衡其结果是否妥当。而当证立的结果出现均能成立的情形时,更需要通过评估择取最为恰当的结论结果,这种评估活动中往往加入了价值因素的考虑及其自由裁量。

(三) 影响法律思维的各种因素

思维是对客观外在世界的反映,法律思维过程中会受到各种因素的影响和干扰,如立场、环境、个人出身、情绪脾气、社会背景等。在对法官立场的研究中,人们发现法官个人的价值立场和见解与判决之间存在着关联,这种关联被学者称为法官的"态度"。德沃金认为,法律的帝国并非由疆界、权力或程序界定,而是由态度界定。虽然法官必定拥有最后决定权,然而法官的最后判决却并不因此是最佳的决定。[①] 而态度之所以不同,进一步的研究表明,法官本人的出身和社会化背景被认为是可能影响其对案件的反应和倾向的重要因素。

第二节 主要法律方法

一、法律发现

法律发现有三层意义:

第一,是如何从社会中寻找发现可以作为法律的要素并通过相应的方式转化为具有法律效力的规则;

第二,是在法律适用的过程中,如何确切地识别和发现可以适用于相应问题的确切的法律规则;

第三,是当法律规则缺位而现实又有调整需求情形下如何发现可以作为法律加以适用的社会规范要素。

其中第一层意义和第三层意义有相似之处,但不同的是,前者发生在立法创制的环节中,而后者则是在法律适用的过程中。

(一) 法律从何发现

如果把法律看作是具有客观规律性的东西,宽泛地讲,法律创制过程也就是

[①] 参见〔美〕德沃金:《法律帝国》,李常青译,中国大百科全书出版社1996年版,第367页。

法律发现的过程,即人们通过在外在的物质世界中寻找具备法律属性的东西将之转化为法律规范和具体规则。

研究法律不能局限于法律及其规则本身,而需要把握法律和社会的相关因素,才能真正掌握法律的特性。要深入了解法律是什么,还需要研究哪些东西是形成法律的素材,也就是说,哪些东西可以成为法律形成规则的来源。这也就是我们探讨的一个基本范畴——法律渊源。

关于法律渊源,在以往的法理学著述中通常这样界分:法律渊源可以分为实质来源和形式来源。其中,形式来源是指法律具有效力的外在表现形式,甚至径直将法律渊源称为法律形式。这一划分有一定道理,它解决了社会中哪些存在的规范要素可以成为法律规范的问题,即哪些东西可以具有法律效力的问题,但是没有进一步解释在被赋予其法律效力之前它们的内在属性和因为何种因素这些渊源成分有可能进入到法律规范之中从而获得法律的效力。因此,需要将已经国家确认法律效力的渊源和国家未来有可能从中获取立法资源的渊源作为两个不同命题加以探讨。把前者作为国家法律的一种形式来加以认识,把后者视为是法律的来源,即法律渊源。

"法律渊源"一词,也被简称为法源,拉丁文为"fons juris",英语中表达为"sources of law"。顾名思义,法源也就是法律的来源,意指何种东西出于何种原因通过何种途径可以被接受、被提炼、被认可为国家所赋予的具有效力的法律形式。这一概念意味着三个方面的内容,即可以被接受、提炼的法律社会资源有哪些;这些资源在怎样的社会、经济、政治、文化条件下被转化、提炼、形成;这种转化、提炼是通过什么途径和方式完成的。有法理学者把这三个方面内容分别称为:法律渊源的资源性要素、动因性要素、进路性要素。①

就资源性要素而言,一定社会的道德、正义观念、宗教规范、政策、风俗习惯、乡规民约、判例和司法裁决、先前的法律、外国的法律、国际条约、理论学说、自然和事物自身规律、科技标准等都可能成为法律所选取、吸纳、接受、提炼的资源。从动因性要素来说,是否从这些资源性要素中选取、归纳最终表达为法律,则是需要根据社会、经济、政治、文化和日常生活的具体条件综合考虑而形成的,如同性婚姻是否需要加以立法。至于进路性要素,则分别存在立法归纳、司法确认、行政决策、国际移植等途径方式。

对上述资源性要素作一个并不穷尽的归纳,大致可以分三个方面:法律性资源、社会性资源、科技性资源。

其中,所谓法律性资源,包括本国历史上存在过的立法,外国历史上和现存的立法、判例、国际条约、法理学说等,本身就已经过提炼抽象,具备了法律的内

---

① 参见周旺生主编:《法理学》,北京大学出版社 2007 年版。

在属性,在形成法律渊源时只需根据社会、经济、政治、文化等条件加以取舍采用,无须在此多加讨论。

社会性资源,如道德、宗教、政策等,因其与法律之间的联系十分密切,并且有许多相类似的方面,对法律产生着深刻影响,这类资源的提取往往关系到法律渊源的品质,需要着重加以分析。

科技性资源,如自然规律、科学技术的指标等,因其自身的客观性可以成为法律渊源中不能回避和忽视的基本成分。

(二)法律如何发现

法律发现是法律方法运用当中寻找作为大前提的一种工作或活动,只有找到了正确的大前提才能够启动法律思维,运用法律方法,逻辑地去解决所要处理的法律问题。

法律发现首先是发掘哪些东西、哪些规范是被作为法律的,能够适用于案件的法律能否解决案件又存在一个位阶问题。如果有不同的规则都可以适用,哪一部法律是恰当地指向所要解决的问题?因此,法律发现的基本进路有:

1. 规范法源。法律发现首先是要确定何者是可供依据的规范法源,说白了就是什么才是法律。这一点受制于国家法律渊源的形式。由于不同的国家在法律上确定的渊源形式是不同的,有些确定制定法为主要渊源,有些则认可判例法为主要渊源,因而在法律发现时采用的方式有所不同。进一步产生的问题是在主要的正式法源缺位的情形之下,其他渊源形式是否具备法源地位的问题。

2. 位阶。法律发现要解决的第二个问题是在存在明确法源的情形下法源的效力地位问题。依据法律效力位阶理论,通常的原则是,在不同位阶条件下,上位法律优于下位法律;在同一位阶条件下,特别法律优于一般法律,后制定的法律优于先前制定的法律;在同一法律文件中,后面的法律条款优于前面的法律条款。通过法律的位阶确认可以有效地发现和识别一个法律规则是否有效并能够适用于当前案件。

3. 识别和解释。法律发现的意义在于找到能够确切适用于某一事实问题的具体规范或规则,但是现实中的案件事实具有相似性,因而会产生几个法律规则似乎都能适用的情形。这时就需要对法律规则可能涵盖的事实情形予以辨析和识别,从而发现最确切对应的法律规则予以适用。在识别的过程中,往往需要运用解释的手段。解释是使规则明晰化的过程,通过解释法律规则得以形成明确的事实指向。

4. 弥补。法律发现最为实际的问题就是当法律出现缺位,而现实又有法律调整需要时,如何寻找发现可以用作调整社会关系的效力规范。没有明确规则的时候,如何发现并找到可以适用的法律条文依据,其方式主要有:

其一是类推:依据同样情况同样对待的原理,在没有确切、直接的法律规则可以管制和适用的情形下,法理上可以采用比照最相类似的条款予以适用的类推原则来发现可以采用的法律规则。

其二是续造:在法律没有明确规定的情形下从习惯、政策、判例以及法理学说中寻找发现和归纳出可供适用的原则作为依据适用,这就是法理学研究中所称的间接法源。这是法律发现的一种特殊情形。

二、法律解释

法律的意义只有在应用中才能成为具体的。[①] 法律解释在于法律运用过程中需要理解、释明法律的实际意义,而对于法律的理解、释明又不是仅仅为理解而理解、为释明而释明,其根本意义在于应用。任何一个法律规定都不可能与现实生活中的个案完全对应,因而法律解释是准确实施法律的必然要求,它连接立法意图与司法目的,是将法律的抽象规定进行具体化、个别化的重要途径。

(一)法律解释的意义

法律解释的必要性源自社会生活的复杂性和法律本身的局限性。法律解释具有缓解这一矛盾的功能,并且通过解释的过程使它自身具有独立的意义。

法律本身具有抽象性、概括性、原则性,要将法律适用于具体的、特定的案件,需要通过解释以实现这一转换。同样,法律是相对稳定的规范,而社会生活是千变万化的。要使法律跟上社会生活发展的步伐,同时又保持法律的相对稳定,就需要借助于法律解释促进法律的安定性。

法律是调整社会关系的专门技术,存在许多特有的专业术语、概念和逻辑构成,并且人们对此具有的知识能力、认识理解能力也存在着差异,需要通过法律解释加以明确和界定。

法律不可能是包罗万象、完备无遗的规范,法律必然会存在空白与漏洞,甚至错误的规定也难以避免,需要通过法律解释来弥补、修正。法律中大量存在的不确定的法律概念,同样需要借助法律解释来加以解决。

法律的存在对于人们世界观、价值观都会产生相应的影响。通过法律解释可以促进社会共同价值观念、公共理性的形成。

(二)法律解释的性质

法律解释,通常是指司法者(法官或法院)在具体适用法律时对法律规定所进行的旨在使法律文本与案件事实产生明确指向和关联的司法作业,以及由此而形成的一系列原则、规则、技术和方法。由于这些技术和方法在方法论上具有语言、逻辑、理解、分析、诠释、本体等哲学意味,因此与西方哲学中的一个分支或

[①] 参见〔德〕汉斯-格奥尔格·加达默尔:《真理与方法——哲学诠释学的基本特征》(上卷),洪汉鼎译,上海译文出版社1999年版,第418页。

流派——解释学(诠释学)相结合产生了学科中的一个新的门类——法律解释学。

法律解释在权力性质上是一种附随的权力。有立法权力自然具有对自身立法进一步释明的权力,同时也具备依据自身立法权的地位推翻和否定与之发生抵触的其他低位阶立法以及其他解释的权力。同理,有司法权必然会有相应的司法解释权,这是由司法权的职能和其运行的目的所决定的。司法权之所以存在,是为了将抽象的、概括性的一般立法与社会上发生的形形色色的具体案件现象相对应并加以解决。在这一过程中,由于法律是标准的,而具体案件几乎都是非标准的,在司法实践中完全能与立法规定吻合的标准案件是较少存在的。这就需要司法人员将案件与法律加以连接,寻找到其联系和对应,使问题和纠纷最终得到解决。寻找对应的过程,也就是对法律进行解释的过程。

法律解释是法律适用的前提。没有对法律的解释,也就无所谓法律的适用。因此,法律解释是在一定的法律适用场合,有权的国家机关或个人遵循法定的权限和程序,按照一定的原则和方法对法律文本所进行的阐释。这一概念包含谁来解释(即法律解释的主体)、解释什么(即法律解释的对象)、怎么解释(即法律解释的原则和技术)三个方面内容。

(三)我国现行法律解释体制

我国现行法律解释体制依据的是1981年五届人大常委会第十九次会议通过的《关于加强法律解释工作的决议》和2000年九届人大第三次会议通过的《立法法》。其基本体制的结构和内容分为:

1. 立法解释

法律解释权属于全国人大常委会。凡属(1)法律的规定需要进一步明确具体含义的;(2)法律制定后出现新的情况,需要明确适用法律依据的,由全国人大常委会解释,是为立法解释。

2. 司法解释

司法解释权分属最高人民法院和最高人民检察院。凡属于法院审判工作中具体应用法律法令的问题,由最高人民法院进行解释,称为审判解释;凡属于检察院检察工作中具体应用法律法令的问题,由最高人民检察院进行解释,称为检察解释。二者合称为司法解释。最高人民法院和最高人民检察院的解释如果有原则性的分歧,则报请全国人大常委会解释或决定。

3. 行政解释

不属于审判和检察工作中的其他法律法令如何具体应用的问题,由国务院及其主管部门进行解释,这归为行政解释。

4. 其他解释

凡属于地方性法规条文本身需要进一步明确界限或作补充规定的,由制定法规的省、自治区、直辖市人大常委会进行解释或作出规定;凡属于地方性法规如何具体应用的问题,由省、自治区、直辖市人民政府主管部门进行解释。

此外,香港、澳门特别行政区的法律解释权分属全国人大常委会和香港、澳门特别行政区法院。全国人大常委会行使对特别行政区基本法的解释权。特别行政区法院的解释权由两部分构成:经全国人大常委会授权在审理案件时对基本法关于特别行政区自治范围内的条款自行解释,对基本法其他条款可有条件地进行解释;基本法以外的其他法律由特别行政区法院解释。

上述体制内的法律解释在法理上均属于有权解释,即解释的文件与被解释的法律文件被视为具有同等的法律效力。其中,立法解释在整个法律解释体制中处于主导和支配地位,但因其不可能实际承担具体解释的任务,客观上有虚置的倾向;而司法解释则成为这一体制内各类解释中数量最为庞大也最为主要的法律解释类别,但因其以抽象性解释的面目出现,也存在"立法化"现象之嫌。

三、法律论证

法律论证,也称为法律证立,是近年来法律方法研究中兴起的一个理论领域。进入20世纪,人们对于立法者和法官各自任务的观念发生了变化。根据西方法哲学的传统分权学说,法官的任务是把立法者所制定的清晰、明确的法律规范适用于具体案件。但是,因为事实上立法者无法预料到所有可能发生的法律情形,只能作一般性或者原则性的表述,法律很有可能存在疏漏。相应地,法官在解释这些规则时,就获得自由裁量的极大余地。为了使其最终的判决达到合理性,被人们所接受,他们必须对其法律解释予以阐明,对自己的观点加以论证。由此,法律论证在裁判中的重要价值就凸显出来。

法律论证作为法官在司法过程中的一项重要的职权和职责,可以有效克服形式逻辑的固有局限,弥补法律的缺失,为未来相类似的问题留下可供依据(或者参照)的一般规则;同时宣示并证实法官的价值判断中蕴涵的社会基本价值,说服相应的听众接受其结论(裁决结果),使案件得到顺利妥帖的解决,保证裁决的正当性,有利于实现个案正义,防止司法专断,树立司法权威。

(一) 法律论证的概说

所谓论证(argumentation),是指提出一些似乎可以正当化某项主张,或使其至少看来值得讨论的理由,[①]也即通过一定的理由来证明命题的正当性。法律论证是指通过提出根据和理由,运用一定的方法来证明法律命题的正当性。广义上说,法律论证的适用范围较宽泛,包括对立法意见、司法决定、法律陈述等有关法律主张的论证。狭义的法律论证仅指在个案裁判中,法官综合运用各种方

---

① 参见〔德〕卡尔·拉伦茨:《法学方法论》,陈爱娥译,商务印书馆2003年版,第31页。

法证明其裁判结论正当化的活动。

　　法律论证是一种典型的规范论证,是确认裁判结果所依据的法律规范在现行法律体系中的可成立性,是对作为法律推理大前提的法律命题的论证,是解决作为法律裁决标准的法律规范的正当性与可接受性问题。

　　法律论证在本质上是一个对话或者商谈的过程,是法官阐明自己所认定法律的理由,不仅说服自己也要说服当事人和社会公众,通过相互交涉来证明或反驳某一法律规范的可接受性。

　　法律论证的目的在于确认作为法律推理大前提的某个具体法律规范的可接受性。寻求可接受性是法律论证的出发点和归宿,法律论证就是围绕这一特定目的进行论辩和说理的。

　　法律论证的过程要受到约束,包括逻辑的约束和法律的约束。法官在进行论证时既要受制于法律规则的外在约束,又要受制于形式逻辑的内在制约,既要为现行法律规则和法律体系所允许,又要符合逻辑思维和规则的要求,而不能恣意妄为。

　　法律论证是实践性的活动。法律论证的表达方式使其超出了单纯思维活动的领域,进入实践的范围,成为影响人的行为、社会关系的重要力量,并因此而深刻地影响着现实法律秩序的生成以及法律利益的实现。①

　　法律论证的场合是大前提不确定的情况。法律论证是适用所有案件还是仅适用于疑难案件？法律论证贯穿于法律适用的全过程。然而,在实践中,对于一般案件存在明确无疑的法律规则,事实与规则对应清晰,法官只需要按照司法三段论进行推演,即认定事实—寻找法律—得出结论,形式逻辑本身就具有说理功能,裁决所依据的法律规则在立法之时也已得到充分论证。面对疑难案件,法官无法从一般规则中机械地演绎出裁决,他们必须解释法律规则乃至续造补救,此时就必然要对自己的观点说明理由,即对作为裁决的大前提的法律命题进行论证。因此,法理学意义上的法律论证,主要是针对作为判决的大前提的法律命题（事实上就是一般规则）的论证,也就是在大前提不确定的场景下需要展开法律论证,解决作为判决依据的法律的正当性问题。

　　（二）法律论证的方法

　　学者将法律论证理论的知识进路分为三种：逻辑方法、修辞方法和对话方法。

　　1. 逻辑方法

　　逻辑方法是法律论证最传统、最基本的方法。任何法律论证首先就是强调

---

　　① 参见黄竹胜：《法律论证：概念架构与语义分析》,载《广西师范大学学报（哲学社会科学版）》2003年第2期。

形式的有效性,通过形式的有效产生论证的合理性标准。从逻辑的角度看,某一法律论证之可接受性的一个必要条件是:支持该论证的论述必须是逻辑有效的论述(另一个条件是,支持某一论证的理由依据法律标准是可以接受的)。只有当某一论述在逻辑上有效时,才能从法律规则和事实(前提)当中得出裁决(结论)。这种方法的使用要求法律裁决基于一种普遍性的规则,当一个法律裁决是基于一种普遍规则时即可以主张这种解决方法可以适用于同类案件。

但是,前面已经说过,法律论证不是简单的逻辑方法。逻辑只能证明某一法律上的结论是由某些前提推倒出来的,但不能保证某一结论的可接受性。如果结论不能被接受,不是逻辑本身错误,而是作为前提的论断存在问题,必须通过改变前提,说明其真实性和可接受性。

论证中的逻辑方法要解决法律论证的正当性标准问题。这里存在两个层次,在形式向度上,要求其保证论证正确:裁决必须是从论证所提出的理由中获得。在实质向度上,则要求论证具有可接受性:事实必须是众所周知的或者已经获得证明的,且法律规则必须是有效的或者是对某一有效法律规则所作的可以接受的解释。

2. 修辞方法

修辞方法注重的是论述的内容以及可接受性的语境的依赖向度。论证的可接受性取决于论证的有效性。为了能够说服听众接受某一裁决的论证,法官需要运用一套被广为接受的某些起点(如法律原则中的公平、平等、诚信、自由等)以论证其裁决。类推、反证等论证策略也可以赢得他人的赞同。

在修辞方法中,着重于听众的认同性,认为如果一个论证为论辩者(主要是法官)所指向的听众(可以是普通听众,也可以是特殊听众,如法院其他法官或者议会成员等,但都是理性人)所接受,那么它就是正当的、可接受的、合理的。因此,按照佩雷尔曼的"新修辞学"理论,法学中的裁决论证不是形式上的证明。法律裁决建立在法官的选择上,法官通过确认其选择正确、裁决无误而论证其选择。但这一选择不是立足于主观选择,而是精心探究,能证明为主体间可接受的。

法律论证的起点论题十分重要,为了获取法律听众的认同,需要选择和运用被普遍接受的法律价值作为论题的起点。而为了实现起点的认同传递,可以采用各种论述形式,包括矛盾论述、相似性论述、类推论述、充分论述、完备性论证、融贯性论证、心理学论证、历史论证、目的论证、经济论证、典型论证和系统论证等形式。

3. 对话方法

对话方法是从商谈程序的视角来考虑法律论证,在这一程序中,法律主张根据理性商谈的特定规则获得支持。在对话方式中,法律论述被看成是一场关于某种法律观点可接受性对话的组成部分。论述的合理性取决于商谈程序是否符合可接受性的某些形式标准和实质标准。对话方式的证立,要求商谈符合某种程序合理性标准。"对于一个有待接受的法律裁决来说,重要的是:参与者要遵循某些规则。"①这些规则包括:一致性、有效性、可检验性、融贯性、可普遍性、真实性等。

对话方法建立在哈贝马斯的"交往行为理论"的基础上,这一理论认为,论证的可接受性最终依赖进行论辩时的言谈情境的合理性。通过论证而有效建立起来的共识是理论性和实践性言辞的可接受的最终标准,而理性建立起来的共识只有在理想言谈情境(ideale sprechsituation)下才能获得。这一理想言谈情境是指,参与人参加论辩时没有受到外在因素或者强力的强制。虽然在现实情况下,论辩的条件只能近似于这些标准。

社会形成和制定出法律规范,自然是用来供人们理解和使用的。人们理解法律规范,首先是从理解法律条文的意义开始的,而法律能都成为调整人们行为的普遍规则的基础也正是在于其基本含义能为人们理解。如果一个法律规则无法被社会上的人按照公认的语言规则理解、接受,那它根本无法起到规范人们行为的作用。而对于法律职业者而言,能够按照职业共同体的准则理解法律的意义是成为法律职业者的先决条件。"从原则上说,一个称职的律师能够根据现行法律大体正确地预见法官的判决。"②之所以能如此,在于法律规范中存在能为人们共同感知、理解的法律意义。

四、利益衡量

(一)利益衡量的含义和特点

利益衡量是当法律所确认的利益之间发生冲突时,法官对冲突的利益依据社会环境、经济状况、价值观念进行权衡和取舍,通过实质判断确定需要保护的利益并选择适用的法律规则的活动。利益衡量在法律方法体系中处于最高境界,体现了法官的创新思维,被称为司法的"黄金方法",也是法官能否作出正确判决的关键所在。

利益衡量有如下特点:第一,利益衡量的主体是司法者,即审理案件的法官,衡量的结果大多取决于法官的基本素质、知识与能力;第二,利益衡量是在个案中展开,各种利益的轻重由具体案件事实本身所决定,而并非抽象地在不同类型利益之间作出简单排序;第三,利益衡量的应用场域有特定的时空约束,即待处

---

① 〔荷〕伊芙琳·T. 菲特丽丝:《法律论证原理——司法裁决之证立理论概览》,张其山、焦宝乾、夏贞鹏译,商务印书馆 2005 年版,第 17 页。
② 梁治平:《解释学法学与法律解释的方法论——当代中国法治图景中的法解释学》,载梁治平编:《法律解释问题》,法律出版社 1998 年版,第 97 页。

案件中存在不同的法律所确认并保护的利益冲突,而法律又未规定利益的优先位阶;第四,利益衡量的实质是从法律之外的视角进行价值判断,因"案"而异,而非理论预先设定;最后,利益衡量是法律语境下的权衡,在法律秩序范围内进行判断和取舍,进而达成判决,因而非法律因素如自然因素、违背法治的因素应当予以排除。

（二）利益衡量的原则

利益衡量的原则是利益衡量过程中所必须遵循的根本准则,对利益衡量的实际运作具有指导意义,也是检验利益衡量是否符合目标要求的基本标准。利益衡量的原则主要有合法性原则、利益最大化原则、激励原则和克制原则。

1. 合法性原则

合法性原则是利益衡量的最基本原则。这一原则要求利益衡量必须根据宪法、法律来衡量,要限定在现行法律框架之内,服从法律规则,同时符合现行法律的价值取向,不能超越法律的边界恣意衡量,这是法治的必然要求。合法性原则具体包括两个层面的要求:一是利益衡量的对象必须是法律予以确认和保护的利益,是合法利益之间发生无法自行消解的冲突,法律调整范围之外的利益及非法利益不应当成为利益衡量的对象;二是利益衡量的结果必须有相应的法律规则作为依据,以使裁判获得正当性,并根据法律规则对衡量结果进行校正,使其具备形式合法性。总之,利益衡量是在法律秩序内寻求解决利益冲突的最佳方案。

2. 利益最大化原则

一个最优的判决不是为了实现每个当事人合法利益的最大化,而是各方利益总体意义上的最大化。以最小的代价,最大限度地实现个人、群体和社会利益的最大化是利益衡量的总体目标追求。既不能先验地认定某种利益优先,也不能对各种利益作简单的排序,更不存在为了一方的某个利益而绝对地牺牲或者放弃另外一方的某种利益,而是要把各种利益放在同一层面上或者同一法律关系中进行综合分析、比较权衡,尽可能最大限度地满足各种相关利益需求,同时将损失和摩擦降到最低,通过各方博弈,寻找一个平衡点,从而使社会资源在整体上实现最佳配置,实现效益最大化。这一原则要求法官把整体利益的最大化作为解决纠纷的基本原则和总体目标,综合考虑、协调各方矛盾和冲突,基于对案件利益关系的实质判断,获得一个较合理的、有说服力的、可接受的、符合社会利益的裁判。

3. 激励原则

利益衡量不仅要衡量个案当事人的具体利益,而且还要考虑到案件的判决结果对将来产生的效果,并确保对社会产生正当的、有益的激励。"今天的判决将决定明天的对错。如果法官打算明智地宣告判决,那么就必须有某些原则来指导他从各种争取法律认可的可能判决中作出选择。"①特别是对于疑难案件，法官还肩负着一项社会责任，那就是："疑案的判决必须为社会创设一种有益的激励。"②

4. 克制原则

利益衡量离不开法官的自由裁量，虽然是立足于一种超越法律的视角，但也存在一定的边界，并不意味着放纵法官任意妄为，法官也需自我克制，遵循有限、节制原则展开利益衡量。克制原则具体表现为：利益衡量的适用要受到约束，是法官在不得已情况下而被动采用，不适用利益衡量的方法案件就难以得到妥当解决；利益衡量的程序要受到约束，法官在裁判中要进行充分说理，展现其心证过程，详细论证利益衡量的形式合理性和实质合理性；利益衡量的结论也要受到约束，最终要以法律规则作为依托。

（三）利益衡量的标准

作为一种法律方法，利益衡量有很强的主观性，但也需要有相对的客观标准。严格来讲，我国现有裁判实务中还无法找到利益衡量的具体标准，利益衡量标准或者说依据可以从不同的角度来划分。

1. 价值相对主义和价值绝对主义

利益衡量的标准有相对主义和绝对主义之分。相对主义主张利益衡量的所有标准都是一种价值判断，都是主观的、相对的，我们无法找到正确的结论或者解释，也不存在检验结论正确与否的统一标准；绝对主义价值观则认为存在着人们广泛接受的、无可否认的价值，如人的自由、平等和尊严，并存在一个价值的等级序列。

2. 内在（法律）标准与外在（社会）标准

内在标准也称为法律标准，是在法律既有规定之内对个案的衡量，体现的是司法克制主义，法官"必须符合立法者通过法律所表达出来的对利益状况的评价"③；外在标准也称为社会标准，强调超越既有法律规定，从裁判者立场，也就是法官自己作出判断，体现的是司法能动主义，法官"在裁判过程的一开始，就应该有意识地排除既存的法律规范，在一个完全空白状态下，考虑这个纠纷的解决方案"④。依据内在标准还是外在标准，利益衡量的结果可能大相径庭。

3. 法律人立场与普通人立场

法律是法律人思维的根据，法律人立场强调法律规则或者法律构成在裁判中的决定性作用，追求法律上的正义；而普通人立场更强调民众的意志、社会的

---

① 〔美〕本杰明·卡多佐：《司法过程的性质》，苏力译，商务印书馆1998年版，第9页。
② 桑本谦：《疑案判决的经济学原则分析》，载《中国社会科学》2008年第4期。
③ 〔德〕卡尔·拉伦茨：《德国民法通论》（上册），王晓晔等译，法律出版社2003年版，第97页。
④ 〔日〕加藤一郎：《民法における論理と利益衡量》，有斐阁1974年版，第25页。

评价、社会进步的潮流以及案件事实本身,衡量的结果不能违背常识,更多地追求一种社会正义。前者要求的是形式合法性,后者要求的是实质合理性。

(四)利益衡量的具体操作

利益衡量如何来运作,目前国内外普遍采用"实质判断加法律依据"①的模式。利益衡量的具体步骤如下:

1. 利益发现

利益发现是利益衡量的前提和基础,利益发现就是调查和分析当事人的利益诉求。法官通过查清案件事实,厘清案件所涉及的利益,并要辨明这些利益的种类,哪些属于案件当事人的具体利益,是否存在受到案件间接影响的某一群体利益,是否涉及制度利益(即法律制度的利益)和社会公共利益②,进而要判断这些利益的性质、数量以及相互关联和冲突。

2. 利益评估

利益评估是利益衡量的核心,法官要"认识所涉及的利益、评价这些利益各自的份量、在正义的天秤上对它们进行衡量,以便根据某种社会标准去确保其间最为重要的利益的优先地位,最终达到最为可欲的平衡"③,通过对各种利益的权衡与选择,形成关于当下个案的实质判断,即法官作出哪一方当事人利益应当受保护的判断。这一阶段需要法官在前见的基础上,运用利益位阶分析方法,根据常识或情理对类型化的利益加以评价和权衡,最终选择确定应予保护何种利益。需要强调的是,在这一阶段法官并不需要运用理性逻辑推理,而是完全根据自己的法感进行分析判断,是先于法律根据的价值判断。

3. 法律衡平

法官在利益评估后得出的实质判断并不能直接作为裁判案件的直接根据,接下来要为实质判断寻找和构建法律上的依据。也就是说,法官还必须进行法律考量,使利益衡量得出的初步结论与法律条文相契合,为协调利益冲突提供法律标准,从而使该结论合法化。因此,在这一阶段法官要找到相关法律规范对案件的具体事实进行评价,并充分说明法律理由,依照"三段论"的推理模式作出裁判结论。

4. 检验和校正

当然,也存在另一种情形,就是在作出实质判断后,无法找到法律依据,法官还要进行检验与校正,再次权衡、评估和选择,重新进行实质判断。

---

① 梁慧星:《裁判的方法》,法律出版社2003年版,第187页。
② 参见梁上上:《利益的层次结构与利益衡量的展开》,载《法学研究》2002年第1期。
③ 〔美〕博登海默:《法理学:法哲学与法律方法》,邓正来译,中国政法大学出版社2004年版,第152页。

五、法律推理

推理是逻辑学的范畴,即推断与论理,包含两个方面的问题:一是由一个或几个已知的判断(前提)推出新的判断(结论)的过程;二是通过辩论,运用论据来证明论题的真实性的过程。推理是人的思维活动的规律,也是人独有的能力。推理能力也是法律存在的前提条件。法律推理是人们从一个或几个已知的前提(法律事实、法律规范、法律原则、法律概念、判例等法律资料)得出某种法律结论的思维过程。法律推理运用的范围很广泛,可以包含在立法的过程中,这里主要是从司法场合加以分析。同时,推理活动基本上是贯穿于整个法律适用的全过程的,这里仅从严格的逻辑意义上作区分。在法律适用的过程中的法律推理主要表现为:从已知的事实推出未知的事实;从上位规则推出下位规则;从法律规定和个案事实推出判决。

(一)法律推理的特点

法律推理与一般推理相比,具有如下特点:

1. 法律推理是一种寻求正当性证明的推理

自然科学研究中的推理,是一种寻找和发现真相和真理的推理。而在法学领域,因为法律是一种社会规范,其内容为对人的行为的要求、禁止与允许,所以法律推理的核心主要是为行为规范或人的行为是否正确或妥当提供正当理由。法律推理所要回答的问题主要是:规则的正确含义及其有效性即是否正当的问题,行为是否合法或是否正当的问题,当事人是否拥有权利、是否应有义务、是否应承担法律责任等问题。

2. 法律推理要受现行法律的约束

现行法律是法律推理的前提和制约法律推理的条件。法律的正式渊源或非正式渊源都可成为法律推理中的"理由",成为行为的正当性根据。在我国,宪法、法律、行政法规、地方性法规都是法律推理的前提。在缺乏明确的法律规定的情况下,法律原则、政策、法理和习惯也都会成为法律推理的前提。在普通法法系国家,来自于判例中的法律规则也是法律推理的前提。

3. 法律推理的结果涉及当事人的利害关系

在许多情况下,法律推理的结论事关当事人是否拥有权利、是否应有义务、是否应承担法律责任等,这些问题直接关系到当事人的利益。

4. 法律推理需运用多种科学的方法和规则进行

法律推理的方法中不单纯使用逻辑推理方法,特别是不单纯使用形式逻辑的方法,还存在非逻辑的分析与论证,如价值分析判断等,因此其规则也多样化。

(二) 法律推理种类

1. 形式推理

形式推理是形式逻辑推理方法在法律推理中的运用。通常分为演绎推理、归纳推理、类比推理三种。

(1) 演绎推理

演绎推理是由一般到特殊的推理,即根据一般性的知识推出关于特殊性的知识。其特点是结论寓于前提之中,或者说结论与前提具有蕴涵关系,所以它又是必然性的推理。只要前提为真,推理形式正确,结论就是必然真实的。演绎推理主要表现为三段论推理,它是由三个直言判断组成的演绎推理,借助一个共同的概念把两个直言判断联结起来,从而推出一个直言判断的推理。

(2) 归纳推理

归纳推理是从个别事物或现象的知识推出该类事物或现象的一般原则的推理。普通法法系主要运用归纳推理方法,由法官从个别案件中抽象归纳出一般性的原则,这一原则可适用于将来的同类案件。较典型的归纳推理表现在,法官在没有法律规则作为他的审判依据时,可以从一系列以往的判决的比较中推理出有关的一般规则或者原则加以适用。

(3) 类比推理

类比推理是根据两个或两类对象某些属性相同从而推出它们在另一些属性方面也可能存在相同点的演绎推理,在法律适用中称为类推推理。类推推理的特征在于:第一,它属于间接推理。第二,类推推理是从特殊推理到特殊,由个别推理到个别的一种推理。第三,类推推理是从法律的精神中推理出新的意思,它与单纯扩张法律文义的扩张解释不同。第四,类推推理的推理根据是不充分的,客观事物之间既有同一性,也存在差异性。类推是根据两个或者两类对象在一些属性方面的相同,就推出它们在另一些属性方面相同的结论。类推在民事法律的适用上有弥补法律漏洞的补充作用,但在刑事法律上由于罪刑法定原则的限制则不允许采用。

2. 实质推理

实质推理也称辩证推理,是指当推理的前提出现两个或两个以上相互矛盾的法律命题时,运用辩证思维从中择取较佳命题的过程,是法律适用中的非形式推理方法,常在运用形式推理不能解决问题之时采用。例如,法律规定意义含糊不清,仅用文义解释不能确定;法律出现空隙;法律本身有抵触;法律适用出现合理与合法的矛盾等。

第三节　法律方法的应用原则

一、法律方法的运用姿态

（一）司法能动主义和司法克制主义

法律具有稳定性，这是法治的必然要求，但为了避免机械，法官又必须灵活地适用法律。因此，司法究竟应取克制姿态抑或持能动主张，是法学中一个辩难问题。

司法能动主义（judicial activism）是指法官在审理具体案件过程中，为了应对社会现实需要，不拘泥于先例和成文法的字面含义，运用其自由裁量权进行创造性解释的司法理念和行动。与之相反，司法克制主义（judicial restraint）是指法官在解释过程中，要探寻立法者原意，尊重成文法和先例，尽量保证对立法权和行政权的服从，从而限制其自由裁量权的理念和方法。司法能动有利于弥补立法的不足，实现个案正义，而司法克制又通过追求立法原意来制约法官的主观任性和随意解释，有利于防止司法专断。

司法克制源于哲学上的原意主义，在解释学看来，任何解释，包括法律的解释，都是围绕如何发现作者的原意，并力求由文字的表面意义推知作者寄予作品中的意蕴，一旦离开了作者的原意，解释便会丧失客观性标准。原意主义的核心理念是"立法者的意图就是法律，法官是法律的宣示者"。由此，文义解释是法律解释的最基本方法。但原意主义的解释方法并不完美，首先，关于原意或者原旨，仍不过是解释者的解释，"根本就没有像制宪者意图之类的东西去发现，有的只能是有待发明的东西"[①]。其次，即便存在原意，如何去探寻，在方法论上也存在不可避免的困境。再次，假设法官有充分的方法能够确定立法者的原意，"立法永远无法与社会变革的多样性与精密性完全匹配，立法永远无法完全避免模糊性"[②]。

司法过程本身体现人的能动性本质，不言自明。"法官应该审判案件，而不是回避案件，并且广泛地利用他们的权力，尤其是通过扩大平等和个人自由的手段去促进公平——即保护人的尊严。能动主义的法官有义务为各种社会不公提供司法救济，运用手中的权力，尤其是运用将抽象概括的宪法保障加以具体化的

[①] Ronald Dworkin, A Matter of Principle, Harvard University Press, 1985, p.39.
[②] 〔美〕约翰·杜威:《法律与逻辑方法》，载冯玉军选编:《美国法律思想经典》，法律出版社2008年版，第42页。

权力去这么做。"①法律的解释离不开法官的能动性、创造性思维,现代社会法治和民主原则要求法官不能超越被解释的对象,不是真正地"创造"法律,司法克制主义的精神是要限制而不是否定和扼杀能动性。

可见,司法能动主义和司法克制主义都有其正当性,二者并不是黑白分明,而是亦此亦彼,各有优势。"司法能动和司法克制是程度不同的问题,即在何种程度上司法审查被恰当地认为是在执行宪法的意志,而没有掺入法官自己的任何政治信仰和政治倾向。司法能动主义者强调的是法官要'实现正义',倾向于减少对司法的限制;而倡导司法克制的人则倾向于强调民主国家对司法权应有的限制。不能认为奉行能动主义的法官就是在立法,而崇尚克制的法官就仅仅是在'解释宪法'。二者的侧重点不同,但在根本立场上并不冲突,其区别最多只是一个程度不一而非性质不同的问题。"②

(二)法律解释的目标原则

1. 合法性

法律解释不得超越法律、脱离法律,应受法律文本的约束和限制。这是法律解释的首要原则,也是法治的原则要求。

2. 合理性

法律解释必须合理,不得作非理性的解释,主要在于当法律出现空白、失误、内在矛盾,适用结果明显不合理等情形时,法律解释者应本着理性、良心和社会公认的价值观念作出合乎情理的解释。实际上,法律解释本身与立法一样是理性的结果,有一定价值取向性,解释的过程就是一个价值判断、价值选择的过程。人们创设并实施法律的目的在于实现某些基本价值,而法律解释就是要探求这些价值意旨。

3. 客观性

根本上说,合法性、合理性都与法律解释的目标性原则即客观性有关。因为所谓合法性、合理性本身就存在着它究竟是一种客观存在还是主观判断的问题,它涉及法律解释的目标——法律解释者通过法律解释所探求和阐明的法律意旨。这个法律意旨究竟是立法者制定法律时的主观意思还是存在于法律中的客观意思?对此,法律解释学研究中有主观说与客观说两种主张。主观说认为,法律解释的目标在于探求历史上的立法者事实上的意思,即立法者的看法、企图、价值观。因为:(1)立法者通过立法表示了他们的看法、企图和目的,法律解释应当表现这些目的;(2)立法者的意思通过立法文献资料是可以被发现的;

---

① [美]克里斯托弗·沃尔夫:《司法能动主义——自由的保障还是安全的威胁?》,黄金荣译,中国政法大学出版社2004年版,第3页。

② 同上书,第2页。

(3) 根据分权原则,法律只能由立法者制定,司法者只能服从于立法意旨。客观说则认为,法律颁布之时就有了自己的意旨,法律解释的目标是探求这一内在于法律的意旨。因为:(1) 所谓有意思能力的立法者并不存在。法律在起草制定过程中意思未必一致,而且模糊不清,难以确认谁是立法者以及什么是立法者的意思。(2) 法律一经制定,便独立于立法者成了客观存在。立法者的立法期待,赋予法律的意义观念对后人并无约束力,具有约束力的是法律文本内在的合理性及其目的,并且这个合理目的也是发展的,法律解释就是寻找最合目的性的解释。(3) 法律与立法者并非一体,审理案件是找寻法律、组合法律的过程。(4) 法律制定以后,社会是不断发展的,人们难以寻求以往立法者的意思,只能按照现时的条件、观念加以理解,这样有助于法律的稳定性和确定性。与两种学说相对应,也就有两种不同的解释观念:一是严格解释,强调探求法律条文字面含义,要求精确地遵循某种既定规则,不考虑解释的结果,哪怕得到的结论不尽合理——这应是立法者考虑的问题。这种观念传统上为普通法法系所采用。二是自由解释,强调通过解释应获得合乎社会道德愿望的结果,不必遵循拘泥于规则和法律字面含义。这种主张传统上为民法法系所接受。就当代世界各国法律解释的具体运作的普遍情况而言,似乎都更倾向于采用自由解释。

二、法律解释的方法及使用规则

(一) 法律解释的具体方法

通常使用的法律解释方法可以归纳为:文义解释、体系解释、立法原意解释、扩张解释、限缩解释、当然解释、目的解释、合宪性解释、比较法解释、社会学解释等。

1. 文义解释

文义解释是按照法律条文所使用的文字词句的文义对法律条文进行解释的方法。

解释法律必须要从解释文义入手,不应脱离法律条文的文义任意解释。在进行文义解释时,应按照法律条文所使用词语的通常意义解释,但如果该词语在法律上具有特殊含义,与通常的意义不同,则要按照其在法律上的特殊含义进行解释。

文义解释是最常用的解释方法,在每个案件中都必须使用,是每个法律工作者必须掌握的一项技术。

2. 体系解释

体系解释是指根据法律条文在法律体系上的位置,包括它所在的篇、章、节、条、款、项以及该法律条文前后的关联来确定其意义、内容、适用范围、构成要件和法律效果的解释方法。

法律是由众多法律概念、法律原则、法律规范构成的,这些法律概念、法律原则、法律规范不是任意地堆砌,而是依据一定的逻辑关系所构成的完整的法律体系,这种逻辑关系也就成了解释的一个根据,如果解释时违背这种逻辑就是一种断章取义的解释,是不会正确的。

但是,体系解释存在一定局限性,因为法律是人起草、制定的,发生错误也是难免的,有时也会发生逻辑上的错误,所以会出现某些条文的不合逻辑,解释不通。

3. 立法原意解释

立法原意解释,又称沿革解释、历史解释、法意解释,是指对一个法律条文作解释时,依据法律起草、制定过程中的有关资料,包括立法理由书、草案、审议记录等,分析立法者制定法律时所作的价值判断和所要实现的目的,以推知法律条文立法者意思的解释方法。

一个法律条文,经过文义解释或其他解释可能会有两个不同的解释意见,而每个意见都有其理由,难以区分哪个是对、哪个是错,这就需要采用立法原意解释的方法来探究立法时立法者的意思,以他们的意思作为判断标准来加以解释。

但是,立法原意解释也有其局限性,因为社会是不断变化发展的,一个法律颁布后,已经几十年过去了,这时去探求当时立法者的意思是不能够公平、正义地裁决现在的案件的。因此,一般认为如果是比较新的法律,采用立法原意解释较为合理,对于比较久远的法律就不太适用了。

4. 扩张解释

扩张解释是指某个法律条文所使用的文字、词句的文义过分狭窄,从而将本应适用该条的案件排除在它的适用范围之外,于是需要扩张其文义,将符合立法本意的案件纳入其适用范围的法律解释方法。扩张解释往往是由于立法者在起草某法律条文时,按照其本意是将所设想的某类案件包括在内的,但是由于使用了不恰当的文字、词句使得该条文范围过于狭窄,结果使所设想的该类案件被排除在外,需要通过扩张解释扩张其文义以便符合立法本意。

但是,扩张解释不能无限扩张,有一个限度,这个限度就是法律条文文义的最大范围,超过这个最大范围就不是扩张解释了。

5. 限缩解释

限缩解释与扩张解释正好相反,是某个法律条文所使用的文字、词句的文义太宽泛了,超过了该法律条文、法律制度的立法本意,从而将本不应适用该条的案件包括在它的适用范围之内,于是应该把它的文义范围缩小到立法本意,将不适用的案件排除出去的法律解释方法。这种法律条文的文义超出立法本意的情况通常是因立法者所使用的文字、词句不准确,文义太宽,导致法律条文的文义所决定的案件超出了立法者所设想的适用范围,将不应适用该条的案件也包括在内了。这种情况下就必须利用限缩解释,限缩其文义范围,把不应适用的案件排除出去以符合立法本意。

6. 当然解释

当然解释是指由于某个法律条文虽没有明文规定适用于该类型案件,但是从该法律条文的立法本意看,该类型案件比法律条文明文规定者更有适用的理由,因此适用该法律条文于该类型案件的一种方法。其法理依据是"举重以明轻,举轻以明重",正如社会中所存在的一种"不言自明""理所当然"的逻辑关系一样,只要提到其中一个,另一个则自然而然地也包含在内。

7. 目的解释

目的解释是指以立法目的作为根据,以解释法律的一种解释方法。即关于某个条文、某个制度,可能有两种解释,各有其理由,应选择那个符合立法目的的解释。

8. 合宪性解释

合宪性解释是以宪法及位阶较高的法律规范解释位阶较低的法律规范的一种法律解释方法。一个国家中的全部法律规则构成一个法律体系,在这一法律体系中,位于最上层的是宪法,其次是基本法,再次是各个单行法,以下是众多的法规,这也就决定了整个法律体系的基本原则、基本价值判断都是由宪法所决定的,因此进行法律解释时也可利用宪法的规定来解释其他法律的规定。

9. 比较法解释

比较法解释是指用某个外国的某个制度、某个规定或者某个判例来解释本国的某个法律条文的一种解释方法,其依据在于各国的法律在一定程度上是相互借鉴的。

10. 社会学解释

社会学解释就是把社会学上的研究方法运用到法律解释上来,用社会学的研究方法解释法律。

当一个法律条文有两种解释,两种解释结果不相上下,都有其理由,难以判断哪种对、哪种错时,可以采用社会学解释方法。首先,假定按照第一种解释进行判决,并预测将在社会上产生的结果是好还是坏;然后,再假定按照第二种解释进行判决,并预测将产生的结果是好还是坏的。对两种结果进行对比、评价,所谓两害相权取其轻,两利相权取其大。最后采纳预测结果较好的那种解释,而放弃预测结果不好的那种解释,这就是社会学解释。

(二)法律解释的运用规则

进行法律解释本身必须遵循一定的规则。这些规则包括了体制上的规则、语言本身的规则,以及技术方法使用上的规则。这些规则的形成,有的是通过相应的法律制度予以确定的,有的是语言本身的规律所决定的,当然也有人们在使用解释的方法的过程中自然形成的。

1. 法律体制上的规则

一个国家的法律解释体系或者体制总是受到该国法律体制的影响,具有体制上的规制和约束,从而形成一定的法律解释的位阶规则。

(1) 法律解释受制于宪法、法律,司法解释受制于立法解释和立法。首先,一般来说,总的规则是法律解释必须服从于法律,以法律为依归,尤其应当服从宪法的规定和精神。当然,这一点在不同的国家其表现的强度和刚性有所差别。在我国,由法律解释体制①所决定,司法解释从属于立法、立法解释,所以最高人民法院和最高人民检察院在其分别颁布的关于法律解释工作的规定中都强调了法律解释应当以法律为依据,不得违背和超越法律的规定。

(2) 对于法律的特殊规则规范(如刑法、税法等剥夺权利、附义务的规范)应从严解释,并严格受到权限的制约,从而防止滥用解释,防止司法专横、扩张特权,侵犯到人民的权利。

(3) 下级解释受制于上级解释。下级法院的法律解释应当服从于上级法院并最终受到最高法院的法律解释的制约。

(4) 少数人解释意见服从多数人解释意见。在有些国家中,如果存在允许法官各自表述法律意见的场合和情形,一般规则是少数人的解释意见服从于多数人的解释意见。不过,在某些国家(尤其是普通法法系的国家)有时允许少数人的意见同时记载于判决书中。

一个特殊情况是,在我国,由于最高司法机关存在最高人民法院和最高人民检察院并列的情形,这两个机关的解释在理论上具有同等的法律效力,当这两个机关的法律解释出现抵触时,应当是报请全国人大常委会作出解释。之所以说是理论上,是因为在实践中一般都是以最高人民法院的解释作为最终依据,法律中所规定的发生抵触报请全国人大常委会解释的情形在实际司法实践中并没有发生过。

2. 法律语言上的规则

在法律解释中,对于语言的使用存在一定的规则要求。这些规则除了是语言本身的语法和逻辑的规律性表现和要求之外,也有社会生活对解释所提出的特殊附加要求。

法律语言比较特殊,由日常用语和专业术语共同组成,甚至还可能成为两者之间的桥梁。德国哲学家哈贝马斯曾深刻地指出:"从交往行动理论的角度来

---

① 这里之所以使用"体制"一词是因为,法律体系是较为正式的并由国家法律规定所体现的,而体制则既可以包括法律体系所反映的也可以是国家法律制度中隐含的一些制度,所以,用"体制"一词可能更加确切一些。

看,法律这个行为系统,作为一个已经具有反思性的合法秩序,属于生活世界的'社会'这个成分。法律代码不仅仅同生活世界的旨在社会性整合的理解功能借以实现的日常语言媒介相联系;它还赋予来自生活世界的信息以一种能为权力导控之行政系统和货币导控之经济的专业代码所理解的形式。就此而言,法律语言,不同于局限于生活世界领域的道德交往,可以起全社会范围内系统和生活世界之间交往循环之转换器的作用。"[1]日常语言来源于日常生活,是人们在日常生活中共同使用的语言规则系统。任何专门领域都有专门的术语,法学领域也不例外。法律专业术语是为法律规范或法律研究的特殊需要而在法律共同体内部设立的一套约定俗成的语言系统,对于法律共同体以外的人而言是较难理解的。由于法律是调整社会关系的准则,是对于全体社会成员而设立的,所以,法律规范的语言往往取之于日常生活,对其一般按照普通人所理解的含义进行解释。一旦日常用语成为法律专门术语而具有特殊含义,与通常的意义不同,则要优先按照其在法律上的特殊含义进行解释。同一法律中所使用的同一用语或不同法律所使用的同一用语,在没有特殊理由的情况下,均应作相同的解释。

(1)平义规则。首先,在被解释的立法语言文字存在不同语义尤其是可能产生歧义时,通常应当按照人们日常生活中最为平常使用的语义进行理解、解释。同时,在对条文文字理解时应遵守语言本身的语法、逻辑规则。

(2)整体规则。也可称为解释循环规则。即应把法律作为整体看待,解释法律应当协调一致、相互关联,不能断章取义、孤立曲解。解释学理论中有所谓"解释循环"说,即整体只有通过理解它的部分才能得到理解,而对部分的理解又只能通过对整体的理解才能把握,法律解释应受其制约。在法律解释中对法律用语、条文、规则的理解应通过整个法律制度、体系进行把握,而理解整体法律制度体系又以理解单个法律用语、条文、规则为条件。

(3)同义规则。同一词语在同一法律文件中、不同法律文件中,乃至于在不同的法律部门中通常应当作同一的意义理解和解释。

(4)专义规则。对专门用语应有特别的限定,在法律解释的特定场合,在坚持平义规则的前提下,特殊语言优于一般语言,法律创设语言优于日常使用语言。

3. 技术方法上的规则

(1)法律规则优于法律原则,除非解释适用规则将导致出现违背法律原则的情形。这是因为,根据法理学的通说,法律规则是具体的,法律原则是抽象的,法律原则通常可以涵盖和包容许多法律规则,如果轻易舍弃法律规则而解释适用法律原则,那么将使得许多法律规则的存在成为不必要。此外,两者的适用方法不同。法律规则的适用是"全有或全无",即要么能够适用于待处案件,要么

---

[1] 〔德〕尤根·哈贝马斯:《事实与规范之间》,童世骏译,三联书店2003年版,第97—98页。

就不能适用,不能两者并存,也不存在既能适用这条规则又能适用另一条规则的情况,只能获取唯一适合的规则加以适用。而法律原则则不同,它不适用于待处案件并不意味其无效。在适用中可以衡量不同的情况,也可以在不同的法律原则之间选择不同的调整强度进行衡量适用。所以,在解释过程中要首先满足对规则的解释。当然,毫无疑问的一点是,对于规则的解释肯定是在法律原则的统领和指导下进行的。

(2)文义解释优于论理解释。前面讲到,法律解释的目标是探求立法者的意志,并获得确定性的独解。而立法者的意思表示,首先必须通过立法文本的语言表达才能获得。因此,解释首先是对文字的解释,如果一上来就直接求诸立法目的意义,则将失去一个衡量的标准尺度。论理解释往往出现在文义存在多解的可能性或者需要验证文义的目的的情形之下。因此,文义解释在解释位阶上要优先于其他解释方法。

(3)后条优于前条。即在进行解释的时候,对于法律文本较后的条款的解释要优于其较前的条款。这是因为,一般来说,立法者在制定法律之时,较后的条款往往是对前面条款已涉及的内容的补充、限制、细化,往往是更加确切、具体地适用于待处案件的情形的。

(4)法律概念优于法学概念。法律概念(立法文件规定中所使用的概念)和法学概念(法学研究中所采用的概念)应当有所区别。法律概念是指在法律上对各种事实进行概括,抽象出它们共同的特征而形成的权威性范畴。法学概念是在法律运用、法学研究中使用的表现法律现象和法律问题的抽象性范畴。两者既有相同的一面,但又有不同之处。从相同方面来讲,法学概念基本上是以法律概念为基础开展研究和论述的,当然法学概念也可能影响到法律概念的形成,成为法律概念的来源。它们在相当多的情况下是一致的。但是,法学概念可能比法律概念宽泛,并且不是要求太严格,可以有不同的名称和表述,有时候法学概念只在法学研究探讨的场合中使用,表明了法律中的一种情况,是法律现象的归纳(可能比条文规定更精炼),在法律规定中并未直接出现。例如,"竞合犯"是一个法学概念,在法律概念中并无使用。又如,民法中的"表见代理"也属于法学概念。法学概念也有可能被引入立法中来。法律概念是立法所记载采用的概念,是一国立法机关在立法过程中经过深思熟虑所确定下来的,之所以使用这一词汇表明着立法者的立法意图,因此在使用中有着严格的意义限定。例如,"法律行为"一词,在法学概念上可以涵盖合法行为和违法行为,但是在我国《民法通则》中限定理解为"合法的法律行为"。区别这一点在法律的运用中有着特定的意义,即法律解释必须严格按照法律概念加以解释,而不能一般地采用法学概念予以理解。

(5)高位阶解释方法优于低位阶解释方法。即所谓解释方法的位阶规则。

正如法律存在效力位阶一样,法律解释方法似也应有一定的位阶:其一,不能对低位阶的法律作出违反高位阶法律的解释;其二,各种法律解释方法之间亦存在位阶关系,不得随心所欲地选择采取某种解释方法,应遵循位阶体系。只有当上位阶解释方法不足以解释时方可采用下位阶解释方法。①

三、法律论证的原则

(一) 有效性原则

法律论证总是以逻辑论证为基础的,因而法律论证须遵守逻辑法则,运用正确的论证方式来为其结论提供强有力的支撑。从认识论角度看,人们总是希望最终得到的结果具有真性,逻辑有效性是保证结论为真的基本条件。合乎逻辑是法律论证的基础,也就是说,基于论证的论述可以被重构为一个逻辑有效的论述。只有通过有效论述,裁决(结论)才能从法律规则和事实(前提)中导出。因此,逻辑有效性是法律论证可接受性或合理性的必要条件。② 在这里,逻辑有效性是指"前提为真而结论不真的这种情形是不可能的。一个有效的论述中,前提的真值保证了结论的真值性。法律推理大前提在逻辑上一个真值前提的有效论证被称为正确的论证"③。"论述的任何分析必须首先应考察其逻辑结构。只有这样做,才有可能系统地去揭示隐含着的前提,才能够搞清楚:在逻辑上不能进行有结论的过渡(推导)时如何插入有说服力的手段去跨越这个鸿沟。"④

(二) 可接受原则

为了保证大前提为真值,就必须进行形式逻辑演绎,但经过论证是否能确定前提的真值性?逻辑有效性是强调法律论证形式方面的原则,可接受原则注重法律论证实质或者说内容方面的原则。法律没有真假之分,法律命题本身的正当性和适用于具体个案时呈现的可接受性将成为法律论证中关注的焦点。修辞学强调的是说服,经过论证的法律并不能确定为真的法律,只能是妥帖的法律,或者是说服力较强、可合理接受的法律。从这个意义上看,之所以需要法律论证,就在于说服。法律论证的性质就是寻求一般性、可接受、有说服力前提理由的法律方法,也就是要符合为我们社会所公认的某些关于正当性的判断。"法律说理不能适用科学发现之逻辑;⋯⋯法律说理应是社会说理的一种形式,其强度由社会上所能接受的法律论点和法律命题所决定。"⑤"法律推理是实践推理

---

① 当然,对法律解释方法是否存在位阶,在学术上仍有争议。
② 参见〔荷〕伊芙琳·T.菲特丽丝:《法律论证原理——司法裁决之证立理论概览》,张其山、焦宝乾、夏贞鹏译,商务印书馆2005年版,第25页。
③ 同上书,第27页。
④ 〔德〕罗伯特·阿列克西:《法律论证理论——作为法律证立理论的理性论辩理论》,舒国滢译,中国法制出版社2002年,第211页。
⑤ 廖义铭:《佩雷尔曼之新修辞学》,唐山出版社1997年版,第315页。

的一个非常精致的个案,它不是形式上的证明,而是一种论辩,该论辩旨在通过表明这种选择、决定或取向较之同时存在的其他各种选择、决定或取向皆更为可取来说服对方,令对方信服。"①

(三) 程序性原则

法律论证是一个严格实施法律的行为,有着自己的规则和程序,遵循程序是法律论证的基本原则之一。"法的推论是实践性议论的高度制度化和形式化的特殊类型。法的推论是在一定的组织、制度和程序里进行的,必须严格遵守证据和辩论的规则;其论证技术也经过特殊的训练;侧重于寻求公平而合理的决定的适当理由。"②从对话方法的视角看,法律论证被视为关于某一法律观点之可接受性的对话的一个组成部分。哈贝马斯认为,只要人们按照理性的程序性规则在"理想辩论情境"之中参与对话和辩论,由此达成的共识就可以被视为符合正义标准的结果。法律论证的合理性取决于论辩程序是否符合可接受性的某些标准,也即论辩依据某种程序上的理性标准。阿列克西提出了程序性合理论辩理论,只有当法律裁决是一个公平的程序所产生的结果时,它才是公平的。对于一个可接受的法律判决来说,重要的是:参与者要遵循某些规则。这套系统的基本原则包括一致性、有效性、可检验性、融贯性、可普遍性和真实性原则。

问题与思考

1. 法律文本是通过规范性的语言表述的,哈特主张由语言组成的规则存在"空缺结构",那么从法律语言的特质角度分析,你认为所有的复杂疑难案件都会寻找到唯一正确的答案吗?

2. 法律解释是司法适用的前提,法律解释方法是如何融入法官思维的?对于简单清晰的案件是不是单纯逻辑推理就能解决而不需要运用解释方法?我国法律解释体制存在哪些问题?

3. 有学者将实质推理界定为"当推理的前提包含两个或两个以上的相互矛盾的命题,借助于辩证思维从中选择出最佳的命题以解决法律问题",那么,如何区分实质推理与法律解释、漏洞补充与利益衡量的关系?

4. 某法院法官在审理案件中推理如下:《刑法》规定,故意伤害他人身体的,处3年以下有期徒刑、拘役或者管制。张某殴打他人造成轻伤,所以对其判处2

---

① 〔比利时〕佩雷尔曼:《法律推理》,朱庆育译,载《法律方法》(第二卷),山东人民出版社2003年版,第139页。

② 季卫东:《"应然"与"实然"的制度性结合(代译序)》,载〔英〕麦考密克、〔奥〕魏因贝格尔:《制度法论》,周叶谦译,中国政法大学出版社1994年版。

年有期徒刑。这位法官所用的是下列哪一种推理?(2008年司法考试试题)

A. 类比法律推理
B. 归纳法律推理
C. 演绎法律推理
D. 设证法律推理

5. 2003年7月,年过七旬的王某过世,之前立下一份"打油诗"遗嘱:"本人已年过七旬,一旦病危莫抢救;人老病死本常事,古今无人寿长久;老伴子女莫悲愁,安乐停药助我休;不搞哀悼不奏乐,免得干扰邻和友;遗体器官若能用,解剖赠送我原求;病体器官无处要,育树肥花环境秀;我的一半财产权,交由老伴可拥有;上述遗愿能实现,我在地下乐悠悠。"

对于王某遗嘱中"我的一半财产权"所涉及的住房,指的是"整个房子的一半",还是"属于父亲份额的一半",家人之间有不同的理解。儿子认为,父亲所述应理解为母亲应该继承属于父亲那部分房产的一半,而不是整个房产的一半。王某老伴坚持认为,这套房子是其与丈夫的共同财产,自己应拥有整个房产(包括属于丈夫的另一半房产)。关于该案,下列哪一说法是正确的?(2012年司法考试试题)

A. 王某老伴与子女间的争议在于他们均享有正式的法律解释权
B. 王某老伴与子女对遗嘱的理解属于主观目的解释
C. 王某遗嘱符合意思表示真实、合法的要求
D. 遗嘱中的"我的一半财产权"首先应当进行历史解释

参考书目

1. 〔德〕罗伯特·阿列克西:《法律论证理论——作为法律证立理论的理性论辩理论》,舒国滢译,中国法制出版社2002年版。
2. 〔德〕卡尔·拉伦茨:《法学方法论》,陈爱娥译,商务印书馆2003年版。
3. 〔美〕史蒂文·伯顿:《法律和法律推理导论》,张志铭、解兴权译,中国政法大学出版社1998年版。
4. 〔德〕汉斯-格奥尔格·加达默尔:《真理与方法——哲学诠释学的基本特征》,洪汉鼎译,上海译文出版社1999年版。
5. 梁慧星:《裁判的方法》,法律出版社2003年版。